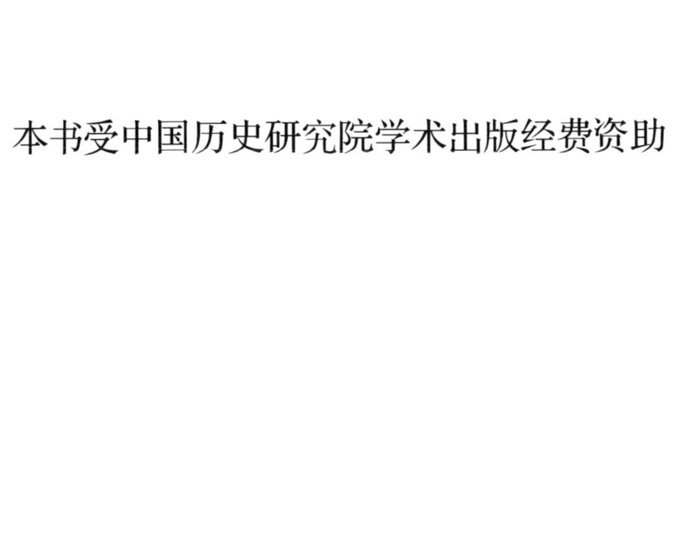

本书受中国历史研究院学术出版经费资助

学术出版资助

变局

光绪丁未政潮研究

| 张建斌 著 |

中国社会科学出版社

图书在版编目（CIP）数据

变局 ：光绪丁未政潮研究 / 张建斌著. -- 北京 ：
中国社会科学出版社，2025. 4. -- ISBN 978-7-5227
-4706-4

Ⅰ. D691.2

中国国家版本馆 CIP 数据核字第 2025XL7435 号

出 版 人 赵剑英
责任编辑 张 湉
责任校对 李 莉
责任印制 李寡寡

出 版 中国社会科学出版社
社 址 北京鼓楼西大街甲 158 号
邮 编 100720
网 址 http://www.csspw.cn
发 行 部 010-84083685
门 市 部 010-84029450
经 销 新华书店及其他书店

印刷装订 北京君升印刷有限公司
版 次 2025 年 4 月第 1 版
印 次 2025 年 4 月第 1 次印刷

开 本 710×1000 1/16
印 张 26.75
字 数 366 千字
定 价 139.00 元

凡购买中国社会科学出版社图书，如有质量问题请与本社营销中心联系调换
电话：010-84083683
版权所有 侵权必究

中国历史研究院学术出版
编 委 会

主　　任　高　翔

副 主 任　李国强

委　　员　（按姓氏笔画排列）

卜宪群　王建朗　王震中　邢广程　余新华
汪朝光　张　生　陈春声　陈星灿　武　力
夏春涛　晁福林　钱乘旦　黄一兵　黄兴涛

“中国历史研究院学术出版资助项目”出版说明

为了贯彻落实习近平总书记致中国社会科学院中国历史研究院成立贺信精神，切实履行好统筹指导全国史学研究的职责，中国历史研究院设立“学术出版资助项目”，面向全国史学界，每年遴选资助出版坚持历史唯物主义立场、观点、方法，系统研究中国历史和文化，深刻把握人类发展历史规律的高质量史学类学术成果。入选成果经过了同行专家严格评审，能够展现当前我国史学相关领域最新研究进展，体现了我国史学研究的学术研究水平。

中国历史研究院愿与全国史学工作者共同努力，把“中国历史研究院学术出版资助项目”打造成为中国史学学术成果出版的高端平台；在传承、弘扬中国优秀史学传统的基础上，加快构建具有中国特色的历史学学科体系、学术体系、话语体系，推动新时代中国史学繁荣发展，为实现“两个一百年”奋斗目标、实现中华民族伟大复兴的中国梦贡献史学智慧。

中国历史研究院

2020 年 4 月

目　　录

序　　引

问题缘起：从一宗尘封百年的档案说起

清末京城流行一句谚语："六部三司官，大荣小那端老四；九城五名妓，双凤二姐万人迷。"第一句指的是三位官员——荣庆（亦有荣铨的说法）、那桐和端方，第二句说的是五位名媛。清代的北京城为人口百万级的大都市，声色犬马、名流云集，能够在京城享有名号自然源于时人热议关注。荣庆、那桐、端方脱颖而出，必然有异于常人的背景和经历，此三人被誉为"旗人三才子"，其中荣、那均出任过军机大臣。端方为满洲人，虽生于京城，入仕后更多在外地为官。清末有"京外总督三个半"之说，其中张之洞、袁世凯、岑春煊为"三"，"半"就是端方。晚清有"卧龙"之誉的郑孝胥评价四人称，"岑春煊不学无术，张之洞有学无术，袁世凯不学有术，端方有学有术"。[①] 看来端方并非浪得虚名的纨绔子弟，确实在政坛有一定的名望。不过，就是这样一位具有传奇色彩的历史人物，随着时间的流逝，也渐渐地淡出人们的记忆。所幸端方为官期间积攒的数万件电报、函件得以保留，为今人认识端方及其时代留下了不可

① 《张之洞与端方》，刘禺生：《世载堂杂忆》，中华书局 1997 年版，第 58 页。

多得的材料。历代文献档案，水火兵虫，频遭浩劫，百不存五，端方档案得以幸存，有着一段传奇的经历。

端方（1861—1911），字午桥，满洲正白旗人，伯父为内务府大臣桂清，借助门荫之力，很快在晚清政坛崭露头角。自光绪八年（1882）中举，先后任职张家口监督、直隶霸昌道。百日维新期间，在京农工商总局参与变法，戊戌政变发生后外放陕西按察使。清末十年间，任陕西、湖广、两江、直隶等地督抚，热衷新政、卓有政声。端方去世后，其为官期间的往来电函等文件流入民间，几经辗转漂泊，最后被故宫博物院文献部（中国第一历史档案馆前身）收藏。

据故宫博物院单士元先生回忆，现存的大部分端方档案由史学家陈垣购入，他在《回忆陈援庵师》一文中写道："大约在1933年左右，一日援庵师（陈垣，字援庵）对我说，有一批私人档案，关系清代末年故事，已商定让给故宫。一日，援师偕我到宣武门外的广东东莞会馆伦明先生家。伦明先生字哲如，亦北京大学教员。伦先生喜购书，曾在琉璃厂买得清末两江总督端方档案多册，大部为电报档案，关系清末历史的珍贵史料，如上海《苏报》案的档案即在其中。援师以900银元的价格，为故宫文献馆购入。当日委我押运到故宫。这批档案现在也是第一历史档案馆珍贵史料的一种。当日，援师若不注意及此，收入公家，则这批档案，亦早已湮没无闻了。后来，我又通过刘厚滋先生之介，从清代大官升允后人家补购端方的文件两柳条包，用银20元。无前者我亦不识后者，回忆此事，益感援师对史学界的贡献之大。"① 另外，单士元先生孙媳曾庆瑛《陈垣与明清档案》一文也记述端方档案是陈垣由伦明处购得，"在1925年11月，陈垣还为博物院购买了端方的档案六百余册。端方是清末湖广总督，这批档案多关系清末军国大政，其中还有苏报案的档案。这批档案原是北京大学教员伦明在琉璃厂购买，陈垣得

① 单士元：《故宫札记》，紫禁城出版社1990年版，第161—162页。

知后，以九百银元的价格为博物院买来”[①]。

单士元先生的回忆对于梳理端方档案的形成提供了诸多信息点。首先他提及陈垣购买档案的时间为1933年左右。1924年11月，末代皇帝溥仪被逐出宫，单士元先生随清室善后委员会参与点查文物。1925年10月，故宫博物院成立，单士元先生继续在院任职，当时陈垣担任故宫博物院理事，负责文献部。刚成立的故宫博物院主要工作是整理接收大量图书典籍、文献档案，不大可能在成立一个月，放下体量众多的宫中档案，再去购买端方档案。笔者推测曾庆瑛回忆中提及的购档时间“1925年11月”，应是“1935年11月”的笔误。[②] 对比两条回忆，有诸多相同的信息点，曾庆瑛的记述应是据单士元先生札记而来。

单士元先生还提到了北京大学教员伦明及其住处宣武门外的广东东莞会馆，同样是了解端方档案来龙去脉重要的信息点。伦明为北大教员，一生酷爱藏书，精通版本目录学，编有《续书楼书目》等著作。伦明在《续书楼藏书记》中记述了自己购书经历，“计童龄迄今，垂四十年，其间居京师最久，又际群籍集中之时，日积月累，有莫知其然而然者”，“余游迹所至，上海、天津，为南北通衢，经过最频。次则开封，前后至者十余次。南京、武昌，至者二次。苏州、杭州，至各一次。居河南三岁，游怀庆、卫辉、清化，俱有所获”[③]。另外，伦明与著名书商孙殿起合伙在北京南新华街开办通学斋书店，年均收售古旧图书一万部至二万部，在当时很有名气，诸如朱自清等一些名人为该店常客。伦明住所为东莞会馆，位于宣武门外。伦明的兼职书商身份与住址均与单士元先生回忆吻合。

至于端方档案如何到了伦明手中，单士元先生与曾庆瑛回忆均

① 曾庆瑛：《陈垣与明清档案》，《历史档案》1982年第2期。

② 按：有学人专文论证陈垣先生购买端方档案时间是1935年11月。参见庾向芳《陈垣为故宫文献馆购入端方档案时间考》，《历史档案》2007年第2期。

③ 东莞图书馆编：《伦明全集》第1册，广东人民出版社2012年版，第241页。

是“从琉璃厂买得”，伦明又从何人购入？目前尚未查到相关记载。伦明一生购书很多，购买途径不一，据其本人回忆，“京中旧习，士大夫深居简出，肆伙晨起，挟书候于门”，“闲游厂肆，见有散置外室……多有佳本”，“又过街市于冷摊上，时亦无意遇之”[①]。端方死后五年，其子端继先曾发函给民国内务部，提请收购端方生前所藏古物、字画、图书（端方是一位收藏家，曾建过私人博物馆），“窃本年（1916）三月间，请将先父清故总督端方所藏古物购归国有，以供陈列。曾蒙批准在案。现在继先移家天津，各物多散失，无从汇辑，复念国家财政困难，诸务待兴，不急之图宜在所后，为体恤时艰起见，恳请大部取消前案，实为德便”[②]。虽然该函没有提到端方档案，可推知端府藏品尚且“多散失”，档案的流失也并非意外。

此外，伦明在《辛亥以来藏书纪事诗》中记述了端方藏书的流失情况，“汉军端方字匋斋，所藏金石彝器甲宇内，旁及古籍，亦有佳本。壬癸间，其炉房以二千金得之，仅知者，有松本《通鉴》，后归傅沅叔（民国时期的收藏家），今影印百衲本者是也”。[③] 壬癸指1921年（壬戌）到1922年（癸亥）。至于“二千金”所购是否包含端方档案，没有记述，但可知端宅藏品已经散落各处。汪诒年撰《汪穰卿先生传记》，征引丁未年袁世凯写给端方的密札，称“此札由端方家流出，现藏章行严君所”[④]。端方死后其收藏及档案失散各地，伦明从琉璃厂购入，是目前可知端方档案流出端府后的上源。至于1911—1935年这二十多年中，档案的流转不详。

单士元先生的回忆还提到，“从清代大官升允后人家补购端方的文件两柳条包，用银20元”。升允是蒙古镶蓝旗人，任职陕西、江

① 东莞图书馆编：《伦明全集》第1册，第241页。

② 《北洋政府收购端方所藏文物有关文件》，《民国档案》1995年第2期。

③ 伦明：《辛亥以来藏书纪事诗》，北京燕山出版社1999年版，第66页。

④ 汪诒年：《汪穰卿先生传记》，中华书局2007年版，第129页。

西巡抚，察哈尔都统，陕甘总督等职，娶端方之妹，与端府过从甚密。庚子国变，端方护理陕西巡抚，曾向行在军机处禀请升允办理行在粮饷，实是要差和肥差，得到批准，端方档案有多封二人往来电函。单士元先生在升允后人手中购买档案不难理解。端方档案流入市井后，有所流失在所难免，尤其是档案内存有诸多达官往来信函，为时人所关注。

故宫博物院文献部购入端方档案后，自 20 世纪 30 年代以来，陆续整理刊发了《徐锡麟革命史料》《浙江办理秋瑾女士革命全案》等专辑供学界利用。此后，中国史学会编近代史资料丛刊《辛亥革命》亦从端方档案中摘取《苏报案》《徐锡麟起义及秋瑾案》，由此该档影响进一步扩大。在端方档案形成的近百年历程中，经历了多次整理。

首先整理端方档案的是端方幕府人员。现存的档案每册基本都用灰白色的封皮包装，装订完整，有的封面标记电文起止时间与具体事件名称。整理者当是了解当时史事，其中专案电由端方幕府分类整理。时档案馆工作人员张德泽先生对于收购的档案，记述称，“端氏之档案，大别为电报，函札，杂档三项，起光绪二十七年，讫宣统元年，即其任湖北巡抚以后与各方来往之件，所有函电，均分类装订成册，名目繁多”①，“函札，分来函，去函稿二项。来函均粘贴于册，原多标有名称，计有：要函，各国领事来函，外洋来函，游学生来函，京中复函，湘署函件，次要函件，寻常函件，家函等类。去函稿，除浚浦函件一种外，余均无名称。此项来去函件或无年月，或有月而无年”②。张德泽先生描述的档案整理形态应均出于幕府人员。

第二次整理是端方档案收入故宫博物院文献部期间。文献记载，民国二十四年十一月，“购入端方档案五百余册并开始整理”③；民

① 张德泽：《端方档案之分析》，档案出版社 1985 年版，第 149 页。

② 张德泽：《端方档案之分析》，第 153 页。

③ 《文献馆大事表》，《文献论丛・附录》，故宫博物院 1936 年版，第 12 页。

国二十五年一月，“初步整理已竣平，本月复就编成草目缮制目录片，共计158张全部缮竣”[①]。二月，“继续购入端方档案百余册”[②]；三月，“端方档案卡片编制竣事”[③]。“二十五年三月起，将各项来电，逐册按件登记，以备编制分类索引，计已登完十五册，共九百六十四件”[④]。整理者张德泽叙述称，端方档案收入后进行了初步登记分类，但进展非常缓慢，“此类电报，虽原以地分，或以人分，究不若以内容分便于检查，故本馆有另行编制分类索引之计划，但以件数过多，一时颇难编竣”[⑤]。

此外，端方幕府将每册档案作了“来电”“去电”等简单标注，收入文献部后，在此基础上，进一步明确划分部类。“电报，有来电，有去电，除原稿外，均只有誊清旧原稿及誊清本封面多标有名称，今就其内容，分为普通电，专案电二项”[⑥]。张德泽先生还提及对专电进一步分类，“专案电，即按事立名之电报，多系誊清本，为端方档案中最重要之部分，原分名类甚繁，今归纳为革命，洋务，财政，军务，路政，河工，商务七类”[⑦]。此种划分并未在实际归类中应用。另外，张德泽先生还提到，“原虽分类立名，检阅内容，仍属不便，将来拟一一按事考证，编制分类索引，以便检查”[⑧]。此后一段时间，端方档案并未系统整理。

第三次整理是21世纪初国家清史纂修工程启动，中国第一历史档案馆与国家清史编委会合作整理端方档案。笔者查阅《国家清史纂修工程立项项目及专家信息汇编》（内部资料），记载端方档案在清史工程立项是2009年，代管单位是中国第一历史档案馆。此次整

① 《国立北平故宫博物院文献馆二十五年一月份工作报告》，《文献丛编》第8册，北京图书馆出版社2008年版，第399—400页。

② 《文献馆大事表》，《文献论丛·附录》，第12页。

③ 《文献馆大事表》，《文献论丛·附录》，第13页。

④ 《文献馆二十四年度工作报告》，《文献论丛·附录》，第40页。

⑤ 张德泽：《端方档案之分析》，第150页。

⑥ 张德泽：《端方档案之分析》，第159页。

⑦ 张德泽：《端方档案之分析》，第150页。

⑧ 张德泽：《端方档案之分析》，第153页。

理后，档案以件计，来电两万八千多件，去电三万八千多件，专案电七千四百多件，函件五千六百多件，杂档七千多件，共计八万六千多件。百年来，端方档案的整理也告一段落，电子著录有助于保护档案，为开展学术研究提供了便利。

端方档案体量很大，具有重要的学术价值，用“清末的百科全书”来形容较为贴切。其中最大宗的是电报与书信，记载的是政务信息、人情往来，涉及清末政情内幕。除了电报与书信，档案中还有书目、请安折、禀文、章程、札稿、演说、圣训、收据、收照、照会、咨呈、批稿、告示、说帖、合同、奏稿、上谕、广告、借据、贺词、寿启、意见书、评议、名帖等文书与杂件，内容极为丰富，在当下存世的人物档案中，较为稀见。

史学家傅斯年提出“史学就是史料学”，他在1928年撰写《历史语言研究所工作之旨趣》中说道，“近代的历史学只是史料学，利用自然科学供给我们的一切工具，整理一切可逢着的史料”。史料是历史学研究的前提与基础。历史学学科需要史料支撑，史学家翦伯赞在20世纪50年代曾感叹：“研究近代现代史比研究古代史要难得多，不但史料没有整理，而且事件还在发展过程中。”① 他谈及此问题是在1958年，当时百废待兴，近代史学科体系还没有建立起来，史料稀缺是大问题。60多年过去了，近代史研究已经有了翻天覆地的变化，已经整理的近代史料浩如烟海，针对某一问题，甚至有史料过多无从处理之难。以端方档案为例，总计八万件的体量，历史学人通读大概需要几年的时间。

端方档案在20世纪30年代收入档案馆，等到系统整理已经是21世纪国家清史工程启动，笔者有幸得以参与整理、阅读该档。在阅读档案的过程中（此时档案尚在整理中），一封密电引起笔者的注意，定稿内容为：“武昌，烈，沪上传言，抱冰有电致承泽，云西林招康梁至沪谋不轨，有此电否？祈密探示复。再饮冰确于

① 翦伯赞：《翦伯赞历史论文选集》，人民出版社1980年版，第17页。

上月在沪住十日，与西林见一次，此事真确有闻否？”[①] 此电中“烈”指的是梁鼎芬。端方档案中的电文除却部分公务电文用明码，余下多用密电本，隐秘电文用双方约定的密电码，“烈”就是端、梁专用密电本代号。此封电文之所以引起笔者的关注，就在于电报涉及清末政局中多位重要人物，“抱冰”指张之洞，“承泽”为奕劻，“西林”是岑春煊，“康梁”为康有为、梁启超，“饮冰”为梁启超，加上发电的端方，收电人梁鼎芬，均是朝中重臣名宦。电文中说岑春煊招康、梁到沪“谋不轨”，端方猜测张之洞探查得知，向奕劻告密，这些都是发生在清末重臣之间极为敏感，且鲜为人知的政治事件。

笔者按图索骥，阅读端方档案的过程中，重点关注这一话题，摘抄积累有关素材。当花费了几年的时间通读了两遍端方档案后，竟然也摘录了近五十万字的相关史料。围绕这件密电的历史也逐渐清晰起来，此电发生于光绪三十三年（1907）六月，此年爆发了清末历史上统治集团内部最为激烈的政争事件——丁未政潮，电报正与此次政争密切相关。两江总督端方身在南京，却参与到政潮之中，晚清士人政治参与的政情内幕远比想象的复杂多变。庙堂之上的奕劻、瞿鸿禨、铁良、徐世昌等枢臣，地方张之洞、袁世凯、岑春煊等疆臣权臣介入此次政争，内情隐秘，各有怀抱，波及甚广。庙堂之外，康有为、梁启超也通过各种渠道，试图自下而上影响朝政，清末新政与丁未政潮紧密联系在一起。研究丁未政潮，既可窥探清朝灭亡之前的政治生态与士大夫政治，亦可透视鼎革前后士人的抉择与命运。通过端方档案新政与政争都能够得到进一步的阐述或发覆，还原更多的历史本相。文献档案的支撑正是促使笔者撰写本书的动力根源所在。

---

① 《端方致梁鼎芬电》，光绪三十三年六月，中国第一历史档案馆藏，端方档案，档号：27-03-000-000011-0031。底稿为：“武昌，烈，沪上传言抱冰有电致（京）承泽，云西林招康梁至沪谋不轨，有此电否？祈密探示复。再饮冰确于上月在沪住十日，与西林见一次，公有闻否？如能有所论，列当译陈。”

既往研究：众所瞩目与材料阙如

光绪三十三年（农历丁未年）春夏发生的丁未政潮，是辛丑两宫回銮之后清廷内部派系斗争与权力角逐白热化的重大事件，历来为研究者所关注。政争引发权力格局的骤变，最高当权者对中央与地方人事作了大调整，进而奠定了清朝覆亡前最后几年的政治格局。全面深入地探讨丁未政潮这一关键情事，对了解晚清政治变迁具有重要意义。目前，学界对政潮的记述与研究主要围绕以下几方面展开：

第一，记述与回忆。丁未政潮牵连甚广，引发朝野关注，时人多有记载，点评涉案人物、追述来龙去脉。讲述这起事件的有小说家、有政府官员、也不乏当事者的回忆。笔记掌故为大宗，如刘体智的《异辞录》、刘禺生的《世载堂杂忆》、徐一士的《一士谭荟》、陈灨一的《睇向斋秘录》、黄濬的《花随人圣庵摭忆》等。笔记掌故记述通性就在于故事完整，人物刻画栩栩如生，试图还原事件原貌，虽不乏留意史料之作者呈现新意之作，但更多都是道听途说、删减涂改，如深究细节则差之千里。深究其根源无非有三：一是因个人恩怨而混淆是非；二是避免文祸而用以饰词；三是为博人眼球不免多加渲染。不过，由于笔记小说家的家世姻缘或时代经历，一些看似不经意的描述，反而提供了诸多有价值的线索，弥补了正史遗漏。更为重要的是，官方史料多冠冕堂皇之词，愈完备愈有欲盖弥彰之嫌，恐难以置信，秉笔之人尚有公职在身，清末的文网较为苛密，所书渐趋于官样文章，在野之人的笔记掌故可正正史之误。

光宣朝御史胡思敬《国闻备乘》可视为在朝官员笔记的代表作，其中《袁世凯谋倾岑云阶》对丁未政潮有所评价，由于作者对袁世凯成见甚深，不免夹杂个人情感。即使无成见与偏见的记述者，也受制于见闻的深度和广度，难以反映全貌，朝政瞬息万变，变化莫测，即使良史在世也只能记录事件的个别面相。然而这类官员的记述往往受到治史者的追捧，视为更具价值分量的史料。事实上，当事人或者亲身经历者，往往因利害关系，反而易于掩盖事实真相，自圆其说，甚至修改掩饰。作为丁未政潮参与者岑春煊所撰写的《乐斋漫笔》就属于事后追忆，对于丁未年往事，岑氏含糊其辞的表述，反而更增加了此次政争的隐秘性。这倒不难理解，历来成功者自传，不免夸大其词，失败者之记述，多流于文饰。

关于丁未政潮的研究需要提及两部较早的著述。分别是：时人汪诒年纂辑《汪穰卿先生传记》，与江南士绅领袖有过密切交际的刘厚生撰写的《张謇传记》。这两部书兼具史料与研究的双重特点。汪诒年为汪康年的兄弟，汪氏家族在政潮中扮演了一定的角色，同样刘厚生与清末时局多有关联，他们的记述与分析兼具史料价值。这两部书的共性还在于，分别解读了原藏于章士钊家，后公布于《国闻周报》，袁世凯致端方的一封密信，通过对此封密信的解读，大体还原了丁未政潮的来龙去脉，开启此段历史阐释与研究的滥觞，后来研究者多有借鉴。

第二，政潮与政局。丁未政潮影响了清末的政局走向，为晚清政治史研究所重视。学人通过不断挖掘散见史料，从不同侧面就此事件相关问题展开探讨，郭卫东的《论丁未政潮》依据当时未刊的《恽毓鼎澄斋日记》，详细考证了政潮始末。[①] 政潮的导火索为光绪三十二年的官制改革，周育民的《从官制改革到丁未政潮》，叙述从丙午官改到丁未政潮期间统治集团内部矛盾。安东强、姜帆的《丁未皖案与清末政局》，从清政府、革命党及其他政治势力相互角力的角度，展现革命与改革之间的互动。韩策的《清季江督之争与丁未政潮的一个新解释》，指出两江总督之位的争夺白热化，严重破坏了南北派系平衡，积累了难以调和的矛盾，是酿成丁未政潮中统治高层激烈斗争的关键因素。美国学者斯蒂芬·R. 麦金农《袁世凯在北

① 过往研究的文章及著述出处见本书《参考文献》，在此不一一列出。

京与天津（1901—1908）》认为，袁世凯能够扳倒瞿鸿禨与岑春煊是意料之外的，造成这种结果的主要因素是外国列强的干预，特别是英国对袁以及对伴随着这场斗争的政务瘫痪和混乱的关注。

第三，人物与政潮。人物研究是探讨丁未政潮的重点，细化了此段历史，提供了更多的具体历史细节。孔祥吉《恽毓鼎与丁未政潮内幕》，推断撮合恽毓鼎与北洋派系结合的人物是端方，指出端方借岑春煊与梁启超合影的掌故，在清宫档案中无法证实，不足为凭。唐论的《计中计：丁未“假照片事件”探析》梳理出“假照片事件”的来龙去脉。桑兵《岑春煊与保皇会》通过分析岑与保皇会的关系，揭示清廷内部权利斗争的复杂性，深入考证了岑与康、梁的关系。郭卫东的《丁未政潮中康梁派活动考略》，认为康、梁力图立宪而解除戊戌党禁，先是厕身于岑氏一派，又转而结交满洲权贵，均告失败。李君的《“丁未政潮”之际的郑孝胥》，揭示了丁未之际郑孝胥的两难境地。马忠文的《丁未政潮后梁鼎芬参劾奕劻、袁世凯史实考订》，论证丁未年梁鼎芬参劾庆、袁前后两次的因由。此外，一些研究成果涉及此案的重要人物如袁世凯、张之洞、岑春煊、恽毓鼎、端方、奕劻等人，学术积累非常丰厚，亦多有论及丁未政争，但并未以此案为中心，在此不一一赘述，详见书内注释及参考文献。

丁未政潮研究为晚清政治史的重要组成部分，经学界长期积累，已经取得了可观的成果。但就目前研究状况来看，还存有一些尚待弥补的缺憾。

一是一些历史细节尚不清楚。政潮过后，时人笔记报刊对于此段历史有所回顾与报道，但仅仅依据私家记述和回忆尚不足以弄清其原委，以至于个别事件成为公案。回顾过往研究不难发现，在搜罗史料、反复论证的叙述背后，政争重要当事人奕劻、袁世凯、端方等高官以及蔡乃煌等属员如何参与政争，尚未有充足的史料证据。换而言之，已有研究对中心与边缘人物在此段历史中的角色，尚多属猜测与推论。

二是人物个案研究亟须加强。丁未政潮牵涉中枢与地方各层级人物。本书研究涉及的梁鼎芬、郑孝胥是为典型代表，事实上受政潮或波及或影响，主动或被动置身其中的官员众多。因此有必要研究各类人物，多个视角审视此次政争，此非一日之功。从目前研究成果看，对不少人物的研究尚有较大空间，如身处中央的鹿传霖、孙家鼐、王文韶、徐世昌等汉族官员，载泽、载沣、铁良、善耆等满员。地方如锡良、升允、赵尔丰、赵尔巽、周馥、盛宣怀、岑春蓂等人也都牵涉其内，有待进一步考察。如本书考察的蔡乃煌、梁鼎芬、郑孝胥、恽毓鼎等次一级人物，同样值得深入研究。此外，康有为、梁启超、张謇、赵凤昌、熊希龄、麦孟华等士人关注京中动向，对这些人物与政潮的相关研究还不够深入。持续关注更多的历史人物与此次政争的关系，历史面相才会更加丰富多元。

三是关键材料的缺失制约此案的解读与研究。如军机大臣瞿鸿禨，为此次政争的主角之一，其人行事诡谲，诸多事件背后能够看到其身影，目前关涉瞿鸿禨于政潮的研究还较为薄弱。中国历史研究院藏《瞿鸿禨朋僚书牍》，为研究此案提供了不可多得的史料。（详见本书第三章）此外，端方档案并未全部收入中国第一历史档案馆。经多年颠簸，流失到社会的端方档案为数不少。中国第一历史档案馆在档案整理过程中，出于保护档案起见，对一些残件未予扫描，这些残片中应该还存有一些涉案材料。可想而知，如上述类同的档案文献不在少数，有待开拓。

四是史料研读有待加强。史学研究蒐集史材既要求多，又要求精，最终选材在于博观约取。观察既往研究，对于既有史料还存在误读或者难以破解的问题，丁未年袁世凯致端方密信较早被学界重视，但其中一些内容和“隐喻”尚有待进一步探讨，如信中言“举武进、郑、张”，一般认为是岑春煊推荐盛宣怀、郑孝胥和张謇，事实上“张”指张元济。如密信中“孙道建林”，应为“孙道廷林”。再如“恐从此黄鹤一去矣”，“黄鹤”代指何人？还难以判断。而这类密信在端方档案及其他文献中还有很多，为研究的难点。

五是作为清末一次震动全局的政治事件，丁未政潮包含了满与汉、国与家、中央与地方、集权与分权、清流与浊流等多种因素，有待继续深入研究探讨。如最高当权者慈禧太后的布局是出于计划，还是临时起意？丁未年大幅度、密集的人事调整，其背后的原因？影响政局的因素很多，民族、地缘、派系、血缘等无疑都会产生作用，一些史学问题有待学人作出合理的推断与分析。丁未政潮与清末政局研究的深入，既与资料和方法有关，也与治史者的学识与见识有关，距离探源历史真相还有很长的路要走。

资料概况：端方档案的特点

陈寅恪说："一时代之学术，必有其新材料与新问题。取用此材料，以研究问题，则为此时代学术之新潮流。"① 本书重点依据的材料为学界目前鲜有利用的端方档案。中国第一历史档案馆藏清代档案一千二百余万件，端方档案为少有的以人物为全宗的档案之一，在全国范围内如此体量的人物全宗档案并不多。端方档案除了体量大，能够支撑笔者从事丁未政潮研究，还在于有其自身特点，具体而言呈现隐秘性、原始性、整体性、系统性特征。②

端方档案的内容多涉及晚清政情内幕，具有极强的隐秘性。从端方档案电文内容来看，多属于政务范畴，也有如人际交往、购买礼品、金石鉴赏等日常私事。端方在京私宅中安设了电报机，作为京中情报重要来源。端方档案中很多要事电文是与家人联系，用"陶"字密电本。基于政治的隐秘与家事的私密，电报房由端方最为信赖的人负责，由其弟端绪主管。端方之子端继先自美国留学归国后，在外务部当差，亦参与端府的电文管理。端方曾告诫其子，"在

① 陈寅恪：《陈垣敦煌劫余录序》，《中央研究院历史语言研究所集刊》第一本第二分，1930 年。

② 关于端方档案的学术价值，参见闫长丽《端方档案述略》，《兰台世界》2012 年第 12 期。

外部管理电报事，千万格外慎密，一切电报无论要紧不要紧均不可在外边泄露一字，斤斤自守，以图保全至要”。[①]

除此之外，端府较为信赖的人是朱启钤与邓邦述。[②] 当然，极为敏感、重要的文件还是由端绪和端继先直接翻译。端绪曾致电端方称，“电本遵交先侄（端继先）译发。沈献臣人极诚笃，在内城警厅当差，正要补缺，不愿就馆。弟与（王）式如深知其可靠，约来帮同译电，每日收发均系弟自经手，献臣不过帮忙。至紧要事件，弟即自译，献臣并不与闻，断不敢不慎密，式如尽知。献臣现已另就他事，节前辞馆，可请放心”[③]。看来即使较为亲信的人，端家还是存有戒心，“断不敢不慎密”。一些高密级收发电交由端府私人管理，如蒋石生、王式如等人，翻译之后径交端方，端绪曾致电称，“蒋石生兄鉴。兹有要电请自译送家兄阅，至密，勿示外人”，“王式如兄。密。呈家兄鉴。自译”。[④]

公事收电与私事收电有明显区分，字体和所用稿纸不同。端方发出的一些电文内情隐秘，也经常在电报开头标明“自译”，如端方与湖北按察使梁鼎芬关系致密，经常打探湖广总督张之洞动向，曾发电称“武昌，烈，自译，冰堂（张之洞）有内召之说，又有召而不往之说，确否，速示”[⑤]。“烈”是端与梁的密电代号。

端方档案中，用类似“烈”字作代号的电文很多，目的是为保

---

① 《端方致北京陶电》，二月廿六日，中国第一历史档案馆藏，端方档案，档号：27-01-001-000161-0017。

② 朱启钤，字桂辛，晚年号蠖公。邓邦述，字正闇，号孝先，光绪二十五年进士，曾祖为两广总督邓廷桢。工诗文。两人均入端方幕。

③ 《端绪致端方电》，光绪三十三年五月初十日，中国第一历史档案馆藏，端方档案，档号：27-01-002-000157-0013。此电是针对端方于沈献臣有所怀疑的回复，“今日入场事忙，陶电本即交先译发。再阅沈献臣甚不慎密，此事至关紧要，往来密电断难再令与闻。如事太忙冗，即令桐转梓材帮译。”《端方致端绪电》，光绪三十三年五月初八日，中国第一历史档案馆藏，端方档案，档号：27-01-001-000160-0097。

④ 《端绪致端方电》，光绪三十三年正月初九日，中国第一历史档案馆藏，端方档案，档号：27-01-002-000144-0028。《端绪致端方电》，光绪三十三年十一月初八日，中国第一历史档案馆藏，端方档案，档号：27-01-002-000164-0054。

⑤ 《端方致梁鼎芬电》，光绪三十三年四月初九日，中国第一历史档案馆藏，端方档案，档号：27-01-001-000124-0091。

密起见，以防电文泄露，被人破译。日常办公用有：午密本二本及申密本、宁密本、武密本，端方档案公务发电多用午密本。一些私事及隐情，需要与朝中重臣单线联系，如袁世凯用龛密本，那桐鼐密，赵尔巽杩密等，不一一列出。除这些朝中重臣之外，端方还广泛撒网，在各地培植密探，往来亦用密电本，如刘仲鲁舆密，朱桂辛栋密，邓邦述边密，熊希龄彪密，蔡乃煌鎣密等，这些品秩不高的官员往往承担着收集情报的任务，电文多涉及政治内情，值得关注。这些密电本是随时更换的，据档案记载称，“前寄密码电本，彼此翻译已久，恐知者稍多，要事或有泄露，兹特另编新本寄上”。[①]此外，端方档案中还有很多仅有密电码，并无翻译文字的电报，破译难度很大。

端方档案原始性特征，指自形成以来尽可能地保留了本来面貌。这与端方身亡资州的突发性事件以及收入档案馆后的整理两方面因素有关。端方去世后，因时局动荡未有幕府人员对档案进行整理，一些敏感信息以及为尊者讳的电文得以保留。名宦所留文献档案，多选择性保留，如中国历史研究院藏张之洞档案，其幕府许同莘等人在张氏去世后，对其所存留的电稿和文牍进行了筛选，整理过程中有所取舍，且传抄编辑本身就对文本的原始性有所“破坏”。从目前所存端方档案来看，并未经此“筛选”环节，电文衔接连贯，底稿与誊稿并存，多涉及官场隐情，家人的信函很多，显然未经幕府和家人处理即流入市井，几经转手后收入档案馆。端方档案原始性与收入档案馆后的整理历程也有一定关联，自其幕府分类成册至利用现代技术扫描，在此之间档案馆做了统计与登记，并未拆册归类，或排序等处理，与文本原样并无大的出入，即使档案馆有进一步整理的计划，但迫于条件限制，未进一步落实，这就为后人提供了一份“原汁原味”的“第一手”文本。

① 《寄换密码本通启》，朝年不详，中国第一历史档案馆藏，端方档案，档号：27-02-000-000150-0002。

需要指出的是，端方档案即便尽可能地保留了形成以来的原貌，但不难发现档案自形成之后，也一直在做“加法”与“减法”。所谓“加法”，即档案形成后，不免人为附加劳动。以专案电为例，端方幕府在档案中提取了部分事件，誊抄整理成为专案电，以便于查阅利用，时人对于事件比较了解，难免添加了个人的理解，使得一些看似与事件无关的档案收入专案电。专卷形成后，今人如果对于档案的整体面貌不甚了解，在研究过程中往往针对某一具体问题，将此专卷作为该档全部资源，而忽视了来电、去电及草稿，如目前已经陆续出版公布的《苏报案》《徐锡麟起义及秋瑾案》都是以专案电为基础，尚不能反映端方档案关于此类事件的全貌。

所谓“减法”，就是档案流入市井后不免流失散佚，即使不像历代档案经历兵灾火焚，也很难保持原有数量。同时，随着纸张的老化破损，在应用现代技术整理期间，出于保护起见，即使对一些残件修复扫描，看到的电子件与原始档案存有差距。端方档案中存有几本来去电目录簿，以时间为序，应是幕府人员随手登记，便于查阅之用。① 根据此份目录簿来看，其中很多电文并未收入到现存的端方档案内，而现有一些电文也未在目录簿中登记，可以说端方档案自形成之日起就一直经历着“加减”，考验治史者的识别力。

端方档案具有整体性与系统性的特点。所谓整体性表现在时间跨度方面，电文集中在光绪二十七年至宣统元年（1909），此一时段端方为官湖广、两江等地，其政务与私人电文收入到端方档案内，来电与去电一般可以互相对应。同时，档案每个月份都有，十分连续，端方档案的整体性特点明显。需要指出的是，宣统元年端方被革职，两年后启用，其间电文很少。所谓系统性是针对档案中数量最大的电文而言，在六万多件电报中，有来电、去电、专案电，同一份电报可能存在多种形态，即草稿、修改稿、誊抄稿、定稿。同时一些电文也收入到专案电中。档案文本的生成过程得以保留，有

① 参见端方档案杂档卷 53、卷 92。

利于了解某一事件的来龙去脉。

但凡文字材料，其文本自然有生成过程，档案也不例外。就端方档案而言，其草稿往往与定稿有所出入。这里举两个例子。

端方对政敌两广总督岑春煊多方打压，表面上却维持和平，岑患病滞留上海，端方亲自致电岑问候病情，实则提示其尽速赴任粤督，惟恐威胁己位，电文如下："尊恙当益轻减，闻近将移居，为静摄计。现仍服药否？"这封电报是经过删削的，底稿上原来的内容是："尊恙当益轻减，闻近将移居，为静摄计。弟药物似亦未可尽废，公谓然否？约何时启节赴粤，并希示及。"[①] 显然，端方关心的不是病情，而是岑何日离沪赴任。只是感觉太过明显，又对电文做了删改。如果只看到定稿，不免认为此电为端、岑交谊的证据，事实恰好相反。

再如，端方与张之洞貌合神离，维持表面和谐，光绪二十八年，张之洞署理两江总督，同时遥控署理湖广。端方档案有一封发给张之洞的电文底稿，讨论北洋军械划拨与淮饷协拨，以及枪炮子弹价格等事，此电旁白注释："此稿未用，已改用江密，并作谢口气，属元办，转催香公（张之洞）速复。"[②] 此时端方身在张之洞屋檐之下，虽对张氏强势控制多有不满，但又无可奈何，事事以求教作谢口气请示，其实内心颇多怨言。端方曾向军机大臣铁良吐露，称"南皮（张之洞）处处与鄙人为难"，对张氏甚为不满。[③]

由此看来，利用端方档案原件与草本的互照十分必要，但由于二者分散在全部档案内，并无规则，档案的系统性为治史者提供了丰富的信息，也给利用增加了难度。

除重点利用的端方档案外，本书亦获取了多方的史料作为支撑，

---

① 《端方致岑春煊电》，光绪三十三年五月二十四日，中国第一历史档案馆藏，端方档案，档号：27-01-001-000114-0265。

② 《端方致张之洞电》，朝年不详，中国第一历史档案馆藏，端方档案，档号：27-01-001-000189-0057。

③ 《端方致铁良电》，光绪三十年十一月十九日，中国第一历史档案馆藏，端方档案，档号：27-01-001-000015-0155。

构成了研究的辅料。本书重点利用的官方文献多来源于国家清史工程数据库，其中包括光宣朝朱批奏折、录副奏折，这些奏折起草背后的推动操纵力量，值得治史者逐一研究，尤其是一些御史的捕风捉影的奏陈，往往被视为风闻言事，实则内情复杂，本书在多处讨论了言路的奏陈。此外，如业已出版的《光绪朝朱批奏折汇编》《宫中档光绪朝奏折》《清末筹备立宪档案史料》等官方文献及汇编，如利用了原档，文内均不引用汇编。

此外，中国历史研究院藏张之洞档案，亦是本书研究利用的重点材料。作为强势地方督抚，张之洞对于晚清政治与政局影响很大，该档对深入观察解读此案多有裨益。中国历史研究院藏《瞿鸿禨朋僚书牍》，时间上主要集中在光绪二十七年瞿任职枢垣，至光绪三十三年罢职归乡期间各方往来信件，记述瞿鸿禨的仕途崛起、人际交往，是了解丁未政潮当事人瞿鸿禨不可或缺的史料。[①] 顺便提及，2021 年复旦大学出版社出版的《瞿鸿禨亲友书札》，在时间段上大都为庚子之前瞿氏的往来信函，笔者推测与中国历史研究院藏瞿氏书牍应是衔接的，可互为补充。

涉及此案的重点人物、重要事件史料。近年得到学界的关注，推动了相关文献的出版，如《袁世凯全集》《张之洞全集》《岑春煊集》《盛宣怀档案选编》《梁启超全集》《康有为全集》《清末立宪运动史料丛刊》等文献汇编，这些档案文献整理者耗费时日，为他人作嫁衣裳，却为本书提供了便利。

政潮影响到高级官员的仕途命运，也牵涉中下级士人的人生抉择，一些涉案的时人日记同样为本书关注重点，如《恽毓鼎澄斋日

---

① 《瞿鸿禨朋僚书牍》共四函十二册，现存中国历史研究院，由周茗青供稿，黄子蕴和叶竞吾整理注释。据整理者开篇介绍：《瞿鸿禨朋僚书牍》是瞿鸿禨在奕劻内阁充当军机大臣会办大学士兼尚书任内——自光绪二十七年（1901 年）起到三十三年（1907 年）丁未五月被开缺时止——六年之间所收到的朋僚书牍的一部分。这种书牍数量应该很多，但现存的只有他儿媳瞿刘淑圭保存下来的：光绪二十七年三件，二十八年二十件，二十九年三十件，三十年四十二件，三十一年八十七件，三十二年一百零六件，三十三年二十件；此外，还有辛亥革命后到民国五年（1916 年）止，他的同僚和门生故吏给他的信件的一部分（五十二件）。

记》已经得到学界利用。另外如《郑孝胥日记》，郑氏作为岑春煊、端方等人得力幕僚，丁未年深陷政局，其记述同样值得重视。官方文献虽最具权威性与可靠性，可语言大都干瘪无色、千人一面，杳然无味，人之性情好恶往往不能窥见，与栩栩如生的历史相去甚远，这些当事人的记述，弥补了正史的不足。前文在研究回顾已经提到了笔记掌故，此处不再赘述。

媒介一般被视为立法、司法、行政之外的第四种权力，具有自身的力量。晚清报刊兴起，报人广泛参与政治，在此次政争中表现尤为活跃。不同的报刊往往具有不同政治取向，背后代表各方势力，其登载的信息传递了当政者的政治意图。本书借助丁未政潮事件，讲述报刊与政治的关系，相关的报纸亦为重点刊用的史料。

本书还用到其他档案文献及相关史料，详见文内注释及参考文献。

研究框架：政潮本相与士人世相

一　本书探讨的问题

新史料的问世对于重建历史事实以及还原历史真相，发覆既往相关研究提供了契机。随着更多晚清史料的整理出版，庚子之后统治集团内部不断积聚而爆发的丁未政争内幕得以澄清，历史的本相渐渐显露。具体而言，本书在前人研究的基础上，重点讨论及解决以下几方面问题：

一是重新考证丁未政潮的若干细节，重构有关史实。历史的精彩在于细节，粗枝大叶、大而化之的论述，历史失去色彩，让历史活起来关键还在于治史者依据的材料。显然治史者不能如小说家凭空想象，需要有理有据的推断，这些都是建立在扎实的史料基础之上。近年来一大批近代史档案文献得以整理，为学人重新认识历史、书写历史提供了极大便利。具体本研究而言，涉案的重要人物，如袁世凯、岑春煊、张之洞、梁启超等人之全集，端方、奕劻、梁鼎芬、郑孝胥、赵炳麟或档案，或文集，或日记均有整理。本书据留存的各方往来电报、信函以及其他杂档，重新考证有关人物或明或暗介入政潮的内幕细节，重构有关丁未年政争的若干史实。

二是在考证史实的基础上，揭示清末政局变动的主要动因，梳理朝局演变的脉络和线索。清末十年，中央枢垣与地方督抚变动频仍，经过了多次密集调整，原因是多方面的，有为政者施政策略的变更与政见更迭，也有不同利益集团的权力纷争，夹杂满汉矛盾，清议与朋党政治，经长期演化与累积，终在丁未年集中爆发。本书力争阐述明晰此次政潮的来龙去脉与内在动因，掌握清末错综复杂政局的关节。

三是通过分析中央与地方各群体官僚的交际，加深满与汉、中央与地方关系研究。既往研究表明清末最高统治者改变了满汉间求取平衡的策略，转向扬满抑汉的施政轨道，此观点具有一定的代表性，但在权力与利益面前，纯粹的种族偏见并不能成为引发政争的决定性因素，权与利的分配划分决定官员之间交际。过分强调满洲特性与满汉差异，以种族揭示政争则容易忽视个体属性，这在中央与地方大员纵横捭阖于此次政争中体现尤为明显，有必要重新检视政潮人物交际的动机，借以揭示官僚群体的政治参与。

四是探讨中下级官员的生存状态，分析清末的政治生态。丁未政潮牵涉面甚广，影响波及各层级官僚的仕途命运与人生抉择，选取此中具有代表性中下层人物予以研究，有助于丰富晚清史研究面向。本书考述郑孝胥、梁鼎芬、赵启霖、恽毓鼎等官阶不高的官员在丁未政争中的表现。受政潮影响的官员还有很多，希望借此引起学界对此阶层在清末时期的政治表现及心态行为的重视，进而加深理解朝代更迭前后，士大夫阶层的精神转变与政治抉择。

五是重新理解清末的改革与政争。改革影响到部分集团的既得利益，由此引发政争。自鸦片战争以降七十年历史的研究，受学科分野的限制，中国近代史往往被划分为近代史与晚清史两个学科，前者注重反帝反封建，后者则主要阐述清朝的历史，由近代史学科视域构筑的晚清史，往往将清王朝置于革命的对立面，掩饰了其作为当时正统政权的行为与取向。回顾晚清史研究，与当事者“共情”“共境”，由此重新认识由清末新政引发的此次政争，阐释清末国家治理与政争的紧密联结。

二　本书的篇章布局

本书关于丁未政潮的研究以时间为脉络展开，虽然事件发生于光绪朝丁未年，但相关人物、史事需向前追溯，就时段而言，集中在光绪晚期至宣统朝十年间的历史。具体以五大臣出洋考察为切入点，探讨预备立宪启动过程中，朝野上下、宇内海外各派人物扮演的角色，以及与政局变动存在的联动。慈禧太后通过政争平衡朝局，但统治阶层内部的纷争并未结束，岑、袁、端等人持续明争暗战，可以看作丁未政潮的余续，直接影响到了宣统朝的政局走向。

第一章分析丁未政潮爆发的内在理路。政治决策因由与出发点，影响后期的政治导向与政策趋势。有关丁未政潮的研究，一般认为与官制改革的有莫大关系，而决定官制改革走向为清末预备立宪的酝酿与启动，五大臣出洋考察各国政治则直接成为预备立宪的发端。因此，探源丁未政潮从五大臣出洋考察入手是可行的。官制改革名为改革，实为权力再分配，其方案更是牵动各方敏感的神经，各方围绕组建责任内阁明争暗斗。本章考证五大臣出洋考察至官制改革启动，各方的主张及抉择，最终导致丁未政潮爆发这一段历史。

第二章探讨丁未年前后京中的动向，考证北洋集团遭受各方的弹劾。张之洞得力幕僚梁鼎芬借觐见之机入京，面参北洋一系；寓居在沪观察动向的四川总督岑春煊，借上任之机乘车径赴京城，继续大肆弹劾庆王府及北洋集团；言官群体本就对袁世凯等人心存不满，借此机会落井下石，尤以赵启霖弹劾庆王府为最。这些对于北洋集团的打压，看似来自不同的势力，背后却有内在的联动。北洋集团如何应对来势汹汹的弹劾，袁世凯致端方的一封密信虽早有前人阐释，但其中一些内容和“隐喻”有待深入探讨。新史料的问世不仅可以填补历史证据的空缺，同时有助于融通解读旧史料，探源历史的真相。

第三章主要考察恽毓鼎弹劾瞿鸿禨一案。庚子之后继承了清流衣钵的庙堂之上的言官与庙堂之外的名士以尊王卫道为旗帜，形成一股影响政治与舆论不可忽视的潜在力量。庙堂内外具有清流底色的朝臣与士人逐渐形成了以瞿鸿禨为中心的一派势力，政治参与多有联结，变动的政局中演化为瞿的重要人脉与依托，与枢垣中奕劻为首及延伸的北洋势力交相映照。恽毓鼎弹劾瞿鸿禨“授意言官”与“暗通报馆”，代表时人对于士林参与政治的认知，指向了朝野内外的士议。瞿鸿禨去职集中反映统治集团内部权势阶层的权力消长以及错综复杂的政治交往。

第四章记述北洋倾倒岑春煊经过。端方档案证实，在袁党驱逐岑春煊过程中，两江总督端方身处局内，扮演了重要角色。端方与袁世凯结盟，协助主导此事的奕劻精心策划，不仅暗查岑在沪密接晤康有为、梁启超的行踪，并策动内阁学士恽毓鼎上折弹劾，终致岑春煊去职。端方在政潮中表现出的机敏阴鸷和投机主义行事风格，在既往研究中很少被关注到，由此亦可窥见清末政争的复杂性以及权贵集团政治生活的原始样态。

第五章重点探讨政潮与政局走向。丁未政潮并未因岑春煊、瞿鸿禨被北洋排挤出局迅速平息下来。反而因安徽巡抚恩铭被刺，这起突发事件使得本来就日益尖锐的满汉矛盾以剧烈的方式呈现出来，这对清末立宪改革、朝局变更产生了深远影响。慈禧太后借机整顿朝局，张之洞、袁世凯联翩入枢，中央高层的调整告一段落。本章探讨丁未政潮前后的政治布局与政治走向。

第六章探讨丁未政潮余续。检讨过往丁未年政争的研究，一般以岑春煊去职、袁世凯、张之洞入枢即告一段落。事实上，岑氏出京驻沪，观察官场动向，一直为复出造势，曾有过几次尝试，均被南北洋联合巧妙抵制，可视为政潮余续。余续还表现在端方对报界的整饬，丁未政潮期间，报界活跃，报人汪康年、狄楚青等人涉入其中，各有企图。岑春煊在上海借助报端，制造两江赈灾不力、新政失利等舆论。基于此，端方或扶植或整饬各类报纸，或开办机关报，或收购，或合办，或停办，应用灵活的策略，争取把握舆论战的主动权。这些都是丁未政潮演化的结果，更多不为人知的历史，均能在档案中找到隐情与细节。

结语部分对于清末新政中的官员重新评价。官僚立宪派即是推动立宪的主角，又借此政争渔利，其历史尚可再认识。庚子之后压抑的士林有重新崛起之势，清议群体在清末政治改革中为一股不可忽视的力量。官僚立宪派与言路中人的争辩，中央集权与地方分权的矛盾，满汉冲突的交织编织出清末政治生态的诸多面相。

附录部分考证端方入仕后至庚子之间的若干史实。

第一章　丁未前的朝局：出洋考察与丙午官制改革

庚子之后清廷推行新政，奋发振作的决心甚为明显，中央与地方均采取了一系列举措。各个领域推行的改革引起权力的再分配，制度变革与利益集团紧密交叉联系在一起，要理解新政的各项举措之推进，了解期间的人事纠葛与派系分离是十分必要的。体制改革引发的多重矛盾集中爆发、愈演愈烈，终在光绪三十三年累积成为大规模的高层政争——丁未政潮。丁未政潮的内因可以追溯到光绪三十一年清廷派遣五大臣出洋考察，端方、袁世凯等参与起草预备立宪奏陈，欲借助随后推行的官制改革谋求更大利益，引发敌对各方激烈政争。

第一节　端方与预备立宪启动

光绪三十二年七月十三日，清廷颁布预备仿行立宪谕旨，宣布对政治体制进行变革。这是清末国家治理最为关键的环节，标志着清朝国策的重大转移，直接影响到了清王朝的前途和命运。预备立宪的启动，与前一年清廷派遣五大臣出洋考察各国政治有关。戴鸿慈、端方考察团回国后，上奏《请定国事以安大计折》《请改革官制以为预备立宪折》，对于清廷主导的新政做了全盘谋划，拉开了清末政治改革的序幕，也留下了一桩梁启超捉刀代拟预备立宪折的公案。[①]

一　端、梁接洽的因缘：出洋考察前的筹谋

光绪三十一年六月十四日，清政府颁布派遣大臣出洋考察政治上谕，“特简载泽、戴鸿慈、徐世昌、端方等随带人员，分赴东西洋各国，考求一切政治，以期择善而从”。[②] 端方是在上谕发布两天前接到军机处来京陛见的电函，并已探查到要出访的内情，准备六月十七日出发，在万寿节（六月二十二日为光绪帝生日）前到京。[③]

端方希望卸任湖南巡抚一职，另谋他就。他在调任湘抚前职务是署理两江总督，南洋一席在望，结果于光绪三十年复调为湖南巡抚，内心自有不甘，极力拖延。发电给军机大臣瞿鸿禨称，湖广总督张之洞与其“意见甚深，大事恐防掣肘”。[④] 此前端方曾多方运作，从湖北巡抚调离，结果一番折腾又回到湖南，不得不继续隐忍

① 关于此案笔记典故多有记述，陶菊隐叙述具有代表性。参见《北洋文流六君子传》，群言出版社2015年版，第11—15页。学人对此案做了一些解读与研究。日本学者狭间直树依据梁氏主办的《新民丛报》无端中断两月的事实，结合《梁启超年谱长编》，判断梁启超代作上奏“的确发生了”。夏晓虹据北京大学图书馆收藏的多封梁启超手稿，推断梁氏为端方起草了多篇奏折。孙宏云认为考察团回京上呈的《欧美政治要义》作者为日本法学家有贺长雄，依据是与其讲述的《国学法》有很多相同之处。参见［日］狭间直树《清朝的立宪准备与梁启超的代作上奏》，徐洪兴、小岛毅、陶德民等主编《东亚的王权与政治思想》，复旦大学出版社2009年版，第209页；夏晓虹：《梁启超代拟宪政折稿考》，《梁启超：在政治与学术之间》，东方出版社2014年版，第17—78页；孙宏云：《清末预备立宪中的外方因素：有贺长雄一脉》，《历史研究》2013年第5期。检视过往研究，核心材料主要集中于梁启超的通信和手稿，兼及报刊、笔记等文献，偏重从梁氏一方阐释此段历史。反观主导此事的清廷要员与此案运作详情，研究较为薄弱。

② 中国第一历史档案馆编：《光绪宣统两朝上谕档》第31册，广西师范大学出版社1996年版，第90页。后因吴樾刺杀未遂事件，徐世昌、绍英改为尚其亨、李盛铎。

③ 端方在六月十三日发给熊希龄的电函中称，“闻将有使事，拟十七自湘起程，万寿前到京”。另据瞿鸿禨亲家余肇康与其信称，“惟陶公（端方）以不得附公行，先闻副公，大喜，故速行”，看来端方早就探知出洋一事。参见《端方致熊希龄电》，光绪三十一年六月十三日，中国第一历史档案馆藏，端方档案，档号：27-01-001-000019-0062；《余肇康致瞿止公函信》，中国历史研究院藏（下同）《瞿鸿禨朋僚书牍》第104封。

④ 《端方致北京椿转瞿鸿禨电》，光绪三十年十一月初十日，中国第一历史档案馆藏，端方档案，档号：27-01-001-000099-0141。

张之洞。据端方幕府致友人的电报称，“帅调湘大不悦”。[①] 湖南士绅因湘籍军机瞿鸿禨在枢，对湘省地方事务多有介入，处处与身为湘抚的端方为难，使其处于上受张之洞压制，下受湘省士绅轻视的窘境。湖南按察使张鹤龄曾记述端方此间酸楚心态，“端帅于五六月间，常促龄代具乞病疏稿，迨出使命下，始不催办”。[②] 张、端为同路中人，巡抚处境不利，作为亲信下属自然无从措手。为此，端方奉命出访之旨来，张鹤龄也期望能够借机调动职务，不过没有直接申明，而是在端方北上之际发了一封长电，建议出洋考察前在上海设立编译局，翻译欧美政书，待到回朝复命时上呈御览，自荐总负其责，并称已与署湖南巡抚庞鸿书沟通，获得了两万元资助。[③]

端方收到张鹤龄电函时已经到京，考虑到张氏所说的国内所译欧美政治书籍多有错误或不成体系，遂采纳其建议，准备在沪设立编译局，招揽通才，编译欧美政书以便回国上呈，并答应由张鹤龄负责此事，命其着手起草译局的办事章程。张鹤龄对译局之事极为出力，将译局拟名为“政法编译局”，拟定了大纲细目六十条发给端方审阅，得到了认可。[④] 张鹤龄本是出于私利的建议，不想却促成了在沪编译局的成立，成为考察团的文书基地，预备立宪折的修订与此不无关系。

张鹤龄既为己谋划出路，也为端方考察回国复命作了准备，但却未能如愿即刻进入编译局。端方委托张氏总理驻沪编译局的札文，由于“劬帅（庞鸿书，字劬庵）不准，冰堂（张之洞）不批”，一

① 《端方致蒋霖电》，光绪三十年十一月初十日，中国第一历史档案馆藏，端方档案，档号：27-01-001-000100-0063。

② 王先谦：《葵园四种》，岳麓书社 1986 年版，第 920 页。

③ 《张鹤龄致端方电》，光绪三十一年六月二十一日，中国第一历史档案馆藏，端方档案，档号：27-01-002-000132-0002。

④ 《张鹤龄致端方电》，光绪三十一年八月初二日，中国第一历史档案馆藏，端方档案，档号：27-01-002-000132-0001。张鹤龄在此电中将译局名字定为“政法编译局”，并称拟好了细目六十条。关于编译局本来是端方个人的名义筹办，后来由官方在上海设立了编译局，人员仍其旧，下文另有论述。五大臣回国后，将所搜罗的数百种书籍交给了考察政治馆，该馆于 1906 年 11 月奏请成立编译所，此后一些宪政书籍在此翻译。至于上海编译局是否一并移入该所，未见史料记述。关于考察政治馆编译所相关情况，参见彭剑《清季宪政编查馆研究》，北京大学出版社 2011 年版，第 9 页。

时难以成行。[①] 不得不另选他人，调南昌知府沈曾植被任命为编译局总办，一切事宜均责其经理。沈曾植曾参与戊戌维新，与维新派多有交际，后主讲两湖书院，且精通书法，为喜好金石书画的端方所赏识，此次担任编译局总办为端方运作。[②] 上海开设编译局提上日程，考察团派沈曾植先行赴日，“博访通人，诹谘故事，调取一切精实有用之书，以便及时开局，先行编译”。[③] 此外，编译官、提调官、缮校委员、庶务委员等也都选调了合适人选，费用均在出洋经费中列支。端方对编译局工作十分看重，曾嘱托上海道袁树勋：“此举于国家变法自强之方关系极大”，如果用度不够，请其就地协助解决。[④]

端方在安排上海编译局事务的同时，选拔随员的工作也提上日程，首先想到的是熊希龄。端方赴任湘抚启行之际，即收到熊“趋辕叩喜”的密电，双方用密电本联络，代号“彪”，[⑤] 往来频繁，可见二人关系非比寻常，端方自然对于熊希龄过往相当清楚。熊氏湖南凤凰人，曾助湖南巡抚陈宝箴行新政，与梁启超等办时务学堂，戊戌政变发生后，熊希龄被革职，永不叙用，交地方官严监管束。[⑥]

军机处于光绪三十一年六月十二日电命端方赴京觐见。端方探知有出使消息，当日即致电熊希龄，保举其为驻沪总办铜元转运，月薪200两，这应是一临时差使。次日，再度电嘱熊希龄速由常德

---

① 《张鹤龄致端方电》，光绪三十一年九月十七日，中国第一历史档案馆藏，端方档案，档号：27-01-002-000130-0029。张鹤龄曾请戴鸿慈、徐世昌、绍英帮助出任编译局总办，依然未能成行。后张鹤龄调奉天，通过奉天将军赵尔巽，得以参与编译局事。参见《张鹤龄致端方电》，光绪三十一年十月三十日，中国第一历史档案馆藏，端方档案，档号：27-01-002-000130-0020。

② 《端方致沈曾植电》，光绪三十一年，中国第一历史档案馆藏，端方档案，档号：27-01-001-000104-0098。此电端方征求沈曾植意见，询问是否愿意入京，尽快告知，以便入奏。

③ 《尚其亨致杨枢咨》，光绪三十一年十月二十九日，中国第一历史档案馆藏，端方档案，档号：27-03-000-000087-0006、27-03-000-000087-0007。

④ 《端方致沈曾植札》，光绪三十一年（月不详）二十三日，中国第一历史档案馆藏，端方档案，档号：27-03-000-000087-0050。

⑤ 《熊希龄致端方电》，光绪三十一年正月十二日，中国第一历史档案馆藏，端方档案，档号：27-01-002-000121-0012。

⑥ 有关熊希龄维新期间与梁启超的交际，参见周秋光《熊希龄与湖南维新运动》，《近代史研究》1996年第2期。

赴长沙，如果“三四日内来长沙一谈最好”，否则即北上，无缘会面。[①] 熊希龄此时正筹备母亲寿诞，准备于六月十五日起程，常德距离长沙路程较远，交通不便，需四五日路程，担心错过约定的时间，在复电中称拟在湘阴芦林潭等候，如果错过碰面，就改在上海见面，很明显也是应诺了沪上的官差。[②] 熊希龄是否按计划见了端方，档案没有记述。只是端方到了北京之后，即奏调熊希龄一同出访，并让其早日筹备入京。[③]

端方此前答应盛京将军赵尔巽协调熊希龄赴奉天当差[④]，现中途有变，遂向赵解释，“熊庶常随往欧洲游历，归时即赴尊调”，并强调“出洋机会难得，此次一失，终身恐将无望，殊堪惋惜，能否恳恩给假数月再往”。[⑤] 以端、赵二人的交情，加之已向朝廷奏调，熊随同出访遂成行。端方这一系列运作，足以说明为了让熊希龄陪同出访，花费了很多心思与精力，表示出极大的热心。相比其他随同出洋人员，端方没有表现出如此态度，主要关节在于利用熊的人脉，帮助考察团完成回京后的奏陈及其他考察成果。通过日后熊氏的表

---

① 《端方致熊希龄电》，光绪三十一年六月十二日，中国第一历史档案馆藏，端方档案，档号：27-01-001-000019-0056。《端方致熊希龄电》，光绪三十一年六月十三日，中国第一历史档案馆藏，端方档案，档号：27-01-001-000019-0062。

② 《熊希龄致端方电》，光绪三十一年六月十四日，中国第一历史档案馆藏，端方档案，档号：27-01-002-000126-0075。

③ 《端方致熊希龄电》，光绪三十一年七月初六日，中国第一历史档案馆藏，端方档案，档号：27-01-001-000104-0071。

④ 端方任湖北巡抚期间，与时任湖南巡抚赵尔巽交往较多，关系密切，两人分别署理江苏巡抚和户部尚书，后又几乎同步调湖南巡抚与盛京将军。日俄战事爆发，盛京棘手事务骤然增多，赵氏疲于应付，亟须得力人手相助，与端方相商请熊希龄赴盛京，熊氏“颇愿相助”。此后赵尔巽奏请熊开复委用，得到清廷允准。由于湖南有诸多事务需要交代，熊氏至奉天为官一事并未立即成行。参见《端方致赵尔巽电》，光绪三十一年四月十一日，中国第一历史档案馆藏，端方档案，档号：27-01-001-000017-0136。《端方致赵尔巽电》，光绪三十一年四月十一日，中国第一历史档案馆藏，端方档案，档号：27-01-001-000102-0066。《端方致赵尔巽电》，光绪三十一年四月十六日，中国第一历史档案馆藏，端方档案，档号：27-01-001-000017-0158。《端方致黄忠浩电》，光绪三十一年六月初一日，中国第一历史档案馆藏，端方档案，档号：27-01-001-000019-0006。

⑤ 《端方致赵尔巽电》，光绪三十一年七月十二日，中国第一历史档案馆藏，端方档案，档号：27-01-001-000104-0090。《端方致赵尔巽电》，朝年不详，中国第一历史档案馆藏，端方档案，档号：27-01-003-000113-0026。

现来看，他充当了此次端方出洋考察文书起草总管的角色，一些行为代表了端的意图，由于此事极为隐秘，熊、端单线对接，同时端方还委派了译书工作。

端方考虑仅凭熊希龄一人难以完成回京奏陈的任务。考察团出国前，清廷发了上谕，要求“择各国政法之与中国治体相宜者，斟酌损益，纂订成书，随时呈进”，[①] 明确要求五大臣将考察各国政治情况纂订成书。虽然在上海设置了编译局，但翻译书籍还要有一些翻译特长的干才加入。端方想到了戢翼翚，在出洋前给清政府驻日本长崎领事馆的戢发了一封电报，告知“不日出京，俟放洋时再电闻”，[②] 看来两人之前应有交际，但没有密电本。戢翼翚，字元丞，湖北房县人，初为外务部章京，奉派留学日本。在日本创办《译书汇编》，编辑出版日本及欧美各国书籍，其译介西学小有名气。端方任职湖北巡抚多年，注重教育，对戢翼翚有所了解。不过，端方并不知道，这位精通日语、由清廷颁发“政治经济科进士出身”的优秀留学生，在日期间入梁启超任职的东京高等大同学校，受自由平等、天赋人权诸学说的影响，主张排满革命。光绪二十六年夏，秘密回国，参加了湖北自立军反清起义，起事失败，逃往东京。

需要说明的是，戢翼翚被选入考察团随员，是出自另一路出访大臣李盛铎的推荐。五大臣调取的众多随员虽然所属不同的考察团，并不是始终跟团，一些人先行出洋，也有人中途留在某国，也间有留学生中途加入。两路使团随从调遣有的是钤印五大臣关防，有的是单独奏调[③]，随同人员大多数是跟随奏请调遣的大臣，其中也有例外，戢翼翚即与两个团均有联系，其为端、戴使团翻译书籍有可能出于与端方的私人关系。[④] 戢翼翚与编译局的沈曾植

---

① 中国第一历史档案馆编：《光绪宣统两朝上谕档》，第 31 册，第 191 页。

② 《端方致长崎清朝领事馆转戢翼翚电》，光绪三十一年，中国第一历史档案馆藏，端方档案，档号：27-01-003-000113-0042。

③ 参阅端方档案·杂档，卷 87。

④ 实际情况可证，随同考察人员中施肇基、姚广顺、金鼎、邓邦述、舒清阿、熊希龄、蔡琦、刘若曾等人为端方亲信，多为其两湖为官时期的属员，私人关系色彩明显。

行程相似，于光绪三十一年十月二十三日先行赴日，日本也是考察团前往的第一站。

二　同乡之间的串联：戢、熊的筹备与策划

五大臣出洋考察的重点在于考求国外政治，以便于清廷推行政治改革，但对于立宪政治熟稔的并非清廷官员，而更多的是在野士人。立宪折的起草与翻译宪政书籍的工作很多发生在日本，如何联络海外立宪派及同情立宪派的旅日人员，将立宪概念与思想进行整合传达于上，以备启动立宪所用，成为考察团亟须解决的问题，在日士人间的乡梓之谊就起到了纽带作用。

光绪三十一年十一月二十三日，端方、戴鸿慈考察团在上海乘坐美国太平洋邮船公司的“西比利亚”号放洋出使，随员中熊希龄在列。四天后，端方一行到达日本。由于日本只是考察团途经国家，无须递交国书，因此并未拜会更高级别的日本政府官员，只与留日学生和商会人员进行了会面。[①]

端方在日期间并未与先期赴日的戢翼翚见面，此时戢正在东京抓紧翻译各类图书，而东京不在考察团出访城市之列，也未见双方有电文往来。倒是戢翼翚致军机大臣瞿鸿禨的两封密信，记载了此时在日情形。第一封时间为光绪三十二年二月初二日，信中写道，到了东京后，调查宪政“均已略有端绪”，本来打算“随赴西洋，嗣因经手编纂事件，无人接办”，“考查各国政法，又以日本为最紧要，遂又蒙派驻东京”，信末还谈道：“将来稍有所得，自当随时缮呈钧鉴。”[②] 第二封信谈及了日本后除实地调查外，兼诣政治家，“往询中国措施宪政之宜”“大端已具。谨逐节译呈”[③]。

---

① 考察团分两路，于各国考察的使命不一。

② 《外务部章京戢翼翚呈协办大学士瞿中堂安禀》，光绪三十二年二月初二日，《瞿鸿禨朋僚书牍》第159号函。

③ 《戢翼翚上瞿中堂禀》，光绪三十二年二月十二日，《瞿鸿禨朋僚书牍》第164号函。

在日本与戢翼翚一同为考察团工作的还有杨毓麟。杨毓麟字笃生，湖南长沙人，陈宝箴抚湘时，任时务学堂教授。光绪二十五年，应江苏学政瞿鸿禨之聘，入幕襄校。后转向革命，参加黄兴创办的华兴会，此年还曾参与了刺杀五大臣，吴樾的炸弹就是杨制造提供的，不过幸免被捕，反而因其留学经历，成为载泽一路考察团成员。[①] 杨毓麟随团到了东京后，也致函瞿鸿禨，告知与戢翼翚一起研究各国宪法，对于戢氏才华倾慕不已，称"戢君语言精熟，识解超俊，而于内务行政，地方自治，用力尤勤，故搜集材料，颇见宏富"。杨毓麟也称，"本当随轺北上，惟以编译各书，缮写未竟，故逗留此间"，反映考察团在日译书任务相当紧迫，需要在日招募更多人手。[②]

杨毓麟找到正在日本的同乡宋教仁，请其协助译书。此年，孙中山在日本东京成立同盟会，宋教仁担任司法部检事长。考察团到达日本之际，日本文部省颁布《清国留学生取缔规则》，中国留学生群起反对，宋教仁为反取缔规则的主脑之一。驻日公使杨枢致日本外务部照会，要求日方不准宋入日本学校。[③] 据称宋教仁于"考察宪政大臣载泽来日之际，受警察监视"。[④] 可具有讽刺意味的是，杨毓麟到了日本，即去找宋教仁相商为考察团译书，同行的还有载泽考察团成员王慕陶，出人意料的是，宋教仁爽快地答应了。[⑤] 这很可能是因为杨毓麟的前辈地位与同乡之谊，杨氏几乎与湖南维新派、立宪派和革命党人均有深厚的私交，时务学堂、南学会、自立军起义、

---

① 至于杨毓麟何以从暗杀五大臣，反对出洋考察，转变到与清廷合作，协助考察团译书，具有说服力的解释认为杨毓麟已经体悟到稳定、传统、按部就班的改革比激进改变重要，虽为最激进打破传统桎梏的思想家，却仍是进士文人。参见［美］裴士锋《湖南人与现代中国》，社会科学文献出版社 2015 年版，第 158 页。

② 《杨守仁（笃生）上瞿中堂禀》，光绪三十二年六月二十四日，《瞿鸿禨朋僚书牍》第 186 号函。

③ 迟云飞：《陈天华、宋教仁留日史事新探》，《近代史研究》2005 年第 6 期。

④ ［日］片仓芳和编著：《宋教仁（1882—1913）年谱稿》，迟云飞译，湖南省桃源县政协文史资料研究委员会：《桃源文史》第 3 辑，香港：国际展望出版社 1991 年版，第 214 页。

⑤ 宋教仁著，湖南省哲学社会科学研究所古代近代史研究室校注：《宋教仁日记》，湖南人民出版社 1980 年版，第 123 页。

华兴会、同盟会等均可见其身影。[①]

《宋教仁日记》记录了译书详情，所译书籍包括《英国制度要览》《各国警察制度》《俄国制度要览》《澳匈制度要览》等。此一时段他在早稻田大学上学，生活拮据，也是促使其课余坚持翻译的重要因素。杨毓麟送书一般都规定译文时间，一本书需约在十日内完成，催促很急。[②] 杨还将戢翼翚介绍给宋教仁，宋日记记述称，“戢元成来，即杨笃生之同〈事?〉者，送译稿与余者也”。[③] 此一阶段，宋教仁与同乡熊希龄也保持联系，在其日记中记述，向熊出售《大英百科全书》，得金二十五元，熊委托其将书设法送至上海，应是寄给上海编译局的用书。[④] 不过，未见双方讨论过立宪事宜。

再看熊希龄的筹备，他随考察团到了欧洲，不过在光绪三十二年三月中途折回，于四月二十四日抵沪。熊氏离开不久，考察团即给其发出密电，当时邮政与电报条件尚不能准确定位熊氏行程，选择致电上海道台转交。电文如下：

> 上海瑞（澂）道台转熊秉三，彪密。公安抵沪，欣慰。戢（翼翚）译德美书已见寄，现又属译俄奥意三国书，公到东可即往取。有未详备即请赶速增补，余如荷、瑞、丹、挪亦乞略为预备。弟等五月朔启行回华，译事惟公是赖，已电次帅（赵尔

① 关于杨毓麟与宋教仁、梁启超、黄兴等人的关系，以及在日活动情况，可参见裴士锋《湖南人与现代中国》，第128—160页。

② 宋教仁著、湖南省哲学社会科学研究所古代近代史研究室校注：《宋教仁日记》，第68、99页。宋教仁关注出洋大臣与清廷的立宪，光绪三十一年五月二十四，写时评《呜呼！端方与湖南!》；八月十二日，写《清太后之宪政谈》。分别参见《二十世纪之支那》第1期；《醒狮》1905年第11期。

③ 宋教仁著、湖南省哲学社会科学研究所古代近代史研究室校注：《宋教仁日记》，第189页。宋对戢应早有耳闻，光绪三十一年三月，还曾在日记中与友人讨论将《译书汇编》改名为《政法报》，《译书汇编》的创办者即为戢翼翚。参见宋教仁著、湖南省哲学社会科学研究所古代近代史研究室校注：《宋教仁日记》，第44页。

④ 宋教仁著、湖南省哲学社会科学研究所古代近代史研究室校注：《宋教仁日记》，第208页。

巽）留公，事毕赴奉，瑞（澂）公来电，一切力为担任，可感之至。慈、方。江。[①]

“彪密”是端、熊先前就使用的密电码。密电中提到戢翼翚的译书已寄到，同时又有新的翻译安排，请熊希龄到东京去取，这也说明熊氏知晓戢氏行为，并有联系。端、戴嘱托熊希龄尽快赴日，增补译书，当时的实情是考察团即将回国复命，“翻译难恃，几交白卷”[②]，此事尤为重要紧迫。

熊希龄接电后，并未急于东渡，而是先安排上海编译局事务。到沪当日，致电长沙曹子縠，约其到沪参与编辑，“编辑事拟借重，能否十日内赶到沪?”四月二十八日，致上海编译局总办沈曾植电，询问“译件是否分科？或专重宪法?”“备目前交卷”。该电还提及编译“款由瑞（澂）筹”，看来熊氏对编译局情况相当了解，充当总览全局事务的角色。[③] 上海事情安排妥当，熊希龄“即东渡”，办理端方交办的译书事。熊希龄复电端、戴称，“江电遵办，沈（曾植）、张（鹤龄）译局于三月开办，现催五月缴齐译件”。此处“江电”当指上文端、戴“江日（3 日）”来电。上海编译局自张鹤龄提议，经过一年多的筹备，正式开局，具体事务由沈、张负责，均为端方信赖之人。[④]

熊希龄曾将此段时间行程告知瞿鸿禨，“嗣奉赵将军电令折回。端、戴两钦使亦命先旋上海，经理编辑事宜，遂于三月二十日由意大利海岸登舟，前月二十四日到沪，复于又月东渡日本，拟往北海

---

① 《端方致瑞澂转熊希龄电》，光绪三十二年四月初三日，中国第一历史档案馆藏，端方档案，档号：27-01-001-000185-0113。电文未署时间，根据电文“江”日发出，应是当月“三日”。据熊希龄三月中旬从欧洲回国，四月二十四日到沪来看，电文应是四月初三日发。

② 《致奉天叶揆初太守电》，熊希龄：《熊希龄先生遗稿》第 1 册，上海书店出版社 1998 年版，第 18 页。

③ 《致长沙曹子縠电》，《致南昌沈学使电》，熊希龄：《熊希龄先生遗稿》第 1 册，第 17、18 页。

④ 熊希龄：《致戴端两钦使电》，《熊希龄先生遗稿》第 1 册，第 19 页。

道调查垦务，为奉天计也”①。电报中提及提前回沪的两个原因，一是赵尔巽令其返回，二是遵照端方、戴鸿慈之命到沪经手编纂事宜。而去日本的原因是调查北海道垦务，“为奉天计”明显也是受盛京将军赵尔巽委托。熊希龄再次赴日不仅仅是调查垦务，而是承担了更为重要隐秘的事情，只不过未在电文中向瞿鸿禨透露。

事实上，熊抵达日本后，主要是针对考察团奏陈做了一番工作。熊希龄与早稻田大学的有贺长雄教授，就翻译立宪书籍一事有过沟通。1913 年有贺长雄任大总统袁世凯法律顾问，回顾这段往事称，“派赴英国之考察宪政大臣端方遣从事某（其人现尚居民国政府之要地）如日本”，通过驻日公使杨枢委托其起草考察报告，“遂竭二星期之力为之起草，而旅居日本之清国留学生某等穷日夜以翻译之，书成，以授端方之使者赍归”。经学人考证，有贺长雄所著之书即《欧美政治要义》。有贺长雄还提供了一封端方的致谢电，“熊参赞希龄自东京归，备述盛情赞助，编纂精详”“此次回国，贡论于朝，幸蒙采纳”。看来熊希龄确实在日为考察团筹备复命文书。而且有贺长雄说，此事发生在“（明治）三十九年（光绪三十二年）四五月之交”，这与熊希龄第二次赴日时间和内容上均契合。②

熊氏此次赴日，仅一本《欧美政治要义》显然不能满足考察团回京奏陈交差，还有大量文书需要编纂，这在熊致张鹤龄的电文中有所提及，“两钦使考察政治各条陈，欲求公总其成，事关变法及天下安危，想公必见允。乞速卸篆，于午节前后到沪何如?”③ 说明起草端方使团考察条陈的任务在熊希龄手里，需要张鹤龄来“总其成”，而且事情紧急，要求张在端午节前到沪。这些“考察政治各条

① 熊希龄：《上瞿协揆书》，《熊希龄先生遗稿》第 5 册，第 4013 页。此件亦见《瞿鸿禨朋僚书牍》第 177 号函，《熊希龄自日本东京上瞿中堂启》，光绪三十二年五月初九日。

② 莫御：《中国新法制与有贺长雄》，《言治》第 1 年第 1 期，1913 年 4 月 1 日。有贺长雄回顾应聘始末，并在《外交时报》撰《中华民国顾问应聘颠末》一文，北京《言治》周刊将其翻译刊登。相关研究参见孙宏云《清末预备立宪中的外方因素：有贺长雄一脉》，《历史研究》2013 年第 5 期。

③ 熊希龄：《致长沙臬台张筱浦廉访电》，《熊希龄先生遗稿》第 1 册，第 17 页。

陈”就包括预备立宪折，因系考察团奏陈的核心内容，直接关系到预备立宪的启动，故其起草与修改过程颇为隐秘。

三　由梁启超到袁世凯：立宪折的代拟与修改

端方出洋前围绕回京复命奏呈，派遣熊希龄与戢翼翚前往运作。前者政治主张较为温和，依靠国内和海外立宪派，后者则相对激进，与革命派多有联系。经过半年多的筹谋，这两条线索均有所收获。戢翼翚主要的工作是负责翻译书籍，以备上海编译局采择。考察团回京后，端致在日戢电文称，“官制折即出奏，外官亦已开议，尊处译件务须赶寄，至要”[①]。该电虽然提到了官制改革折，但重点显然是催促译文。光绪三十二年十月，戢翼翚自日本至沪，致电端方称，“编译告竣，惟校正誊清尚须时日”，并将上海住址告知，以便随时沟通。[②]

不过，戢翼翚虽未参与起草立宪折，但他的一些观点完全有途径上达到考察大臣。戢于光绪三十二年十一月在《宪政杂志》登文称，清廷立宪“今日发表各草案中，多有采其说者”，并非夸大其词，提高身价，显然是知情者言。[③] 不仅如此，戢翼翚对于熊希龄运作梁启超撰写立宪折是有所耳闻的，曾将此事告诉了另一路考察团成员王慕陶，“外间传言午帅（端方）官制折等，系托熊聘三（希龄）先回东京，请梁卓如捉刀”。[④]

当时的实际情况是，熊希龄在日本运作梁启超撰写立宪折虽然隐秘，但并非密不透风，外界是有所察觉的。想必这与熊希龄、戢

---

① 《端方致戢翼翚电》，光绪三十二年九月十五日，中国第一历史档案馆藏，端方档案，档号：27-01-001-000163-0013。本文引用为原稿，改稿为“东京清使馆转戢元成兄，尊处译件速寄，万勿再迟”。

② 《戢翼翚致端方电》，光绪三十二年十月初二日，中国第一历史档案馆藏，端方档案，档号：27-01-002-000056-0006。

③ 戢翼翚：《上考察政治大臣书》，《宪政杂志》第1卷第1号第107页，光绪三十二年十一月初一日（12月16日）。

④ 《王慕陶来函》，上海图书馆编：《汪康年师友书札》，第1册，上海古籍出版社2016年版，第106页。

翼翚、宋教仁、杨毓麟、王慕陶等两湖士人在日本期间的联络有关，他们之间的联系可翻阅此一时段的《宋教仁日记》。后来，清廷公布预备立宪，革命派所办的《民报》称："端方到日本，梁启超对他上条陈，端方回北京，很用他几句话"，"梁启超曾为端方办差，康有为亦与彼辈通信"①，也就不难理解了。梁启超自己也声称，总计为清廷起草了"凡二十万言"。② 针对考察团奏陈的作者及幕后推手，自清廷公布预备立宪之日起，均指向梁启超，尽管后来梁氏曾多次在信中提及代拟折稿事，③ 并且还写给端方一封信，"秉三（熊希龄）东来，以尊命（端方）委嘱各件，谨已蒇事，想早达记室"。④ 但考察团成员均缄默其口，引为忌讳，惟恐授人以柄。端方档案中存有一些电文草稿，弥补了清廷一方证据不足的缺陷。尤其是熊希龄在端方上《请定国是以安大计折》《请改定官制以为立宪预备折》两折前后发给上海维新党人的几封密电，颇能反映上折前后京中情形以及立宪奏陈起草原委。

光绪三十二年七月初七日，熊希龄致上海志锜密电：

> 立宪事奉旨派醇王、军机政务大臣、大学士、直督公同阅看，请旨办理，政府主宣布。袁今日来京，明日即见，改官制折昨晚递。现拟立一北京报，已有绪，款筹妥，请转告狄楚兄约陈君景韩速来商议，十日内到京。切盼。秉。⑤

---

① 楚元王：《论立宪党》，《民报》1907年增刊，第134页；军政府：《谕保皇会檄：保皇会即新改之国民宪政会》，《民报》1907年增刊，第112页。

② 丁文江、赵丰田编：《梁启超年谱长编》，上海人民出版社1983年版，第353页。

③ 丁文江、赵丰田编：《梁启超年谱长编》有直接记述，"诸文中除此两文外，尚有请定国是一折亦为最要者，现副本未抄成，迟日当以请教"，"系梁先生代清室某大臣所作之考查宪政之奏议也"，"弟一月前曾为人捉刀作一文，言改革官制者，其纲领乃与大著不谋而合者泰半"（第353、354、366页）。

④ 《上端方书》，北京大学图书馆藏，参见夏晓虹《梁启超代拟宪政折稿考》，《梁启超：在政治与学术之间》，第60页。

⑤ 《熊希龄致志赞希电》，光绪三十二年七月初七日，中国第一历史档案馆藏，端方档案，档号：27-01-001-000162-0041-1。

志锜，珍妃堂兄，是端方在上海的眼线，与维新党人、倾向立宪的报人狄楚青等多有联系。清廷宣布仿行立宪前，熊希龄将京中的情形传递到上海，并告知《请改定官制以为立宪预备折》已于七月初六日晚上呈，这与目前查阅到的该折具文时间一致。此电中熊氏提出要在北京设立报刊，请狄楚青与陈景韩迅速来京，看似与奏陈事无关，却提供了一条十分重要的信息，能够进一步说明熊、梁等人一直保持密切的联系。熊希龄请狄、陈赴京协助办理《北京报》，此事是与梁启超讨论过的，此年十月梁拟在日本组织政闻社，邀请熊到神户相商，据其称“熟商三日夜”。熊、梁会面商讨筹办《北京报》，在梁启超致康有为信中亦有提及。该信说在内地办分会，由熊筹款十五万，以五万办《北京报》，并称该报的五万款项早已定局，另有会费十万需要熊筹募，大抵来自袁世凯、端方、赵尔巽。[①] 熊希龄致志锜电称，“现拟立一北京报，已有绪，款筹妥”，正与梁致康信所说相合。这些足以说明，熊希龄在考察团回国后，在端府当差，并与梁启超等人保持密切的联系，时常传递机密情报。结合前文论述的熊氏赴日的种种行为，可知他在清末预备立宪折的起草过程中确实承担了中间人的角色，只不过事情诡秘，鲜被外界所知。

不仅如此，熊希龄还将《请改定官制以为立宪预备折》，转给上海的狄楚青，密电称：

> 转狄楚青官制折，万不可登报，都中事瞬息千变，非面详莫悉其苦，此后当各守秘密，方于国事实际有益，有应登报者即照尊示办理。立宪事昨会议拟旨改期宣布。余详函。[②]

---

① 丁文江、赵丰田编：《梁启超年谱长编》，第370—373页。

② 《熊希龄致上海熊公馆电》，光绪三十二年七月十二日，中国第一历史档案馆藏，端方档案，档号：27-01-001-000162-0045。

熊还致电称，“官制折照袁意大加改动，此折不发钞，万不可登报”[①]，似可说明考察团在上海期间，熊即将此折转给了狄楚青等人，至少狄等人看过折子，否则不会强调目前的版本是经过袁世凯修订的。熊氏又特别告知“万不可登报”，“都中事瞬息千变”，担心由其党派揭橥报端引起负面效果。文中“莫悉其苦”指此时立宪上谕“拟旨改期”宣布[②]，此前多方运作终有结果，是对所经历之事向同道中人的感慨。熊又特意告知“此后当各守秘密”，其“秘密”自然包括梁启超代拟奏稿一事。

关于出洋使团回国复命涉及预备立宪方案的一系列内容，梁启超曾说，总计起草了“凡二十万言”。[③] 戴鸿慈日记记述“阅定各奏折，计定国是、改官制、审外交、设财政调查局、立中央女学院，凡五折”[④]。其中“定国是、改官制”已收入《端忠敏公奏稿》。“审外交、设财政调查局、立中央女学院”三折，梁氏手稿现藏于北京大学图书馆，从而说明梁氏代拟确有其事。[⑤] 但由于这三封奏折尚未见诸清廷官方文献，即便有梁氏手稿，转达至端方考察团处是否有所修改，以至于是否上陈还都是未知数。

端方档案中存有一件档案，题为《为请设财政调查局事奏折》，用的是红格的电报稿纸，字迹工整，间有补录修订个别字句，其内容与北京大学图书馆藏梁启超拟《请设财政调查局折》手稿本内容几乎相同。对比两份文件不难发现，端方档案的折件是在梁的代拟稿基础上修订的，改动不多，仅对个别字句作了调整。如端档折文首为：

---

① 《熊希龄致上海熊公馆电》，光绪三十二年七月十三日，中国第一历史档案馆藏，端方档案，档号：27-01-001-000162-0046。

② 清廷对外宣布立宪上谕的日期为七月十二日，与熊发狄楚青电日期一致，熊发电时应尚不知晓立宪上谕发布。

③ 丁文江、赵丰田编：《梁启超年谱长编》，第353页。

④ 戴鸿慈：《出使九国日记》，湖南人民出版社1982年版，第270页。

⑤ 有学者通过分析梁启超《请设财政调查局折》手稿本，认为此折与光绪三十四年度支部奏请设立清理财政处，各省设立清理财政局一事有一定的关联，依据是与奏折内容相似。参见夏晓虹《梁启超代拟宪政折稿考》，《梁启超：在政治与学术之间》，第35页。

奏为财政出入关系至重，请设财政调查局，以资整理，恭折仰祈圣鉴事。窃维国无论大小，莫不待财政而理。故治国之道，以理财为最要。《周官》一书，半言理财。[①]

梁氏手稿起首为，“奏为一国财政，贵于收支适合，请设财政调查局，以为整理预备，恭折仰祈圣鉴事。臣等窃惟一国政事，无论大小，莫不待财而理。故治国之道，以理财为最要。《周官》一书，半言理财”。由于端档此折为电报稿纸抄写，或许是端方幕府据电报誊抄而来。据此可以断定，梁启超确实曾为端方起草过一些奏陈，这封存于端方档案的财政调查折就是有力证据。遗憾的是，端方档案中未见定国是、改官制等折。

不过，梁启超代拟的立宪折稿件与这封财政调查折不同，经过了层层修改，这期间征求了多方意见，改动较大，并非原封不动地上奏，这可以从使团回国后的一系列操作中得到证实。戴鸿慈、端方考察团于光绪三十二年六月初一日抵达上海，并未急于回京复命，更多推测是在等待熊希龄请人代写的折稿与译书。[②] 熊是六月初五到的上海，晚于考察团[③]，此前曾请张鹤龄在端午节前赴沪，将考察政治各条陈“总其成”。[④] 由此看来，熊氏应是在考察团到沪之前即把代拟的折件传递到文书基地——上海编译局。端方档案中有很多事关隐情的长电，代拟折件通过密电发送至沪，这在当时传递急电、密件是可行的。

考察团在上海修订各方来稿颇为顺手，毕竟在此之前上海编译局收集材料、编译书籍，做了大量工作，人员齐整，熟悉内情。同时，上海是立宪主张颇为活跃的地区，选择上海作为编译局驻地，也有出于江浙为立宪派大本营的考虑。端、戴在沪听取了立宪派人

① 《为请设财政调查局事奏折》，朝年不详，中国第一历史档案馆藏，端方档案，档号：27-03-000-000138-0076。

② 陶菊隐：《北洋文流六君子传》，第13页。

③ 戴鸿慈：《出使九国日记》，第269页。

④ 熊希龄：《致长沙臬台张筱浦廉访电》，《熊希龄先生遗稿》第1册，第17页。

士如张謇、郑孝胥、汤寿潜等人的意见，参阅此一时段张謇日记，考察团在沪期间常与江浙立宪团体，谈论立宪事宜，这在当时并非秘密。[①]

考察团滞留沪上动因还在于待观各地督抚及京中的表态。端方等人到了上海后，向盛京将军赵尔巽、湖广总督张之洞、两广总督岑春煊、陕甘总督升允、云贵总督丁振铎、四川总督锡良等各地督抚发电，“拟奏请先行宣布立宪谕旨”，征求意见。[②] 从地方大员发给张之洞的电报来看，一些督抚对于立宪热情不高。升允称：“不立宪亦兴，股肱惰，万事隳；虽立宪亦亡，大本恐不系乎此，鄙人不知立宪之必无害，不敢附和，又不知立宪之必无益，亦不阻挠”。[③] 丁振铎观望政局，不知立宪可否，“自应俟奉旨饬议，再行陈奏”，希望张之洞定主意。[④] 湖南巡抚庞鸿书认为，“五大臣回国立宪议论传说纷纭，惟人民程度未到，非先立基础分年改良，是欲治丝而棼之也”[⑤]，言外之意，并不十分赞成速行立宪。各地督抚态度不一，而如张之洞等大员并未立即表态，立宪的前景尚存变数。[⑥]

同时，京中动向尚未明确，清廷所派两路考察团曾在欧洲碰面，约定端、戴团先行回国复命，结果载泽一路先期回京，并于返京次日即上《吁请立宪折》。载泽系宗室，其嫡福晋为慈禧太后侄女，故其陈请立宪更具力度。端方等在沪观望，等待载泽上折之后的朝野

---

① 考察团抵沪后，张謇分别于六月初一、初三、初七见到了戴、端，记述称“诣端谈宪事，意尚不衰”；“合商学界公宴二使于洋务局，众心希望立宪也”。张謇研究中心、南通市图书馆编，《张謇日记》，江苏古籍出版社 1994 年版，第 575 页。

② 《上海戴、端钦差来电》，光绪三十二年六月初十、十一日，《近代史所藏清代名人稿本抄本》第 2 辑第 107 册，大象出版社 2014 年版，第 76 页。

③ 《兰州升制台来电》，光绪三十二年六月十四、十五日，《近代史所藏清代名人稿本抄本》第 2 辑第 107 册，第 113 页。

④ 《云南丁制台来电》，光绪三十二年六月十五、二十一日，《近代史所藏清代名人稿本抄本》第 2 辑第 107 册，第 151 页。

⑤ 《长沙庞抚台来电》，光绪三十二年六月二十二日，《近代史所藏清代名人稿本抄本》第 2 辑第 107 册，第 154—155 页。

⑥ 关于清末各省督抚与立宪决策之研究，可参见李细珠《地方督抚与清末新政：晚清权力格局再研究》，社会科学文献出版社 2018 年版，第 166—206 页。

动态，以便随机应变。据盛宣怀在京中眼线陶湘探称："泽于召见时破斧（釜）沉舟，凯切陈奏。两宫大为之动容。其时甚秘密，但闻政府颇以立宪尚非其时为虑。"[①]，可知京中高层意向尚不明朗。如果能拉拢更多得力帮手，无疑更有利于推动立宪启动，直隶总督袁世凯的加入起了至关重要的作用。

光绪三十二年六月十七日，端方考察团途经天津，例行履行官场接风仪式后，端方与戴鸿慈"往拜袁慰帅，坐谈良久，谈及筹立宪准备及改官制"。[②] 御史胡思敬记称："五大臣归至天津，世凯劳以酒，曰：'此行良苦，将何以报命？'皆愕然，莫会其意。世凯出疏稿示之，曰：'我筹之久矣，此宜可用。'遂上之。"[③] 袁世凯幕僚张一麐称，袁令其与金邦平等幕府人员缮成说帖，"后见北洋与考察诸大臣会衔奏请预备立宪稿，即余等所拟，未易一字"。胡、张所说不免有夸张的成分，应是在端方考察团拟好的奏折上有所修订。正如张一麐坦言："编纂官制发起于项城（袁世凯）与端午桥"。[④] 端方与袁世凯达成了共识，甚至在官制改革权益分配方面有深入交流。时任军机大臣鹿传霖致信陕西布政使樊增祥，称袁世凯许诺端方在随后主张推行的责任内阁中任职副总理。[⑤] 外界看来端方有借官制改革"思揽大权"之嫌。[⑥]

袁世凯参与修改使团所上奏折，在熊希龄发给上海友人（可能是狄楚青）一封密电中也得到了证实：

官制折照袁意大加改动，此折不发钞，万不可登报，弟廿

---

① 陈旭麓、顾廷龙、汪熙主编：《辛亥革命前后·盛宣怀档案资料选辑之一》，上海人民出版社1979年版，第26页。

② 戴鸿慈：《出使九国日记》，第271页。

③ 胡思敬：《大盗窃国记》，《退庐全集》，收入沈云龙主编：《近代中国史料丛刊》正编第45辑，台北：文海出版社1970年影印本，第1353页。

④ 张一麐：《古红梅阁笔记》，中华书局2020年版，第57页。

⑤ 曾伟希整理：《鹿传霖致樊增祥信函二通》，《文物春秋》2010年第4期。端方与袁世凯交谊，详见第二章第四节。

⑥ 《京菘来电》，光绪三十二年七月十三日，中国历史研究院藏，张之洞档案，甲182-441。

日内回奉天，又立宪将宣布，全由圣裁，请嘱各报速赞颂两宫及庆王、醇王，万不可归功袁、端。切盼。[①]

此封密电发出时间是七月十三日，即立宪折上呈后几日，明确表明端方所上官制改革折征求了袁世凯的意见，同时声明官制改革的决策，端方与袁世凯均起了很大的作用，但为了避免招惹是非，他们将功劳归于两宫及各位王公。看来袁世凯参与修改了已经拟好的奏稿确有其事。随后，清廷推行的官制改革基本采用了端方的奏陈，官制改革引发的丁未政潮与此不无关联，对于清末政局影响深远。

经过层层修改的预备立宪折，内容上应与梁启超代拟折有了较大的出入，甚至主要宗旨有所改变，虽然目前尚未发现梁氏的代拟稿，但从官制改革折公布后，梁启超一派的一些评论来看，的确改动不少。梁氏在其主办的《新民丛报》发文，称："号称预备立宪、改革官制，一若发愤以刷新前此之腐败。夷考其实，无一如其所言"[②]，对清廷的预备立宪不无批评。梁氏阵营中徐佛苏对官制改革大发感慨，致信梁启超称"公一腔热血，空洒云天，诚伤心事也"。[③] 革命党人言辞则更为激烈，宋教仁在官制改革公布之际的日记中写道，"此即政府讲真正专制主义之策，而不欲实行立宪之明证，以压制国民者也"[④]。看来，由清廷主导的预备立宪方案并未得到在野士人的普遍认可。

第二节 袁世凯主责任内阁与阻力

责任内阁制思想在中国的酝酿起于 19 世纪 70 年代，郑观应、

---

① 《熊希龄致上海熊公馆电》，光绪三十二年七月十三日，中国第一历史档案馆藏，端方档案，档号：27-01-001-000162-0046。

② 梁启超：《现政府与革命党》，《新民丛报》1906 年第 4 卷第 17 期。

③ 丁文江、赵丰田编：《梁启超年谱长编》，第 368 页。

④ 宋教仁著、湖南省哲学社会科学研究所古代近代史研究室校注：《宋教仁日记》，第 269 页。

王韬等人即有所发议，但仅限于庙堂之下讨论。日俄战争之后，立宪救国则转化为群体舆论，引起朝野各方广泛参与。其中袁世凯是支持成立责任内阁的重臣之一，在五大臣出洋考察归国之前，与袁有金兰之谊的载振曾上书改定官制，核心是要加强内阁职权，以维政体。御史胡思敬记述称载振所上折为袁派人代拟，“冀新内阁立，权归总理，天子不得有为，私拟一奏，使载振上之，大旨言救亡非立宪不可”[①]，进而推测袁氏此举是担心慈禧太后百年之后，再度亲政的光绪帝将清算戊戌政变的旧账，故主张施行责任内阁制以图自救。此折批给政务处，推诿至五大臣出洋考察归国后再行裁定，之后袁则转而在端方所上立宪折做文章（详见第一节）。改革官制牵涉君权与臣权、中央与地方、满与汉、集权与分权，权势转移带来人事更动，“近来京中官制大更，内由擢用者甚多，洵为捷径”，“乞分天瓢一滴”大有人在。[②] 对此，各方对于袁世凯借助改革扩充权力心知肚明：“本初公权力太大，……今言变法即变到他家里，破格用人亦到窝里。”[③] 以官制改革为先导的政体变革，伴随而来的是权力的博弈，改革方案成为讨论的集矢。

一　袁世凯主张责任内阁

五大臣归国后，两宫接连召见，其中载泽两次，端方三次，戴鸿慈和尚其亨各一次，垂问周详。五大臣痛陈中国行立宪利弊，一番苦口谏言打动了当政者，两宫动容，“只要办妥，深宫初无成见”。

① 胡思敬：《大盗窃国记》，《退庐全集》，第 1352 页。载振将此折送给瞿鸿禨，投石问路，称“中国官制窳败，亟待更张，欲求入手之方，必以祛冗滥，专责成为首务，振窃不自揆，妄思有所论列，谨拟具疏稿一通，拟于一二日内恭折上闻。夙稔执事公忠体国，当表同情，谨先录副呈正。管蠡之见，如有可备采择之处，入对之余，伏望赞成一切，俾可见之施行”。参见《载振致玖翁尚书函》，光绪三十二年，《瞿鸿禨朋僚书牍》第 229 号函。载振支持立宪，“盖振贝子者立宪党，泽未行时，振即告以非立宪不可，兄出去一看，便明此理”。《汪大燮来函》，上海图书馆编：《汪康年师友书札》第 1 册，第 755 页。

② 《□赞衮致止庵中堂函》，光绪三十三年二月二十四日，《瞿鸿禨朋僚书牍》第 240 函。

③ 《某致端方信函》，根据文内“传王中堂出军机，以徐侍郎补入”判断，应为三十二年之前事，此信为残片，发信人不详，时间不详。中国第一历史档案馆藏，端方档案，档号：27-02-000-000013-0001。

七月初六日，戴鸿慈、端方将反复修订的改定全国官制为立宪之预备事折上呈，并呈改内外官制名称及办事权限大略清单，可视为官方层面实质性推动仿行立宪肇始。五大臣前期虽向两宫多次进言，如此重大体制改革，征求各方意见必不可省。同日，慈禧太后将考察政治大臣回京条陈各折件派醇亲王载沣、军机大臣、政务处大臣、大学士、北洋大臣袁世凯公同阅看，[①] 也体现出清廷在庚子之后，中央权力中枢决策集体化的倾向。集体讨论必然受制于个人与集团利益的羁绊，不同的声音在所难免，表面政见不同致使的不足与谋，实则蕴含各自的权益算盘。先看重臣讨论的情况，《东方杂志》对群臣会议立宪情形做了详细报道，记述极为生动传神，更像是针对袁世凯的一场“鸿门宴”。七月初八日将考察大臣的折件发给各大臣，因折多且长，下发当日传阅后时已日暮，定于次日在军机大臣散值后，于外务部公所集议。

首先发言的是奕劻，身为首席军机大臣，自然是领衔揭橥会议主旨的不二人选，是赞成立宪的，称“宪法一立，全国之人，皆受治于法，无有差别，既同享权利，即各尽义务”，更为重要的是，“立宪国之君主，虽权利略有限制，而威荣则有增无减”，因此“立宪一事，固有利而无弊也”，并严肃地指出了立宪是“中外各报、海外留学生所指陈所盼望者”，从速立宪是“顺民心而副圣意”之举，言外之意立宪可消弭革命。

奕劻的主张并未得到应和，反而遭到大学士孙家鼐的反驳，认为立宪会引发宗旨全变，不但不会救国，反而会引起波澜，不利于国家稳定，“此等大变动，在国力强盛之时行之，尚不免有骚动之忧；今国势衰弱，以予视之，变之太大太骤，实恐有骚然不靖之象”。孙家鼐话音未落，与北洋一系过从甚密的军机大臣徐世昌则立

① 《戴鸿慈、端方奏请改定全国官制折》，光绪三十二年七月初六日，中国第一历史档案馆藏，录副奏折，档号：03-9281-031。《著为考察政治大臣回京条陈各折件派载沣袁世凯公同阅看请旨办理事谕旨》，光绪三十二年七月初六日，中国第一历史档案馆藏，录副奏折，档号：03-9281-030。《戴鸿慈、端方呈请改内外官制名称及办事权限大略清单》，光绪三十二年七月初六日，中国第一历史档案馆藏，录副奏折，档号：03-9281-032。

即与之辩驳：变法已经很多年了，但没有成效，原因在于“国民之观念不变，则其精神亦无由变”，“惟大变之，乃所以发起全国之精神也”。张百熙、荣庆都表达了各自的意见。总体上看，这些重臣的辩论尚称缓和，各方争辩从容不迫，同居朝堂为官，人情世故，点到为止。但群臣情绪显然被调动起来，跃跃欲试，军机大臣铁良与袁世凯争辩则是火花四溅，最为激烈，针尖对麦芒，火药味十足，将此次群臣集议引向高潮。

铁良认为：“吾闻各国立宪，皆由国民之要求，甚至暴动，日本虽不至暴动，而要求则甚力。夫彼能要求，固深知立宪之善，即知为国家分担义务也。今未经国民之要求，而辄授之以权，彼不知事之为幸，而反以分担义务为苦，将若之以何?”铁良的说辞确实反映了清廷施行立宪与诸国的不同，即中国之立宪自上而下，外国的立宪多自下而上。民智未开，强力推行宪政，铁良担心民众“不知事之为幸，而反以分担义务为苦”，此语其实是针对奕劻立宪以消弭革命的说辞而发。铁良这种担忧不无道理，这在后来立宪的施行过程中，每项新政均配套财务支出，财政竭蹶引起地方督抚的不满，作为主管户部的军机大臣，铁良的反驳同样具前瞻远见，也非全部基于个人恩怨。

针对铁良的责难，袁世凯回答：“各国之立宪，其事之顺逆不同，则预备之法亦不同，而以使民知识渐开，不迷所向，为吾辈莫大之责任，则吾辈所当共勉者也。”平心而论，袁氏以启民智为由的驳词，多少有些言辞空洞、苍白无力。立即遭到铁良的驳斥，立宪需要整理机关、明定权限，事务繁杂，“使各处绅士商民，知识略相平等，乃可为也”，显然铁良对于绅民接受立宪还存有疑虑。袁世凯则举了改造旧屋的比喻，一旦改变政体，各种问题相连而及，需要做好准备，“譬之老屋，当未议修改之时，任其飘摇，亦若尚可支持。逮至议及修改，则一经拆卸，而朽腐之梁柱，摧坏之粉壁，纷纷发见，致多费工作。改政之道，亦如是矣”。袁、铁有关立宪从缓从急的辩论各持一定的道理，此后两人又围绕地方自治等内容展开辩论，朝堂之上的唇枪舌剑，更多呈现于演义与小说的场境，却也反映了朝臣对清末危局演变而来的残局走向缺乏共识。

总体而言，针对立宪一事，群臣会议即存有明显分歧，甚至针锋相对。奕劻、徐世昌、张百熙、袁世凯赞同立宪；孙家鼐、荣庆、铁良明确反对。群臣激辩不休，老于世故的瞿鸿禨试图息事宁人，调和两方，“旧法新法，固无二致也”。瞿时为军机中的汉员代表，起家翰林，秉持义理，本是清议诸公众望之人，平衡各方自在其职权范畴，但保留成见，明哲保身重权谋，私心大于国事。醇亲王载沣则建议延期再议，“立宪之事，既如是繁重，而程度之能与否，又在难必之数，则不能不多留时日，为预备之地矣。于是诸王大臣之意见，大略相同”。① 于是次日，将讨论结果上陈推诿至慈禧太后，专制体制下的群臣集议还是由其来最终拍板定夺。慈禧太后选择支持宪政。七月十三日，清廷发布立宪上谕，宣布施行“仿行立宪”，“先将官制分别议定，次第更张”②。

对于群臣议政时出现的不同意见，清廷应有所准备，在会议之前针对立宪已经产生冲突，据张之洞派往京中参与官制改革的道员张寿龄报告，“政官立宪，铮铮（铁良）颇同阻挠，与东海（徐世昌）大为冲突，一时恐难定议”③。徐世昌与铁良冲突为慈禧太后所闻，为此在下发群臣讨论立宪上谕的第二日，又发一道上谕，强调厘定官制事关重大，各大臣“务当共矢公忠，屏除成见，悉心妥订”④。官制改革引发权益的争斗早在揭櫫之初即埋下伏笔。

---

① 《立宪纪闻》，中国史学会编：《辛亥革命》第4册，上海人民出版社、上海书店出版社2000年版，第15—17页。按：此年冬梁鼎芬入京，探查此中情形，称“自立宪事起，拟旨瞿不甚动笔，两边交鬨，瞿是中立国，互为周旋。徐最高兴动笔，荣偶动笔，鹿近来不动，铁向来不动”。《京梁臬司来电》，光绪三十二年十一月十五日，中国历史研究院藏，张之洞档案，甲182-442。

② 中国第一历史档案馆编：《光绪宣统两朝上谕档》第32册，第128页。

③ 《天津张委员来电》，光绪三十二年七月初四、初五日，《近代史所藏清代名人稿本抄本》第2辑第107册，第197页。

④ 中国第一历史档案馆编：《光绪宣统两朝上谕档》第32册，第129页。

在慈禧太后钦定筹办官制改革的众臣中，袁世凯是唯一的非京官，其他各地总督、巡抚均是奉旨派人赴京随同参议。看来袁在官制改革中地位确实不一般，晚清内轻外重格局下，疆臣话语权不容小觑，何况袁抱定立宪的决心，声称此次官制改革“官可不做，法不可不改”，“当以死力相争”[①]，凌厉的气势为日后言官弹劾大臣陵君、藩镇割据提供了说辞。

七月十八日，清廷据戴鸿慈和端方先前所奏请改定官制方案，在恭王府朗润园设编制局，来自部、省四十多人参与编制，其中袁世凯亲信杨士琦被任命为提调，周树模副之，此外袁幕府金邦平、张一麐、曹汝霖等参与起草，另如京曹参与者王士珍、端绪等多人，或为袁之亲信，或有间接关系，均为北洋党徒。据起草课委员曹汝霖后来回忆，袁世凯“亲自主持”编制官制局事务，各种说帖、条例均呈其审阅，“揣项城之意，以朝廷既决意立宪，自应照立宪国成例，改为内阁制”。[②] 坊间即认为丙午官制改革，袁世凯“主张最多，全案几皆其一手起草”。[③]

袁世凯热衷立宪，实有私心作祟。据盛宣怀在京坐探陶湘探报，“本初另有深意，盖欲借此以保其后来，此固人人所料及者”。[④] “人人所料及者”，即暗指袁世凯戊戌出卖维新党，担心慈禧太后作古后，遭到帝党的清算，这点御史赵炳麟说的更为通透，“世凯因戊戌之变，与上有隙，虑上一旦复权，祸生不测，冀以内阁代君主，己可总揽大权，自为帝制，入京坚持之”[⑤]。“自为帝制”难说，但袁世凯主责任内阁揽权确有其事。先是端方等人上奏的《请改定官制以为立宪预备折》经袁世凯之手大加改动，奏折中有言“责任内阁者，合首相及各部之国务大臣组织一合议制之政府，代君主而负责

① 陈旭麓、顾廷龙、汪熙主编：《辛亥革命前后·盛宣怀档案资料选集之一》，第28—29页。

② 曹汝霖：《一生之回忆》，香港：春秋杂志社1966年版，第56页。

③ 徐一士：《清光绪丁未政潮之重要史料——袁世凯致端方之亲笔秘札（续完）》，《国闻周报》第14卷第6期，1937年2月1日，第75页。

④ 陈旭麓、顾廷龙、汪熙主编：《辛亥革命前后·盛宣怀档案资料选集之一》，第28—29页。

⑤ 赵炳麟：《赵柏岩集》（上），广西人民出版社2001年版，第293页。

任者也”。[①] 依照此设计，“定议总理一人，属现在之领袖”，袁本人“竭力设法欲入内为协理”，即副总理。“领袖”就是奕劻，领班军机大臣。据说袁世凯通过杨士琦一次性贿赂庆王十万两，此后月有月规、节有节规、年有年规，[②] 还与奕劻之子载振结为金兰，从而取得军机首揆信赖，外界多认为奕劻在官制改革中“本属无可无不可，一听命于北洋而已”[③]，虽多有夸张之嫌，却反映出袁借与庆王府结盟之便，欲借官制改革渔利。

经官制编制局几番争论，最终“所拟官制，大抵依据端制军（端方）等原奏，斟酌而成”，实际为袁氏“斟酌而成”。前文亦已提及出洋回国后，端方等人在天津与袁就立宪相商（详见本章第一节），回京推进官制改革以袁氏马首是瞻，“官制事仍多阻力，全赖维持。此间议员郁帅前派蒯、俞二道尚未成行，蒯道又称病不能进京，可否改派朱道之榛，敬以奉商。所派议员应否现来，抑尚不忙，均候裁示”，即使派议员这等地方事务端也要与袁相商，北洋对南洋权限的侵蚀伴随端、袁交际的日益稳固到了更高的维度。[④]

草案拟改政府中枢为责任内阁，设总理大臣一人，左右副大臣二人，各部尚书均为内阁政务大臣，参知政事。各部尚书一人，左右侍郎各一人，首为外务部，次为民政部、财政部、陆军部、

---

① 端方等：《请改定官制以为立宪预备折》，参见《端忠敏公奏稿》卷六，沈云龙主编《近代中国史料丛刊》正编第 10 辑，台北：文海出版社 1967 年版，第 719—770 页。

② 刘厚生：《张謇传记》，第 128 页。

③ 陈旭麓、顾廷龙、汪熙主编：《辛亥革命前后·盛宣怀档案资料选集之一》，第 26 页。

④ 《立宪纪闻》，中国史学会编：《辛亥革命》第 4 册，第 19 页。参见《端方致袁世凯电》，光绪三十二年九月十五日，中国第一历史档案馆藏，端方档案，档号：27-01-001-000165-0004。同日，致电官制改革的倡议者载泽，称“官制将上，甚慰。外官已开议，当即派员入都”。参见《端方致载泽电》，光绪三十二年九月十五日，中国第一历史档案馆藏，端方档案，档号：27-01-001-000163-0013。同日，端方又致函好友大理寺卿刘仲鲁，称“官制将上，有无变动，甚念”。“官制略定，仍望随时见示”。参见《端方致刘若曾电》，光绪三十二年九月十五日，中国第一历史档案馆藏，端方档案，档号：27-01-001-000163-0013、27-01-001-000163-0014。可见，端方对于立宪一事极为上心。《时报》亦称，官制方案“大率皆本端午帅之原奏，由所调之编纂各员逐节拟稿，再由各大臣商酌无异词者，即作为已画诺”。《京师近信》，光绪三十二年八月初二日（1906 年 9 月 19 日）第 2 版。

海军部、法部、学部、农工商部、交通部、理藩部、吏部、资政院、典礼院、大理院、都察院、集贤院、审计院、行政裁判院、军谘府，总计十一部七院一府。草案报核定官制大臣奕劻等人，复核改动不大，仅做微调，只将财政部改为度支部，交通部改为邮传部，去典礼院而复礼部，去除原定的行政裁判院和集贤院，其核心内容责任内阁得以保留。九月十六日，奕劻奏为预备立宪先将京官编定复核折，同时附呈各部官制通则清单上呈。[①] 经过两个月争论而定的中央官制改革方案尘埃落定，基本上反映了袁世凯、端方的谋划，军机大臣鹿传霖给樊增祥发密信，揭示袁、端合于官制改革谋沆瀣：

> 至立宪先从改官制入手，则袁（世凯）、端（方）之谋，而邸（奕劻）为所愚，袁又为端所怂恿，皆欲揽天下大权。两人合谋，内外一气。其本意端充副总理，佐邸总理（左右两副，其一为城北，袁党也），则玩邸于股掌之上。[②]

袁世凯联合奕劻，北洋势力日益增强，又寄望在官制改革中谋利，引来在朝大吏的警觉，“阻碍太多，同情太少”[③]，质疑与反对之声随之而来，“此次立宪，项城实主之，枢臣皆大不悦，有欲鲠其议”。[④]

二　来自满洲权贵的阻力

袁世凯、端方密谋而成的中央官制改革方案，遭到部分满洲权贵阻挠，其中就有醇亲王载沣和军机大臣铁良。醇王府与袁世凯芥

---

① 《奕劻奏为预备立宪先将京官编定复核事》，光绪三十二年九月十六日，中国第一历史档案馆藏，录副奏折，档号：03-9284-023。

② 曾伟希整理：《鹿传霖致樊增祥信函二通》，《文物春秋》2010 年第 4 期。

③ 《端方致竹君》，国家图书馆善本部编：《赵凤昌藏札》第 10 册，国家图书馆出版社 2009 年版，第 75 页。

④ 孙宝瑄：《忘山庐日记》（下），上海古籍出版社 1983 年版，第 914 页。

蒂因戊戌年后者的告密。此次核定官制之初，清廷颁布上谕将考察政治大臣回京条陈各折件派载沣和袁世凯公同阅看，让本没有太多交际的亲贵与疆臣因缘际会。在此之前贵为皇亲的载沣政治生涯中光鲜的“作品”不多，光绪二十七年出使德国为德公使克林德被杀事“谢罪”，这本身带有屈辱的事件算是其为政履历中可提点的事。回国后由慈禧太后指婚，娶军机大臣荣禄之女瓜尔佳氏为福晋。此次派年轻的载沣会商官制，显然慈禧太后对这位兼具双层姻亲的近支皇室格外看中、有意栽植。

载沣对官制改革方案提出异议，言行异常激烈。袁世凯给家人的信中曾写到，奉诏入京在政务处与群臣共议立宪，遭到载沣“大起反对，不辨是非，出口谩骂”。袁世凯当众辩解，“此乃君主立宪国之法制，非余信心妄议也”。农工商部尚书载振与袁有金兰之谊，不顾爱新觉罗种姓之别，附和帮腔称，“曾出洋考察立宪国，政治井然，皆由内阁负责任所致”。群而攻之，令本就不满的“醇王闻言益怒，强词驳诘”，气急败坏的载沣竟拔出手枪，“幸其邸中长史深恐肇祸，紧随其后，见其袖出手枪，即夺去云。就此罢议而散”①。袁的记述未必全然可信，特别是载沣的激烈举止似与其一贯懦弱的性格不符，清末民初深悉政情的掌故家黄濬就认为：“世传袁世凯家书，言朗润园议官制时，载沣欲枪击世凯予殊疑之。载沣庸讷，岂能持枪拼命者邪？”② 但所叙载沣反对官制改革的态度则大致不差。

本来慈禧太后命载沣参与官制改革，目的出于锻炼，增长见识，何苦于朝堂上大动干戈？又何因载振一句立宪国“政治井然，皆由内阁负责任所致”而“益怒”？有长期积累的私怨，同时代表了京

---

① 杜春和、林斌生等编：《北洋军阀史料选辑》（上），中国社会科学出版社 1981 年版，第 49 页。《时报》也记载了载沣拔枪指向袁世凯的场景，“是日会议时，醇邸至出手枪抵袁之前，谓：‘尔如此跋扈，我为主子除尔奸臣。’幸庆邸急至，出而排解，风潮始息。袁于是有不欲与闻之说，其第一次具奏，申明凡无关行政司法之衙署，此次均不提议，盖恐再有阻力也。”《京师近信》，《时报》，光绪三十二年八月二十日（1906 年 10 月 7 日），第 2 版。

② 《袁世凯似桓温》，黄濬：《花随人圣庵摭忆》，中华书局 2013 年版，第 513 页。

中部分满洲权贵人心惶惶的集体心态。毕竟官制改革可能动了王公贵族的权杖，“闻议官制时，袁宫保创议，凡宗室王公贝子将军等，无行政之责任者，别设一勋贵院以置之，非奉旨派有差缺，不得干预行政事件。以此大触宗室王公之忌，怂恿小醇邸（载沣）出与为难”。[①] 官制改革势必迁延权与利的转移与分配，旧制度下受到荫庇的集团与阶层自然不会坐以待毙，群起而攻之，伴随着门户与个人私见，使得原本为平衡朝局、挽救危局的改革招来了更多的反对之声。

小醇王载沣羽翼不断丰满，与袁世凯为首的北洋集团短兵相接是迟早的事情，这也就无怪乎袁急切推进责任内阁的决心与步伐了。不过载沣虽拥有血缘与爵位的优势，毕竟年幼资历尚浅，况且能力平平，面对此次进京势在必得，且素来深谙权谋的袁世凯，稍显稚嫩。据称商议官制改革时，袁世凯声称“当以死相争”，急迫的心情外化为嚣张的气焰。廷议两日，毫无进展，模棱两可。慈禧太后问载沣的意见，小醇王叩头奏称“奴才实在年幼无知，不敢妄陈”。慈禧长叹曰：“如何汝亦可知如此？汝即不知，可问大众”。言外之意，何故如此无用，亲贵无人，不免长叹。[②] 促使慈禧提拔亲贵制衡朝局，军机大臣铁良的崛起即是其中一例。

铁良，字宝臣，满洲镶白旗人，生于同治二年（1863）。早年家贫，经历过一段心酸的岁月，曾自撰七言联对：“惟期后辈知书益，莫忘当年卖砚难。”联对旁附有一段跋语，“予幼粗钝，未能勤读。年十七失怙，家境日衰。至庚辰、辛巳，益不支，只存破砚三方，赴肆求售，冀易升米，乃奔驰终日，竟无顾者，还，仍携归。是晚，即未举火。至今思之，不无悚惧。因撰此联，用以自警，并示子孙”[③]。入关后满人生活逐渐两极分化，铁良家境显然属于贫困之列，

---

① 《京师近信》，《时报》，光绪三十二年八月二十日（1906 年 10 月 7 日），第 2 版。

② 陈旭麓、顾廷龙、汪熙主编：《辛亥革命前后·盛宣怀档案资料选集之一》，第 29 页。

③ 李炳之口述：《我所知道的铁良》，中国人民政治协商会议全国委员会文史资料委员会编：《文史资料选辑》，第 120 辑，中国文史出版社 1990 年版，第 116—117 页。

以至于无米下锅，甚为窘迫。得益于偏向满洲的优越铨选之制，铁良进入国史馆，任笔帖式，生活方才得到改善。

铁良仕途的崛起得益于袁世凯的提携。机遇来自光绪二十七年，清廷在八旗挑选兵丁三千人，以成劲旅。负责此事的袁世凯上奏保举内阁学士铁良，称其“才长心思，器识闳通，于兵事尤能留心考究”，请派其充任京旗练兵翼长，获准。[①] 至于袁、铁的最初交际尚不清楚。铁良所在番号之兵皆系由京旗及三山（圆明园、外火器营、健锐营）等处挑选入伍，后整编为陆军第一镇，归北洋大臣统辖，移驻京师北郊仰山洼（今北苑）[②]，以知兵就此崭露头角。袁世凯无心插柳奠定了铁良在军界的地位，仕途走上了快车道，随之补授户部右侍郎。袁世凯再奏请“似未便仍令参佐军事，可否请旨特派该侍郎会办京旗练兵事宜”[③]，将中意门徒留在身边。

光绪二十九年，清廷成立练兵处，派庆亲王奕劻总理练兵事务，袁世凯派充会办练兵大臣，铁良时任户部右侍郎、会办京旗练兵事宜襄同办理。练兵处成立后，举办过两次大规模秋季会操，袁、铁一同校阅，铁良已然忝列众大佬之行列，也表明与奕、袁关系不错。次年，铁良以户部右侍郎迁兵部左侍郎，派往南方各省巡察，经过江南、安徽、江西、湖北、河南各省，回京复奏营伍情形、考察北洋陆军、江南制造局迁厂、八省统膏等事务，折文长达万余言，详明切实，慈禧太后大为称赏。因清查各省款项认真，铁良又被誉为“理财好手”，此后接连派充户部尚书、督办税务大臣。[④] 光绪三十一年，铁良以户部右侍郎兼署兵部尚书，充崇文门副监督，在军机

① 《请派铁良为京旗练兵翼长片》，光绪二十八年十一月十八日，《袁世凯全集》第10册，河南大学出版社2012年版，第533页。

② 恽宝惠：《铁良及荫昌》，中国人民政治协商会议全国委员会文史资料委员会编：《文史资料选辑》，第134辑，中国文史出版社1999年版，第156页。

③ 《请派铁良会办京旗练兵片》，光绪二十九年五月初六日，《袁世凯全集》第11册，第191页。

④ 恽宝惠：《铁良及荫昌》，《文史资料选辑》，第134辑，第157页。

大臣上学习行走，旋转为军机大臣，充政务处大臣，由一位笔贴式不到数年位极人臣。

铁良在宦途的崛起和发迹得益于奕劻、袁世凯的扶掖，本应与其同党，但随着地位的转升，特别是满洲亲贵阶层对日渐坐大的北洋势力的猜忌防范，铁良也不甘于，也不能再充当配角。伴随铁良渐获慈禧太后崇信，名位日益显崇，一般权臣难能与其相埒。对于北洋六镇之用人设施，时时以军部之命令章制对抗，袁氏渐不能堪，“铁司户部，钩稽精核，北洋财政竭蹶，不免牵萝补屋，铁则处处掣肘之，意见由此而起。至军务，则铁尚在甘拜下风之时，然彼此手下，俱有一各不相下之势隐在心中”。[①] 两人矛盾已渐趋公开，后来铁良请将北洋六镇改归部辖，正面冲突随即揭开。铁良敢于挑战北洋，显然仍出于宫廷之主持。慈禧太后为人狠鸷而多谋，对满汉王公大臣恩威并用，权不旁落。自袁世凯手握六镇兵权，上级军官多半由其一手训练提拔，所辖天津正是国都的咽喉，慈禧太后未尝不虑到万一有变，无人再能制服这根不掉之尾，有意提拔铁良用以制衡。[②] 随着朝局步步演化，“袁、铁开仗是必然之势，不知将来至于何等地位而止，亦可虑也。昔者翁之于刚，近日袁之于铁，唐蔚芝于绍越干，同出一辙”[③]，这在立宪与官制改革层面表现得十分突出。

立宪谕旨尚未公布之前，铁良即公然反对，张之洞所派参议张寿龄称“改官立宪，铮铮颇同阻挠，与东海大为冲突，一时恐难定议”，“铮铮”即为铁良，“铁骨铮铮”一词而来，“东海”为与北洋关系密切的军机大臣徐世昌。[④] 官制改革启动后，京中臣僚会议袁、

---

① 陈旭麓、顾廷龙、汪熙主编：《辛亥革命前后·盛宣怀档案资料选集之一》，第 30 页。

② 恽宝惠：《铁良及荫昌》，《文史资料选辑》，第 134 辑，第 158—159 页。

③ 《汪大燮来函》，上海图书馆编：《汪康年师友书札》第 1 册，第 794 页。

④ 《天津张委员来电》，光绪三十二年七月初四、初五日，《近代史所藏清代名人稿本抄本》第 2 辑第 107 册，第 197 页。

铁发生口角，“小有龃龉”[①]。官制改革为立宪先导，更牵涉权力分配，京内外格外关注。盛宣怀京中坐探陶湘的密信，对于铁良阻止立宪有详细的描述，虽不乏捕风捉影之词，却反映出铁良对于立宪与官制改革的抵制，亦可窥见时人对朝中高层政局的观感。

> 立宪之说，自五大臣将次回国之时，外间宣传，已知一准大有举动。……端召见三次，为时甚暂。渠素与青莲契合，后来居然做到可以随时见太后，且可长谈。而铁良与端甚为反对，端能随时召见，铁竟能随时阻止，彼此权力均属两不相下。政府中荣、铁一起，瞿则中立，鹿则如聋如聩，城北则四面周旋。至于领袖本属无可无不可，一味听命于北洋而已。铁与北洋心中本有芥蒂，近与端不和，不免因新旧而益行水火。初七日，北洋进京，见铁开首即说：“老弟大权独揽”。自此以后，铁与北洋亦不合。北洋召见时，面参铁谓：“若不去铁，新政必有阻挠”，且谓铁揽权欺君。慈圣未加可否，上则笑容可掬，默不一言。北洋出，邸堂单进，亦附和北洋，力言铁之不是（此皆道听途说，是否如此，无从得确，而袁、铁意见不合则实在也）。慈圣谓：铁尚无大过；邸则称：铁为聚敛之臣。……总之，袁则非立宪不可，曾言“官可不做，宪法不能不立”。铁、荣亦非谓不立宪，以为不宜过急。……两公俱掌兵权，外间以此生谣，则不堪入耳矣。[②]

此段密函讲述了立宪以来，以铁良为代表的京中一众大佬以及当政者的态度。作为盛宣怀的密探，陶湘在京中交际甚广，虽不乏道听途说，但大体反映了高层的政治动向。铁良反对过急推进立

① 《天津张委员来电》，光绪三十二年七月二十一日，《近代史所藏清代名人稿本抄本》第2辑第107册，第280页。

② 陈旭麓、顾廷龙、汪熙主编：《辛亥革命前后·盛宣怀档案资料选集之一》，第26—27页。

宪与官制改革是明确无疑的，更为值得注意的则是慈禧太后袒护铁良，“铁尚无大过”，令北洋气短，铁良更加气壮。或许铁所说“老弟大权独揽”，远不止同僚间的嫉妒与揶揄，其中大有深意。总之，在当政者视角，改革的目的是维护君权，这是底线与红线，出现一方独大是不允许的。至于信中所言一些内部官员交际并不确切，“此皆道听途说”诸如铁与端之间并非形同水火，反而关系致密，只是政见不同。

针对官制改革造成的权臣冲突，御史王步瀛上折陈奏满汉大臣应和衷共济，以襄大政，称“议立宪由官制入手一月以来，议论分歧，或谓满汉大臣意见不合使然”，[①] 而导致满汉成见加剧的根源就在于改革触动了满人既有的特权及权臣的权益，《时报》的分析很有道理，官制改革对于铁良来说毫无益处，“当时反对立宪，系铁（良）为首，荣（庆）和之，后庆、袁极力主持，始定下立宪之诏。端、戴各人所拟总理大臣止有一人，因体察中国情形，添设副大臣一人。铁自揣总理必归庆邸，若自己要户部，则失副总理，若要副总理，则失户部。盖现下军机兵权财权握于一人之手，若实行改变，则自己止可得一而必失二，于是极力与庆、袁反对，实自计利害之心过胜耳”。[②] 汪大燮亦指出，“改官制事，非变政，实斗法，此人所共见，惟面子尚可敷衍，不得谓非本初（袁）手段，惟铮铮（铁）乌肯罢手”。[③] 如按照袁所拟责任内阁方案，铁良原本兵、财两手抓，结果必失其一，持反对意见自在情理。

“不独铁徐意见不洽，同枢均持重大抵”，朝中尚有一些老臣对于立宪与官制改革具有发言权，诸如王文韶、鹿传霖、孙家鼐，“皆

① 《掌浙江道监察御史王步瀛折》，光绪三十二年八月十三日，中国第一历史档案馆藏，录副奏折，档号：03-9282-014。此折据上谕交考察政治馆。参见《光绪宣统两朝上谕档》第32册，第156页。

② 《京师近信》，《时报》，光绪三十二年九月十二日（1906年10月29日），第2版。

③ 《汪大燮来函》，上海图书馆编：《汪康年师友书札》第1册，第804页。

主浑含渐次变通”，[1] 正面说为老成持重，反说则是静观其变，随波逐流，明哲保身，“定兴（鹿传霖）安于聋聩”“寿州（孙家鼐）、仁和（王文韶）均不发一言。慈圣问及且不知，经同人在后知会，始同对具表同情”。[2] 行走内廷、深谙政治的老臣“不赞一词”，当得知“将来必位置于元老院后，尸位素餐，一无事事”“决计告休归里矣”。[3] 对此，袁对外称，“予不畏反对，而畏此不着痛痒之人”，[4] 显然对于这些老臣颇为不满。故两宫提及“独不知王文韶、鹿传霖二人守旧之心，竟至如此”，袁世凯对答称，“当此擗划之时，最忌旁生阻挠，宜请将太旧之大臣或令退仕，或设元老院以位置之。臣谓宜急速不宜迟缓者，盖恐为此项大臣之阻害耳”。[5] 沉默本身就代表一种表态，或表示赞同，或碍于权势不能发声，也可能在背后蕴藏着更大预谋，事以秘成，瞿鸿禨于官制改革显然属于后者。在谈瞿鸿禨之前，先来看看地方实力派对于此次官制改革的意见，其中张之洞的态度尤为重要。

三　张之洞所代表的成见

晚清是一个权力下移的年代，地方督抚的势力日增，大政方针有了更多的话语权。丙午官制改革分中央和地方两个层级进行，清

---

① 《鹿尚书来电》，光绪三十二年七月十七日，中国历史研究院藏，张之洞档案，甲 182-441。

② 陈旭麓、顾廷龙、汪熙主编：《辛亥革命前后·盛宣怀档案资料选集之一》，第 26、28、29 页。

③ 《王相国拟俟入元老院后乞休》，《申报》，光绪三十二年九月十三日（1906 年 10 月 30 日），第 4 版。也有人认为，鹿传霖“为人忠厚有余，而于新政太形隔膜”。参见《京师近信》，《时报》，光绪三十二年八月二十六日（1906 年 10 月 13 日），第 2 版。也有认为王文韶反对官制改革，“其中有多数之满人及顽固大为反对，或谓立宪则汉人之势力增长，或谓时期尚远，倡此论者以铁良、荣庆、王文韶三人为首领”。参见《大臣对于立宪之意见》，《申报》，光绪三十二年七月十六日（1906 年 9 月 4 日），第 2 版。孙家鼐实反对官制改革，详见第一章第三节。光绪三十二年八月初三日，王文韶代递户部员外郎闵荷生条陈官制事，代表其态度。参见《闵荷生呈文》《王文韶折》，光绪三十二年八月初三日，中国第一历史档案馆藏，录副奏折，档号：03-9282-002，03-9282-003。

④ 《尹克昌来函》，上海图书馆编：《汪康年师友书札》第 1 册，第 9 页。

⑤ 《详纪泽公振贝子袁端两大臣召见时询对情形》，《通问报》，1906 年第 217 期。

廷借草拟方案欲加强集权，与地方产生矛盾，督抚的意见就显得尤为重要。时人认为清末地方大员中有四人影响力较大，有“京外总督三个半，（张）宫保与袁、岑居三数，端得半数”之说。[①] 其中袁世凯与端方是官制改革的倡导者，两广总督岑春煊时在上海“养病”。众督抚中自两江总督刘坤一病逝后，张之洞已然为封疆大吏的翘楚。光绪三十二年六月，端方将立宪方案通告各地督抚后，四川总督锡良、云贵总督丁振铎、湖南巡抚庞鸿书等即致电张之洞，均表示“惟乞示以大旨”“伏恳示知”“乞早为密疏”[②]，以其马首是瞻。可见张对官制改革的意见举足轻重。

张之洞并非世外中人，时刻关注京内动向，坐探和眼线随时密电湖北，信息极为密集，就以坐探张寿龄一人所发电报来看，七月初七日，告知袁世凯将进京会商立宪；十三日，探得编制局内部“徐、铁龃龉为两宫所闻，谕令和衷”；二十日，密告官制改革阻力极大，“故未能宣布年限，铁、袁亦小有龃龉”；二十二日，探告地方官制改革意向，裁州县改缺为差。八月二十八日，报告官制内官已有端倪，共分十部，一外务、二民政、三财政、四陆军、五海军、六农工商、七学、八法、九交通、十吏。筹议东三省拟改行省，将派肃邸往查一切。九月十六日，告知改定官制阻力极大。[③] 这还仅是部分电文，其他内容更为博杂。晚清电报的推广拉近了京鄂的距离，远在湖北的张之洞得以时刻掌握各方动态，判断时局变动，并不急于表态，“一切力持模棱主义，故电文中不过淡淡著笔，无所可否”。[④]

在中央官制发表之前，地方官制改革已开始着手讨论。七月初

---

① 《京陈丞来电》，光绪三十三年五月十一、十二日，中国历史研究院藏，张之洞档案，甲182-445。

② 《成都锡制台来电》，光绪三十二年七月二十一、二十三日；《云南丁制台来电》，光绪三十二年六月十五、二十一日；《长沙庞抚台来电》，光绪三十二年六月二十二日；《近代史所藏清代名人稿本抄本》第2辑第107册，第292、151、153页。

③ 《天津张委员来电》，参见《近代史所藏清代名人稿本抄本》第2辑第107册，第216、248、280、288、557页；第108册，第46页。

④ 《鄂督之最近政见》，《通问报》，1906年第217期。

七日，湖北派京参议官制改革的陈夔麟致电张之洞称：

> 昨谒寿州（孙家鼐）相国，敬达帅意，极以为然。并云前上庆邸（奕劻）说帖有“在振百司之精神，不在新天下之耳目”二语，即官保“务实不务名”之意。惟乡官寿州拟每省试办一二处，麟力言绅无程度，民少教育，恐启揽权罔利之弊。寿州云责我地方官督办以重县权，用人之权仍在督抚等语，俟谒枢邸再电陈。

看来张氏对于地方官制改革是颇为上心的，并有意向京中渗透己意。[①] 九月十三日，陈夔麟回电称：

> 在园谒见各大臣，敬达帅意，邸（奕劻）谕外官规制俟稿拟就即电商各督抚，（载）泽公颇以不改府县为然。慰帅（袁世凯）力驳中央集权与铁（良）尚书小有冲突，铁极誉鄂操军容之盛，其余俱无他议。编制处设在朗润园，各省派员均未到京。[②]

电文表明张氏向官制大臣表达了立场。然而，奕劻对于张氏外官建议流于官场作答，载泽不以为然，后者作为出使考察大臣，于立宪改革颇为积极，多次面见两宫进言，具有一定的话语权。更为重要的是清廷借机集权，张氏作为督抚困境重重，自然要有所举措。[③]

---

① 《京陈道来电》，光绪三十二年九月初七、八日，《近代史所藏清代名人稿本抄本》第2辑第107册，第647页。

② 《京陈道来电》，光绪三十二年九月十三、十四日，《近代史所藏清代名人稿本抄本》第2辑第108册，第29页。

③ 张之洞关于地方官制改革方案相关研究，参见李细珠《地方督抚与丙午官制改革：以直督袁世凯、鄂督张之洞为中心》，《地方督抚与清末新政：晚清权力格局再研究》，社会科学文献出版社2018年版，第213—251页。

九月十七日，陈夔麟在袁世凯处“探得改外官制秘信，袁主二议，不日即电商各督抚”，并遵照张之洞指示“以后遵示，间日一电”[①]。陈夔麟所言“密信”即袁氏主导的地方官制改革意见稿，共设计了两种方案，发给地方督抚征求意见。“间日一电”密告动态，看来先期探查了外省官制改革方案底细，准备伺机上奏，对此次地方官制改革十分重视。

九月二十日，中央官制改革方案公布，荣庆、铁良、徐世昌、鹿传霖出军机，专办部务，世续、林绍年入枢。同日，发布外官制改革的两种方案，实为北洋运作而成，传达到各地督抚征询意见。[②]此间，慈禧太后并未采纳袁世凯主导的中央官制草案，无疑影响了张之洞的决策。九月二十三日，张之洞姐夫鹿传霖发来密电，告知：

> 止斋（瞿鸿禨）嘱告公，如何驳议，尽可畅言，务必电枢府为要。[③]

细读密电，显然“驳议”已成瞿、张共识，只是程度与措辞还需张探花一支妙笔。“务必”体现出反对官制改革一干人的急切心情。有此心境的除了内廷，外朝部分疆臣也接连向张之洞发电询问，希望“密示大略”探得“意旨如何?”再做动议[④]。更有言辞激烈者，如陕甘总督升允，电告张之洞、锡良、张曾敭，“盈廷无识，中奸人破坏之计，而不悟，顾莠言不忍附和，而成命难请收回，不得已为苟且敷衍之

---

① 《京陈道来电》，光绪三十二年九月十七、十八日，《近代史所藏清代名人稿本抄本》第2辑第108册，第67页。

② 相关研究参见彭剑《清季外官制改革中督抚群体对“两层办法”态度新考》，《近代史学刊》2014年第1期。文称地方督抚针对中央提出的两种改革建议，在评判层面，倾向“第一层”为多数，实践层面则“第一层”不占多数，当时的督抚不愿意接受改革方案。

③ 《鹿传霖来电》，光绪三十二年九月二十三日，中国历史研究院藏，张之洞档案，甲182-442。按：鹿传霖与张之洞有深交，时朝中有“定兴前在枢府有湖北坐探之诮”。参见《京高道来电》，光绪三十三年五月二十四日，中国历史研究院藏，张之洞档案，甲182-445。

④ 《杭州张抚台来电》，光绪三十二年九月二十二、二十三日；《杭州张抚台来电》，光绪三十二年九月二十六、二十八日；《南昌吴抚台来电》，光绪三十二年十月初六、七日；《近代史所藏清代名人稿本抄本》第2辑第108册，第135—136、177、233页。

说，深负初心，愧耻欲死”“甘省风气较迟，一切新政开办独后，此改定官制难与各省争先并举，俟临省川鄂行之无弊，再行仿照”①，以风气未开为借口，延宕推行改制，实为指摘袁世凯莠言乱政，反对地方官制改革的态度非常强烈。浙江巡抚张曾敭告知，“已电锡（良）、升（允）、丁（振铎）三帅，告以长者（张之洞）以为不可，如所见均同，可否与长者联名执事”②。合谋反制倾向强烈。③

朝野一番折腾却形成了“中外仰望者惟宪台一人，敬祈尽筹议复，以维大局”④ 之局，不得不说张之洞个人威望之高。庙堂上下如热锅蚂蚁，乱作一团，拯救时局之人却隔岸观火，犹抱琵琶半遮面，欲言又止，向外放出口风，“主京官少改外官免改”⑤。张氏宦海沉浮数十年，早已成为一代巧宦，“京官宜少改，不宜多改，外官宜缓改，不宜急改。似此模棱两可之言，既不背于改革党，又不戾于反对党”。⑥ 折中的话术为清末为官者的惯用权术，张之洞在政局中从容不迫，屹立不倒，骑墙术是修炼的最好一门功课。拖延本身也是一种反对的态度，张之洞不着急表态。

十月初三日，根据中央官制改革各部各专责成，袁世凯辞去八项兼差，成为“光杆总督，是未受立宪之益，而先受其损矣”，⑦ 且

---

① 《兰州升制台来电》，光绪三十二年十月初二、七日，《近代史所藏清代名人稿本抄本》第 2 辑第 108 册，第 229—230 页。

② 《杭州张抚台来电》，光绪三十二年十月初二日，《近代史所藏清代名人稿本抄本》第 2 辑第 108 册，第 206 页。

③ 按：据张之洞坐探称，“编制局电询各省抚议改外官办法，现已有六处电复，大都主驳多。升吉帅谓俟他省办有头绪再照办，甘省暂不能改。张安帅谓无款可筹，无从议改。善化甚盼我公宏议早示，以为张本。以上皆菘丈闻善化所言，嘱电公知。又原议官制各大臣惟泽、袁、端、徐、张主持改变，余皆不以大改为然”。参见《京吴太史来电》，光绪三十二年十月初六日，中国历史研究院藏，张之洞档案，甲 182-442。

④ 《京陈道来电》，光绪三十二年九月二十五日，《近代史所藏清代名人稿本抄本》第 2 辑第 108 册，第 165 页。

⑤ 《端方致袁世凯电》，光绪三十二年九月二十二日，中国第一历史档案馆藏，端方档案，档号：27-01-001-000165-0012。端方此电深意或许也有意将张之洞与岑春煊捆绑的意图。事实上，官制改革甫一启动讨论，张即表态“京官少改，外官缓改”。参见《余肇康自武昌致瞿》，光绪三十二年八月初三日，《瞿鸿禨朋僚书牍》第 191 号函。

⑥ 《南皮之对于改官制》，《新世界小说社报》1906 年第 4 期。

⑦ 《袁世凯献远交之策》，刘体智：《异辞录》，中华书局 1988 年版，第 218 页。

练兵处归入陆军部，北洋六镇中四镇归陆军部节制，大受挫折。十月十五日，张寿龄发给张之洞密电称，“外官改制各省复电不赞成者十一省”[①]。京中电告张氏称，“原议官制各大臣惟泽、袁、端、徐、张主持改变，余皆不以大改为然”。显然这符合张氏“外官少改”的预期。[②] 十一月初二日，京厘定官制大臣来电，督促尽快回复官制改革意见。[③] 十一月十一日，瞿鸿禨催促张将“其不可行者，请即驳议，幸勿再迟”[④]。且瞿鸿禨判断朝局，北洋势力折损，正是给予致命打击的时刻，“彼党已散，略改即可，北洋兵利权均失，作法自毙，各省复到，大都从缓，盼公伟论”。[⑤] 综合各方意见与局势，时机已经成熟，一切就绪，张之洞准备上陈了。

十一月中旬，时广西巡抚林绍年被任命为军机大臣上学习行走，途经湖北，将张之洞官制改革意见带入京中，显然林是站在张、瞿一边的，具有清流底色的权臣达成了共识。[⑥] 千呼万唤始出来的张之洞的意见简而言之：基本持全盘否定。[⑦] 一波引起千层浪，山东巡抚杨士骧、福州将军崇善、湖南巡抚岑春蓂、新疆巡抚联魁、安徽巡抚恩铭、江苏巡抚陈夔龙，均致电表示赞同，[⑧] “南皮外官一电，字

① 《天津张委员来电》，光绪三十二年十月十五、十六日，《近代史所藏清代名人稿本抄本》第 2 辑第 108 册，第 266 页。

② 《吴太史来电》，光绪三十二年十月十六日，中国历史研究院藏，张之洞档案，甲 182-442。

③ 《京厘定官制大臣来电》，光绪三十二年十一月初二、三日，《近代史所藏清代名人稿本抄本》第 2 辑第 108 册，第 513 页。

④ 《京中鹿尚书来电》，光绪三十二年十一月十一日，中国历史研究院藏，张之洞档案，甲 182-442。

⑤ 《京鹿尚书来电》，光绪三十二年十月二十日，中国历史研究院藏，张之洞档案，甲 182-442。

⑥ 《端方致金峙生电》，光绪三十二年十一月十九日，中国第一历史档案馆藏，端方档案，档号：27-01-001-000163-0084-1。《端方致袁世凯电》，光绪三十二年十一月十九日，中国第一历史档案馆藏，端方档案，档号：27-01-001-000165-0082-3。

⑦ 相关研究参见李细珠《张之洞与清末新政》，中国社会科学出版社 2015 年版，第 285—286 页。

⑧ 《苏州陈抚台来电》《济南杨抚台来电》《福州崇制台来电》《岑春蓂来电》《迪化联抚台来电》《安庆恩抚台来电》《近代史所藏清代名人稿本抄本》第 2 辑第 109 册，第 143、207、225、262、267、303 页。

字珠玑，实可以已”。[①] 瞿鸿禨拍手称快，称赞张折“苦口利病，可谓救时之良药矣”，官制改革以来的积郁一吐为快，“明快沉痛，昭然发蒙”。[②] 对于张之洞的意见，军机大臣世续称，“宫保既两层俱驳，则新者断不可行。然旧制之腐坏，文移之迟滞、耳目之壅塞、级数之稠叠、时日之耽误，亦似宜酌改。宫保全恶，新亦必不全用旧，中间必有一极好办法，无新之乱，无旧之腐，我中国政事以后乃有进境，其言如此”，[③] 当是公允之论，新旧之间势必做一取舍，抑或折中而论，维持现状与彻底改变必然引发争论。围绕着改革的一些具体实践，各方的交锋还在继续。

江督端方在张氏意见出台后，致电袁世凯征求意见，称“鄙处本系建议之人，原折具在，拟先不作复，如何，祈示”，得到袁认可。[④] 京官改制后，载泽“不得尚书，颇怏怏”[⑤]，在地方官制改革会议中，也未能获得更多支持，“泽公主更张，余均缄默”。[⑥] 载泽坚持司法独立，张之洞单衔上奏辩驳力争，同时将反驳电函发给了袁世凯，立场极为坚定。[⑦] 当然张也与瞿保持联系，“论官制局司法独立一条，闻谬党狡辩坚持，诸大臣全不悟其居心蓄谋之所在”“此皆东洋学生谬见。……大患无穷，可危可惧”。[⑧] 张之洞代言人陈夔麟在

---

① 《余敏斋自长沙致止盦相国亲家函》，光绪三十二年十二月初十日，《瞿鸿禨朋僚书牍》第 208 函。

② 《京来电》，光绪三十二年十一月二十三日，中国历史研究院藏，张之洞档案，甲 182-442。

③ 《京梁鼎芬来电》，光绪三十二年十一月十九日，中国历史研究院藏，张之洞档案，甲 182-442。

④ 《端方致袁世凯电》，光绪三十二年十一月十九日，中国第一历史档案馆藏，端方档案，档号：27-01-001-000165-0082-3。《袁世凯致端方电》，光绪三十二年十一月二十日，《袁世凯全集》第 15 册，第 529 页。

⑤ 《陈道来电》，光绪三十二年九月二十五日，《近代史所藏清代名人稿本抄本》第 2 辑第 108 册，第 165 页。

⑥ 《天津张委员来电》，光绪三十二年十二月初一、二日，《近代史所藏清代名人稿本抄本》第 2 辑第 109 册，第 242 页。

⑦ 《天津张委员来电》，光绪三十二年十二月十七、十八日，《近代史所藏清代名人稿本抄本》第 2 辑第 109 册，第 408 页。《致军机处、官制大臣、天津袁宫保电》，光绪三十二年十二月二十四日，《近代史所藏清代名人稿本抄本》第 2 辑第 258 册，第 202 页。

⑧ 《张之洞致鹿传霖来电》，光绪三十二年，《瞿鸿禨朋僚书牍》第 219 号函。

京参议，以富有票起事，首领立即正法为例，扬言以现议官制审判官由京部拟定，耽延时日，“贻害岂堪设想”[①]。陈的建言遭到了北洋集团提调官孙宝琦、陆宗舆等人的冷眼，“每晤面观其神色，均有不满之意”。[②] 需要提及的是，张之洞的一系列举动是与瞿鸿禨暗中联络的，据京中坐探的一些往来电文记载，“公争官制漾电，菘丈已送止老阅，敬日有复电。邸现请假，止老拟俟邸销假后竭力救正。万一牢不可破，京外合力奏争”，同在枢垣的林绍年“意见亦尚与止老相同”。[③] 此后京鄂两地往来电文不绝，有关改制隐约分裂出一条相互对立的阵营。

光绪三十三年正月初一日，端方接连给载泽去电，支援其主张，称张之洞长电，“痛诋司法独立之弊，立说陈腐可哂”。幕僚起草原稿言语更为激烈，“此老于外围政治不加考求，而议论杠出殊颇坚于自信，亦一奇也”[④]。载泽当日即回电称，“弟已令随员著说帖痛驳之，拟分地分时缓办，钤字后呈总复酌夺”[⑤]。无论如何，端方与载泽为出洋大臣，在外官制改革上政见趋同，对于张氏颇为不满，但又无可奈何，以至于贵为皇亲的载泽向端方发牢骚，“外官制化为乌有，回首朗润，有如隔世，我哥当为喟然”。[⑥] 门户之见延伸到改革实践，反复拉锯争辩之下，外官制方案一时难以决策，不能即刻公布，编制局撤回了各省所派参议员。恰在此时，掌江苏道监察道御

① 《陈道来电》，系年不详，当月有电，《近代史所藏清代名人稿本抄本》第 2 辑第 109 册，第 557 页。

② 《陈道来电》，系年不详，当月沁电，《近代史所藏清代名人稿本抄本》第 2 辑第 108 册，第 580 页。

③ 《京吴太守来电》，光绪三十二年十二月二十九日，中国历史研究院藏，张之洞档案，甲 182-444。

④ 《端方致载泽电》，光绪三十三年正月初一日，中国第一历史档案馆藏，端方档案，档号：27-01-001-000124-0010。原稿：“北京泽公爷鉴：开岁发春，敬贺新喜。近见香帅长电，痛诋司法独立之弊，立说陈腐可哂，此老于外围政治不加考求，而议论杠出殊颇坚于自信，亦一奇也。〇（‘〇’为端方幕府起草电文草底代端方名，下同）东。三十三年新正月元日。”

⑤ 《载泽致端方电》，光绪三十三年正月初一、二日，中国第一历史档案馆藏，端方档案，档号：27-01-002-000143-0005。

⑥ 《载泽致端方信》，马克主编、林锐整理：《端方存札》，北京联合出版社 2023 年版，第 110 页。

史赵启霖奏各省荒歉已甚，民情惶惧，请将外官改制事宜暂行缓议[①]，“两宫颇为动容”[②]，随后官制局裁撤，各省议员陆续回省，外省官制改革搁置。

第三节 言官与瞿鸿禨合谋

官制改革于中央各衙署试行，一些部门面临裁撤，京中人心惶惶，言官大本营都察院岌岌可危，亦在削减行列。启动之初言官尚属平静，到了八月中上旬，接连发难，开始密集发动，矛头指向了主导此次改制的袁世凯，直接影响了此后清廷政治决策。揆诸史实，言官参与政治背后，与党同伐异、各树党援的门户政治有密切关系。

一 都察院存废与言官纳谏

御史一职专为监察而设，纠劾百司，辨明冤枉，提督各道，为天子耳目风纪之司，实际职权范畴更为广泛。顺治十一年（1654）谕旨，“凡事关政治得失，民生休戚，大利大害应兴应革，切实可行者，言路各官俱宜悉心条奏，直言无隐”[③]。康熙三十六年（1697）又谕都察院，“自今以后，凡事关国计民生及吏治臧否，但有确见，即应指陈，其所言可行与否，裁酌自在朝廷，虽言有不当，言官亦不坐罪”[④]。简言之，就是全国上下的事，无论庙堂之上、江湖之远，宫中还是府中，御史都可参奏，有言论有所失当不受惩罚的特权。

晚清的言路随着清流势力的崛起，曾有过短暂的辉煌。黄体芳、

---

① 《掌江苏道监察道御史赵启霖折》，光绪三十三年二月十二日，中国第一历史档案馆藏，录副奏折，档号：03-5095-006。

② 《天津张委员来电》，光绪三十二年二月十八日，中国历史研究院藏，张之洞档案，甲182-444。

③ 允禄等监修《大清会典（雍正朝）》，卷二百二十三，沈云龙主编：《近代中国史料丛刊》三编第77辑，台北：文海出版社，第14480页。

④ 允禄等监修《大清会典（雍正朝）》，卷二百二十三，第14482页。

宝廷、张佩纶、张之洞四人，时称“翰林四谏”，凡有大政事必具疏论是非，一时传为美谈。自清初以来压抑已久的士林群体在内忧外患之际重新迸发出激烈的火光。但星星之火是短暂的，身为言官的胡思敬回忆称，“言路至同治末年而盛，至宣统初年而极衰”，[①] 又走向下坡路，形象亦大受诟病，“大抵日事酬醉，酒酣耳热，辄相与议论某也不法，某也失败，往往摭拾细故书诸疏，逞一时快意”。[②] 记述这段话的人是时人陈灨一，祖上陈孚恩官至吏部尚书，因参与辛酉政变被杀，至他这一代境遇大不如前，由表亲杨士琦援引，入袁世凯幕府作文案，与袁家关系密切，所作《睇向斋秘录》虽为私家著述，可信度还是很高的。

本是正途出身、代表士林气节的言路群体政治参与下降，于光绪三十二年官制改革所在都察院拟被裁撤，改为集议院，作为将来开国会上议院的基础。[③] 都察院的改革引发言官的普遍隐忧，重点体现在两方面：一是任职由原来的钦定改为推荐保举，议员任期三年，任满后行投票公举。换句话说，好比是由原来的“铁饭碗”变成了“合同制”；二是言官权杖在于奏事权，清廷对外虽称“应奏事件，得随时奏陈”，却并未写明是提交议院集体讨论再上达，抑或是直接上陈天庭，话语权有可能被剥夺，存有不确定因素。言官的反抗随之而来。

光绪三十二年七月十三日，清廷发布的预备立宪谕旨，“先将官制分别议定，次第更张”，[④] 七月间并未见御史有太多的激烈举措。比较活跃的江南道监察御史江春霖上陈指出现行官制的十二弊端，分别是兼差、偏枯、迁调、保举、超擢、捐纳、分发、冗滥、考察、

① 《言路盛衰》，胡思敬：《国闻备乘》，中华书局2007年版，第132页。

② 陈灨一：《睇向斋秘录（附二种）》，中华书局2007年版，第118页。

③ 据载泽幕僚杨寿枏记述，“袁项城议裁都察院，余力争曰：台谏之职，总司风宪，纠察官邪，实为汉唐以来之善制，似宜保存。泽公亦语项城，曰：台官弹劾不避权贵，我辈不宜轻。议乃止。”参见杨寿枏《觉花寮杂记》，收入《云在山房类稿》第3册，台北：文史哲出版社1994年版，第659—660页。

④ 中国第一历史档案馆编：《光绪宣统两朝上谕档》第32册，第128—129页。

名例、仪注、习俗，似乎是在论证官制确需改革，持支持的态度。[①] 到了八月初，御史的反应遽然转变，掌浙江监察道御史王步瀛于初一日上折陈述官制改革四点建议：一是要兼采众议，二是军机处不可裁撤，三是限制疆臣权力，四是宽容谏臣。显然权力的匹配转移为议论重心，疆臣权力的扩充与清议话语的约束被言官视为政治失衡。王氏的奏陈已经代表了都察院言官态度的转变，但指向性尚未明确。[②] 次日，户科给事中陈田的奏陈则正式拉开了言官参奏的序幕。

陈田，号松山，贵阳人，同治八年乡试第一名，光绪丙午进士，选翰林院庶吉士，授编修。潜心嗜古，闭户著书，殚十七年之力，编辑《明诗纪事》二百卷，录诗四千家，以才学名于艺林。后改官御史、转给事中，此前也未见其干谒亲贵，与当朝权贵未见过节。据其奏陈称，袁世凯知京官清苦，欲广散钱财，笼络人心，示意通款即可厚筹津贴，有意拉拢。陈田"婉言谢之，告诫同僚，科道为风宪官，不可因衙门清苦为之折节"，却因此开罪了北洋，结果"袁世凯之怏怏于言官者甚矣""徐世昌一入军机，即倡议欲裁减言官"，这是秉承了"袁世凯之意旨"。

有此过节，官制改革议政，陈田上奏参劾北洋集团，揭发袁世凯跋扈揽权，上折时间是光绪三十二年八月初二日，此后至九月二十日清廷公布改革方案，一个多月内御史接连上书，反复论证官制改革的种种弊端。陈田的奏陈不但起到揭橥的作用，而且抓住了重点，其中一些要点被后续言官们陆续引用发挥，引导了言路议政风向。

① 《掌江南道监察御史江春霖折》，光绪三十二年七月二十六日，中国第一历史档案馆藏，录副奏折：档号：03-9281-035。

② 《掌浙江道监察御史王步瀛折》，光绪三十二年八月初一日，中国第一历史档案馆藏，录副奏折，档号：03-5618-045。御史王步瀛是较早上陈官制改革的言官，七月二十五日上《奏为敬陈欲改官制先励官常管见事》，折中奏陈官常八条，多是官员不能吸食洋药等老生常谈的官僚体制弊病问题，不涉及门户之见。参见《掌浙江道监察御史王步瀛折》，光绪三十二年七月二十五日，中国第一历史档案馆藏，录副奏折，档号：03-5464-054。

陈田指出袁世凯手握重兵，其表弟刘永庆为江北提督，同党周馥为南洋大臣，徐世昌为兵部尚书。此外，与户部尚书张百熙联姻，顺天府尹李希杰、户部侍郎陈璧等人皆奔走其门下。疆臣主导变更朝臣，只有汉代的董卓、唐代的朱温才敢为之，恐有唐朝藩镇之变，与袁世凯进京后异常跋扈的形象非常贴切。疆臣揽权为大忌，陈田敏锐地把握了这一点，其奏陈为后来者提供了较多素材。

由袁世凯改定的官制改革方案为陈田攻击的重点，称这是欲改军机处为总理官，裁撤异己，推引同类，扩大权力。更有甚者，袁借助官制改革之机，打击异己，笼络科道不成，即欲裁撤言路。陈田称都察院还需议政，“万一不幸有如康有为之谋为不轨，言官不得直达，朝廷欲闻文悌之忠言，杨崇伊之告变，何可得也？”“戊戌庚子之变，可为前鉴”。不得不说，陈田此前醉心学术，给人以憨直学者的形象，实际上却是一位深藏不露、洞察世事的高手，此折的撒手锏就在于提及戊戌政变一事，触及慈禧太后最为敏感的神经。

陈田折中还指证袁世凯与奕劻结党，着重论述“疆臣跋扈，庸臣误国”，“所谓疆臣者，北洋大臣袁世凯是也；庸臣者，庆亲王奕劻是也”，将内廷与外朝结合起来。折内称袁世凯贿赂奕劻万金，此后结交愈密，庆王对其言听计从。言官弹劾奕劻已多次发起过，并不新鲜，陈田直接将袁、奕捆绑，用意非常明确，阐释大臣陵君、藩镇割据之祸，借此扳倒北洋集团（丁未春，岑春煊入京，亦要“根本推翻”）。[①] 此后，袁世凯辞去兼差，退居津门，言官乘胜出击，借载振纳妓案，牵连段芝贵贿赂庆王。其后岑春煊入京对北洋的弹章，这些与陈田奏陈的套路赓续承接。（详见第二章）

① 《掌户科给事中陈田折》，中国第一历史档案馆藏，朱批奏折，档号：04-01-12-0651-001，光绪三十二年八月初二日。按：陈田攻击袁世凯跋扈，并非虚语。此年梁鼎芬入京陛见，即记述一则旧闻：“御史劾袁折上，慈圣阅后发枢，旋又取回置案上，世昌大碰头。翌日召袁，慈谓袁必请罪，不知袁盛怒面奏，语多不逊，命退下。单见邸，谕：‘有人说袁跋扈，我不信，今见其言语举动如此，实可骇见，我如此，见他人更不知如何，我因他前保护我母子得回京城，是他的大功，故待他好，不意渠如此’。”参见《京梁鼎芬来电》，光绪三十二年十一月二十五日，中国历史研究院藏，张之洞档案，甲182-442。

陈田此折之后，御史接连发难，提及内阁专权、疆臣擅权为常态，借此阐释官制改革方案不当，作为具有监察之责的都察院不可轻易裁撤。陈折虽留中，却打动了慈禧太后，太后将折“持示枢臣，旋即收回”，并问及陈田的人品。反对官制改革的军机荣庆说，“系奴才同年，人极忠诚，名誉极好”。[①] 恽氏感叹“疏辞甚切，直可谓朝阳鸣凤矣”。[②] 这也反映出慈禧太后官制改革游移的态度。陈田上折次日，恽毓鼎在日记中写道，“议新政大臣奏陈改定官制大纲，留中不下，盖圣意犹欲审慎而后出也”。[③] 陶湘向盛宣怀汇报称，“有人严劾疆臣揽权，庸臣误国。慈圣于枢廷召对时将折发阅，即碰首请发政务议”，不知出于何故。慈禧太后定了讨论基调，谓“此又何必”？“即时收回留中”，此事也就未掀起太多的波澜。[④] 此后几天风平浪静，并未见御史接续后手。其间，翰林院侍读柯劭忞、翰林院撰文李传元上奏涉及裁撤冗员等官制改革相关事务，未见当政者有所回应。

八月十一日是转折点，御史开始轮番发难，指向官制改革的种种弊病，尤其以疆臣擅权为重点。如陶湘所言，“各官闻之（指上文慈禧太后见陈田折‘此又何必’事），乘隙交劾，共几十余次”[⑤]。八月十一日，掌湖广道监察御史蔡金台奏称改革要限制阁部权力与督抚之权。两天后，翰林院侍读学士周克宽称官制改革只易新名不

---

① 《京师近信》，《时报》光绪三十二年九月十二日（1906 年 10 月 29 日），第 2 版。荣庆与陈田为光绪丙戌科进士，属同年。按：此折处理方式不合程式，“向例封奏留中，仍存政府。此折发政府阅看，后仍掣回存”。参见《京吴太史来电》，光绪三十二年八月二十二日，中国历史研究院藏，张之洞档案，甲 182-441。

② 恽毓鼎著、史晓风整理：《恽毓鼎澄斋日记》第 1 册，浙江古籍出版社 2004 年版，第 324 页。《京师近信》，《时报》光绪三十二年九月十二日（1906 年 10 月 29 日），第 2 版。

③ 恽毓鼎著、史晓风整理：《恽毓鼎澄斋日记》第 1 册，第 324 页。

④ 陈旭麓、顾廷龙、汪熙主编：《辛亥革命前后 · 盛宣怀档案资料选辑之一》，第 29 页。

⑤ 陈旭麓、顾廷龙、汪熙主编：《辛亥革命前后 · 盛宣怀档案资料选辑之一》，第 29—30 页。陶湘指的是大多数御史动向，八月上旬后也有一些御史上陈，但并不激烈。如掌江南道监察御史吴钫上奏更定官制，指出用人之法、升转之法、内外俸给、官场仪节四点，都是老生常谈的官制问题。《掌江南道监察御史吴钫折》，光绪三十二年八月十一日，中国第一历史档案馆藏，录副奏折，档号：03-9282-010。

如旧制，尤其点出“言官遽拟全裁，舆论壅于上闻，宫禁势成孤立”，对于撤销都察院深表不满。同日，掌江西道监察御史刘汝骥上折，指出官制改革不能使大权旁落，折中说康熙朝“犹有鳌拜、明珠之丧心病狂”，雍正朝“犹有年羹尧、隆科多之大逆不道”，乾隆朝“犹有和珅、福长安之朋比为奸”，指向袁世凯的意向已经非常明显。[①] 据说，慈禧太后看了刘折后颇为感慨，对刘氏说，“所谓预备立宪者，无非通下情就是了，那不是空空立宪两个字，祖宗法度就全不用了。就是各国宪法，亦自不同。我自然有主意，不至失了大权，你只管放心”。[②] 此处的“大权”指的是皇权，维护皇权稳固是慈禧太后的底线，瞿鸿禨幕僚称，“侧阅慈圣谆谆垂谕”，首要即为“君权不可侵损”[③]。慈禧太后对于袁氏主导的官制改革方案是有忍耐维度的，不能越雷池一步，御史言官持续围绕皇权权杖作文章，势必影响最高当局者决策。

此后几天，御史上奏越来越频繁，掌浙江道监察御史王步瀛连续上了多封奏折，其中一封谈及兼差问题，称各王大臣议论官制之初，本来是将兼差一并裁并，以专责任，现在听闻是变通处理，各员兼差仍其旧，“须俟十年后察看情形再议裁撤”。他指出，“军国事务，胥关紧要，阁部大员，兼顾良难，但愿一事有数人能办，万不可以一人而充数人之役，既乏人才，岂可轻言变法”。[④] 后清廷上谕“专责成”，袁世凯被开去八项专差，御史建言起到了作用。

王步瀛的另一封奏折称袁世凯幕府金邦平年仅二十三岁，纵论

---

① 《掌江西道监察御史刘汝骥折》，光绪三十二年八月十三日，中国第一历史档案馆藏，录副奏折，档号：03-9282-012。

② 刘汝骥：《陶甓公牍》，载官箴书集成编委会编：《官箴书集成》第10册，黄山书社1997年版，第464页。

③ 《余肇康致止公相国函》，光绪三十二年八月初五，《瞿鸿禨朋僚书牍》第192号函。

④ 《掌浙江道监察御史王步瀛折》，光绪三十二年八月二十日，中国第一历史档案馆藏，录副奏折，档号：03-9282-018。丙午官制改革关于兼差的讨论，较早上折谈论此事的是河南道监察御史俾寿，指出“现时大臣兼差者甚多，若改定官制，应裁缺兼差，俾每人专任一事，然后能专心尽职”“事有专责，既免推诿掣肘之弊”。参见《掌河南道监察御史俾寿折》，光绪三十二年七月十五日，中国第一历史档案馆藏，录副奏折，档号：03-5463-126。

有才，未必有瑜亮之论，于中外典籍制度未能博通，参奏金邦平“气焰甚张，寥寥数语，傲慢特甚，各司员不得已唯诺而退”。[①] 由此亦可观察到官制改革过程中袁世凯主导意向非常明显，且时人所谈态度跋扈，从其幕府的作风亦可得到认证。之后，言路之声愈发刺耳，王莽之患，胡惟庸之祸，鳌拜、明珠、索额图之小作威福，吕产统军生变，无非就是指出权臣窃弄权柄，以窥神器。核心意思就是责任内阁不同于军机处，关键在于“军机处虽为政府，其权实属于君，若内阁则权属于臣，不过遇事请旨耳”。[②] 这些奏陈被留中，当政者并未向外界透漏出明确的意向。

言官自身利益受到了威胁，连续发问自在情理之中。由议政转化为攻击异己，却是背后多人指使，直接预谋者为都察院都御史陆宝忠。[③] 都察院长官五人，左都御使陆宝忠排名第一，左副都御使宗室台布管理的是宗室事务，左副都御使伊克坦为陆宝忠翰林后辈，“虽为同列，不啻属员”，左副都御史陈名侃为陆氏儿女姻亲，左副都御使成章留署办公。[④] 由此看来，陆宝忠虽于光绪三十一年年底才由兵部右侍郎补授左都御史，到都察院不足十个月，但掌握绝对话语权。八月初九日，候选道许珏取同乡印结，由陆宝忠代奏官制改革事宜。查许折，谈的是税收、土药、人才与改官制，

---

① 《掌浙江道监察御史王步瀛折》，光绪三十二年八月二十日，中国第一历史档案馆藏，录副奏折，档号：03-9282-020。原折无具文时间，根据内容判断，应是与兼差折同上，为附片。

② 《掌山西道监察御史张瑞荫折》，光绪三十二年八月二十二日，中国第一历史档案馆藏，录副奏折，档号：03-9282-023。《吏部稽勋司主事胡思敬折》，光绪三十二年八月二十五日，中国第一历史档案馆藏，录副奏折，档号：03-9282-029。

③ 陆宝忠，字伯葵，江苏太仓人。道光二年庶吉士，历官兵部右侍郎，左都御史。关于陆宝忠于官制改革的态度前后有一定的矛盾性，前期反对官制改革，后又支持裁减给事中御史名额。中央官制改革公布后，给事中左绍佐具折弹劾过陆宝忠，称“裁减之议，军机大臣瞿鸿禨极赞助之”，指出陆宝忠是为了迎合枢臣。同一折内又替瞿辩解称，“闻军机大臣瞿鸿禨嘱该都御史先行一人具稿，其所重者，裁减员缺，筹增津贴而已，于激扬整饬，遴选考成之法未有所闻也”。左还提出旧事，指出陆宝忠“曾充河南闱差，直督袁世凯备有赠送考官银两，交其带往。该都御史自取多数，考官回京颇有訾议”，似乎在说陆与袁早有交际。参见《兵科给事中左绍佐片》，光绪三十二年，中国第一历史档案馆藏，录副奏折，档号：03-5473-079。

④ 《掌新疆道监察御史江春霖折》，光绪三十二年十二月二十四日，中国第一历史档案馆藏，录副奏折，档号：03-9285-042。

未涉政局。[1] 但八月二十六日，陆宝忠代内阁中书王宝田、户部笔贴式忠文、户部郎中李经野、兵部员外郎马毓桢等人所上奏折，虽同样取自同乡印结，其内容却大有深意。

该奏折篇幅很长，称官制改革“大谬者四端，可虑者六弊，不可不防者四患”。“四端”通过分析日、德、美及各国政情，指出清廷立宪及官制之弊，核心是造成大权旁落。“六弊”谈中央官制方案诸多不妥，重点还在于“内阁置总理”“阳以分军机之任，而实阴以夺朝廷之权也”“闲散或有可裁，而都察院断无可裁之理”。“四患”指的是民乱、结党、外患、排满，此皆出于立宪与改官制。纵观此长折，其关键在于点出改革官制之弊，“权与势不移之于下，即夺之于外”“卒以酿异日藩镇擅兵、宗社倾覆之祸”。[2] 王宝田等人上折“实出于总宪陆宝忠所授意，陆于新政嫉之若仇，曾于都察院衙门接见所属各御史时，就长桌上对大众昌言，必须各人有折反对，始能谓之尽职”。[3] 两日后，陆宝忠给军机大臣瞿鸿禨发去一封密函，谈及此折：

> 近日厘定官制，乃朝廷变法自强、实事求是之至意，预议诸臣，苟出以公心，酌古准今，和衷商榷，何尝不可推行。乃倡议者不学无术，又辅之以三五嗜进喜事少年，逞其私见，任意去留，几欲举祖宗成法扫除而更张之，以至人心愤怒，举国哗然。其意岂仅顾一身之禄位哉？盖为治乱存亡计也。今众论所归者，辄谓寿州（孙家鼐）、善化（瞿鸿禨）必能主持其事，救国事之阽危。相公负此重望，尚祈副其实而身任之，天下幸甚。前日有内阁中书王宝田、户部郎中李经野等四人，赴台呈

① 《都察院左都御史陆宝忠折》，光绪三十二年八月初九日，中国第一历史档案馆藏，录副奏折，档号：03-9282-004。

② 《内阁中书王宝田等人折》，光绪三十二年八月二十六日，中国第一历史档案馆藏，录副奏折，档号：03-9283-005。

③ 《记改革官制之最近见闻》，《时报》，光绪三十二年九月二十四日（1906 年 11 月 10 日）第 1 版。

> 请代递封事，语皆征实，洋洋数万言。大臣不言，而小臣言之，汗颜无地。子年（寿耆）引例迴避，明晨晚为加班代递。篇幅较长，恐慈圣年高，不耐披览，倘细绎其言，似必可动听；相公造膝时，能为略伸其意，俾达宸聪，亦转圜之一道也。相知垂二十年，敢布腹心，尚望默筹大计，以维国是而餍物望。敬请台安。晚名心顿首。①

显然陆函说得明确，不满于倡议改革官制者，寄希望孙家鼐、瞿鸿禨主持公道。由于代呈王宝田等折件较长，陆宝忠担心慈禧太后年事已高，精力不济，请瞿造膝时代为转圜，信函中谈及“相知垂二十年，敢布腹心”，看来瞿、陆关系匪浅。更为重要的是，陆了解政情，深知王宝田等人的奏折能够打动军机协揆，折中说“今之议者，乃欲于内阁置总理，是忌军机之守之谨而不能自恣也，是名为复内阁之旧，而实以藉以自便其私也”。②

档案并未见瞿鸿禨回复陆宝忠，不过从后来瞿上官制改革说帖来看，两人应为同路人。报纸亦对此事有所揭示，“运动城南御史纠弹阻挠，皆瞿计也”。③ 只是瞿鸿禨城府很深，表面上持支持官制改

① 《陆宝忠致瞿鸿禨》，《瞿鸿禨朋僚书牍选》，中国社会科学院近代史所近代史资料编辑部编：《近代史资料》总108号，中国社会科学出版社2004年版，第21—22页。文中标出此函的时间为光绪三十二年七月二十八日，参考“前日内阁中书王宝田、户部郎中李经野等四人，赴台呈请代递封事”一句，四人上折时间为八月二十六日，所以此函当为光绪三十二年八月二十八日。陆宝忠与瞿鸿禨有交际，光绪二十八年曾致信瞿，报告江南水灾、江南教案等事，应是出于乡梓情结。参见《陆宝忠致止公中堂函》，光绪二十八年九月十六日，《瞿鸿禨朋僚书牍》第7号函。对于内忧外患的清廷政治，陆、瞿亦有交流，“世变日亟，较丙申丁酉与公慨论时，又迥不同，外患迫切，诚可痛心，然隐伏者，仍在内忧，庚子之祸，实在内讧召之耳”。参见《陆宝忠致子玖尚书函》，光绪三十年正月二十六日，《瞿鸿禨朋僚书牍》第47号函。陆宝忠主管都察院，不同意官制改革裁撤该院，但对于所辖官邸的腐败了如指掌，认为亟须改革，曾于同年七月二十四日致函瞿鸿禨商讨此事，“止公中堂阁下：会议改期，台中应整顿者皆搁起，反对者将接踵而至，恐又为今春之续。务请坚持定见，催邸定期集议，弗为澜言所动。晚一缕血诚，不避嫌怨，议定后必实力奉行。若再迁延，将无从着手矣。专肃。敬请勋安（裁缺事，前召对时，亦约略奏过）。世晚陆宝忠顿首。”参见《陆宝忠致瞿》，光绪三十二年七月二十四日，《瞿鸿禨朋僚书牍》第189号函。

② 《内阁中书王宝田等人折》，光绪三十二年八月二十八日，中国第一历史档案馆藏，录副奏折，档号：03-9283-005。

③ 《京师近事之里面》，《时报》，光绪三十二年十月初九日（1906年11月24日），第1版。

革的态度，“朝夕持《会典》详核，稍事更动”。[①] 袁世凯将草拟的方案“密请先示意旨，文慎阳为推让，袁不疑也”。[②] 此后至九月十六日，核定官制大臣上陈厘定中央衙门官制进呈折（附清单）前，其间言官继续上奏质疑，但并未能改变编制大臣的方案。瞿鸿禨不得不直接发难了，上《复核官制说帖》，陈述核心内容是雍正初设立军机处，每日入值，承旨办事，毋庸复改。内阁一切执掌，仍从其旧，无须移并。各部院改制亦无大变动，尤其是都察院“宜仍旧”。[③] 瞿氏所上说帖强调了旧有体制更有利于皇权稳定、巩固君权，打动了最高当权者。

瞿鸿禨在拟定的中央官制进呈折之后单独上说帖，可能原因在于御史们推波助澜，已经将改革的隐患步步传导，由于慈禧太后并未表态，瞿判断“大臣不言而小臣言之”尚不够力度，[④] 需要给予致命一击，非亲自上阵不可。参与编制官制改革方案的重臣很多之声，选择私下上陈说帖阻力较小。在改革主导舆论的大环境下，反对之声是“格格不入”的，私上说帖也是保护自身的手段，当然与瞿鸿禨阴鸷的性格也有关系。据说袁世凯在十六日中央官制折进当日准备请训，“以备召询，讵意上意尚不为然”。[⑤] 慈禧太后的游移被瞿鸿禨捕捉到，立即上呈了说帖，为当政者尚存疑虑的内心打了一针强心剂。四天后，即九月二十日，上谕裁定奕劻等人核拟的中

---

① 陈旭麓、顾廷龙、汪熙主编：《辛亥革命前后·盛宣怀档案资料选辑之一》，第30页。瞿鸿禨此一阶段对官制改革方案作了较为深入的研究，听取朝中大员的意见，据戴鸿慈记述，“承交下奏稿二件，业已领到，赶即按照复核王大臣奏定官制章程，详细核议，准于二十四日下午三点钟，恭诣尊寓，面聆指示，届时希拨冗稍候为祷”。《戴鸿慈致瞿鸿禨函》，光绪三十二年七月二十一日，《瞿鸿禨朋僚书牍》第187号函。

② 徐一士：《清光绪丁未政潮之重要史料——袁世凯致端方之亲笔秘札》续，载《国闻周报》第14卷第6期，1937年2月1日，第75页。

③ 《复核官制说帖》，中国社会科学院近代史所近代史资料编辑部编：《近代史资料》总83号，中国社会科学出版社1993年版，第35页。有学者研究认为，瞿氏此说帖上呈晚于中央官制改革方案之公布，并由多人起草。参见李振武《〈瞿鸿禨复核官制说帖〉考略》，《广东社会科学》2007年第5期。

④ 《瞿鸿禨朋僚书牍选》上，《近代史资料》编辑部编《近代史资料》总108号，中国社会科学出版社2004年版，第21页。

⑤ 陈旭麓、顾廷龙、汪熙主编：《辛亥革命前后·盛宣怀档案资料选辑之一》，第26页。

央官制，“内阁军机处一切规制，著照旧行”，“原拟各部院等衙门职掌事宜及员司名缺，仍著各该堂官自行核议”。[①] 对比瞿的说帖与九月二十日上谕，不但在内容大体一致，亦有多处用词雷同。笔者推测瞿借近臣之便上陈说帖，并独对详陈了其中利害，得到了慈禧太后的认可，即命其起草上谕，公之于外，关于责任内阁的决策正是“瞿鸿禨揣测西太后意旨于独对时决定的”。[②] 由此看来，官员关注的不是改革成效而是自身利益，“中国事，大都有爱恶而无是非，此其所以弱也”。身处政局中的浙江巡抚聂缉椝亦建议瞿鸿禨，“我辈处此时局，惟有时时记得‘强为善而已矣’一句书，‘强’字极有道理。‘而已矣’三字，尤有无限感慨”。自身强大方能“为善”，否则“祸福前定，得过且过，趋无可趋，亦避无可避，且亦不容我趋避也”。[③] 这不能不说是中国几千年封建社会的积习。

在推翻袁世凯主导的官制改革方案过程中，朝中重臣大学士孙家鼐值得关注，他与奕劻、瞿鸿禨同为复核官制大臣，是此次官制改革最终拍板三人组之一，具有相当大的话语权。奕劻倾向袁氏方案，瞿氏暗中反对，权力天枰呈一比一，由此孙的态度尤为重要。孙家鼐身为帝师，历经同治、光绪两朝，熟稔宫廷政治，这或许是慈禧太后选其为核定大臣的原因。孙家鼐一反老成持重的常态，言辞非常激烈，“第一次会议之际，袁世凯主裁都察院，孙与争甚烈，不欢而散。第二次会议，孙不到，惟书片纸送往，中有‘都察院之制，最不利于奸雄臣慝，亦惟奸雄臣慝，最不乐有都察院’数语。举座为之失色”。[④] 至于孙家鼐所说“奸雄”，显然指向袁世凯。不过这毕竟是笔记小说家言辞，以孙的处事风格，笔者猜测似不会如此激烈，但其为官制改革的反对者大致不错。

与陆宝忠授意言官上陈的策略相同，孙家鼐亦支持言路条陈，御

---

① 中国第一历史档案馆编：《光绪宣统两朝上谕档》第32册，第196—197页。

② 张国淦：《北洋军阀的起源》，杜春和等编：《北洋军阀史料选辑》(上)，第49页。

③ 《聂强恕致止庵先生函》，光绪三十一年三月，《瞿鸿禨朋僚书牍》第92号函。

④ 徐一士：《亦佳庐小品》，中华书局2009年版，第284页。

史胡思敬就得其暗中支持，得以先期窥探官制改革方案，有的放矢地上折予以攻击。借此便利，胡思敬上《不可轻易改革官制折》，逐条批驳新官制，折由孙家鼐代奏。[①] 此折对于兼差弊病作了论述，“诸大臣资望既深，精力就疲，多者兼八九差，少亦四五差，蚤夜奔驰，曷能有济。是故一人而兼数差，势必至勤者敷衍，惰者废弛，一差而派数人，势必至狡者倾轧，暗者推诿”。清廷上谕厘定官制在“专责成，清积弊”，袁世凯成为最大受害者，由此辞去八项兼差。[②] 都察院都御史陆宝忠认为孙家鼐与奕劻、瞿鸿禨在此次改制角色相埒：“此次厘定官制，项城挟气吞全牛之概以来，嗜进少年及热心速化者，从而翼戴之，政府几不敢异同，意在推翻朝局。幸台谏封章迭上，昔所援引之枢臣亦渐反对，其锋渐挫。深宫亦略烛其隐，邸（奕劻）与善化（瞿鸿禨）、寿州（孙家鼐）合力维持，始成今日之局。”[③]

面对磨刀霍霍的言路，支持官制改革的大臣并未坐以待毙，作为此次拟定官制改革方案的领衔人物（袁氏虽主导，但以外官进京，排名靠后），载泽认为非立宪无以救国，“并谓立宪是纲中之纲，大纲不立，事事皆枝节，毫无益处”，“此皆端、戴、尚、李所不能言者”。[④] 面对陆宝忠运动许珏、文海、周克宽、刘汝骥、柯绍忞、王步瀛、张瑞荫、杜本崇、蔡金台等人的交章弹劾，“大率以泽公主持立宪误国病民，先后封事十数上，两宫意未少动，并面谕泽公勿避

---

① 《大学士管理吏部事务孙家鼐折》，光绪三十二年八月二十五日，中国第一历史档案馆藏，录副奏折，档号：03-9282-028。《吏部稽勋司主事胡思敬折》，光绪三十二年八月二十五日，中国第一历史档案馆藏，录副奏折，档号：03-9282-029。参见《上孙相国书》，胡思敬：《退庐全集·丙午厘定官制刍论》，收入沈云龙主编：《近代中国史料丛刊》正编第45辑，台北：文海出版社1970年版，第1485页。

② 前文述及王步瀛论述兼差之弊。江春霖在此期间亦论述了兼差的弊端：“凡人才力各有所限。以一人而治一事，庸众足效驰驱；以一人而兼数事，智勇亦形竭蹶。今之大臣兼管会办，已稍異设官分职之意，乃至各部司务、各省局差亦复垄断独登，左右罔利。无论才非泛应，即聪明特达、剖判如流，恐亦疲于奔命矣。欲无敷衍塞责得乎？”江春霖：《江春霖集》（上），马来西亚：马来西亚兴安会馆总会文化委员会出版，1990年版，第87页。

③ 《陆宝忠致盛宣怀》，光绪三十二年十月二十五日，吴伦霓霞、王尔敏合编：《盛宣怀实业朋僚函稿》（中），台北“中央研究院”近代史研究所1997年版，第1046—1047页。

④ 《汪大燮来函》，上海图书馆编：《汪康年师友书札》第1册，第755页。

谗谤，勿辞劳怨”[①]，载泽不得不上折回应，重点围绕言路质疑的“总理之任太专，疆臣之权太重”展开，这也是必须解释的内容。毕竟载泽回国后奏陈预备立宪，打动慈禧太后的要点即立宪能够保全大清根基，并不致大权旁落。对于“总理之任太专”，载泽称“总理大臣及左右副大臣为之表率，以当承宣诏旨之责，若夫天下大政出自亲裁，彼固不得而专之也，部院大臣皆由特简，彼固不得而私之也”。针对“疆臣之权太重”，载泽说“增设各司分任要政，仿中国集权之制，直隶于京师各部，此制一立，疆寄益轻”。他特意强调“大小臣工不克和衷共济，以成其美”，存有“偏激之私”“实有碍于宪政之成立”。同时表明自身“于朝士既无偏党，于行政亦无责成”，以宗支身份劝说两宫“不至为言官所动摇”，结果奏折留中。至于载泽请给予机会能够“暇赐以召对，俾得从容陈说详述颠末”，同样未能实现。[②] 等来的结果是，慈禧太后传旨载泽“不要太多说话，泽公乃不敢再有所陈奏矣”。[③]

为载泽起草这封奏折的人是其幕府杨寿枏，他将这封奏陈收入个人文集《云在山房类稿》。对比杨氏起草的奏陈原件，载泽在上陈时并未全全采纳，尤其是草稿中提到的变更祖制之疑、裁撤衙门及员缺、总理大臣不会揽权、收督抚之权于中央四点内容未予全部吸纳，显然载泽有所保留。杨寿枏后来回忆此折的出台过程，揭示了当时朝局：

> 时枢府中庆亲王（奕劻）握重权，瞿相国（鸿禨）与之

① 《京师近信》，《时报》，光绪三十二年九月初七日（1906 年 10 月 24 日）。事实上，并不是所有的言官都因官制改革触犯利益而进言反对，户科给事中刘彭年说辞就较为公允。针对都察院将裁额，他指出“参预立法与监督行政，似皆言官分内之事，值兹厘定官制，自应变通成例，量予事权，则耳目之官可兼收臂指之效”。《户科给事中刘彭年折》，光绪三十二年九月初二日，中国第一历史档案馆藏，录副奏折，档号：03-9284-004。

② 《镇国公载泽折》，光绪三十二年九月初四日，中国第一历史档案馆藏，朱批奏折，档号：04-01-30-0109-008。

③ 《京师近信》，《时报》，光绪三十二年九月二十二日（1906 年 11 月 8 日），第 2 版。

> 抗，督抚则袁慰廷制军（世凯）为庆派，岑西林制军（春煊）为瞿派，各树党援，互相排挤，台谏上书亦党同伐异。泽公愤诸臣之结党营私也，乃令余草密奏，痛言其弊。

这是杨氏在文集中的叙述，不免后见之明，却颇能反映官制改革期间的内情，“盈廷聚讼，党见纷歧，假立宪以粉饰虚文，藉官制以驱除异己”，借助改革，排除异己，实为推行新政的内在动力，最终“至臣民解体，外侮生心，使奸雄得藉以为资而起”①，时人已经洞见朝政的隐忧。

二　瞿鸿禨暗中抵制因由

庚子两宫回銮之后，军机处原班诸大臣或免或革，礼亲王世铎以年老罢直，荣禄被任命为首席军机大臣，汉军机为王文韶、鹿传霖、瞿鸿禨。光绪二十九年荣禄病逝，奕劻继为领班军机大臣，同年荣庆进入军机处，不过“荣人甚旧，又具一副道学面孔”。② 瞿鸿禨比较妥善的处理了与奕劻的关系，“遇事须请命于庆王”，姿态很低，曾言及“在政府时，与庆亲王本极水乳融洽，几于言听计从。每年年终，庆王赠自画山水一幅，以为年礼。自夫己氏（袁世凯）当国，久存操、莽之心，路人皆知，深为所忌，极力以谗言交乱，终成水火”③。

瞿鸿禨能与奕劻“水乳融洽”，独与袁世凯心存芥蒂，有传闻称瞿任职河南学政期间，因受礼遇不周怀恨在心，致使科考选拔不公影响了河南籍考生袁项城。④ 据称通政使顾璜之弟顾雅蘧，出任监察

---

① 杨寿枬：《云在山房类稿·觉花寮杂记》卷一，收入胡绳武主编：《清末立宪运动史料丛刊》第3册，山西人民出版社2020年版，第446页。

② 《述致端方电》，光绪二十九年某月三十日，中国第一历史档案馆藏，端方档案，档号：27-01-002-000253-0040。对于荣庆的评价是端方在该电旁白的批语。

③ 《枢臣三人出军机》，刘声木：《苌楚斋随笔续笔三笔四笔五笔》（下），中华书局1998年版，第584页。

④ 《瞿子玖开缺始末》，刘禺生：《世载堂杂忆》，第91页。

御史，“慨然以疏通自任，令善化（瞿）、项城（袁）结为异姓兄弟。先以项城命，请于善化。善化以生平未有兰谱辞，而语东海徐相（徐世昌），请婉为之复”。袁世凯闻之曰：“善化视学河南，吾弟取为生员，吾何敢然。”[①] 这些关于瞿、袁纠葛的记述多为后见之明，不免牵强，但北洋不能达于军机协揆基本不差。

瞿鸿禨反对官制改革方案，主要原因还在于新体制打破了既有平衡。军机中汉员往往负责文字起草，瞿握有枢垣执笔之权，这也是其参与决策的关键一环。袁世凯主张责任内阁制，“定议总理一人，属现在之领袖（奕劻）。协理两人，现在有五人（瞿鸿禨、铁良、徐世昌、荣庆、鹿传霖），能令何人出去为是，所以议令各专部务，庶几要出同出，可无痕迹”[②]。内阁权力分配陷入“狼多肉少”的困境，“设内阁最困难之一端，即为现时军机大臣无从安置，副总理仅有二席，故不免其中稍有阻碍”。[③] 况且协理大臣本身就与引进的责任内阁制相出入，国外并无此设置，为到本土后平衡各方的产物。因此瞿鸿禨在《复核官制说帖》中坚持保留军机处，称“日本以内阁居首，亦采中制。欧洲各国不名内阁，其以一员总理，则同我朝以军机处为行政总汇，其义亦未尝不同军机处”。以历史经验比附西方，援西入中是那个时代士人的惯性思维之一种。[④] 后任直隶总督的陈夔龙（其兄陈夔麟作为湖北代表入京参与官制改革）在其笔记《梦蕉亭杂记》议及此事，称“入直军机，公（瞿）推主笔，夹辅七年，恩遇独渥。嗣因议改官制，与同直诸君意见不合。北洋某制府复遥执政权，横加干预，文慎遂不安其位而去”[⑤]。“不安其位”道出了瞿的真实处境。

政治理念与门户政治相关联。清末十年政局派别林立，党同伐

---

① 《瞿鸿禨》，刘体智：《异辞录》，第 191 页。

② 陈旭麓、顾廷龙、汪熙主编：《辛亥革命前后・盛宣怀档案资料选集之一》，第 30 页。

③ 《京师近信》，《时报》，光绪三十二年八月初三日（1906 年 9 月 20 日），第 2 版。

④ 瞿鸿禨：《复核官制说帖》，中国社会科学院近代史研究所《近代史资料》编辑部编：《近代史资料》总 83 号，第 35 页。

⑤ 陈夔龙：《梦蕉亭杂记》，中华书局 2007 年版，第 86—87 页。

异，以袁世凯为首、联合奕劻为内应的北洋集团，与被称为“清廉”派的瞿鸿禨、岑春煊等人关系错综复杂，史家陈寅恪将北洋集团、“清廉”派分别称为“浊流”和“清流”。[①] 官制改革表面上是国家政治事务，也是权力再分配的方案，于此而言，支持者与反对者面对权力“蛋糕”，“清”与“浊”都是热衷人，倒是在改良层面，似乎瞿鸿禨更趋于保守，与渐进派、激进派大不相同，报界评论其“及至戊戌以前，则窃新学界之口头禅。迨乎戊戌以后，则为顽固党之门下客”。[②] 瞿鸿禨的保守主义策略受到亲信的影响，这从其儿女亲家余肇康的建言可见，“大吏贤明，亦非有心改制，无奈怂羹吹虀，当局者迷，直视中朝旧制，无一而可。而不知浮薄少年，祈乡未定，耳濡目染，忍而为此，有不可遏抑之势。我辈均有子弟，试令异服□事，能堪之乎？弟实非顽固之流，而变本加厉，实见有流弊无穷者”。这封信是针对学堂军营改制易服而发，其核心要义在于清沿明制，衣着本好，“今垂垂又隐相改制矣”，言语中对新政改制深怀成见。[③] 深得瞿鸿禨信赖的亲家公建议针对新政举措不必过于主动，“去岁谕旨煌煌，极为郑重，总宜遵行一二届，察看无益处，再行核议；未可反汗太快，致令玩视纶音”，更多体现的是表面应付，并无太多进取之心。[④] 应该说，对于清末新政的各项举措，余肇康持保守态度，他认为，“近两大患，一在日本，一在学生，治乱存亡，胥于是乎在。而此中消息，则视夫宪政之行不行，一行则更不可为矣。今宜置一切新政为后图”。对于留学生政策，余肇康更是对外称“不如尽调各学生回国”“暂停游学五年”，这些保守言论无疑也会

---

① 陈寅恪：《寒柳堂集》，上海古籍出版社 2020 年版，第 171 页。

② 《论瞿鸿禨之革职》，《申报》，光绪三十三年五月初九日（1907 年 6 月 19 日），第 2 版。

③ 《余敏斋致止公尚书函》，光绪二十八年，《瞿鸿禨朋僚书牍》第 17 号函。余肇康对于新式服装不满，光绪三十年就学生操衣与礼服有所议论，趋于保守，并称得到了张之洞的认可。对于赵尔巽在湖南推广女学，“围裙于腰，满街行走，成何体制？女学必须停办，尤宜禁女子游学”，“再不检校，恐祸端又将发自吾湘”。参见《余敏斋自荆州致止庵先生函》，光绪三十年五月初二日，《瞿鸿禨朋僚书牍》第 56 号函。

④ 《余肇康致止公亲家函》，光绪三十一年六月初五日，《瞿鸿禨朋僚书牍》第 103 号函。

影响到瞿的决策。[①]

瞿鸿禨的门生张美翊也建议，“欲制定宪法，必当采渐进保守主义，以本国之历史习惯为基础，而旁采各国所长，使本国遗传之政体，与欧美立宪主义相调和，此其最要，若破坏旧体而创设新制，则殊非我之所望”。[②] 五大臣出洋期间，钱恂帮助编辑立宪书籍，竭四月之力，编成十二种，写信告知瞿鸿禨，“著笔尤为谨慎，务主正理，不使偏乎过新而已”[③]。来自幕僚频仍的建言，时刻影响瞿鸿禨的决策，所采取渐进的保守主义策略显然与端、袁的改革方针相去甚远。对于立宪一事，瞿鸿禨门生中主张立宪的汤寿潜致信称，“宪法之议，走（汤）以渎吾师者三年余矣”“成则人人将报以铜像，不成则奉身而退”。但以瞿的身份处理来看，不成难能“奉身而退”，势必格外小心。[④]

专制集权体制下，揣摩圣意进而外化于尊王的外在说辞为为官者重要手段，激进与保守有时无关政治实践效果，而是赢得当政者的垂青信赖的策略，与此而延伸到政治中激进与保守之争多为门户之见。据此，余肇康在分析官制改革期间的局势，有过一段精彩的论述：

> 侧阅慈圣谆谆垂谕有四：一曰君权不可侵损；二曰服制不准更改；三曰辫发不准薙；四曰典礼不可废。圣意深远，所以维系人心、保存国粹者，全在乎此。否则是使民先不知有本朝，不知有中国，尚书能生其忠君爱国之心？况即欲立宪以公天下，亦全不在变更此四端。深维两宫之心，以定中邦之局，治乱存亡。其机至迫。莫不属望于公矣。至于大经大法，不出六官；

---

① 《余敏斋致止庵先生函》，光绪三十一年十一月二十七日，《瞿鸿禨朋僚书牍》第 129 号函。

② 《张美翊致张劭熙、朱桂辛函》，光绪三十年四月二十二日，《瞿鸿禨朋僚书牍》第 54 号函。

③ 《钱恂上瞿中堂书》，光绪三十二年六月初三日，《瞿鸿禨朋僚书牍》第 182 号函。钱恂浙江人，考察政治大臣随员。光绪三十三年任驻荷兰大使。

④ 《汤寿潜致章一山函》，光绪三十年八月初一日，《瞿鸿禨朋僚书牍》第 60 号函。章一山，即章梫。浙江宁海人，瞿鸿禨门生。庶吉士，光绪三十一年译学馆提调。外界致瞿信多经其转达。汤寿潜，浙江绍兴人，光绪十一年举人，瞿鸿禨门生。

今即时移势易，但可酌增以附益之，万不可意为裁并。[①]

"大经大法，不出六官""酌增以附益之"，大体反映了瞿鸿禨阵营中人围绕官制改革的共识，这些认知是建立在研判当政者意图基础之上，以此作为应对政争对手的策略手段。

瞿鸿禨善于笔墨文字、为人谨慎，死后谥号"文慎"代表了官方的评定，其行事多不漏声色。当铁良、载沣等反对立宪与官制改革多呈于表面，而瞿鸿禨隐藏于后，"反对立宪及改革官制者，人皆知为荣、铁，荣、铁诚有之，然为之魁首者，实为瞿鸿禨。荣、铁无大机智，瞿则变化百出，彼能利用庆邸。端之放两江，意在排出，以孤袁势……此次总核官制之中有孙中堂者，亦彼之主意。彼最畏清议，而又能貌饰文明。此次举孙，盖欲以孙为傀儡，若有与新党为难之事，彼尽推诿之于孙而已，仍可置身事外。故世之语此次之阻挠者，荣、铁、孙解及，而独不及瞿，其巧可知矣"。[②] 文中言及"孙中堂"者，为大学士孙家鼐，兼任核定官制大臣，在官制改革方案上呈当日，具折奏请官制改革宜先州县并试行地方自治，否则"民智未开，宪法恐多阻碍"[③]，表达了改革的隐忧，而推荐孙为核定官制大臣"亦彼（瞿）之主意"，显见政见趋同，遇难事可推于孙而自保。不仅如此，端、袁合流亦被瞿洞察，端被排挤到两江为官，远离京城，以孤袁势。官制改革期间，袁世凯多以阳谋面世，反观瞿鸿禨则以阴谋制衡。

向例，枢臣入直，在御案石旁跪，其跪垫挨次而下，跪处由近而远，惟居首者奏对，其他人即有陈奏，皇上亦不能尽闻，仍由居首者传述。光绪三十二年下半年，奕劻重病不上朝，世续颟顸模棱，瞿鸿禨跪奏于前，获得更多的话语权。瞿鸿禨作为官制改革总司核

① 《余肇康致止公相国函》，光绪三十二年八月初五日，《瞿鸿禨朋僚书牍》第 192 号函。

② 《京师近事之里面》，《时报》，光绪三十二年十月初九（1906 年 11 月 24 日），第 1 版。

③ 《孙家鼐奏为立宪改官制折》，光绪三十二年九月十六日，中国第一历史档案馆藏，录副奏折，档号：03-9284-020。

定大臣，隐操可否之大权，袁世凯亦深知此中堂奥，“曾密请先示意旨，文慎（瞿）阳为推让，袁不疑也。及奏上，竟用文慎言，不用内阁总理制”[①]。北洋努力操作下的官制改革结果是，“京官改而不改，不改而改，虽徒多此纷更，然亦颇有专责成、核名实”，“专责成、核名实”致使袁世凯失兼差，这当然有瞿鸿禨“维持调护苦心”的因素[②]。对此袁世凯讥讽道，“真正反对我却不畏，所可畏者，当大家议论时，彼固无所可否，似畏葸，似瞻徇，背后却多所议论，牵动侪辈，以至此事之结果”[③]，显然不满于瞿氏的阴鸷。反对者则拍手称快，张之洞致其姐夫军机大臣鹿传霖电文中称赞道，“此次内阁改制，全赖止老（瞿鸿禨）默运挽回，功在社稷”。[④] 有人得意就有人失落，“孝钦（慈禧）采鸿禨之议，仍用军机处制。世凯大失望，益衔鸿禨”[⑤]，“善化殊眷优隆，然亦孤危甚矣”。[⑥]

第四节 改革引发政潮

袁世凯推动丙午中央官制改革，提议责任内阁制，对外声称“官不可不做，法不可不改”，是唯一进京参与官制改革决策的地方督抚，改革方案多经其手而成。一时有“卧雪（袁世凯）将入内阁或兼北洋”[⑦] 之风说。袁世凯入都后，行迹颇为跋扈。据曹汝霖回忆，亲王大臣等对责任内阁多持反对意见，“其实目的，只恐项城为

---

① 徐一士：《清光绪丁未政潮之重要史料——袁世凯致端方之亲笔秘札》续，载《国闻周报》第 14 卷第 6 期，1937 年 2 月 1 日，第 75 页。

② 《余敏斋自长沙致止盦相国亲家函》，光绪三十二年十二月初十日，《瞿鸿禨朋僚书牍》第 208 号函。

③ 《袁慰帅之对人言》，《新世界小说社报》1906 年第 4 期。

④ 《张之洞致鹿尚书电》，光绪三十二年十一月十八日，中国历史研究院藏，张之洞档案，甲 182-471。

⑤ 汪诒年：《汪穰卿先生传记》，第 125 页。

⑥ 《余肇康致端方信》，《端方存札》，第 98 页。

⑦ 《天津张委员来电》，光绪三十二年九月十八日，《近代史所藏清代名人稿本抄本》第 2 辑第 108 册，第 73 页。

总理而已”。[①] 中央官制揭晓，练兵、铁路、电政均设专部，军机处和内阁仍旧。袁大失所望，在给载泽的信中表达不满，“京朝官制，诚如尊谕，所谓性质全失”。[②] 在此之前，交通行政无专管机构，船政招商局隶北洋大臣，邮传部既成立，将北洋督办大权收回。袁世凯本不肯将这一块财源交出，瞿鸿禨嘱张百熙赴天津商谈。临行之前，张百熙到奕劻处请示，庆王云：“慰廷本欲辞去兼差，我说且至各设专部再议，渠不致不交；汝可告，既设专部，部中应有全权。[③]”据此可见，奕劻并非“向来无可无不可”之人，这与其被北洋捆绑收买的傀儡形象并不相符。奕劻作为首席军机大臣在官制改革过程中具有主导意见，虽然与袁氏控制的北洋集团交从过密，但两者结合并非铁板一块，丁未政潮期间，庆王对于岑氏的打压即颇可见其主见（参见第四章）。

农工商部右侍郎杨士琦为袁世凯亲信，在沟通奕劻与北洋之间曾出力不少，运作邮传部右侍郎一缺在望，清廷临时改为胡燏棻，杨氏连夜赶往天津商讨。袁世凯令其回京运动，唇亡齿寒，结果自然是与主家命运相同。与立宪派多有联系的京官尹克昌以为，“九月二十日官制颁定，殊令人叹息也。哀莫大于心死，当路之谓矣。慰亭宫保差强人意，观近日朝旨，慰帅亦危矣哉”。[④] 果然，袁氏被迫具折辞去各项兼差，“如会办练兵事务及办理京旗练兵等差，现在陆军部业经设立，以练兵处并入，军政所汇，责有攸归，臣可无庸分任。如督办电政、督办山海关内外铁路、督办津镇铁路、督办京汉铁路各差，现在邮传部亦经建设，电务、路务均应隶属该部，自无须臣督率经理。如会议商约一差，现在英、美、日本等国商约均已议定，嗣后有辙可循，亦无须臣再参末议。以上臣兼差八项，拟请旨一并开去”。光绪三十二年十月初七日，奉

① 曹汝霖：《一生之回忆》，第 57 页。

② 袁世凯著；骆宝善评点：《骆宝善评点袁世凯函牍》，岳麓书社 2005 年版，第 171 页。

③ 陈旭麓、顾廷龙、汪熙主编：《辛亥革命前后·盛宣怀档案资料选集之一》，第 31 页。

④ 《尹克昌来函》，上海图书馆编：《汪康年师友书札》，第 1 册，第 10 页。

朱批："该督任事实心，办事均尚妥协，现在改定官制，各专责成，著照所请，开去各项兼差。"①

就在袁世凯辞去兼差同日，奕劻奏请练兵处归入新成立的陆军部，"练兵处奉旨并入陆军部，所有臣处关防一颗，遵即封送礼部缴销。其一切案卷文牍，与各项人员名数，及所存款项数目，一并开具清单，移交陆军部接收。此后臣处应办事宜，即专归陆军部办理"②。练兵处既然归陆军部统管，北洋六镇理应被陆军部一并接收。袁世凯自然不想兵权被剥夺，上折请将第二、第四两镇仍归统辖，理由是庚子之后外国驻军尚未全部撤离，大局未定，"第二镇驻扎永平府暨附近山海关一带，第四镇驻扎天津府附近之马厂、小站一带。值此客军尚未尽撤，大局尚未全定，直境幅员辽阔，控制弹压，须赖重兵，所有第二、第四两镇，拟请仍归臣统辖督练，以资策应"。可以说袁世凯抓到了当时治国理政的肯綮，外交之用的理由具有说服力。十月初五日，奉朱批："现在各军均应归陆军部统辖。所有第二、第四两镇，著暂由该督调遣训练。"袁在奏折中还提及其他四镇，"陆军第一镇，系臣会同尚书臣铁良督率训练。第二、第三、第四、第五、第六等镇，系专由臣督练。现铁良已补授陆军部尚书。第一镇本系京旗兵丁，应归部臣专管。第三镇驻扎保定府暨奉天、锦州府一带，第五镇驻扎山东济南府暨潍县一带，第六镇宿卫宫门并驻扎南苑、海淀一带，现在未设军统，各该镇均拟请归陆军部直接管辖，无庸由臣督练"，显然做了极大妥协，内心自有不甘，却又无可奈何。③

---

① 《恳准开去各项兼差折》，光绪三十二年十月初三日，《袁世凯全集》第15册，第436页。袁世凯辞去兼差前后，铁良即上书辞去兼署度支部尚书一职，不过与袁氏不同，度支部尚书溥颋即将到京，铁不得不交差。此外还呈请开去景陵、裕陵相关工程办事大臣、督办税务大臣的兼差。（《陆军部尚书兼度支部尚书铁良折》，中国第一历史档案馆藏，录副奏折，档号：03-5974-121，光绪三十二年）铁良上书辞去兼差时间应晚于袁世凯，据折内称溥颋不日到京来看，溥颋是九月二十一日任职，九月二十六日谢恩，时任察哈尔都统的溥颋到京约在十月上旬前后。

② 《奕劻等奏为练兵处并入陆军部移交各项事》，光绪三十二年十月初三日，中国第一历史档案馆藏，录副奏折，档号：03-5765-075。

③ 《陆军各镇请分别统辖督练片》，光绪三十二年十月初三日，《袁世凯全集》第15册，第437页。《袁世凯奏直隶统辖督练事》，光绪三十二年十月初三日，中国第一历史档案馆藏，录副奏折，档号：03-5973-075。

此次开去兼差，袁本是大不快之事，曾回复端方称，“兼差太多，在京曾力求施恩……重担顿释，快何如之”[①]，显然并未坦露心声，实际情况是“面子大不好看，心境甚为恶劣。候补各官谒见者，动辄得咎”，或许“本初意兴稍衰，出而告人，有‘我又何苦受人唾骂，京中事真不能办’等语”，是其真实心境的反映。[②] 对此，时人认为“改革党一败涂地，项城兵财全失，北洋局面，似又一变”。[③] 自然，也有人幸灾乐祸，说袁世凯“从前谋夺宪台（盛宣怀）权利，一再营图，不肯稍留，今日亦然，出尔反尔，且系自己送去，天道不爽”。[④] 总结袁世凯官制改革落败的原因：一是过于跋扈，引起内廷猜疑。这点袁世凯自己同样意识到了，在致亲信毛庆蕃的信中说，“盖功名之际，处置甚难。以曾文正盖世鸿勋，犹时以盛满为虑。某独何人，敢忘此义”。[⑤] 二是所提方案与清廷中央集权政策相悖。“袁自倡立宪后，圣眷即不逮从前”，有政策的分歧，更多则是出于众人的蛊惑，“两宫之意，非恶其倡立宪，实为众口所煽惑也”。[⑥] 三是多方形成的对立面之反对力量远超出其预想，“中国打落水狗是惯技，但恐不止于此”。[⑦]

遇挫的袁世凯并未坐以待毙，及时采取补救措施。对于北洋兵权，袁世凯尤为看重，这是其立足的根本，陆军第六镇驻扎在南苑，拱卫京畿，宿卫宫门，重要地位不言而喻，遂奏请陆军部将第六镇统制调为同乡赵国贤，赵跟随袁多年，为得力干将，获得允准。[⑧] 十月中旬，两江总督端方密电请求调北洋第二、第四镇

---

① 《致两江总督端方电》，光绪三十二年十月十一日，《袁世凯全集》第15册，第441页。

② 陈旭麓、顾廷龙、汪熙主编：《辛亥革命前后·盛宣怀档案资料选集之一》，第29页。

③ 《尹克昌来函》，上海图书馆编：《汪康年师友书札》第1册，第10页。

④ 《辛亥革命前后·盛宣怀档案资料选集之一》，第31页。

⑤ 袁世凯著、路宝善评点：《路宝善评点袁世凯函牍》，第175页。

⑥ 佐藤铁治郎：《袁世凯》，孔祥吉、村田雄二郎整理：《一个日本记者笔下的袁世凯》，天津古籍出版社2005年版，第101页。

⑦ 《汪大燮来函》，上海图书馆编：《汪康年师友书札》第1册，第814页。

⑧ 《以赵国贤署理陆军第六镇统制片》，光绪三十二年十月初二日，《袁世凯全集》第15册，第435页。《咨陆军部文》，光绪三十二年十月初二日，《袁世凯全集》第15册，第435页。

南下，袁世凯回复颇有深意，“北洋各镇现归陆军部统辖，惟二、四镇暂由敝处调遣。迭与部商，接收权限迄尚未遽定。由敝处借拨或声援，应虑招人议。似可由公电奏，谓地广兵单，会匪分伏，宜备大支劲旅作为后援。请饬陆军部筹备北方陆军，以待调用。奉旨后便可商部筹□，声势更大……北军南去分防，倘匪势益炽，再由北军□一镇或一协，乘火车由鄂、湘或由九江径赴前敌，会合击剿，较可得力。又或以鄂军全赴前敌，以北军填扎武昌策应湘、赣，势亦甚便”[①]。端方借兵，应是体悟到袁世凯多年以来“欲联合南北为一”,[②] 专制陆军的心思。不过袁世凯以与陆军部职权尚未分清、惹人议论为由，拒绝第二、第四镇南下，实为不想离开大本营。同时建议陆军部派其他镇策应，或者由鄂军赴前敌，以北军驻扎武昌。这里袁世凯是有私心的，建言湖北张之洞用多年心血练就之武建军正面应敌，北方各旅作为后援，形成策应多少有些作壁上观的意思。

清末十年，清廷面对危局，尝试通过革新调和中西新旧，以光绪三十二年仿行立宪为界，改革官制为先导的宪政改革成为朝中的重要议题，主导者袁世凯北洋一系遭到不小的挫折，“颓丧之至，终日在楼上，非要客不见，非要事不办”[③]。但善于运用平衡术的慈禧太后“不愿卧雪（袁）远离”。[④] 晚清中国处于千年未有之大变局的一大特点，即外人的介入与干预，袁世凯在清末崛起后比较务实地处理了与英国及其同盟者日本之间的关系，据英国外交档案记载，英国认为袁世凯是必不可少的人物。[⑤] 丙午之前一年结束的日俄战争，清廷面对日本与俄国在东北的外交争执异常棘手，在这种情形

---

① 《致两江总督端方电》，光绪三十二年十月二十九日，《袁世凯全集》第 15 册，第 490 页。

② 《兵权不轻假汉人》，胡思敬：《国闻备乘》，第 27 页。

③ 陈旭麓、顾廷龙、汪熙主编：《辛亥革命前后·盛宣怀档案资料选集之一》，第 47 页。

④ 《天津张委员来电》，光绪三十二年十二月二十二、二十三日，《近代史所藏清代名人稿本抄本》第 2 辑第 109 册，第 452 页。

⑤ ［美］斯蒂芬·R. 麦金农：《中华帝国晚期的权力与政治：袁世凯在北京与天津 1901—1908》，第 68 页。

下，比之于主管外务部的瞿鸿禨，袁在处理与英、俄、美等国家的交涉能力得到慈禧太后的认可。此外，袁在军界地位及军事才能也是其获得赏识的重要资本，当然“前此练兵，不过借名敛钱，以供给内廷耳”，这是当政者深知的。[①] 暂时选择韬光养晦，伺机待出，有朝一日必“死灰复燃”[②]。

官制改革后，内廷中枢人员做了较大调整，铁良、徐世昌、荣庆、鹿传霖专理部务，出军机，广西巡抚林绍年入军机处上学习行走，东阁大学士世续入补，与奕劻、瞿鸿禨四人组成新的枢垣班底。奕劻继续任军机处首揆，不过自光绪三十二年下半年开始生了一场大病，两宫时常遣大学士及内侍前往问疾，“庆邸以年老多病，如病或不起或两宫准其乞休”，两宫“不允其乞退，遇有大事饬令军机大臣赴邸就商”[③]。庆亲王销假召见时，两宫垂询病势，“庆邸奏称病已大愈，惟气力尚觉怯弱，两宫逐赐以人参二枝，其优宠可见一斑”[④]。奕劻在朝地位并不是稳如泰山，毕竟是远支宗亲，遭到皇室近支的侧目，时人就有传言，“两宫考察泽公，才具明干，奏对敏捷，渐有倚重之意”“若再加历练，将来可入军机，大约庆邸时病，恐军机处皇室势孤，故泽公已简在帝心矣”[⑤]。清末近支排宗室，宗室排满，满排汉，皇室内部的亲疏之分愈加明显，“据内廷人云迩来皇族近支之恭亲王、醇亲王、泽公、涛贝勒等连日在内廷公所会议改革宪政上之要点，议时甚密，即支派稍远之肃亲王、振贝子等均不得与闻”[⑥]。庆王府面对异己的挑战，以及潜在竞争对手的觊觎。

官制改革的结果对瞿鸿禨而言是有利的，自光绪二十七年入直军机后，先是排名在王文韶和鹿传霖两位老臣之后，王、鹿先后罢直出军机，瞿位置直线上升，位居次席，枢垣四人满汉各二，其中

① 《汪大燮来函》，上海图书馆编：《汪康年师友书札》第1册，第814页。
② 陈旭麓、顾廷龙、汪熙主编：《辛亥革命前后·盛宣怀档案资料选集之一》，第47页。
③ 《两宫倚重庆邸》，《申报》，光绪三十三年二月初六日（1907年3月19日），第3版。
④ 《庆邸蒙赏人参》，《申报》，光绪三十三年二月二十八日（1907年4月10日），第4版。
⑤ 《军机处近事》，《申报》，光绪三十三年正月二十九日（1907年3月13日），第2版。
⑥ 《王公贝勒密议要政》，《申报》，光绪三十三年二月初三日（1907年3月16日），第3版。

林绍年为学习行走，“办理新政必参酌旧制”，得到两宫的倚重，“近日所有政务事无大小，必先垂询林绍年，然后再决办法”，[①] 由瞿“援引”入京。

军机处满汉各二，尚体现清廷倡导的满汉均衡、不分畛域的一贯说辞。经改定的中央官制改革方案，则打破了原来的满汉平衡局面，满族亲贵在各部占有更大优势，十一部大臣中，“满七汉四”，外务部、度支部、陆军部、农工商部等重要部门均被满大员占据，可以说此次中央官制改革受益者是满洲权贵。满汉矛盾日趋激烈，以陆军部尚书铁良为例，处处与袁世凯为敌，以陆军各镇报销册与北洋为难，对所呈清册颇多挑剔，谓有数处含混不清，且有与以前各军统领呈报不符之处。[②] 此次北洋第二、第四镇仍受陆军部节制，袁世凯“如欲兴办一事必先与铁良商量而后可查”。更有甚者，“据官场确实消息云，老而优柔之庆王，以铁良处此事机迫急之秋，措施一切，有胆有识，已奏明皇太后请仍擢用铁良入军机，是铁良将为第二之荣禄”[③]。满洲少壮势力的崛起影响着清廷政治未来走向。

官制改革作为清末新政中最为敏感的问题之一。一方面是全力推行的各项革新举措，以解决动荡不安的局面；另一方面，改革幕后充满着统治集团内部激烈的权力争夺。丙午内官制改革的复杂和曲折，反映出清末朝野上下在政体改革问题上的观念差异，以及背后蕴藏的利益冲突。清廷改革官制的目的之一，寄希望于清除各种矛盾，理顺关系，达到内外有序、和衷共济。与最高当局愿望相悖，在立宪的掩护下，朝野各方借助改革的幌子，互相攻讦，要求各异，新政非但没有达到预期目的，内部的离心力却愈发增强，更加深了各方的矛盾，“朝局两党对峙，颇可危也”[④] “自改定官制以来大臣

① 《军机处近事》，《申报》，光绪三十三年正月二十九日（1907 年 3 月 13 日），第 2 版。

② 《袁铁龃龉近闻》，《申报》，光绪三十二年十二月初二日（1907 年 1 月 15 日），第 2 版。

③ 《西报访员详述袁督衰弱情形》，《申报》，光绪三十二年十二月十四日（1907 年 1 月 27 日），第 3 版。

④ 孙宝瑄：《忘山庐日记》（下），第 949 页。

不和之事时有所闻”[①]。诚如时人余肇康所言，“各争权力，互相猜忌，已失宪法宗旨，就此收束，或尚不致召大衅而生大乱，长此月异而岁不同，实未见其可也”。[②] 预言成为现实，最终演化为更加剧烈的朝局变动，是为丁未政潮。

---

① 《陆宝忠奏请严禁党援广开言路折》，《申报》，光绪三十三年六月十九日（1907年7月28日），第3版。

② 《余敏斋自长沙致止盦相国亲家函》，光绪三十二年十二月初十日，《瞿鸿禨朋僚书牍》第208号函。

第二章　清流的底色：轮番弹劾庆王府及北洋系

五大臣出洋考察归国，力陈立宪，说动两宫，官制改革随之启动。中央官制先行一步，在京各衙门或裁或并，以适应政体变革的需要，权力高层之间明争暗斗，均打算有所渔利。一些小京官则为自身前途命运惶恐不安，“官府上下，荡无所守，人心惶惑”①。概而论之，自光绪三十二年下半年开始，京中的政治氛围异常凝重，原有的政治结构不断受到挑战，政局就如同烈火下烘焙的火药桶，随时有骤然爆炸的风险。外官有“小张之洞”之称的梁鼎芬入京，大肆弹劾北洋集团，代表了部分外地督抚的意向。京内言官亦对庆王府发起攻击，表达不满。此间，素有“官屠”之称的四川总督岑春煊不召入京，京中政局变动更为剧烈，用袁世凯话来说，“天下自此多事”。②

第一节　梁鼎芬入京劾庆王及北洋

光绪三十二年冬，湖广总督张之洞得力幕僚梁鼎芬入京陛见。

① 《掌福建道监察御史杜本崇折》，光绪三十二年八月十七日，中国第一历史档案馆藏，录副奏折，档号：03-9282-016。

② 《袁世凯致端方电》，光绪三十三年三月二十二日，中国第一历史档案馆藏，端方档案，档号：27-01-002-000252-0042。

此际，丙午官制改革引发的中央机构调整，裁官裁员效应下的异动致使京中人心惶惶，局势动荡。地方机构改革正值酝酿之际，由直隶总督袁世凯主导的两层方案正在征求意见，地方督抚选择不一，多地官员将目光投向张之洞，视其为翘楚。梁氏在此一阶段北上，言行举止被外界认为有代张投石问路之意，引发各方关注。

诚如现有研究所述，梁鼎芬与张之洞交谊笃厚，双方联手治理湖北，对于晚清湖北政治产生了深远影响。不过，在日益变化的政局中，二人交际也并非铁板一块，因梁鼎芬与两江总督端方投契，梁、张亦生嫌隙。[①] 此次梁鼎芬入京，端方即全程介入其中，多方斡旋，试图阻止其弹劾北洋集团，起到了关键作用，此段史事过往多被学界所忽视。

一　与张之洞、端方之交

梁鼎芬，字伯烈，一字星海，号节庵，咸丰九年（1859）生于广东番禺。出身于官宦世家。梁鼎芬自幼聪颖，其母日授毛诗数章，皆能领悟。后入大儒陈澧门下，据说于书无所不读，积累了丰厚的国学功底。同门于式枚、文廷式、陈庆笙等人，相互砥砺，增进了学业，对于日后宦途亦有影响。

光绪六年，梁鼎芬与于式枚进京参加会试，考中进士，入翰林院，散馆授编修。此间，通商大臣崇厚签订《中俄交收伊犁条约》，朝臣争相弹奏，梁鼎芬亦联衔劾之，为其弹劾朝臣的肇端。中法战争前后，清流党人势力崛起，梁鼎芬与盛昱、志锐、文廷式等人交往密切，治世思

---

① 严昌洪：《张梁交谊与晚清湖北政局》（陈锋、张笃勤主编：《张之洞与武汉早期现代化》，中国社会科学出版社 2003 年版），探讨张、梁控制下的湖北政局，指出丁未年（1907）之后张、梁交恶是双方性格、地位、利益不同造成的。陆德富：《张之洞致端方信札六通考释》（《文献》2017 年第 6 期），认为端方任湖北巡抚期间，与张、梁交谊笃厚，相处融洽。武增锋、韩春英：《试论梁鼎芬与张之洞的关系》（《历史档案》2005 年第 1 期），指出纵观梁、张的交往历程，合作共事、相互维护提携一直是主要方面。马忠文：《丁未政潮后梁鼎芬参劾奕劻、袁世凯史实考订》（《历史教学》2014 年第 20 期），考证丁未年梁鼎芬对庆、袁的两次参劾，指出前后动机与效果不同；第二次参劾招致张之洞的责难，致使双方关系恶化。该文认为丙午年梁鼎芬入京所上奏折全部留中，并未引起慈禧太后兴趣。

想多受影响，参劾李鸿章六大可杀罪状，直声大振。换来的却是以妄议大臣罪，降五级调用，时年二十七岁。梁鼎芬并不自馁，自镌“二十七罢官”小印，归隐故里。其间，与到京陛见的山西巡抚张之洞结识，此后，二人交往未断。①

张之洞自两广移节两湖，朝士趋赴者多被招纳，以书院学堂为收容之地。梁鼎芬去职后居镇江焦山海西庵，与知府王仁堪相投契，无所不谈。仁堪建言：“现今有为之士，不北走北洋，即南归武汉，朝官外出，可寄托者，李（鸿章）与张（之洞）耳。为君之计，对于北李，决无可言，只有南张一途。”指出梁氏要重入宦途，两湖为首选。王仁堪还指点称张之洞自命名臣，实则饱含书生气味，尤重诗文，而梁氏的作诗风格“与彼体不合，非易面目，不能为南张升堂客也”，如果不能顺其意，则“老死江心孤岛耳”。梁鼎芬深然其说，遂为张之洞入幕之宾。② 据时人笔记记述，梁鼎芬重金贿赂张府缮文侍从，获取张之洞所读书目及重要谈论，熟读揣摩，入见时乘机征引，博得好感。张氏以为梁无书不读，越发信任佩服，委以重任。③

此后经年，张之洞督鄂，梁鼎芬形影相随，参幕府机要，尤得信任倚重，凡通省学务、报务、练兵等事项，无不参与。光绪二十一年，张之洞向朝廷举荐人才十五人，前翰林院编修、戴罪之人梁鼎芬名列其中，与之同列的有袁世凯、赵尔巽等人。维新运动兴起，梁鼎芬与康有为同乡，其舅张鼎华与康为忘年交，加速了梁、康交际，后者赠诗：“一别三年京国秋，冬残相见慰离忧。代陈北阙有封事，醉卧西风剩酒楼。芍药翻红春欲老，杜鹃啼碧涧之幽。繁花零落故人往，惆怅当时旧辈流。”④ 可见两人早就相识，互相钦慕。光绪二十一年，康有为在上海创立强学会，通过梁鼎芬牵线与张之洞

---

① 吴元任：《梁节庵先生年谱》，广东人民出版社 2018 年版，第 31 页。

② 《梁节庵愿为人幕宾》，刘禺生：《世载堂杂忆》，第 81 页。

③ 《去思碑与纪功碑》，刘禺生：《世载堂杂忆》，第 68 页。

④ 汤志钧：《康有为政论集》（上），中华书局 1981 年版，第 29 页。

结识，每每谈至深夜，连续二十余日，促成了张对强学会和《时务报》的支持。

帝后党争日趋激烈，梁鼎芬态度骤然转变，建议张之洞与维新派断交，并多次立言批判。光绪二十四年闰三月间，致湖南署臬黄公度电称："勿从邪教，勿倡邪说，如不改，弟不复言。"此年秋，指斥康有为、梁启超等煽乱变教，建议湘中士绅合力声讨。[①] 同时，协助张之洞总理《正学报》，以此为阵地，与康、梁笔斗，有此与维新派的斗争经历，光绪二十五年张之洞上奏保举，称梁鼎芬"近数年来，康有为邪说盛行，臣知其学术不正，必为世道之忧，每与僚友谈论及书院章程，函牍牌示，悬为厉禁，该员亦深恶康有为之为人，知其种种邪说，诐行为害甚钜，与臣适有同心，切戒诸生不准沾染康学一字，正论危言，力阐其谬，于是院内诸生以及院外人士无一人附入康党者，故康有为邪说流毒数省，独不能行于湖北"。梁与维新派的对立，迎合了慈禧太后，为再入仕途铺垫，积累了政治资本。张之洞顺水推舟，又上折盛赞梁鼎芬才品卓然，因性格憨直，触怒朝中大员，遭降级并未革职，现在用才孔亟之时，举荐入京召对。[②]

端方与梁鼎芬结识较早，戊戌维新期间即保举后者，称"博习时事，志趣劲直，不为势挠"[③]。庚子事变后，端方调湖北巡抚，二人交际甚密，这在光绪二十七年梁鼎芬任职一事表现得尤为明显。此年，张之洞上《保举人才折》，梁氏在列，时两宫尚在西安行在，

---

① 吴元任：《梁节庵先生年谱》，第132—133页。

② 《湖广总督张之洞折》，光绪二十五年六月十七日，中国第一历史档案馆藏，录副奏折，档号：03-5377-049。康有为与梁鼎芬关系演进，参见李吉奎《因政见不同而影响私交的近代典型——康有为梁鼎芬关系索隐》（《广东社会科学》2006年第2期）。张之洞对有人污蔑梁鼎芬为维新派辩解，"黄桂均诬诋可恨万分，公力劝《申报》持正攻逆，为慈圣辩诬，并暴扬康恶，致为报馆日日痛诋，康党屡书恫喝，欲得甘心各节。公须向人言之，有报可凭，其诬自破，若缄默生闷气，无益也"。参见《张之洞致梁鼎芬电》，光绪二十七年八月初九日，中国第一历史档案馆藏，端方档案，档号：27-01-001-000001-0023。

③ 《农工商部大臣端方折》，光绪二十四年七月二十八日，中国第一历史档案馆藏，录副奏折，档号：03-5363-123。

诏其赴陕陛见。梁鼎芬考取进士后曾为翰林院编修，此次希望能够重回旧地，事与愿违，被发往湖北遇缺补用，不能遂愿，一度心灰意冷。①

张之洞去电安慰梁鼎芬，竭力劝导来湖北任职，称“公不得再入翰苑，鄙衷深为怅歉，然郡守本非卑官，……报国行学须有实事，京曹讽议裨益无多”。并举了同类案例，“蔡振武、江国霖皆以学政在任，放本省知府，此远事也。王可庄以江南主考归，旋放江南知府，此近事”。张之洞还谈道：“新政渐行，湖北兴学、练兵两端为鄙人耿耿之心事，专待公来总持之。”显然要委以重任，求贤若渴。同时还提到了端方与黄绍箕，“又有午桥、仲韬在此办事谈笑，与从前何异”②。张氏借用苏东坡和王安石比喻，劝梁来两湖书院任职，“东坡恐人谋谪海南，夺其蚝味，公不虑人夺正学堂湖水花竹乎，何智出东坡下也；王安石小官召则辞学士，召则应千古讥之，宜引为鉴”③。一番肺腑之言不难看出，张之洞求才心切，一片赤诚，二人在日益变幻的政局中互相钦慕。

此间，端方也去电劝梁来鄂，“无论授何官，皆应欣然就道”，此电结尾处有“与抱冰盼复电”字样，想必这封电报同样出于张之洞的建议。④ 张、端担心梁鼎芬一时气馁，赌气不来湖北任职，开出特殊的礼遇：一是初见当开门迎送，以后司道处可不再往，到张、端两处可独来，不必通报；二是履历各衙门皆先期令人送往，勿庸面递；三是晤时不必用俗例请安，知府不屈膝，司道视其一切与从前无

---

① 《梁鼎芬致张之洞电》，光绪二十七年八月初二日，中国第一历史档案馆藏，端方档案，档号：27-01-001-000002-0028。

② 《张之洞致梁鼎芬电》，光绪二十七年八月初六日，中国第一历史档案馆藏，端方档案，档号：27-01-001-000001-0017。黄绍箕，字仲弢，晚号鲜庵，浙江瑞安人。黄体芳子，从张之洞学。光绪六年进士，授职编修，历任翰林院试讲学士、侍读学士，京师大学堂总办。光绪三十二年简放湖北提学使。

③ 《张之洞致梁鼎芬电》，光绪二十七年八月初十日，中国第一历史档案馆藏，端方档案，档号：27-01-001-000001-0025。

④ 《端方致梁鼎芬电》，光绪二十七年八月初七日，中国第一历史档案馆藏，端方档案，档号：27-01-001-000001-0018。

异。在古人严格的官场礼数及规矩下，这些无疑都表示出对梁的诚意。[①] 档案中还有两湖书院师生给梁鼎芬的电报，表达了楚学大兴，亟须英才，这必然也是张、端授意。[②] 以上安排都是为了延揽，放下未能做京官的遗憾，到鄂任职，最终颇显成效。梁鼎芬赴鄂后，端方连续奏保，光绪二十九年六月，署理盐法武昌道。其后，又任湖北安襄郧荆道。光绪三十一年，张之洞奏请其署理湖北按察使。次年七月，任职湖北按察使，请求陛见获允，进京言事。此时正值丙午官制改革之际，各项政策并不明朗，各界对于张氏的建言翘首以盼，作为张府的“大秘”，“梁疯子”的入京无疑引发各界的关注。

梁鼎芬受张之洞与端方提携，三人之间的关系颇为微妙。张之洞督楚十九年，建设事业规模宏远，朝野称颂。为政晚年，政存宽厚，不能严加督饬属员，但凡贫老者委以县缺、厘缺，用以周济生活。这些人中不乏贪婪之辈，张氏对这些粗枝末节少有过问，大凡“老人政治”到了末年，有此“其言也善”之举自在情理之中。端方原为陕臬，与张之洞长公子君立订金兰之交，以“世伯”尊称之洞。庚子年间，鄂抚为于荫霖，其人极其顽固，疾视外人，对东南互保之约尤为不满。张之洞恐其酿祸，密电行在，将其与已任命为河南巡抚的端方互调。时鄂两大要务，学务为梁鼎芬主持，军政属张彪，端方至鄂后先与二人结纳，很快打通了湖北官场，亦见端方之机敏与行事风格。[③]

光绪二十八年张之洞调署两江总督，密保端方为署任鄂督人选，以湖北巡抚兼总督。张之洞至两江，以湘军腐败，着手裁撤改革，湘人大哗，遂以湘系大员李兴锐替任，令张氏回鄂。不料端方贪恋督篆，不欲交卸，运动枢府，召张之洞入都觐见；觐毕，又令留京

① 《张之洞、端方致梁鼎芬电》，光绪二十七年八月初九日，中国第一历史档案馆藏，端方档案，档号：27-01-001-000001-0024。

② 《两湖书院致梁鼎芬电》，光绪二十七年，中国第一历史档案馆藏，端方档案，档号：27-01-001-000001-0016。

③ 《张之洞与端方》，刘禺生：《世载堂杂忆》，第56页。

订学务章程。学务大臣荣庆与端有姻亲，受托对学务章程时持异议，屡订屡改，困张于京年余。直至光绪三十春，始交卸。及回任，梁鼎芬先往河南驻马店迎之，之洞不准其上车，经多人说合始见，不过表面寒暄数语。[①] 张对于梁端之交是有所耳闻的，鹿传霖曾告知“梁曾附端”[②]，故疏远二人。张之洞信任端方，否则不会同意其署理湖广总督，对于梁鼎芬更为钦重，“广雅虽移节，事多付之山舟（梁）”，这是军机大臣瞿鸿禨儿女亲家余肇康的密信所言，反映了张氏离鄂后，湖广的权力运行状态。[③]

端方督楚两年，政策多有改变，尤其是通行全省整饬吏治札文，有“湖北吏治败坏已十四年矣”之语，对老上级缺乏应有尊重。结果待张回任，有好事之辈将此文呈阅，致其大怒，端不自安，运动出湖广，调苏抚，与端方过从甚密的梁鼎芬受牵连。[④] 张之洞送袁世凯寿联云：“朝有王商威九夷”，梁认为不妥，遭张反讽，“寿联乃普通酬应，既与袁同在枢垣，日日相见，讵能不敷衍之。若梁某之为端立纪念碑有‘睢州之正，益阳之忠，滔滔汉水，去思无穷’十六字，彼如恭维端方之才华，经天纬地，犹可说也；试问有卖官鬻爵之汤文正、胡文忠耶？此真比拟不伦矣。如此谄媚，较送袁寿联何如？”[⑤] 看来张氏对于端、梁结纳成见甚深。曾对同僚发过牢骚，“鄙人曾任巡抚多年，受总督节制不知几次”[⑥]。这里“总督”自然指张之洞，一腔怨言。张之洞骂端方是“伪君子”，“受其骗二十余

---

① 《去思碑与纪功碑》，刘禺生：《世载堂杂忆》，第68页。

② 《京鹿尚书来电》，光绪三十二年七月十四日，中国历史研究院藏，张之洞档案，甲182-441。

③ 《余敏斋致止庵亲家尚书函》，《瞿鸿禨朋僚书牍》第9号函。书法家梁同书号山舟，这里指代梁鼎芬。

④ 张之洞光绪三十三年入京，梁创议为其立纪功碑，庙址选为旧魏忠贤生祠。张之洞由枢府发电诘问：“汝欲拟我为魏忠贤耶？以汤文正、胡文忠拟端方耶？”参见《去思碑与纪功碑》，刘禺生：《世载堂杂忆》，第68页。

⑤ 《张之洞与端方》，刘禺生：《世载堂杂忆》，第56页。

⑥ 《端方致陈亦渔电》，光绪三十三年八月十九日，中国第一历史档案馆藏，端方档案，档号：27-01-001-000117-0152。

年，以后不必再施技俩”。[①] 反观端方渐趋北洋，这从张之洞由两江回任湖广，端致袁世凯电可见一斑，“弟暂领疆圻，虽定裨补幸南洋已有替人，南皮即可回任，因仍旧贯，稍能藏拙，还望时示箴之，藉可奉为韦佩，是为至盼”[②]，趋附之心一望而知。

张之洞具诗文才气，在读史绝句中，有诟梁鼎芬之作，诗云：“芙蕖雾夕乐新知，牛李裴回史有词。未卜郎君行马贵，后贤应笑义山痴。”诗中“芙蕖雾夕”出自李商隐“雾夕咏芙蕖，何郎得意初”一句，这里将李商隐代指梁鼎芬，“新知”即暗指端方。“牛李裴回”是说唐代的李德裕与牛僧孺党争，代指端方与张之洞。李商隐左右于牛李两党，讽刺梁玲珑俱到。[③] 不过，即使非常时期的特殊事件致张、梁有所嫌隙，总体上看，信任与倚重依然是主流。

二　入京后弹劾北洋集团

光绪三十二年，为梁鼎芬宦途中极为关键的一年，三月间，张之洞委派其赴江西查办教案。此案极为棘手，牵涉外人以及北洋一系，派梁前往亦见张氏对其能力的认可。[④] 此年七月，上谕梁鼎芬补授湖北按察使，按照惯例奏请入京陛见，获允。

梁鼎芬获知批准入京陛见已是当年九月，并未急于进京，而是交卸职务后，请假两个月回乡省墓。此时端方伯母一家在武昌，由梁氏照料。至九月中旬，端府中人离鄂，梁方才安心筹备入京，进京之前，芬即向友人透漏，此次入京觐见一定弥补庚子年间的遗憾，

---

① 《张之洞与端方》，刘禺生：《世载堂杂忆》，第 57 页。

② 《端方致袁世凯电》，朝年不详，十七日，中国第一历史档案馆藏，端方档案，档号：27-02-000-000154-0012。光绪三十年，端方署理两江总督，曾密告梁鼎芬，“闻清容派张巽之来鄂密商联俄之策，如何筹商，乞密探电示。此事关系至大，千万不可装聋”。“清容”为袁世凯。通过此电不难看出，即使端方离开湖广，梁鼎芬依然扮演为端方打探湖北信息的角色。参见《端方致梁鼎芬电》，光绪三十年十月二十日，中国第一历史档案馆藏，端方档案，档号：27-01-001-000015-0101。

③ 《张南皮热衷仕宦》，黄濬：《花随人圣庵摭忆》，第 85 页。

④ 《致南昌胡抚台、余臬台》，赵德馨主编：《张之洞全集》第 11 册，武汉：武汉出版社 2008 年版，第 277 页。

“欲言两宫十年来未闻之言”。[①]

梁鼎芬欲言两宫十年来未闻之言，笔者推测是关于光绪帝立嗣一事。光绪二十七年，在端方与张之洞推荐下，梁鼎芬启用为直隶州知州，以才堪大用，特旨赴行在召见，密陈请废大阿哥溥儁，慈禧为之动容，后果废之。此事本极为秘密，时鹿传霖为军机大臣，曾面询梁鼎芬，“听见你奏一大事”，未得复。后来王照记述了此事，方被外界知晓。[②] 废立是“大事”，此番梁氏入京，可能有意再提立储，还需史料证据。不过钩稽档案，梁氏在京的一些举措尚可梳理。

光绪三十二年十一月十五日，梁鼎芬陛见，“天颜甚悦，称赏者再三刻钟退”，而当日面见枢臣仅一刻钟。据梁鼎芬记述，慈禧太后先是与其拉家常，说“六年不见，你在西安见两次，过临潼见一次，这回我想见你，故叫你来”，“有你□说话不欺我，心在朝廷之褒”，并称赞其“在湖北官声好，不要钱”。梁则趁机“条陈弹奏二十余事”。[③]

首先，重点弹劾了庆亲王、首席军机大臣奕劻，用词甚重。并波及袁世凯，但并未言及太多。这在端方致湖北提学使黄绍箕的电文中得到证实：

> 节庵进京要说许多话，经鄙人再三劝阻，几于闹翻，然召对时仍力劾邸（奕劻）受贿，并指吴瑞调升为证，又说周（馥）在宁藏款与邸均分，因调两广。闻慈圣颇褒其敢言。项城（袁世凯）事经晦若（于式枚）劝，以言者太多，不可趋时，始恳放手。[④]

① 《端方致梁鼎芬电》，光绪三十二年九月二十九日，中国第一历史档案馆藏，端方档案，档号：27-01-001-000165-0021。

② 吴元任：《梁节庵先生年谱》，第149—150页。

③ 《京梁臬司来电》，光绪三十二年十一月十五日，中国历史研究院藏，张之洞档案，甲182-442。

④ 《端方致黄绍箕电》，光绪三十二年十一月十九日，中国第一历史档案馆藏，端方档案，档号：27-01-001-000165-0083。

看来梁鼎芬确实弹劾了奕劻，诚非虚言，内容为贪污受贿，并提供了新的证据，即帮助吴瑞调转以及与周馥分赃，“其词甚戆直，两宫为之动容”。[①] 事实上，清流出身的梁氏对奕劻早有成见，光绪二十九年，张之洞谋求江督未果，梁鼎芬即认为庆王从中作梗，准备舍身发难。

> 近见某父子（奕劻、载振）权盛，心事举动皆足亡大清国，再有一年，圣明恐亦不能救。宪台（张之洞）忠直有声三十年矣，切望别时或面或疏痛斥其罪，以救大清国之危，否则此父子全揽大权，亡可立待。追亡救火，毅然为之，宪台如不肯为，烈（梁鼎芬）愿具疏痛劾，请宪台代奏，身家性命非所计也。[②]

有此过节，梁氏此次进京弹劾权臣，提前与张氏有所沟通自在情理之中。只不过此次用词甚重，而且慈禧还当面夸奖了敢于直言的梁鼎芬，据其略记当日陛见弹劾庆王用时最长：

> 弹邸事慈圣忧。曹萍二匪事垂问。对：“现时各省食用皆贵，民穷财尽，处处可虑，非得好州县不治，而任用州县则在督抚，任用督抚则在枢臣。今庆亲王奕劻贪污狼藉，出卖督抚甚多，如某某某某某某某等皆是。昔年皇太后削平大难，枢臣若恭忠亲王文祥、李鸿藻，疆臣若曾国藩、左宗棠、沈葆桢、丁宝桢、刘长佑、彭玉麟、杨岳斌、刘坤一皆操守清廉，故能辅助成功。今奕劻任意出卖，国事较前日艰，贪官较前日多。皇太后皇上忧劳，奕劻快活，若仍听其贿赂公行，不严加整治，我大清国深仁厚泽必败坏于奕劻一人之手。皇太后皇上若已知之，请即惩儆；若系未知，请问廷臣无不知之，非臣一人之私言也。皇太后试思以前好督抚何以多，今日好督抚何以少，皆

① 《梁鼎芬奏参庆邸》，《申报》，光绪三十二年十二月十六日（1907年1月29日），第17版。

② 《梁鼎芬来电》，光绪二十九年八月十一日，中国历史研究院藏，张之洞档案，甲182-165。

> 奕劻出卖之罪也。此时不禁，则必至出卖至司道府而后已。皇太后试思不肖之督抚以贿市官，其到任后必贿卖州县，到时百姓可想。”慈谕：“那就糟了。”又奏：“臣实恨极奕劻。皇太后皇上忧劳时事，艰难至此，奕劻全不动心，臣不怕得罪奕劻，故据实面参。”慈谕：“你所说的话他人都不敢说，你能直言不欺我，心在朝廷。”①

梁氏弹劾北洋一系，得到了两宫的嘉许，引导了外界对于奕、袁态度之风向。据称“十五日陛见，先生面劾庆亲王奕劻、袁世凯，兼奏大事八条。又力陈大难削平以后，所以民安稼穑，士知礼仪之故，一由于任用清正大臣，一由于优容直臣。太后闻而嘉许，以为不谬，德宗手书其语，以示枢臣”②。至于所言“清正大臣”与“直臣”的指向，则有专折上呈（详见下文）。

其次，梁鼎芬陛见时，弹劾了邮传部尚书张百熙与侍郎唐绍仪。梁尤其瞧不起北洋一系的唐绍仪和徐世昌，称“唐、徐皆狗也”③，入京后大肆参劾。十一月二十九日上谕称：“方今时局艰难，朝廷宵旰忧劳，日求振作。尔大小臣工应如何破除积习，共矢公忠。乃闻邮传部尚书张百熙、侍郎唐绍仪到部以来，时有意见，任用人员亦不免瞻徇情面，屡招物议，殊负委任。本应将该尚书、侍郎均予罢斥，转得置身事外，姑从宽免。张百熙、唐绍仪着传旨严行申饬，该部丞参及所调司员，着该尚书、侍郎等认真甄择，分别去留，一切应办事宜，并责成公同商酌，妥筹经理，倘再稍参私臆，贻误公事，定为该尚书、侍郎等是问。”④ 上谕申饬张、唐，正是出于梁鼎芬弹劾。对此，梁不无得意的向端方炫耀，“今日谕旨，张、唐皆奉

① 《京梁臬司来电》，光绪三十二年十一月十七日，中国历史研究院藏，张之洞档案，甲182-442。

② 吴天任：《梁节庵先生年谱》，第220页。

③ 《京梁臬司来电》，光绪三十二年十一月二十五日，中国历史研究院藏，张之洞档案，甲182-442。

④ 中国第一历史档案馆编：《光绪宣统两朝上谕档》第32册，第259页。

严饬，两宫采纳微昭奏议，感激流涕，虽粉身碎骨不能图报”。[1] 显然此事颇出意外，以外官陛见弹劾京官，且被立即采纳，可见北洋处境尴尬。端方则心存疑惑，致电于式枚探询，“邮臣见斥，是否因□节（梁鼎芬）造漆之陈，抑别有批鳞之奏，请密示”。同时嘱托于式枚，此事与梁是否相关并不重要，关键在于“得意不可再往”，担心梁鼎芬得意忘形，再惹事端。[2]

最后，梁氏陛见时在两宫面前提议“任用清正大臣”。[3] “清正大臣”包括端方，对其抚鄂时表现尤为肯定：

> 奏论满汉督抚人才，称端在鄂，士民感戴。端虽升总督，鄂之士民至今亦称为抚台，盖其抚鄂时善政，入人最深，故不能忘也。又端才华敏天，案无留牍。现办江北赈务，每日函电数十，官声甚好。慈谕端才调好，办事又快，对才好，心术尤厚，其日日以大清国之事为事，臣故最敬其为人。余续陈。[4]

对此，端方反而深表忧虑，复电称“惟公爱方之深，不觉谀之过当，下次入对千万勿再溢美标榜，致城南拳党或目为党援，则累公不浅矣”。“城南拳党”指代何人何派？尚不清楚，由“南城”而来比较具有说服力，似乎是关涉御史，清人笔记常出现“城南御史”“南城言路”等词。此封电文的原稿是，“下次入对千万勿再溢美，致涉朋党之嫌，转于事局有碍”。[5] 看来端方要表达的真

---

① 《梁鼎芬致端方电》，光绪三十二年十一月二十九日、十二月初一日，中国第一历史档案馆藏，端方档案，档号：27-03-000-000142-0133。

② 《端方致于式枚电》，光绪三十二年十二月初一日，中国第一历史档案馆藏，端方档案，档号：27-01-001-000165-0093-2。

③ 《湖北按察使梁鼎芬折》，光绪三十二年十一月二十二日，中国第一历史档案馆藏，录副奏折，档号：03-5470-049。

④ 《梁鼎芬致端方电》，光绪三十二年十二月初五、六日，中国第一历史档案馆藏，端方档案，档号：27-03-000-000142-0142。

⑤ 《端方致梁鼎芬电》，光绪三十二年十一月十六日，中国第一历史档案馆藏，端方档案，档号：27-01-001-000165-0078-1。

正意思，是担心梁氏的夸赞有被外人视为朋党或党援之嫌。深层次原因还在于，梁鼎芬夸南洋贬北洋，会引起盟友袁世凯等人的误解。

十一月二十日，梁鼎芬又上一折一片，皆为声援“直臣”而作。建议清廷对于光绪朝敢言的已故直臣黄体芳、宝廷、于荫霖、张佩纶、盛昱、王懿荣、邓承修、屠仁守、朱一新、李慈铭、王仁堪、王鹏运等十二人，“宣付国史馆”，“所有处分，予以开复”。[①] 以上这些人都是以敢于直言上谏闻名，梁氏此时在京上折，建议予以褒奖，应是有感于此年八月以来，御史不满官制改革，轮番上奏弹劾奕劻、袁世凯，以示有所声援。（参见第一章第三节）同时，举荐王先谦、陈宝琛、吴兆泰三人，建议朝廷特旨来京预备召见，听候录用。[②]

当然，对于曾经的清流领袖、自己的雇主，梁鼎芬在陛见当日即在慈禧太后面前夸赞张之洞，称“张系皇太后提拔任用最久老臣，最好置之左右，次则有大事发电旨廷寄询问，自可随事效忠，慈谕甚是”，并称慈禧太后“夸奖数次，天颜怡悦，以为疆臣第一人也”。[③] 谈到湖北现状，慈禧太后问及枪炮厂、筹款等事及张之洞家事，梁均一一作答，称“张之洞很辛苦”。[④]

此外，梁鼎芬在京期间，还上了多封奏折，针对清廷政治改革举措有所建言。十一月二十二日，上折请建曲阜学堂，并附三片。奏建曲阜学堂的核心内容是“遵祖训而崇孔教”，“以广孔教教人之法”，从中选取优秀人才，“东西洋游学”，“收效于爱国”。此折三件附片分别请任用黄绍箕招集人才，建造学堂；兴修曲阜县志；称

---

① 《湖北按察使梁鼎芬折》，光绪三十二年十一月二十二日，中国第一历史档案馆藏，录副奏折，档号：03-5470-049。

② 《湖北按察使梁鼎芬折》，光绪三十二年十一月二十二日，中国第一历史档案馆藏，录副奏折，档号：03-5474-028。

③ 《京梁臬司来电》，光绪三十二年十一月十六日，中国历史研究院藏，张之洞档案，甲182-442。

④ 《京梁臬司来电》，光绪三十二年十二月初五日，中国历史研究院藏，张之洞档案，甲182-442。

赞受业恩师广东番禺大儒陈澧孔学成就，兴建曲阜学堂可重用陈氏学生马贞榆。[①]

梁鼎芬提倡兴建曲阜学堂，得到了热衷兴学的端方肯定，夸赞为名教之举，“承示三事扶树名教，激扬风义，卓然能见其大，二十余年堙郁之气为之舒，得电起舞。曲阜既建学堂，须建大学堂方得成一地球第一千古未有之学堂，……令人增无穷之感触耳”[②]。曲阜学田多在淮徐，大加整理可得巨款，端方认为“归香翁（张之洞）一人办，不嫌鞭长莫及否?”[③] 从中可觇端方对张之洞插手政事的不满，毕竟淮徐为两江管辖之地。梁鼎芬陛见期间曾提到端、张交际，称“萍醴事，臣（梁）亲见张端往来电报，有江鄂一家不分彼此之语。慈谕：‘他两人同心办事最好’”[④]，显然督抚和衷是统治者乐于见到的，但事与愿违。

三　端方针对梁氏举措的因应

端方对于梁鼎芬入京十分关注，虽然人在两江，但一直通过各方打探消息。光绪三十二年十月十一日，梁鼎芬省假两个月已满，启程赴京，端方安排在京的七弟端绪到车站迎候，并嘱托“万勿迟错，见后问明何日跪安”。[⑤] 身在两江的端方对于梁氏陛见相当重视。次日，端方致电端绪，较早揭开了梁入京的动机：

---

① 《湖北按察使梁鼎芬折及附片》，光绪三十二年十一月二十二日，中国第一历史档案馆藏，录副奏折，档号：03-7219-042，03-7219-043，03-7219-044，03-7219-045。

② 《端方致梁鼎芬电》，光绪三十二年十一月二十三日，中国第一历史档案馆藏，端方档案，档号：27-01-001-000165-0086-1。

③ 《为曲阜学田事致梁鼎芬电》，光绪三十二年十一月二十三日，中国第一历史档案馆藏，端方档案，档号：27-01-001-000165-0087-3。按：曲阜学堂由张之洞料理出于慈禧太后，称梁鼎芬“曲阜学堂奏得好，这件事情张必能料理得好”。参见《京梁臬司来电》，光绪三十二年十二月初五日，中国历史研究院藏，张之洞档案，甲 182-442。

④ 《京梁臬司来电》，光绪三十二年十一月十七日，中国历史研究院藏，张之洞档案，甲 182-442。

⑤ 《端方致端绪电》，光绪三十二年十月十一日，中国第一历史档案馆藏，端方档案，档号：27-01-001-000165-0072-2。

> 节庵到京必乱参一阵，并闻将以项城（袁世凯）居首，屡劝不听。晦若（于式枚）兄过宁，曾托相其危颠。晦兄云义曾致力，恐无把握。节日前有书来，痛诋兄与项城相交为大谬，且力任将兄与项城分开，其言怪诞，实类病狂。恐造膝第一句即举此为言。节中南宋人毒过深，其意量仅在贾谊、刘蒉而止，兄甚惜之。请弟即刻向晦兄切言，默为挽回。节实奇才，当为天下了几件大事，此等举动只为一己成名，且并无名可成。年将知命，不应再出此矣，务请晦兄妥办。[①]

这封电文揭示出梁鼎芬入京要参劾袁世凯，且为首要任务，并反对端、袁之交。参劾的原因为“中南宋人毒过深”。端方借用的是南宋岳飞、韩侂胄等武人当权，对皇权产生威胁，去兵权为南宋文人政治的首要目标，以此影射梁鼎芬作为文人对于袁世凯手握兵权之不满。端方认为梁鼎芬弹劾权贵不会收到成效，用贾谊、刘蒉作比，指的是贾氏上《论定制度兴礼乐疏》，汉文帝认为时机不成熟未采纳，刘蒉秉笔直书，主张除掉宦官，考官赞其策论，并未授以官职，由贾、刘两人的命运隐射梁氏此举不会收到良效。

事实上，梁鼎芬对于袁世凯早有不满，光绪二十九年，曾致张之洞密电称，“日读汉卓、晋裕、唐温各传，心骨悲愤，毛发洒淅，未知有同心否?”将袁氏比作董卓、刘裕、朱温等人。[②] 端方婉言劝导梁鼎芬不要急于求成，“万勿急挂招牌，致货物有滞销之憾。区区之心，望君建不世之功，太上立言，考居下下，当以天下为任，勿徒诤臣以终，痛切奉陈，伏惟深纳”[③]。看得出来，端方既出于故人的关切，更是担心破坏了政局，受到牵连。梁则称，“为北洋事与端

① 《端方致北京陶电》，光绪三十二年十月十三日，中国第一历史档案馆藏，端方档案，档号：27-01-001-000165-0073。

② 《梁鼎芬来电》，光绪二十九年十二月初九日，中国历史研究院藏，张之洞档案，甲182-166。

③ 《端方致北京陶转梁鼎芬电》，光绪三十二年十一月十三日，中国第一历史档案馆藏，端方档案，档号：27-01-001-000165-0074。

陶斋不合，近日函电交驰，几至决裂”[①]，看来端、梁针对北洋确实存有分歧。

电文中端方寄望于式枚从中斡旋。于式枚，字晦若，广西贺县人。光绪三十一年，以鸿胪寺少卿督广东学政，改提学使，疏辞，命总理广西铁路。于式枚与梁鼎芬均是大儒陈澧的门生，莫逆之交，光绪六年进京会试赶考，同住煤渣胡同，并入翰林。此后经年，二人虽异地为官，但书信往来频仍，视为知己。于此来看，端方担心梁鼎芬所陈言辞过于激烈，请于劝导，应是找对了人选。时于式枚作为广东提学使，被两广总督岑春煊派往京城参议预备改定官制，途经江宁，与端方谈论过此事，对于劝阻一事，于判断“恐无把握”[②]。此外，端方还托武昌的金峙生力劝。可以说，为了阻止梁鼎芬陛见弹劾北洋，端方多方布局，用心良苦。[③]

面对梁鼎芬在京的频繁操作，端方虽无法遥控，也不是坐以待毙，采取了一些应对举措。梁鼎芬此次入京，曾向端方透漏准备建言停止各地向内廷进奉。本来各省进奉一事在庚子两宫西狩之际为梁鼎芬首倡，据说当年粤绅赴西安行在进呈方物，就是遵其议。[④] 端方认为停奉万万不可，非所当言，“如或提及，恐里边必疑有人授意”。端方请黄绍箕禀商张之洞，“设法婉阻”。[⑤] 同时，嘱于式枚从中化解，“进奉乃一小事，不说为宜”，“非节所宜言”。[⑥] 端方何以

① 《京梁鼎芬来电》，光绪三十二年十一月初二日，中国历史研究院藏，张之洞档案，甲182-442。

② 《端方致北京陶电》，光绪三十二年十一月十三日，中国第一历史档案馆藏，端方档案，档号：27-01-001-000165-0073。

③ 《端方致金峙生电》，光绪三十二年十一月十三日，中国第一历史档案馆藏，端方档案，档号：27-01-001-000165-0076。金峙生，名金鼎，曾由端方保举随同出洋考察，为端方在湖北的眼线。

④ 吴元任：《梁节庵先生年谱》，第145页。

⑤ 《端方致黄绍箕电》，光绪三十二年十一月十九日，中国第一历史档案馆藏，端方档案，档号：27-01-001-000165-0083。此件档案一页有多封电文。

⑥ 《端方致于式枚电》，光绪三十二年十一月十九日，中国第一历史档案馆藏，端方档案，档号：27-01-001-000165-0083。《端方致于式枚电》，光绪三十二年十一月二十三日，中国第一历史档案馆藏，端方档案，档号：27-01-001-000165-0087-2。

百端阻挠停罢进奉一事，据其自称，“慈圣七十以上老人，晚景婆娑，岂堪再以此等语忤意，且言之亦万不能行，徒彰深宫之过，举暴一己之直声”。[①] 笔者推测其中深意在于两江为财赋之区，端方承担着随时进奉各种珍玩的任务（档案中确有多封进奉贡物的电文），这是拉近与内廷关系的重要通道，不愿骤然停止。慈禧太后晚年，不免于寡人好货，袁世凯、岑春煊等人皆以地方贡献以增荣幸，进贡之风开启于李鸿章，此后张之洞等人相继为之，已成风气。[②] 梁鼎芬欲进言停进奉，与这些封疆巧宦相比，未免显得愚钝耿直，过于书生意气。

此时，正值梁鼎芬春风得意之际，弹劾邮传部张百熙、唐绍仪，“略试屠龙之技，居然得手”，这是端方始料未及的，建议临别陛辞，“再有关系国计民生大事，说他一两件作为临别赠言，自无不可，万万不可及进奉事”。言外之意，见好就收，不要贪多。[③] 梁鼎芬应是听取了端方的建言，未再发难。陛辞日，面奏请开四库，慈禧太后面谕：“你所讲就是四库提要，此举甚好，但太大，一时做不完。”梁鼎芬续奏，请将杭州文澜阁已抄之书，全录一份，置之京师，重建一阁。再于五城地方，各建一图书馆储藏应看之书，任人借阅，同样得到慈禧太后应许。[④]

此外，梁鼎芬在京期间，端方令其留意驻日公使杨枢，“东游各省学生监督经学部奏裁，其议发于杨枢，实为包揽学费，私图肥己起见。所派副总监督为王存善之子，年少油滑，岂能肩任此等重务。各省学生多者千余人，少者数百人，监督即撤，情形日以隔阂，杨枢在彼于孙逆等开会演说、学生附从概置不闻，以后情形，恐更不堪设想。晤学部诸时能为切实言之，或另派监督或另筹办法，实于

---

① 《端方致北京陶电》，光绪三十二年十二月初三日，中国第一历史档案馆藏，端方档案，档号：27-01-001-000165-0097-1。

② 《向慈禧贡献以增荣幸》，刘体智：《异辞录》，第214页。

③ 《端方致北京陶电》，光绪三十二年十二月初三日，中国第一历史档案馆藏，端方档案，档号：27-01-001-000165-0097-1。

④ 吴元任：《梁节庵先生年谱》，第222页。

学界前途大有裨益，急切奉陈，千万留意”[①]。电文描述了杨枢在日颓废荒政的诸多细节，是为梁鼎芬弹劾文料。端方有意唆使，不过档案未见相关奏疏。

梁鼎芬一日在京，端方即一日不得安心，苦口婆心，劝其尽快离京，“主圣臣直为国庆，惟受恩愈重，图报愈难，兄向用方隆，值此时局，必须为国家办几件大事，乃为不负。若因峭直太过，或致阻格，似非所以答两宫期望之意。方爱敬之诚，不能不过为计虑，兄千万俯纳，勿言”[②]。明为替其担忧，实是梁鼎芬居京越久，事端越多，担心被牵连。尤其是梁鼎芬多次褒奖，更令其坐立不安，唯恐被人误解，“过蒙奖论，至沐褒荣，感悚之深，止有力图报称，期不负吾君，不负吾友而已，台从何日出京”？[③] 显然重点在“何日出京”。至十二月中旬，梁鼎芬出都门，端方致电称“性命功名俱入手，快乘款段出都门，不胜喜慰”[④]。总算了却一件心事。此间，法部尚书戴鸿慈有意调梁鼎芬，端方视此职为鸡肋，显然不愿梁氏在京，作为安插在两湖的眼线更为称意。

梁鼎芬丙午年弹劾北洋集团是清末政治改革过程中一段插曲，处在京中局势变动调整的关键时间节点。官制改革各在京衙门或裁或并，高层明争暗斗，均打算借助此有所渔利，一些小京官则因自身前途命运惶恐不安。至光绪三十二年下半年，京中的政治氛围愈加凝重，由袁世凯、端方主导的官制改革方案大有尽收权力之势，令中央与各地督抚颇为担忧，寄望张之洞有所举措。梁氏举措反映了外官对于京中局势的态度与因应，为试探两宫于北洋态度的试金石，引导了朝臣对于时局的判断。梁鼎芬入京如同一根引线，点燃

---

① 《端方致梁鼎芬电》，光绪三十二年十二月初一日，中国第一历史档案馆藏，端方档案，档号：27-01-001-000165-0093-2。

② 《端方致梁鼎芬电》，光绪三十二年十二月初一日，中国第一历史档案馆藏，端方档案，档号：27-01-001-000165-0093-2。

③ 《端方致梁鼎芬电》，光绪三十二年十二月初六日，中国第一历史档案馆藏，端方档案，档号：27-01-001-000166-0002-1。

④ 《端方致梁鼎芬电》，光绪三十二年十二月初十日，中国第一历史档案馆藏，端方档案，档号：27-01-001-000166-0005-2。

了京中蠢蠢欲动的政局。当年临近年关连日大雨，反常的天气也昭示着朝局的异动。果然随后达官岑春煊、言官赵启霖开始对北洋集团接连发难，引发了更为激烈的政争。

第二节 “官屠”岑春煊赴京发难

岑春煊生于咸丰十一年，字云阶，广西西林县人，云贵总督岑毓英之子。岑春煊少年时放荡不羁，时有“京城三恶少”，岑即其中之一。光绪五年，捐官主事，十一年中举人，候补郎中。十五年岑毓英去世，荫以五品京堂候补。十八年补授光禄寺少卿，旋迁太仆寺少卿，署大理寺正卿。戊戌变法期间，岑春煊赴京与维新派人士多有交往，主张裁汰内外冗滥官员，为光绪帝赏识。二十四年擢升广东布政使，历官不及三月，便与时任两广总督谭钟麟产生矛盾，改任甘肃布政使。由广东“发配”到疲难之地甘肃，多少有些明升暗降。不想一年后，八国联军攻入京城，慈禧太后与光绪帝逃往西安，岑春煊率部勤王有功，获得两宫信任，授陕西巡抚，独掌疆圻，随后调任山西巡抚。二十八年，调两广总督，未及上任，四川总督奎俊因镇压川省义和团不力去职，岑春煊遂赴川署理总督。二十九年，再调任两广总督。纵观岑氏为官履历，借助门荫，仕途相当顺利，加之性格刚直，为官难免骄纵。

岑春煊向有“官屠”之称，以参劾罢免官员闻名，上任伊始，往往先弹劾数人，以示威慑。执篆两广期间，劾广西巡抚王之春、布政使汤寿铭、按察使希贤、广西提督苏元春，“合省文武一网打尽，且闻尚有道府州县另参者，此固宦场浩劫，亦圣朝数百年来未有之奇事”，[①] 不免得罪权势之人。其中由庆王奕劻提携的广州海关周荣曜亦受到牵连，影响了王府财政。朝堂之上岑春煊虽得慈禧太

---

① 《希贤致端方信函》，光绪二十九年，中国第一历史档案馆藏，端方档案，档号：27-02-000-000008-0073。

后信任，却与首席军机关系紧张，有此过节，一直漂流在外，所得都是边疆冲繁疲难之地，心中自有不甘。光绪三十一年，广西“匪乱”暂告平定，岑春煊不断以病为由请假，开始谋划运动要缺。清廷赏太子少保衔，以名誉头衔安抚，岑则继续以身体欠佳为由，请派员署理总督，离开两广的意愿已非常明显。岑氏自然明白，一日奕劻在朝中，即无翻身之日。

光绪三十二年下半年，清廷对南部各省总督做了一次较大的调整，由端方（出国前被任命为闽浙总督）与两江总督周馥互调，随后周氏由闽浙再调两广，所留遗缺由云贵总督丁振铎补，岑春煊则由两广补云贵。这是早已厌倦边地，一心获得要缺的岑春煊不能接受的，称病拒不就任，到沪疗养。外界亦为岑对调云贵鸣不平，“西林当代江陵，不得于粤，去而之滇，犹或有说”。[①] 光绪三十三年正月十九日，岑春煊又奉调四川总督，上谕中有“毋庸来京请训”一句，尤为刺激岑的敏感神经，在其看来，“仍出庆、袁之意”。[②] 或许受奕劻、袁世凯阻拦其入京的启发，岑春煊坚定认为只有觐见方能收到奇效，“不能出奇计以挽颓日，非丈夫也”。[③] 而此时官制改革引发的京中动荡，在岑看来是一次难得浑水摸鱼的机遇。外界的风闻无疑也增加了岑氏入京的信心，“时庆、袁相比，惟忧西林为梗。政府诸公，处覆巢之下转危为安，亦惟西林是冀”[④]。

有了进京的打算，岑春煊在沪开始秘密筹划，少不了与幕府商讨策略，幕僚亦予以莫大鼓励，有“卧龙”之称的得力帮手郑孝胥预测赴京或可得邮传部。[⑤] 郑氏的记述足以表明，岑春煊借赴任四川总督之机入京，并不是临时起意，而是做了长时间的谋划，至少在

① 《汤寿潜致止园枢相夫子函》，光绪三十二年八月，《瞿鸿禨朋僚书牍》第194号函。
② 岑春煊：《乐斋漫笔》，中华书局2007年版，第28页。
③ 岑春煊：《乐斋漫笔》，第28页。
④ 《庆袁相比》，刘体智：《异辞录》，第200页。
⑤ 劳祖德整理：《郑孝胥日记》第2册，第1088页。

正月十九日得知任职四川总督，无须觐见开始，至二月下旬一个多月的时间内，已经为筹备进京做了一些预案。

岑春煊于光绪三十年三月初四日由沪启节，出发当日，借苏松太道瑞澂关防向清廷上折奏请入京觐见，理由是“由汉赴京乘铁路快车为时仅一日半，若不于此时顺道入觐，不特臣心有憾，抑且臣道有亏”①。旧例疆臣觐见需得到清廷的事先允准，岑氏给出的川地遥远，日后无暇入京的理由显然牵强，不合规制。此奏折在其由沪起程之日即发出，沿途考察，多有耽搁，其间是否得到慈禧太后的秘密应允，尚不得而知。岑春煊应是没有得到肯定的回复，否则如此光鲜之事，想必在自述《乐斋漫笔》中书写一笔。

岑春煊借道入京并非秘密，两江总督端方已先前探知，三月初四日，据袁世凯电告盟友军机大臣徐世昌称：

> 午桥（端方字）电开，云帅（岑春煊）初四自沪开行，初六七过。此行名为入蜀，实则入都，有荐膝之陈。不知是否奉有秘密之慈旨？抑系自行北上？公有所闻否？望密探密示云。明日见邸（奕劻），请探询。②

此封电文说明，岑氏入都的举措北洋已掌握，但尚不清楚是否是接到了慈禧太后的懿旨，需奕劻“探询”。看来岑春煊出发前的奏折留中，奕劻亦无从知晓，由于缺乏明证，无法阻拦对手入京，只能静观其变，这促使两江总督端方愈发关注岑氏的行程与举动。

事实上，自岑到沪疗养以来，端方即派人时刻监视其一举一动，毕竟“岑十万谋南洋”③ 鸠占鹊巢的传闻不能不引起其警觉和

① 《四川总督岑春煊折》，光绪三十三年三月初四日，中国第一历史档案馆藏，录副奏折，档号：03-5478-104。

② 《致民政部尚书徐世昌电》，《袁世凯全集》第16册，第71页。端氏信息有可能来自瑞澂，岑春煊曾借助上海道电报致电京城告知入京。

③ 《清末吴禄贞致樊增祥信函》（约丁未正月末），《文献》2011年第3期。

重视。岑春煊二月下旬准备启程赴任，作为南洋大臣、两江总督端方尽地主之谊，为其准备溯江而上的轮船“南琛号”和“海容号”，其中“南琛号”用来运送家眷，“海容号”可住幕僚。两江所在地江宁以及管辖地上海是重要的交通枢纽，南北要道，官员履新、觐见、省亲的必经之地，不乏迎来送往，谙于交际的端方深于此道，在端方档案中可见到大量接待事例，对待岑当然不能例外。况且“请神容易送神难”，对于岑春煊这位觊觎两江、不按套路出牌的强臣，早一日送走早一日安心。端方在致岑的电文说，两艘船“均饬先期预备，何日启节，请先示知”，急切送走“官屠”的心情是相当明显的。[①]

端方的“盛情”岑春煊欣然接纳，去电表示感谢，但指出幕僚搭商船前往，仅用“南琛号”一船，请于二月二十八日到沪接送就好，看来岑早已做好赴京准备，此行前途未卜，不便太多人随行。[②]不过，端方还是强调分乘两船比较周妥，并称“长途千里，谊当派员伺应，略展东道之忱”[③]，目的当然是沿途时刻监视。之后，岑氏改借了“海容号”，苏松太道瑞澂起了一定的作用，据瑞致电端方称“现经谆劝，已允领情”[④]。从上海到南京这段旅程，由盛宣怀陪同，[⑤] 具体岑、盛是否有所交易不得而知，不过后来岑氏入京有所举措，端方与袁世凯怀疑盛从中有所“进献”。[⑥]

岑春煊于三月初三日移节“海容号”，初四启行，为掩人耳

---

① 《端方致岑春煊电》，光绪三十三年二月二十二日，中国第一历史档案馆藏，端方档案，档号：27-01-001-000110-0047。

② 《岑春煊致端方电》，光绪三十三年正月二十三日，中国第一历史档案馆藏，端方档案，档号：27-01-002-000147-0227。

③ 《端方致萨镇冰电》，光绪三十三年二月二十六日，中国第一历史档案馆藏，端方档案，档号：27-01-001-000163-0155。

④ 《瑞澂致端方电》，光绪三十三年二月二十九日，中国第一历史档案馆藏，端方档案，档号：27-01-002-000143-0019。瑞澂与岑氏走得较近，引起了端方的警觉，详见第四章。

⑤ 《萨镇冰致端方电》，光绪三十三年二月二十七日，中国第一历史档案馆藏，端方档案，档号：27-01-002-000150-0324。

⑥ 详情参见下节。

目，家属搭乘商轮赴汉，端方命令沿线电局时刻汇报，“各局钧鉴，四川督宪岑云帅今日启节赴鄂，有报请沿途探送”[①]，以便及时掌握岑氏旅途时间表及沿途所见人员信息。或许岑春煊已经觉察到了身边的耳目，处处小心，端方眼线回电并未有太多实质的文料。据探报，三月初五日午刻，岑春煊抵达江阴，上岸阅东山、黄山。初六子刻到镇江，住金山寺。三月初七日申刻展轮，晚距宁十海里寄宿船上。三月初八日六点抵宁，阅长江各炮台。三月初九日过芜湖，三月十一日抵达江夏。过安徽期间，顺阅沿江炮台并校阅新兵操练。三月十二日酉刻到鄂，住武昌八旗会馆，驻地是先前委托湖广总督张之洞安排的，并商定在鄂会谈。[②] 这些发给端方的情报未见有密电本代号，说明所用为各局公电，没有太多政情内幕也在情理之中。

需要指出的是，岑春煊在二月二十三日甫一决定出发，就给湖广总督张之洞发了一封电报，称“孱体未愈，两奉电旨催促，不得不力疾就道。现拟下月初二由沪赴汉，鄂蜀接壤，一切求教之事甚多，意欲小作句留，藉以将息病体”。[③] 显然休养是借口，应是与张交流一些敏感内容。二人在鄂商谈何事？不得而知。岑春煊进京后屡次参劾要员，端方曾向湖北眼线（可能是梁鼎芬）打探，“外间传言西林在鄂与冰堂共谈几次，约几点钟，意思相□否，速盼示”[④]。

---

① 《为岑春煊赴鄂有报请沿途各局探送事自上海致端方等电》，光绪三十三年三月初五日，中国第一历史档案馆藏，端方档案，档号：27-01-002-000152-0102。此电应是端方令人发给各电局，电报局发放各地，两江同样收到一份。

② 这些监视岑的电报参见端方档案来电卷152。岑沿途举措，报纸亦有关注。如《申报》报道多次，《预备新任川督行辕武昌》，《申报》，光绪三十三年三月十一日（1907年4月23日），第10版。《因军事界川督过皖阅操安庆》，《申报》，光绪三十三年三月十一日（1907年4月23日），第11版。

③ 《岑制台来电》，光绪三十三年二月二十三日（据漾电推断），《近代史所藏清代名人稿本抄本》第2辑第109册，第631页。另据《岑春煊来电》（光绪三十三年二月二十八、九日）称，“武昌张宫保钧鉴：洪，宥电敬悉，感激万分，有一处已足敷住，今求一得二足征盛情，谨先鸣谢，煊，叩俭”。张之洞答应了岑的请求，在湖北为其谋得临时休憩之地。《近代史所藏清代名人稿本抄本》第2辑第109册，第672页。

④ 《端方致武昌某电》，光绪三十三年四月初六日，中国第一历史档案馆藏，端方档案，档号：27-01-001-000160-0029。

未查阅到回复电函，看来端方怀疑岑氏随后在京举措与张之洞亦有联系，只是没有证据。岑春煊进京后，端方在京眼线大理寺卿刘仲鲁曾发电称，“西林大乱政界，闻渠外联香（张之洞）、杏（盛宣怀）、清（锡良）、吉（升允），内倚双目（瞿鸿禨），于枢亲各部、南北洋、东督皆无善词”①。看来，岑春煊进京前，做足了功课，与各级大员之间做了广泛的串联，囿于史料局限，还不能进一步探讨岑与众多官员之间的交流内幕。

岑春煊三月十五日下午四点从汉口出发，三月十六日深夜（或三月十七日凌晨）到京，住法华寺。② 出人意料的是，岑春煊未获应允擅自觐见，非但没有受到责难，慈禧太后反而翻出了三月初四日岑春煊入京觐见的奏折，朱批“知道了”。认可了岑氏贸然来京的举动，③ 眷怀往事，给予连续独对的恩遇。

旧例疆臣展觐，均于军机大臣之先，此次岑春煊面见，两宫则先召见军机，然后及岑。④ 两宫所询内容皆保密，外界不得而知，即便如奕劻、袁世凯、端方等大员也难探究竟。岑入京第一日，端方即给在京亲弟端绪去电称：“岑三近日与兄意见益深，到京后如何举动，务须设法侦探，逐日电告，不可稍涉轻忽。要要。”⑤ 十八日，

---

① 《刘仲鲁致端方电》，光绪三十三年三月二十七日，中国第一历史档案馆藏，端方档案，档号：27-01-002-000172-0024。

② 端绪报告端方，岑春煊是三月十七日凌晨到。袁世凯则说是三月十七日夜到。据慈禧太后朱批时间是三月十七日来看，应是十七日凌晨到的可能性大。岑到后第二天第一次觐见。参见《端绪致端方电》，光绪三十三年三月十八日，中国第一历史档案馆藏，端方档案，档号：27-01-002-000151-0058。《袁世凯致端方电》，光绪三十三年三月十八日，中国第一历史档案馆藏，端方档案，档号：27-01-002-000252-0037。

③ 关于这封奏折，端绪、刘仲鲁致电端方均认为，“西林昨晨与折电同到京”“西林突入京，折电人同日到”。笔者认为，此折电文应是三月初四即发出，慈禧太后未批示、留中。军机处录副奏折后标注“三月初四日”，可知这封奏折四日就到了，只不过端方在京耳目不知道。参见，《端绪致端方电》，光绪三十三年三月十八日，中国第一历史档案馆藏，端方档案，档号：27-01-002-000151-0058。《刘仲鲁致端方电》，光绪三十三年三月十九日，中国第一历史档案馆藏，端方档案，档号：27-01-002-000151-0055。《四川总督岑春煊折》，光绪三十三年三月初四日，中国第一历史档案馆藏，录副奏折，档号：03-5478-104。

④ 《紧急要闻》，《京报》，光绪三十三年三月十九日（1907年5月1日）。

⑤ 《端方致端绪电》，光绪三十三年三月十七日，中国第一历史档案馆藏，端方档案，档号：27-01-001-000160-0017。

袁世凯致电端方称："西林昨晚到，令召见，竟无下落，足见当事力不足，将奈何？"[①] "当事"暗指奕劻，可知岑入对内容甚为机密，外界关注颇多，却无从得知具体内情，身为首席军机大臣的奕劻亦无能为力。十九日，岑入对第二次，外界依然无从探知具体内情，端方询问在京耳目邓孝先，"西林到京如何举动，连日召对如何，务设法密探电告"[②]，无回信。又问刘仲鲁，得到回复称此间有密电，不过信息量不大，"西林突入京，折、电、人同日到，甚奇，翌仍召对，或有发动之处"。端方在其电文空白处批示："有闻于此人之要闻，望随时电示。"焦急之情溢于言表。[③] 二十日，岑春煊第三次独对，端绪探报："文本[④]（岑春煊）前日入对三刻多，昨四刻多，今二刻多。"看来每次时间都不短。这些情报应是端绪收买宫中近侍所得，至于具体内容内侍们无从知晓，只能探查到入对时间。端绪此电还提到，"闻有折尚未上，所陈无从探悉，有人见其幕府，知其觊内用，将以西林入继东海（徐世昌），他无所闻"。显然端绪并未在宫中探得多少确凿信息，转向岑氏幕府打探，得到了"将内用"等一些模棱两可的消息。[⑤] 张之洞的坐探张寿龄密电同样未探得实质，"岑督入觐有入枢消息，惟庆（奕劻）颇忌之，恐有阻力"[⑥]，提到了入枢的事情，显然也是猜测，并非关涉入对内容。对此，刘仲鲁

---

① 《袁世凯致端方电》，光绪三十三年三月十八日，中国第一历史档案馆藏，端方档案，档号：27-01-002-000252-0037。

② 《端方致邓孝先电》，光绪三十三年三月十九日，中国第一历史档案馆藏，端方档案，档号：27-01-001-000160-0020。

③ 《刘仲鲁致端方电》，光绪三十三年三月十九日，中国第一历史档案馆藏，端方档案，档号：27-01-002-000151-0055。

④ "文本"代指岑春煊，来自唐朝宰相岑文本之借代。端方档案中有多封电文以此指代，下文亦有提及。另，端方曾致电梁鼎芬，"西林准下月初二请训出京"，此为幕府起草原稿，端方改为"文本准下月初二请训出京"，可知"西林"与"文本"代指一人，即为岑春煊，岑广西西林人。参见《端方致梁鼎芬电》，光绪三十三年四月二十一日，中国第一历史档案馆藏，端方档案，档号：27-01-001-000160-0068。

⑤ 《端绪致端方等电》，光绪三十三年三月二十日，中国第一历史档案馆藏，端方档案，档号：27-01-002-000151-0059。

⑥ 《张委员来电》，光绪三十三年三月十九、二十日，《近代史所藏清代名人稿本抄本》第2辑第110册，第21页。

认为，“入对多诋津要，其志不在外而在内，于两尚觑一得”，可见外界对于岑氏的任职动向尤为关注。[①] 有关岑入枢的传言或许来自二十日的上谕，林绍年由广西巡抚开缺以侍郎在军机大臣行走，中枢变化引发朝中浮想，岑也在讨论之内。这些林林总总的电文多是臆测之词，恰恰反映出岑独对内容之隐秘，“官屠”不比一般大员，“岑尚书乃一活炸弹也，无端天外飞来，遂使政界为之变动，百僚为之荡恐”。[②]

岑春煊在后来的回忆录《乐斋漫笔》中记载总计独对了四次，据三月二十二日袁世凯与端方通电，可知岑面见了三次，目前可以确定的是十八日、十九日、二十日连续入对。那么觐见所谈的内容是什么呢？尤为重要。《乐斋漫笔》为事过多年后的回忆，岑氏将几次的内容总汇叙述，可能是事过境迁，已经混淆了，可以确定的是岑将一些不利于己的事虚文掩饰了，如面见时谈到了圣躬，引得光绪帝不快，“上以腰疼令下去”。[③] 三次独对过后，自二十一日始，一些内幕不断被探查出来，与《乐斋漫笔》相考证，大致可以厘清入对内容。

岑春煊入京的核心就是全力扳倒奕劻。《乐斋漫笔》记述得非常隐晦，在与慈禧太后对答中，提到做官“内外本无分别。譬如种树，臣在外系修剪枝叶，树之根本，却在政府。倘根本之土，被人挖松，枝叶纵然修好，大风一起，根本推翻，树倒枝存，有何益处？故臣谓根本重要之地，不可不留意也”。[④] 显然岑以修剪树木为喻，要从根本上下手，将矛头指向了“根本”，即首席军机、交恶益深的对头奕劻。

---

① 《刘仲鲁致端方电》，光绪三十三年三月二十一日，中国第一历史档案馆藏，端方档案，档号：27-01-002-000151-0061。

② 孙宝瑄：《忘山庐日记》（下），第1029页。

③ 《袁世凯致端方电》，光绪三十三年五月初八日，中国第一历史档案馆藏，端方档案，档号：27-01-002-000252-0015。按：此说见张之洞坐探报告，“二十日岑奏对移时，上云腰疼不能久坐，岑退”。参见《京陈丞来电》，光绪三十三年四月二十六日，中国历史研究院藏，张之洞档案，甲182-444。

④ 岑春煊：《乐斋漫笔》，第31页。

岑春煊的确对奕劻发起了弹劾。《乐斋漫笔》中描述两宫咨询朝政，岑氏开题即指出："近年亲贵弄权，贿赂公行，以致中外效尤，纪纲扫地，皆由庆亲王奕劻贪庸误国，引用非人。若不力图刷新政治，重整纪纲，臣恐人心离散之日，强欲勉强维持，亦将挽回无术矣。"[①] 针对庆王的"贪庸误国"，慈禧太后应该早有耳闻，御史蒋士瑆于光绪二十九年有所上陈，不过未有效果。在上年的官制改革启动后，御史陈田于光绪三十二年八月初二的奏折中，即明确指出了"疆臣跋扈，庸臣误国"，指向奕劻与袁世凯，此后御史轮番发难，奏陈不可胜数。[②] 岑春煊在交通信息灵便的上海，不可能不知道庆王与北洋的处境。需要注意的是，岑当时正在查办广州海关周荣曜贪污案，而周为庆王府"钱袋子"，以奕劻为靠山，人尽皆知。岑春煊在光绪三十二年七月至九月间，曾多次就周荣曜贪污案上折，而且在上奏的时间节点上（八月二十日、九月十二日）与御史们发动弹劾奕劻、袁世凯，反对官制改革日期极度吻合，[③] 不禁让人对于岑氏针对一个海关库书连番发难的举措产生联想。

此次岑春煊进京后，旧事重提，围绕周荣曜贪污案对奕劻再次发难。慈禧太后问："汝说奕劻贪，有何凭证？"岑春煊回复："臣在两广总督兼粤海关任内，查得新简出使比国大臣周荣曜，系粤海关库书，侵蚀洋药项下公款二百余万两，奏参革职拿办。斯时奕劻方管外务部，周犯系伊所保，非得贿而何？"[④] 这是实名实例举报，可见岑对奕劻相当不满，欲扳倒而后快。不过，慈禧太后对于奕劻的回护令岑氏失望，"奕劻太老实，是上人的当"。岑春煊追问："当国之人何等重要，岂可以上人之当自解？此人不去，纪纲何由整饬？"慈

---

① 岑春煊：《乐斋漫笔》，第29页。

② 参见胡绳武主编《清末立宪运动史料丛刊》第3册，第138—527页。

③ 《两广总督岑春煊折》，光绪三十二年七月初四日，中国第一历史档案馆藏，朱批奏折，档号：04-01-01-1081-067。《两广总督岑春煊折》，光绪三十一年八月二十日，中国第一历史档案馆藏，录副奏折，档号：03-6430-039。《两广总督岑春煊折》，光绪三十二年九月十二日，中国第一历史档案馆藏，录副奏折，档号：03-6588-032。

④ 岑春煊：《乐斋漫笔》，第30页。

禧太后则言："懿亲中，多系少不更事，尚有何人，能胜此任？汝可保奏。"显然，慈禧太后对于奕劻并未失去信任，认为此时还无人可替代，并将皮球踢给岑，让其保举代替之人。疆臣保举枢臣不合规矩，冒然推荐不免落下结党之嫌，慈禧太后御人手段着实高明。岑氏拗不过，只得怏怏回复："此乃皇太后皇上特简之员，臣何敢妄保。"①

虽然没有达到倾覆奕劻的初衷，不过第三次入对后第三日，即三月二十三日，清廷连发四道上谕，均对岑春煊有利。其中一道是岑春煊任邮传部尚书，且"岑得邮部系慈圣独断，并未邸商"②。另一道上谕任命岑的亲信于式枚为邮传部右侍郎。还有一道则是将岑弹劾的邮传部左侍郎朱宝奎革职。③看来岑春煊慈眷优隆，留京重用，又不止于此。同日的第四道上谕，则再次燃起岑氏倒庆的希望，懿旨称："庆亲王奕劻着管理陆军部事务，并责成整顿一切事宜，认真考察，随时面奏。现在时事艰难，军机处综司庶政所有各衙门事务，该王大臣皆应留心察核，嗣后内外各衙门务当认真办事，傥再因循敷衍，徇私偏执，定予一并严惩。"④显然，明面上是给予奕劻管理陆军部的重任，最后一句"傥再因循敷衍，徇私偏执，定予一并严惩"才是重点，这是侧面警示庆王，也是回应岑氏的接连弹劾。报界亦有探闻，"岑宫保迭次觐见两宫，闻会面奏军机大臣遇事因

---

① 岑春煊：《乐斋漫笔》，第30—31页。

② 《天津张委员来电》，光绪三十三年三月二十三日，中国历史研究院藏，张之洞档案，甲182-444。

③ 中国第一历史档案馆编：《光绪宣统两朝上谕档》第33册，第41页。邮传部为肥缺，张百熙病逝后，报界对于新任邮传部尚书传闻不断。以汪康年主办的《京报》为例，多次刊登邮传尚书人选，二月二十八日，"长沙张尚书病故后，尚书一缺久悬，兹闻政府已拟将赵次山将军调补邮传部尚书，唐侍郎将简放奉天巡抚，所遗邮传部侍郎一缺将以曾钦使广铨暂行署理"。五天后，《京报》又报道那桐有补邮传部尚书的传闻。三月十四日，《京报》刊文，"现署邮传部尚书林大军机以部务紧要，按照新章枢臣不能兼管，力请开去署缺。庆亲王以次帅（赵尔巽）新近开去奉天将军员缺，未便令其投闲置散，拟以次帅补授邮传部尚书一缺"。参见光绪三十三年二月二十八日、光绪三十三年三月初四日、光绪三十三年三月十四日《京报》。光绪三十三年三月十六日，《京报》又刊发消息，"邮传部尚书之说兹闻政府中人云次帅实无内用消息，前说不确"。

④ 中国第一历史档案馆编：《光绪宣统两朝上谕档》第33册，第41页。

循，各部尚书才具亦多平常，故有庆亲王管理陆军部事务之事”。[①]

岑春煊一方接连得势，气贯长虹，“太后向庆言岑多病求不往川，庆云：‘前有某等因放缺不往革职，请上裁夺’，太后默然。岑今日又召见，慈眷甚隆”[②]；反观奕劻一方，则备受责难，京中北洋一派不免自危。袁世凯告知端方，“日来上词色甚厉，一再责备诸枢，颇有推翻萌芽”“人心皇皇，大局可虑”。[③]“词色甚厉”指的是“慈圣大怒”，见奕劻大加苛责，云“如是欺蔽朝廷，不如用麻索缢死我母子为佳”，在场的军机奕劻、瞿鸿禨震慑，“叩头不止”。[④] 在此种形势下，再次给予致命一击，在奕劻的对头们看来是难得的机会，跃跃欲试，欲落井下石。奕劻受到懿旨责难两天后，即三月二十五日，御史赵启霖上书弹劾黑龙江巡抚段芝贵夤缘亲贵，将矛头再次指向庆王府，庆王之子农工商部尚书载振去职，奕劻亦不得已上奏请辞。[⑤]（言官发动与丁未年政争，下节另述）

揆诸事实，言官此际发动起了负作用，侍读学士恽毓鼎分析认为，“慈圣疑有人主使（西林北来，外间颇有入清君侧之疑，而此疏适在其后）”“而京报又讹传言官大会于嵩云草堂，谋联衔入告，为赵御史声援。此语上达禁中，上益疑外廷结党倾陷”[⑥]。岑与御史是否结党没有确证，但在慈禧太后看来，显然怀疑“外廷结党倾陷”，这是当事者不能容忍的，“现在上最恶‘党’之一字”，[⑦] 浃旬阴霾，终因御史失误，见一线曙光，奕劻也因此得以喘息。岑与庆王的矛盾由此益深，钱袋子被夺，七十寿辰蒙羞，

---

① 《岑尚书之势力》，《广益丛报》1907 年第 137 期。

② 《天津张委员来电》，光绪三十三年三月二十日，中国历史研究院藏，张之洞档案，甲 182-444。

③ 《袁世凯致端方电》，光绪三十三年三月二十五日，中国第一历史档案馆藏，端方档案，档号：27-01-002-000252-0038。

④ 孙宝瑄：《忘山庐日记》（下），第 1019 页。

⑤ 赵启霖参劾庆王府，相关研究参见刘鹏超《奕劻贪污与晚清政局——以弹劾奕劻案为中心的考察》，南开大学博士论文，2014 年，第 79—105 页。

⑥ 恽毓鼎著，史晓风整理：《恽毓鼎澄斋日记》，第 350 页。

⑦ 陈旭麓、顾廷龙、汪熙主编：《辛亥革命前后·盛宣怀档案资料选集之一》，第 56 页。

全力栽植的载振遭受重创，人财两空，颜面扫地，这些对于庆王来说是切肤之痛，一切账目都算在岑头上，去岑成为日后庆王的头等心上事。

岑春煊以奕劻为主要打击目标，称其“贪庸误国，引用非人”，既然抱有清君侧的决心，连带打击不可避免，与庆王联系紧密的北洋集团亦受到波及。纵观岑在京举措，弹劾北洋一系是一条重要线索，朱宝奎、唐绍仪、周馥属于此类情况。同时，岑春煊对于北洋控制的重要行业，以邮传部尚书的名义予以整顿，实是变相打击，则为另一线索。[①] 两条主线并非平行走向，一些情事或两者交叉，弹劾朱宝奎就属于二者兼具。

朱宝奎，字宗奎，号子文，江苏常州武进人，出身官宦世家。同治十三年，十三岁的朱宝奎成为第三批留学美国幼童。光绪七年，朱宝奎毕业于耶鲁大学，专业工程学。回国后在福建海军任职，参加中法战争和甲午海战。后夤缘入盛宣怀门下，任职铁路局，不数年由同知捐升道员，充上海电报局总办。袁世凯久涎铁路、招商、电报三局之利而不详其底蕴，朱宝奎适时投靠。袁得以大参盛宣怀，尽撤其差，以铁路局交唐绍仪、招商局交杨士琦、电报局交吴重熹，而朱因有功，保为邮传部侍郎。[②]

岑春煊对北洋门徒发难的第一人就是朱宝奎，称“以市井驵侩，工于钻营，得办沪宁铁路，遂勾结外人，吞没巨款，因纳赂枢府，得任今职。若该员在部，臣实羞与为伍”。[③] 一部之长官未及履新，即弹劾卿贰，官场罕见，报界很快传得沸沸扬扬，《申报》称“云帅（岑）入京之第二日，即令幕府中人拟折纠参朱宝奎，并言朱不革职吾不到任，经幕府婉言谏阻，事遂中止。乃次日召见，太后谓

---

① 岑春煊对于北洋大肆参劾攻击，表面与袁氏和平共处，其北上之际托人给袁带信。据袁回复称：“适闻蜺旌北上，圣眷方隆，吾道不孤，令人神旺。至邮传事宜，弟向因兼差过多，实未能有所整顿。乃承虚怀下问，愧无以质高明。执事砥柱中流，事关全局，鸿猷硕画，当更有大于此者。”袁世凯著，骆宝善评点：《骆宝善评点袁世凯函牍》，第178页。

② 《朱宝奎叛盛归袁》，胡思敬：《国闻备乘》，第93—94页。

③ 岑春煊：《乐斋漫笔》，第30页。

邮传部屡被物议，须汝不避劳怨，极力整顿。岑遂面奏朱宝奎种种劣迹，……太后闻奏大怒，命军机拟旨革职”。[①]

岑春煊的举动惹怒了袁世凯，致电端方称，“举武进（朱宝奎）不称旨。谋大才小，此之谓乎”[②]，言语中流露出对岑的不屑。朱宝奎被参革职后，于三月二十九日匆匆出京，旧时交好无有以杯酒祖饯者，世态炎凉如此，时人惟恐受到牵连，招惹是非。[③] 值得说明的是，岑春煊在上海期间与盛宣怀有联系，“沪滨养疾，与武进盛杏荪尚书交，一见如故”，[④] 后者为岑入京出谋划策，“武进（盛宣怀）所献，十九已面陈”[⑤]。朱、盛同为武进人，却积聚着郁结不散的怨忿，慈禧太后令岑将朱宝奎劣迹“据折前来”，得到回复称“臣有凭据”，“臣面劾，彼（朱）即知不冤”。[⑥] 看来岑春煊掌握确凿证据，而提供文料之人有可能者就是盛宣怀。

岑春煊弹劾北洋的第二人为唐绍仪，此举出于个人恩怨。唐绍仪，字少川，广东香山县（今中山），留美幼童，精于洋务。光绪八年，前往朝鲜襄助海关事务结识袁世凯。朝鲜甲申政变后，袁被任命为驻朝鲜总理交涉通商大臣，唐任书记官，实为袁副手。光绪二十年，甲午战争爆发，日本人谋刺袁世凯，唐闻讯求助于英国驻日公使朱尔典，策划营救，袁得以易装逃脱，遂成莫逆之交。光绪二十四年，唐绍仪随调任山东巡抚的袁世凯赴鲁，此后一直跟随，办理洋务，料理财政。光绪三十二年，唐绍仪先后被委任为铁路总公司督办、税务会办大臣以及邮传部左侍郎。[⑦] 次年，被任命为奉天巡抚，成为主管一方的疆臣。

---

① 《日下近闻》，《申报》，光绪三十三年四月初四日（1907 年 5 月 15 日），第 3 版。

② 《袁世凯致端方电》，光绪三十三年三月二十八日，中国第一历史档案馆藏，端方档案，档号：27-01-002-000252-0036。

③ 《日下近闻》，《申报》，光绪三十三年四月初六日（1907 年 5 月 18 日），第 3 版。

④ 《岑春煊宠衰》，刘体智：《异辞录》，第 208 页。

⑤ 《致两江总督端方电》，光绪三十三年三月二十三日，骆宝善、刘路生主编：《袁世凯全集》第 16 册，第 91 页。

⑥ 陈旭麓、顾廷龙、汪熙主编：《辛亥革命前后·盛宣怀档案资料选集之一》，第 53 页。

⑦ 袁、唐交际研究参见张华腾《袁世凯与唐绍仪关系述论》，《历史档案》1998 年第 2 期。

岑春煊入京后，独对两宫，“面劾诸人，以唐（绍仪）为尤”[①]。起因是光绪三十一年年底，唐绍仪作为广东人，领衔粤京官奏参岑春煊，称其“刚愎自用，不恤人言，屡次乞休，志在去粤，益复倒行逆施”[②]，“折内有岑督一日不去，粤东一日不安。政府初因上眷岑督甚笃，不敢置词，唐折上达后，出自特旨”[③]，交两广总督周馥查办，由此二人结怨。报纸称岑春煊陛见时，慈禧太后询及唐绍仪，“岑谓唐绍仪外交甚好，但封疆大吏恐非所长。翌日枢臣召见，太后述及此语。某枢臣对云，去年为粤汉铁路事，唐曾折参岑春煊，至唐绍仪之可用与否自在圣量洞鉴之中，此等奏对真是语妙天下”[④]。报界所言并非空穴来风，不过其中一些史事需澄清。唐绍仪于光绪三十二年为督办京汉沪宁铁路大臣，次年二月周馥上折请唐督办粤汉铁路，朝廷以其有要差不能兼任，事实应是唐绍仪已有奉天巡抚之任命。[⑤] 唐绍仪并未参与粤汉铁路事务，倒是任职沪宁铁路督办期间，变相地参了与岑交际的盛宣怀一本。事情的原委是，盛宣怀雇佣的外国工程师格林森建造沪宁铁路资金使用超标，在移交沪宁铁路剩余购地款项时，未能提交利息，[⑥] 此事后来被御史陈庆桂揭发[⑦]（详见第四章第三节）。盛宣怀坐探陶湘认为此事成为京中议论盛怂恿岑春煊入京的凭据，“沪宁余地事，平日三藏

---

① 《袁世凯致端方电》，光绪三十三年三月二十一日，中国第一历史档案馆藏，端方档案，档号：27-01-002-000252-0040。

② 《署理外务部右侍郎唐绍仪折》，光绪三十一年十二月二十七日，中国第一历史档案馆藏，录副奏折，档号 03-7392-030。

③ 《京吴太史来电》，光绪三十二年正月初一日，中国历史研究院藏，张之洞档案，甲 182-441。

④ 《日前岑云帅召见》，《申报》，光绪三十三年四月初三日（1907 年 5 月 14 日），第 4 版。

⑤ 《奏为遵旨酌派唐绍仪充任督办京汉沪宁铁路大臣事》，中国第一历史档案馆藏，录副奏折，档号：03-5474-014，光绪三十二年。《奉旨唐绍仪有差不能赴粤该省铁路著该督另筹商事》，电报档，档号：1-01-12-033-0039，光绪三十三年二月十七日。《两广总督周馥为请派唐绍仪来粤办理粤汉铁路事》，光绪三十三年二月十六日，电报档，档号：2-04-12-033-0164。

⑥ 《办理沪宁铁路大臣外务部右侍郎唐绍仪折》，光绪三十二年八月二十七日，中国第一历史档案馆藏，录副奏折，档号：03-7144-048。

⑦ 《给事中陈庆桂折》，光绪三十三年五月二十八日，中国第一历史档案馆藏，录副奏折，档号：03-5482-094。

（唐绍仪）幕府昌言云，西林入都，奏保钧处（盛宣怀）儿入邮部，有人不欲（三藏幕府最得用者，现均留部，且均当权，此等人颇不欲钧处之来也），遂昌言西林之来由钧处怂恿，且云暗中接济西林，所以陈（庆桂）有此折”。[①] 唐与岑、盛存有不可调和的矛盾，积怨日久。

岑春煊还参劾了袁世凯的儿女亲家两广总督周馥。袁世凯为此请端方帮助，委托岑幕府郑孝胥劝解，“西林意颇与甘心于亚夫（周馥），惟此老年逾七旬，宣力多年，实一忠厚长者，庚子年大有功于直隶，现已开缺，何苦再为太甚。请切托苏龕（郑孝胥），晤面时婉劝西林，勿再下石为感，但不可作为凯托也”[②]。后经郑孝胥从中运作，为周馥解围。（本章第四节另有专述）

岑春煊进京后连续参劾京中大员，传言四起，有称其必欲尽夺北洋之权，又欲削弱铁良在陆军部中势力。汪康年主办《京报》与岑往来密切，刊文称：“兹悉云帅（岑）与袁宫保虽议论偶有异同，然极佩袁宫保之才略，必无相倾之事……其于铁尚书则谓满洲大员之中，铁尚书最为峥嵘，何至反相龃龉……然本馆意袁、铁诸公当代大臣明达有识，必不信此等谣言也。”[③] 无论如何辟谣解释，京中大局扰动，正如端方所言，“朝局如此，殊切隐忧”“西林柄用，恐天下无宁息之日”[④]。

岑春煊入京后，一方面打击异己，另一方面培植势力。用力最

① 陈旭麓、顾廷龙、汪熙主编：《辛亥革命前后·盛宣怀档案资料选集之一》，第56—57页。

② 《袁世凯致端方电》，光绪三十三年四月二十六日，中国第一历史档案馆藏，端方档案，档号：27-01-002-000252-0009。

③ 《紧要新闻》，《京报》，光绪三十三年三月二十九日（1907年5月11日）。

④ 《端方致刘仲鲁电》，光绪三十三年三月二十五日，中国第一历史档案馆藏，端方档案，档号：27-01-001-000124-0082。《端方致宝熙电》，光绪三十三年三月二十五日，中国第一历史档案馆藏，端方档案，档号：27-01-001-000124-0082-4。宝熙（1871—1942），字瑞臣，号沉龕，隶属满洲正蓝旗。清宗室，光绪十八年进士，时任度支部右侍郎。工书法，与端方投合，时常电文往来，通报京中内情。江南财政亦多得宝熙助力，尤其是江南水患赈灾出力最多，参见端方档案去电卷35。

深的是“力保武进（盛宣怀）”[①]，其内在原因在于岑、盛均与北洋嫌隙很深。盛、袁症结在于洋务事业。盛宣怀办洋务三十余年，电报、轮船、矿利、银行皆归其掌握，揽东南利权，资产过千万，可谓多财善贾、长袖善舞。袁世凯为北洋大臣，先夺其电报局、铁路局，又严诘招商局报销。盛宣怀不得已，尽卸各差，脱身回里。[②] 岑春煊保举盛宣怀为增加帮手。

岑春煊保举的第二人是其儿女亲家、广东提学使于式枚。被任命为邮传部尚书伊始，岑春煊先是上奏革朱宝奎，同时即奏调于式枚来京作为替代，打击异己与安排亲信并举，将信任之人调入京中助力。后因广东路远，于式枚尚未到京，岑春煊已被排挤出局。报纸认为“于式枚之特简邮部，本为岑宫保所提挈，今宫保已经外用，于遂怅怅无援，深虑京朝达官以排岑者牵连及己，故日来大有退意”[③]，反映出京中政局势力互易的内情，这种情形在岑氏保举的郑孝胥身上体现得更为明显。[④] 此外，岑春煊还荐举陆军部职方司郎中李焜瀛，将其调入邮传部补用。[⑤]

岑春煊调动亲信入京，目的就是整顿邮传部，打击北洋一系势力。同时，部内的一些业务开始着手整顿，名为改制，实际也是借此获取权力。时邮传部的现状是“长沙（张百熙）既死，少川（唐绍仪）又去，开部之长官遂无一人”“林（绍年）公又权篆若不理者，或疑无人主持”，[⑥] 为岑春煊上任整饬的部务提供了广阔空间，虽然任职邮传部尚书仅二十余天，举措却相当多。

厘定部章。新官上任，自然先要了解内情，从厘清章程开始无

① 《袁世凯致端方电》，光绪三十三年三月二十二日，中国第一历史档案馆藏，端方档案，档号：27-01-002-000252-0042。

② 《盛杏荪办洋务》，胡思敬：《国闻备乘》，第148页。

③ 《日下近闻》，《申报》，光绪三十三年五月初六日（1907年6月16日），第3版。

④ 保举郑孝胥研究，参见本书第四章第二节。

⑤ 《邮传部尚书岑春煊折》，光绪三十三年三月二十八日，中国第一历史档案馆藏，录副奏折，档号：03-5478-173。

⑥ 孙宝瑄：《忘山庐日记》（下），第1016页。

可厚非。岑春煊简授尚书后奏请病假一月，慈禧太后传谕大事须到部商办，小事暂且不问。实际情况是，自上年启动的中央官制改革，邮传部部章尚未修订，正处于肯綮环节。岑春煊曾向人言及，京官办事每多迂缓，欲力矫此弊，于假期一月之内将本部官制订定，以便设官分职各有专责。[①] 借改定部章变更机构，重新安排人事、分配权力，在此之前，对于内部的属员先行考核，或裁撤，或重新任职，自然是出于集权需要。

考核属员。岑春煊整顿部务从人事开始，虽在假期，仍轮流接见司员，将邮传、电信、轮船等各部门官员奏调时考语一并缮条呈堂，以便分别去留，以至于各司员无不惴惴不安。据报道，岑春煊甫到京时，各司员呈递求差红条者不下百余人，岑均未查阅，即行付之一炬，[②] 有岑氏为官刚正的一面，显然也是为了安插亲信留有余地。

裁撤冗员。岑春煊受聘邮传部后，即有“财政将有发动”的传闻。[③] 部内各堂以及各省邮局所聘用之人员，每月薪金至少亦在五六百元，用人之款实不敷开销，此等办法殊非持久之策，岑春煊拟将各分局之洋员酌量裁减。[④] 同时，为笼络人心，掌控部务，新调亲信如高凤岐、丁澜生等数人分职派差，“增司员中数人之津贴”，并定办事章程，每日“须上堂画到”。[⑤] 岑自到任后，于路政亦有动作，各铁路车站所有罚款亦皆一律上交，作为办公之用。[⑥]

邮传部设立之前，清廷交通行政无专管机构，船政局、招商局隶属北洋大臣兼管，内地商船由工部管辖，邮政则隶属于总税务司，铁路、电政清廷另简派大臣专管，其中铁路归商部管辖。邮传部设立后，拟将以上一切业务归并，分设船政、路政、电政、邮政、庶

---

① 《日下近闻》，《申报》，光绪三十三年四月初四日（1907 年 5 月 15 日），第 3 版。

② 《日下新闻》，《申报》，光绪三十三年四月八日（1907 年 5 月 19 日），第 3 版。

③ 《刘仲鲁致端方电》，光绪三十三年三月二十二日，中国第一历史档案馆藏，端方档案，档号：27-01-002-000151-0060。

④ 《京报》，光绪三十三年四月初十日（1907 年 5 月 21 日）。

⑤ 孙宝瑄：《忘山庐日记》（下），第 1023 页。

⑥ 《京报》，光绪三十三年四月初九日（1907 年 5 月 20 日）。

务五司，各有专员主管。岑春煊上任后，正值商办粤汉铁路风潮之际，在短时任期内，针对粤汉铁路采取了一些整顿措施。

时广东商人对于粤汉铁路多有意见，风潮渐起。商人聚众阻止选举总协理，邮传部则认为此路关系中国全局，不仅粤东一省之利害，应将总协理早日举定，以维路政而靖人心。严饬铁路公司遵守商律，如有商人再挟私见，由邮传部奏明拿办，强硬态度引起粤人的不满。[①] 岑春煊借汪康年所办《京报》辟谣，“不知宫保（岑春煊）于商办之说颇为赞成，尝云吾亦粤人，岂不愿斯路之速成，无如一二不肖从中煽惑，藉以扰乱而思渔利，非官力震慑不足遏其阴谋，又云使中国铁路尽如广东股东之踊躍，何难遍布全国，是宫保保全粤路之心，自不烦言而解矣”[②]。此外，岑春煊还对川汉、津镇铁路多有插手，于此与袁世凯、张之洞等人不快。[③] 可以看到岑氏较关注铁路事务，后在其被排挤离京之前，上奏铁路亟应统筹全局折。[④]

轮船招商局为邮传部下属的重要航运业务，由北洋把持，岑春煊自然不能放任，以招商局与外人经商多损主权为由整顿，以便夺权。首先，采取釜底抽薪之策，以各处轮路邮电章程及与外人订立合同，往往文义不符，流弊滋大，设总副稽查各二员，专行审查各项章程合同。[⑤] 然后针对具体运营细节，如招商局所有船只欠外债过多予以作押、雇用的西人船主水手任意侵权等事项，邮传部以此等积弊不除，无以肃船政，与外部会商妥筹善策，重新订章。[⑥]

---

① 《紧要新闻》，《申报》，光绪三十三年四月十八日（1907 年 5 月 29 日），第 3 版。

② 《京报》，光绪三十三年四月十四日（1907 年 5 月 25 日）。

③ 《京报》，光绪三十三年四月十一日（1907 年 5 月 22 日）。《紧要新闻》，《申报》，光绪三十三年三月二十八日（1907 年 5 月 10 日），第 3 版。《京报》，光绪三十三年四月初十日（1907 年 5 月 21 日）。《紧要新闻》，《申报》，光绪三十三年四月二十二日（1907 年 6 月 2 日），第 4 版。《岑尚书对于收购商办铁路之意见》，《申报》，光绪三十三年四月十一日（1907 年 5 月 22 日），第 3 版。

④ 《两广总督岑春煊折》，光绪三十三年四月三十日，中国第一历史档案馆藏，录副奏折，档号：03-7145-012。

⑤ 《日下近闻》，《申报》，光绪三十三年四月初六日（1907 年 5 月 18 日），第 3 版。

⑥ 《京报》，光绪三十三年四月十一日（1907 年 5 月 22 日）。

岑春煊深知电报的重要性，派委员多名赴各处邮局车站及电报电话各局，秘密访查一切利弊，力图整顿。[①] 岑氏首先决定收回邮传部于电报局的人事权，规定用人凡总办以下委员人等，应由督办遴选委派，各局的总办任用要报告邮传部核准后再行札派，将人事权收归邮传部。各局总办归督办考核，如果不得力，随时撤换。其次，收归审批权。凡电报中改革及有关交涉事件，均应呈请邮传部批示。最后，过问财政收支。原来督办经费为每月一千两，电政公所人员等月薪一千七百多两，为数过多，先核减再报部批示。[②]

邮传部主管铁路、邮政、招商局等业务，部务中十足的肥缺，人人觊觎，因此争夺异常激烈，内部党派林立、各种情事极其复杂，张百熙、胡燏棻、唐绍仪、朱宝奎、吴重熹、林绍年等一干尚书、侍郎，多被弹劾，鲜有善终者。邮传部设部未及半年，死者、去者、革者相继，连绵不绝。[③] 岑春煊也不例外，任职不足一月，就被排挤出京，这自然是奕劻与袁世凯等人运作的结果。

第三节　言官推波助澜

光绪三十三年春，本来庆王奕劻心情极佳，大病初愈，两宫赐寿，府内外喜气盈盈，为寿辰作准备。二月二十九日做寿，近支晚辈王公和蒙古在京王公暨各部大臣等无不前往，王府设宴、演戏，铺张一番，“此一日用费不下万金”。[④] 寿宴花销不菲，时人不乏庆王借庆寿贪污敛财的记述。[⑤] 江南巨贾盛宣怀夤缘上供两万金币，奕

---

① 《京报》，光绪三十三年四月十四日（1907 年 5 月 25 日）。

② 《京报》，光绪三十三年四月十三日（1907 年 5 月 24 日）。

③ 《邮传部不利堂官》，胡思敬：《国闻备乘》，第 182 页。

④ 载润：《有关奕劻的见闻》，《辛亥革命回忆录》（六），文史资料出版社 1981 年版，第 464 页。

⑤ 关于庆王借此贪污受贿，时人记述尤多，可参阅胡思敬《国闻备乘》，许指严《十叶野闻》。《京报》《盛京时报》不乏记载，多有批评之词。

劻回信“杨柳风前，忽好音之惠我”，言语中不免得意。[①] 奕劻的风光却于半月后戛然而止，三月十六日岑春煊入京后即大肆弹劾庆王府。更糟糕的是，距赐寿不足一月，慈禧太后即下懿旨暗示奕劻，“傥再因循敷衍，徇私偏执，定予一并严惩”。[②] 御史赵启霖上折参奏庆王府就是在此背景下发生的。

赵启霖，字芷荪，晚号瀞园，长沙府湘潭人。光绪十八年中进士，入翰林院。光绪三十二年四月考御史，记名，先后补河南道、江苏道兼署山西道监察御史，开启言路生涯。此年清廷颁布预备立宪，筹备官制改革，为言路中人提供了广阔的建言空间。中央官制方案涉及都察院存废，言官群情激愤（见第一章），赵启霖上折，称官制“变之太甚，更之太骤，实恐多窒碍，而滋纷扰”，以此提出“官制宜逐渐变更”，显然不满于袁世凯主导的官制改革草案。[③] 反对官制改革御史奏折众多，多留中，赵折并未引起当政者的特别关注。真正让赵启霖博得大名的弹章是次年二月参劾吉林将军达桂用人行政昏浊，该省官场腐败骇人听闻，揭发大小官贪墨猥杂，朋比为奸，徒以地处偏远，不惧发觉，罔上行私。[④] 赵启霖上奏后，清廷令东三省总督徐世昌确查，结果达桂被革职，吉省官场大为震动。看来身为御史的赵启霖较为关注东三省的政情，对此地比较了解。

日俄战争后，关外作为“大清龙兴之地”满目疮痍，列强迟不撤军衍生出众多棘手的外交难题，旧体制下内政杌陧，盛京将军赵尔巽着手在东三省改制。清廷特派商部尚书载振、民政部尚书徐世昌前往考察政治，调研政情。两人回京后即上变更东三省官制折，三月初八日发布谕旨，改盛京将军为东三省总督兼三省将军事务，

① 陈旭麓、顾廷龙、汪熙主编：《辛亥革命前后·盛宣怀档案资料选辑之一》，第41—42、44页。

② 中国第一历史档案馆编：《光绪宣统两朝上谕档》第33册，第41页。

③ 《掌河南道监察御史赵启霖折》，光绪三十二年八月十四日，中国第一历史档案馆藏，录副奏折，档号：03-6288-030。

④ 《掌江苏道监察御史赵启霖折》，光绪三十三年二月十四日，中国第一历史档案馆藏，录副奏折，档号：03-5476-117。

由徐世昌担任，奉天、吉林、黑龙江各设巡抚一缺，分属唐绍仪、朱家宝、段芝贵。其中段芝贵以道员身份骤升卿贰，为清朝官制罕见。传闻段氏恩遇源于此年二月庆邸寿辰时献进十万金，买得黑龙江巡抚一缺。

官制改革启动，都察院有被裁撤的传闻，显见言路渐衰。反观此次东三省改制，总督与巡抚四人清一色的北洋系，蓬勃向上。去年御史接连上奏庸臣误国、疆臣揽权，北洋大受挫折，此番表现为重获雨露的兆头。恰在此时岑春煊入京，连续弹劾奕劻、唐绍仪等人，赵启霖借机对庆王府发难，与岑春煊合谋扳倒庆王的意图颇为明显，“闻台垣二赵日往来西林之门，此事或不免为其指使”。[①] “二赵日趋岑门”[②] 在京外眼线的电报中常被提及。这里的“二赵”指的就是赵启霖、赵炳麟二御史。[③]

言路与重臣结纳为清制所不允，岑与言官密谋在当时并不是秘密。晚清重臣四川总督刘秉璋之子刘体智在《异辞录》中记述，“闻西林至，启霖迎至保定，计议既定，西林宫门请安。初次召见即调补邮传部尚书，留京内用。连日奏封，尽发庆、振父子之覆，启霖旋揭奏翠喜事”[④]，时间与逻辑的极度吻合说明了合谋的可能。盛宣怀在京耳目陶湘则称：“赵炳麟与西林相谋劾乔梓（以段事），启霖、书霖相赞助，阄得启霖，故启霖递折而上，两宫震怒，邸伏地请查。”[⑤] 赵炳麟、赵启霖、江春霖清末台谏中敢于直言者，被称为“三霖公司”。其中赵炳麟与岑氏结交较早，辛丑年在行在西安赵、

① 《端方致袁世凯电》，朝年不详，中国第一历史档案馆藏，端方档案，档号：27-01-001-000156-0021。改后稿为：“闻台垣二赵日往来于□门，此事定不免为所唆使”。语气更为坚定。

② 《刘仲鲁致端方电》，光绪三十三年三月二十七日，中国第一历史档案馆藏，端方档案，档号：27-01-002-000172-0024。

③ 《三菱公司》，胡思敬：《国闻备乘》，第226页。光绪末叶以来，御史弹劾权贵，成为一时风气，其中湘潭赵启霖、莆田江春霖、全州赵炳麟同时为谏官，三人甚相得，号称敢言。京师争目瞩之，因假上海洋商标记，共呼三御史为“三菱公司”。

④ 《载振纳妓杨翠喜案》，刘体智：《异辞录》，第201页。

⑤ 陈旭麓、顾廷龙、汪熙主编：《辛亥革命前后·盛宣怀档案资料选辑之一》，第54页。

岑相见，“意气甚合”，甚为投契，赵劝岑“宜学范文正内刚外柔”[①]，称“范文正公外当元昊之凶，内迫宋庠之谤，刚柔得中，卒成一代中兴之绩”。至于“元昊之凶”代指的是八国联军侵华。所谓“宋庠之谤”原意是指代何人难以考证，[②] 清流底色显然为共同的话题。后岑春煊回忆称，“又御史赵启霖，劾贝子载振获谴，直声震部下，为庆、袁所切齿，疑余阴主其事，日夜谋中伤”[③]，并无辩白，显见赵启霖与岑为同路人无疑，共同针对的对象为庆王。时京中传言“醇奉查办之旨（指后醇亲王载沣查办此案）岑实发其端”[④]。

岑春煊奏对时谈道，“现在内而侍郎，外而督抚，皆可用钱买得。丑声四播，政以贿成”[⑤]，在京大肆发难之际，赵启霖抓住时机予以唱和，上折参劾新任黑龙江巡抚段芝贵夤缘亲贵，揭露奕劻、载振腐败罪证，引起极大震动。赵折称段芝贵原本就是一个佐杂，善于迎合，不数年骤升至道员，借载振去东北道过天津，夤缘充当随员，逢迎载振，以一万二千金于天津大观园戏馆买歌妓杨翠喜献之，其事为路人所知。复从天津商会王竹林借十万金，以为庆亲王奕劻寿礼，“人言藉藉，道路喧传。奕劻、载振等因为之蒙蔽朝廷，遂得署理黑龙江巡抚”，痛斥庆王父子“以亲贵之位，蒙倚畀之专，惟知广收赂遗，置时艰于不问，置大计于不顾，尤可谓无心肝”。奏折最后引入舆论，向清廷施压，“旬日以来，京师士大夫晤谈，未有不首先及段芝贵而交口鄙之者，若任其滥绾疆符，诚恐增大局之阽危，贻外人之讪笑”。[⑥] 不过赵折对袁世凯指摘并不明显，弹劾段芝贵时指出，“其人其才本不为袁世凯所重，徒以善于迎合，无微不

---

① 《自行在致岑尧阶观察》，《赵柏岩集》，广西人民出版社 2001 年版，第 1427 页。

② 《复岑云阶中丞》，《赵柏岩集》，第 1423 页。

③ 岑春煊：《乐斋漫笔》，第 32 页。

④ 《京高道来电》，光绪三十三年三月二十八日，中国历史研究院藏，张之洞档案，甲 182-444。

⑤ 岑春煊：《乐斋漫笔》，第 30 页。

⑥ 《掌江苏道监察御史赵启霖折》，光绪三十三年三月二十五日，中国第一历史档案馆藏，录副奏折，档号：03-5478-156。

至，虽袁世凯亦不能不为所蒙蔽”。看来此折指向极为具体，攻击对象就是庆王父子。

载振，字育周，奕劻长子，生于光绪二年。光绪二十七年，获贝子衔，以专使大臣身份前往英国，参加英王爱德华七世加冕典礼，并访问法国、比利时、美国，返程顺道访日本。回国后以游历所见，条陈振兴商务、扩张路矿、推广学堂，以开明亲贵形象获朝内外赞许，积累了政治资本。时正值清廷筹备设立商部，载振被任命为尚书，时年二十七岁。载振借奕劻枢垣权杖之威，扩充势力，时京中称商部有“小政府”之称，凡依附者，均有机遇擢升。如左丞徐世昌、唐绍仪、陈璧，不一年升侍郎；右丞杨士琦、唐文治升任商部侍郎，参议沈云沛任吏部侍郎，其余候补丞参、司员起家至高官者更多。朝野甚至有传言载振是皇统的后备人选，作为皇室远支本没有资格承继大统，风说却反映出振贝子声望很高。盛名之下，其实难副，二十几岁的贝子也不例外，王府为其架起了仕途的天梯，也随时承受着倾倒的风险。

载振与袁世凯通帖，后者借官制改革有所觊觎，政局动荡之际，言路轮番上阵参劾，依托商部骤然擢升的北洋一系官员，赫然成为攻击对象。光绪三十二年年底，日讲起居注官翰林院侍读马吉樟，奏参邮传部左侍郎唐绍仪揽权纳贿、植党营私、依附钻营，所保右丞陈昭常是唐同乡，在天津狎妓酗酒。参议施肇基为刚毕业的留学生，毫无阅历，不及数月，因系唐侄婿，升右参议。痛斥唐绍仪“持举关系全国最重之利权为卵翼，私人独专之垄断，朋比为奸，贻误实非浅鲜”[①]。此外，背靠于庆王府的大理寺少卿刘若曾被“三菱公司”的另一位核心成员江春霖弹劾。[②] 诸如此类，表明官制改革以来被言路冠以“庸臣”的庆王势力接连受到挑战。

---

① 《翰林院侍读马吉樟奏折》，光绪三十二年十二月十七日，中国第一历史档案馆藏，录副奏折，档号：03-5472-012。

② 《侍御奏参杨公使》，《申报》，光绪三十三年三月初八日（1907 年 4 月 20 日），第 4 版。《掌新疆道监察御史江春霖折》，光绪三十三年正月初四日，中国第一历史档案馆藏，录副奏折，档号：03-5475-003。

身为商部尚书的载振年轻气盛，位居高位，在本府的这场危机中首当其冲。载振本是纨绔子弟，性喜猎色，流连于花街柳巷。担任商部尚书后不久，即将歌妓召至东城余园，朋聚宴饮。时日俄两国军队正在龙兴之地东北开战，御史张元奇上疏参劾载振，谓其身为亲贵大臣，置国家危急于不顾，狎妓放纵，不恤人言，辜负皇恩。平日素好冶游，京城各娼寮无不知有“振大爷”者，恶名昭彰。[①]经此弹劾，载振备受朝野舆论压力，请求开去商部尚书之缺。旋奉旨，有则改之，无则加勉，遂逃过一劫。

此次赵启霖弹劾载振，事涉卖官鬻爵，牵连其父首席军机奕劻受贿案，物议沸腾，影响远超张元奇奏章。赵折上当日，清廷当即撤去段芝贵布政使衔，不再署理黑龙江巡抚职务，派醇亲王载沣、大学士孙家鼐勘查此案，“务期水落石出”。[②]向例亲贵被参，暗中查办留中不发，盖为优遇亲贵慎重事体起见。此次不按常规查案，应是与岑春煊入京后不断撼动庆王有着直接的关联。岑参庆王府触怒慈宫，“适赵侍御参折投隙递奏”“正为慈宫盛怒不可犯时，即行宣布，……终有著醇邸、孙相国切实查办之谕”。[③]内阁侍读学士润泰当天有事经过乾清宫，远远就听见“御音悲厉，盖几于垂涕泣而道之矣”。[④]言路见有机可乘，清廷查办的上谕下发，御史江春霖再次上折弹劾庆王府，称“奕劻七十寿辰，都下喧传收受礼物，骇人听闻者甚多，而京外各报，尤秉笔直书而不讳，不第署抚段芝贵一人、歌妓杨翠喜一事而已”，[⑤]将受贿案引向更为宽广的范畴，进一步坐实庆王父子罪行。火上浇油的弹章，触动了慈禧太后心绪，“慈

① 《掌江南道监察御史张元奇折》，光绪二十九年十月初一日，中国第一历史档案馆藏，录副奏折，档号：03-5425-010。

② 中国第一历史档案馆编：《光绪宣统两朝上谕档》第33册，第43页。

③ 《庆邸不见岑之原因》，《盛京时报》，光绪三十三年四月初七日（1907年5月19日），第2版。

④ 《载振纳妓杨翠喜案》，刘体智：《异辞录》，第201页。

⑤ 《掌新疆道监察御史江春霖折》，光绪三十三年三月二十九日，中国第一历史档案馆藏，录副奏折，档号：03-5478-181。

圣大哭”[①]“上颇为愁”[②]。

墙倒众人推，庆王府岌岌可危，诚如岑春煊入京后信誓旦旦所言，欲将其连根拔起。不过庆邸毕竟掌权枢垣多年，树大根深，朝中盘根错节，区区几封御史的“八卦”之词，还不足以动其根基，由所派调查大臣的态度即可看出。此次派载沣与孙家鼐查办此案，据《申报》揭露，“二十五日（即奉旨查办段芝贵参案之日）军机大臣退值后，庆王即回府邸，孙相国随传轿前往拜谒，闻得庆邸振贝子可保无恙”。[③] 作为调查此案的大臣，孙家鼐名列载沣之后，实为主稿者，老成持重，久值毓庆宫，于朝政知之颇悉，对于资历尚浅的载沣所言，“朝中政枋皆出自夫己氏父子，吾辈宗亲视同敝屣，言次颇有忧愤之色”，势必有所勘正。[④]

办案之初，载沣纠结于上谕中“水落石出”四字，唯恐查办不力，且“素不直庆振所为，此次查办不知如何措词弥缝”[⑤]，请教与庆王府私交不错的军机大臣世续，后者告知“此何事也，而可轻发语耶！王年幼，诸事宜诿诸寿州（孙家鼐）”。孙家鼐的基本判断是，“今日之事，惩治庆邸，圈禁其子，博舆论之欢欣鼓舞，故自易易。然庆邸，亲臣也，非常熟（翁同龢）比，无辞可令出京。遇年节吉日，递如意、蒙召见，与在位者同，甚或仍准内廷行走。而四格格朝夕在太后侧如故，项城在北洋如故，时时能为庆邸作卷土重来之计”[⑥]。言外之意，庆王优隆慈眷犹在，其势力与根基又不止于此，审时度势，敷衍了事为上策。

在此方针指引下，调查外紧内松，层层减码。先是载沣与孙家

---

① 《张委员来电》，光绪三十三年四月初三、四日，《近代史所藏清代名人稿本抄本》第 2 辑第 110 册，第 135 页。

② 《端方致上海樊时勋转郑孝胥电》，光绪三十三年四月初四日，中国第一历史档案馆藏，端方档案，档号：27-01-001-000124-0084-3。

③ 《日下近闻》，《申报》，光绪三十三年四月初四日（1907 年 5 月 15 日），第 3 版。

④ 《庆邸满盈》，《广益丛报》1907 年第 133 期。

⑤ 《京高道来电》，光绪三十三年三月二十八日，中国历史研究院藏，张之洞档案，甲 182-444。

⑥ 《载振纳妓杨翠喜案》，刘体智：《异辞录》，第 202 页。

鼐并未前往天津取证，仅派正红旗满洲参领恩志和内阁侍读润昌赴天津访查，这种低级别的人事配置安排，无疑定调就是将此案大事化小，小事化了。四月初五日，载沣、孙家鼐等将调查情况回奏："段芝贵实无向王竹林拨给十万金之事。"连同亲供各甘结及账目等项共十七件文书咨送军机处备查。[①] 办理此案前后共计十天，效率之高在清廷查办案件中是较为少见的，诸如上文提及的赵启霖弹劾吉林将军达桂，徐世昌用了半年时间方复命。不难想象，查办大臣对于此案应是早有定论，顺利交上一份奏陈，就算是结案了。即使认真查办，事发在袁世凯管辖的天津，必然对隐匿案情早有准备，很难有所突破。对此，袁世凯不无得意地告知端方，"赵疏全虚，不足为害，勿念"，对摆平此案信心十足。[②] 据说复查折上后，"军机召见某邸求宽赵。慈圣命各陈所见，世奏对含糊，瞿云宜存国体，林谓言路不可塞，卒命瞿拟旨"[③]，显见的是瞿、林对庆王府心存偏见，却无可奈何。

此案很快了结，下发上谕定案：前据御史赵启霖奏参新设疆臣夤缘亲贵一折，当经派令醇亲王载沣，大学士孙家鼐确查具奏，兹据奏称派员前往天津详细访查，现据查明杨翠喜实为王益孙即王锡瑛买作使女，现在家内服役。王竹林即王贤宾充商务局总办与段芝贵并无往来，实无借款十万金之事。调查账簿亦无此款。道议纷纷的庆王受贿案让军机首揆灰头土脸，但显然未伤筋骨。

本来这桩重臣受贿案随着上谕的下发告一段，不想上谕的文辞再次引起不小的波澜。上谕在结语中称：该御史于亲贵重臣名节所关并不详加访察，辄以毫无根据之词率行入奏，任意污蔑，实属咎有应得，赵启霖着即行革职以示惩儆。一番折腾之后，赵启霖作为

---

① 《醇亲王载沣、大学士孙家鼐折》，光绪三十三年四月初五日，中国第一历史档案馆藏，录副奏折，档号：03-7392-070。

② 《袁世凯致端方电》，光绪三十三年三月二十八日，中国第一历史档案馆藏，端方档案，档号：27-01-002-000252-0035。

③ 《京陈丞来电》，光绪三十三年四月十六日，中国历史研究院藏，张之洞档案，甲182-444。

此案公诉方变成了被告人。清廷显然不会与一个御史过不去，借此引向言路为代表的清议群体。称朝廷赏罚黜陟一秉大公，现当时事多艰，方冀博采群言，以通壅蔽，凡有言责诸臣于用人行政之得失，国计民生之利病，皆当剀切直陈，但不得摭拾浮词，淆乱观听，致启结党倾陷之渐，嗣后如有挟私参劾，肆意诬罔者一经查出，定予从重惩办。[①] 显然挟私参劾引发的结党倾陷为清廷不能容忍，拿赵启霖以示警。（有关清议的崛起与没落见第三章）

按照清朝律例，言官有权弹劾亲贵与百官，这个调查和处理结果难以服众，尤其是丢了颜面的言路群体。掌辽沈道监察御史“三菱公司”另一位成员赵炳麟上奏，称赵启霖弹劾亲贵遭革职恐塞言路，请朝廷宽容，对于调查结果并不认同，“段芝贵自署黑龙江巡抚以来，士夫之谈笑报纸之讥评久已传布天下，日本东京报纸亦纪其事……，如赵启霖之不顾处分者罢职而去，设立言官之谓何？将何以作其气耶，他日倘有权奸干国，贿赂公行者，谁复为之直言极谏耶”“恐言路闭塞，人心解散”。[②] 都察院总宪陆宝忠具折为赵启霖开脱，“御史原准风闻言事，即传闻失实亦宜曲示优容。查赵启霖平日学问颇优，声名尚好，憨直乃其本心，弹劾因之过当……其愚诚仍留言路，以作台谏敢言之气，而慰天下望治之心”[③]。赵炳麟与陆宝忠上奏并未收到成效。四月八日上谕下发：指出御史赵启霖污蔑亲贵重臣，既经查明失实，自应予以惩儆。台谏以言为职，有关心政治直言敢谏者，朝廷亦深嘉许，惟赏罚之权操之自上，岂能因臣下一请即予加恩。至所虑阻塞言路，前降御旨业已明白宣示，凡有言责诸臣务各殚诚献替，尽言无隐，以副朝廷孜孜求治之至意。[④]

清廷以高压手段阻塞庙堂之上的言路，但防民之口甚于防川，

① 中国第一历史档案馆编：《光绪宣统两朝上谕档》第33册，第49页。

② 《掌辽沈道监察御史赵炳麟折》，光绪三十三年四月初八日，中国第一历史档案馆藏，录副奏折，档号：03-5479-079。

③ 《都察院总宪陆宝忠折》，光绪三十三年四月初七日，中国第一历史档案馆藏，录副奏折，档号：03-5479-064。

④ 中国第一历史档案馆编：《光绪宣统两朝上谕档》第33册，第52页。

代表清议的报刊评论汹涌，一时“舆论哗然”[①]。载振知闯了大祸，调查上谕公布即请旨辞职，结果“准其开去御前大臣领侍卫内大臣、农工商部尚书等缺及一应差使以示曲体”。但同时留足了庆王府的颜面，“现在时事多艰，载振年富力强，正当力图报效，仍应随时留心政治”[②]，政治生命尚可延续，因此有袁世凯告端方，“育（载振）无大伤”之言[③]。但此次事件给奕劻足够的警示，加之此时岑春煊在京发难，行事愈加谨慎，“办事格外小心”“以免被人指摘，并命将每日所办公事无论巨细，是否议结一并清缮事宜单，逐日送邸以便详核”[④]。这自然也是对三月二十三日慈禧太后懿旨“因循敷衍”责难的重视。报界探查到军机大臣召见时，奕劻奏称年近古稀，精力衰退，所有各项要差诚恐不暇兼顾，方今庶政繁兴，国事艰难，拟请另简大员接办，以免贻误，慈禧太后温谕慰留。[⑤] 奕劻曾多次遭到弹劾，“稍作回翔，亦将乞退”[⑥] 是其惯用手段，与庆王长袖善舞的官僚主义相映衬的则是“懿亲中，多系少不更事”。[⑦]

年轻的小醇王参与审查此案，伴随庆王府的衰势，于载振被劾后，载沣入军机处学习行走，本年第二子溥杰出生，从醇王府择子立嗣的传闻于朝野多有流布。端绪与端方通电称，“皇上圣躬仍未大愈”“慈圣因醇邸近生子，已有两世子，传闻又有建储之意”。袁世凯亦称，“前因醇邸添子或疑及之，然将来必有此举”。[⑧] 宫闱秘事

---

① 《张委员来电》，光绪三十三年四月初九日（据青电推断），《近代史所藏清代名人稿本抄本》第 2 辑第 110 册，第 190 页。

② 《上谕》，《申报》，光绪三十三年四月初八日（1907 年 5 月 19 日），第 2 版。

③ 《袁世凯致端方电》，光绪三十三年四月十五日，中国第一历史档案馆藏，端方档案，档号：27-01-002-000172-0006。

④ 《日下近闻》，《申报》，光绪三十三年四月十九日（1907 年 5 月 30 日），第 3 版。

⑤ 《日下近闻》，《申报》，光绪三十三年四月二十二日（1907 年 6 月 2 日），第 3 版。

⑥ 《张委员来电》，光绪三十三年四月初九日（据青电推断），《近代史所藏清代名人稿本抄本》第 2 辑第 110 册，第 190 页。

⑦ 岑春煊：《乐斋漫笔》，第 31 页。

⑧ 《端绪致端方电》，光绪三十三年五月初五日，中国第一历史档案馆藏，端方档案，档号：27-01-002-000157-0003。《袁世凯致端方电》，光绪三十三年五月初八日，中国第一历史档案馆藏，端方档案，档号：27-01-002-000252-0015。

多无确据，但朝臣不会不体察到慈禧太后有意栽培载沣，以便委以重任之用心。对于庆王而言，来自皇室的挑战和制衡的感观愈发强烈，清议喋喋不休的訾议、子嗣纨绔任性，年已古稀的庆王发出了“我已老朽，行将告退，今醇王爷干练有才，不患继任无人矣”[①] 的感叹，言语中多有无奈。

言官不会就此罢休，此后轮番上阵条陈，折中有指摘枢臣疆吏劣迹者，有请裁皇室冗费者，有请认真整顿政务痛除私弊者，真可谓“一赵启霖革职矣，岂真有百赵启霖将接踵而起”[②]，本来松散的个体立言在咄咄逼人的政局演变中逐渐走向联合。都察院各科道因赵启霖革职特在松筠庵集议，议论商定此后不论何人得有何项消息，宜即通行报告，严密查访，如果得有确据，再行奏参。又各报揭载之事，相同者即先调查确实，再行参奏，以免徒自吃苦，[③] 其间的言路中人向心力愈发明显，奔向重臣门户，形成了北洋朋党外的另一重心。

清流因弹劾庆王被裁抑，促使甲午之后一度压抑的士林产生了凝聚力，并蔓延至朝中庆王与北洋一系的反对者。赵启霖革职后，各言官及同乡京官拟措集川资，令其先行出洋游历，俟回国后再作出山之计。赵则认为此次因公参劾亲贵以致革职，自问臣心如水，决不愿再登仕版，又何必出洋，言辞意颇坚决，多少有些心灰意冷。[④] 乘火车回湘途经汉口，清流出身的张之洞将其“邀至督署宴谈。时天暑，宾主接见，照例皆宽外褂朝珠。文襄直至就席斟酒后，始宽珠褂，以示特别尊礼之义”。主客之间凸显了清议底色士人的和鸣，外化于张对庆王之鄙夷。主稿张府的梁鼎芬赋诗称赞，“正气一歌光日月，大文三策贯天人。大难未可悲来日，正论还当继古人”[⑤]。上年官制改革期间，梁入京弹劾奕劻，对于同道中人赵启霖自然是格外敬重。

① 《日下近闻》，《申报》，光绪三十三年六月初八日（1907 年 7 月 17 日），第 3 版。
② 《日下近闻》，《申报》，光绪三十三年四月十九日（1907 年 5 月 30 日），第 3 版。
③ 《日下近闻》，《申报》，光绪三十三年四月十二日（1907 年 5 月 23 日），第 3 版。
④ 《日下近闻》，《申报》，光绪三十三年四月十九日（1907 年 5 月 30 日），第 3 版。
⑤ 施明、刘志盛整理：《赵瀞园集》，湖南出版社 1992 年版，第 336 页。

半个月后，赵启霖开复，湖南巡抚岑春蓂上折代其谢恩，亦有传言称岑春煊陛辞赴任，“请开复御史赵启霖原官以励谏臣”[①]，代表了岑氏昆仲的态度。反观端、袁则称，“松雪（赵启霖）如此惩戒，……但归太轻耳”。[②] 朋党与清议势必在庚子之后板荡的政局中碰撞。

第四节　端方、袁世凯之应对

1937 年《国闻周报》第 14 卷第 6 期刊发袁世凯致端方的一封亲笔密信，内容关涉丁未政潮的各种隐秘情事，被认为“是此次政潮最具体最实在的记录”[③]，史料价值弥足珍贵。历史学家沈云龙说：“此札可见丁未政潮之全貌，为极珍贵之史料，其布置之周密，设词之工巧，用心之狠辣，无怪瞿、岑非其敌手，即明察如慈禧，亦堕其彀中而不觉！”[④] 较早解读此信的人为汪诒年，他纂辑其兄长晚清著名报人汪康年传记，引用阐述了密信。[⑤] 汪诒年的贡献在于首次解释了信中隐语指代以及相关语句的内涵，“中多有隐语，非个中人不能理解”[⑥]。受条件限制，汪诒年的解读尚有商榷之处，如“举武进、郑、张，上均不以为然”，汪诒年判断“张”为张謇，实际“张”指张元济，现存军机处录副奏折为证。[⑦] 此外，汪诒年熟知历

---

① 《岑督陛辞之封奏》，《大同报（上海）》1907 年第 7 卷第 16 期。按：亦见张之洞眼线探报，“探闻西林前数日奏陈……又奏广开言路，重视政府，如张元奇、蒋式惺等均可重用，赵启霖宜速开复，太后曾面允开复语”。参见《京陈丞来电》，五月初五日，中国历史研究院藏，张之洞档案，甲 182-445。

② 《端方致袁世凯电》，朝年不详，中国第一历史档案馆藏，端方档案，档号：27-01-001-000157-0010。元代书画家赵孟頫号松雪道人，此处“松雪”代指赵启霖。

③ 刘厚生：《张謇传记》，第 147 页。

④ 沈云龙：《徐世昌评传》，台北：传记文学出版社 1979 年版，第 45 页。

⑤ 汪康年，字穰卿，晚清著名报人。丁未政潮期间，在京主办《京报》，作为军机大臣瞿鸿禨门生，与朝中要员接触较多，借助报刊层层眼线，熟悉政情内幕。

⑥ 汪诒年：《汪穰卿先生传记》，第 129 页。

⑦ 《四川总督岑春煊折》，光绪三十三年三月十八日，中国第一历史档案馆藏，录副奏折，档号：03-5478-174。

史内情，一些细节无须过多阐述，时人也能理解。时过境迁，不同的历史场境，对于此段历史有必要全面细致论述，今人者方能了解个中细节。

汪诒年后，与张謇有交谊的刘厚生撰写《张謇传记》，也对密信予以分析。因刘厚生与清末一些大员有所交往，他的一些解释本身就具有存史功能，正如作者在该书叙言中称，准备将“已故亲友之言行及其本人与当时政治社会文化有关之史料，分别写出以备遗忘”，写作目的之一为将公私著作中不易获得的史料，留下记录。[①] 刘厚生的解读比之汪诒年更为详尽，但也存有更多可商榷之处。首先，阐述事件发生的时间顺序有误。针对北洋一派坐实岑春煊与康有为、梁启超勾结，密谋推翻政府的证据，即笔记小说中提及的三人“合影照片”，[②] 刘厚生认为岑春煊在京期间，奕劻就出具了“照片”。显然，慈禧太后于此一时段还不能看到“照片”，否则不会任岑为两广总督。其次，历史是层层累积的，越往后内容越加丰富，汪诒年讲述瞿鸿禨、岑春煊欲重翻戊戌旧案，以慈禧太后归政之说并未有确语，仅说“颇显然矣”。至刘厚生撰写此段史事，已具备了完整的故事情节，在未有确切的史料支撑情况下，这些细节往往不够准确。

这封密信自揭橥报刊之日起，就引起世人足够的重视。即便如此，由于政争多是暗箱操作，一些内情并不为外人知晓，后人如不借助其他材料，很难理解其中关节。一些古人耳熟能详、广为众晓的常识，反而变得模糊陌生。加之笔记小说捕风捉影，多推论猜测，

---

① 刘厚生：《张謇传记》，第1页。张謇作为江南士绅的活跃人物，端方督江期间与其有所交际。岑春煊在上海期间，多方插手两江政务，端方与张氏针对一些事务谈及岑氏，端、岑之交际张謇应有所察觉，兹有密电一封可证，“复张殿撰季直仁兄大人阁下，先后奉函均经电□计早澈览，导淮疏酌增一条，足资依据，甚佩甚佩。贷款一节，鄙意仍以朝议允准，再行举办为宜，此事关系重大，度支能允，西林或不我扼也。西林勤劳致疾，昨接来电闻已小愈，深慰所念，晤时尚祈致意。衡甫尚未来宁，另牋所言，敬当留意。俟公函到时，容再酌奉复，此请台安”。《端方致张謇函》，朝年不详，中国第一历史档案馆藏，端方档案，档号：27-02-000-000165-0014。

② 《假照片计陷岑春煊》，刘禺生：《世载堂杂忆》，第124页；《袁世凯谋倾岑云阶》，胡思敬：《国闻备乘》，第102页。

更增加了认知此段历史的复杂性。即使熟悉政局之人，对于密信解读与推测同样未必准确，诸多内容尚待澄清。深入阐述此封密信，了解其中内情，非有当事人史料不可，中国第一历史档案馆藏端方档案，保存袁世凯、端方政潮期间的往来电函，为当事人的一手资料，学界鲜有利用。这些电函谈论时局与因应之策，可以作为此封密信最有力的注解，借助这些已刊和未刊史料，对于此封密信予以重新考释，就能够厘清袁、端的反击策略。

一　政潮前端袁交谊

端方与袁世凯分任南、北洋大臣，一满一汉，渐成盟友是庚子之后政局演变的产物。在此之前的戊戌时期，端方在京农工商总局，袁世凯同样参与革新，两人是否交际不得而知，未见相关记述。庚子之乱，两宫驻西安，端方曾短暂护理陕西巡抚，控制全国各地进入行在的信息，与山东巡抚袁世凯会有交集，应是公务往来。此后，双方均任地方大员，交流多在工作层面。光绪二十八年，袁世凯曾赴湖北考察，端方作为巡抚予以接待，此为二人密切交往之始。查阅端方档案与《袁世凯全集》，此后举凡军工、捐款、政情、筹饷、请托诸事，双方电报交际频仍，政务上多有配合。直隶需湖北所造军械，端方尽力满足；光绪二十八年、二十九年，端、袁围绕北洋军的军械供应电文频仍不断，业务的往来拉近了双方的关系，进而延伸至公务范畴之外的个人私谊，电报之外不乏信函，称谓也由“午桥仁兄大人阁下”转换为“午桥四弟大人阁下”，端、袁通帖，交谊日笃。

光绪三十年，日俄战争爆发，直隶作为京畿门户，扼守山海关口，战略位置十分重要，袁世凯将战争情报向内地各省督抚传送，当然也包括端方。三月十六日，袁致电端称防务日紧，乞饬汉关将本年淮饷速筹解天津银钱所。十天后，江汉关承解四万两到天津。[①]

① 《袁世凯致端方电》，光绪三十年三月二十六日，中国第一历史档案馆藏，端方档案，档号：27-01-002-000110-0078。

庚子之乱后，内忧外患下地方外债与内务压力很大，十天之内筹解四万两，解决直隶兵饷燃眉之急，实属不易。此间端写给袁的一封信函折射二人因公而私的交谊：

> 贵治北洋淮军饷项，向以敝省江汉关协拨为大宗，近年因摊拨各款太多，未克如期筹解，极为歉悚。承示自上年津郡沦陷以来，司局库储一无所有，本年顺直捐款挪移殆尽，自是实在情形。畿辅重地，又值兵燹之后，自与各省缓急不同。已与香帅（张之洞）筹商，饬令江汉关道先其所急，速将淮饷竭力通筹，从速拨解，以报公命。①

权势下移的晚清政局，中央对于地方财权的控制愈发松弛，所谓协饷多是一纸空言，地方督抚之间掣肘者居多，互相提携、解燃眉之急并不多见。端方以江汉关协饷解淮饷困局“以报公命”，足以说明端方有意倒向袁世凯北洋一系，便于寻求庇护，有益于仕途升转。在变动频仍的政局中，端方曾致电袁，“此事（端调东三省）万一议及鄙人，务望力为摆脱，曲成之德，铭之永永。方南来经年，情形渐悉。虽财力穷困，物论尤杂，尚可勉任其难。若辽沈事势则自知断断不能胜任，公相知最深，相爱最挚，故敢贡其真忱，惟乞随时留意为幸”②。对端而言，联合袁氏有利于稳固已位，于袁而言施行北洋下南洋的战略利好，借助端方的势力，渗入参与直隶之外的地方事务，双方各有所需。

端方与袁世凯结盟源于丙午官制改革。光绪三十二年，端方出洋考察归国，在立宪改革方案上与袁世凯政见趋于一致。袁世凯主张责任内阁，力挺奕劻担任内阁总理大臣，掌行政全权，许

---

① 《端方致袁世凯信草底》，十一月二十九日，中国第一历史档案馆藏，端方档案，档号：27-02-000-000019-0005。

② 《端方致袁世凯电》，朝年不详，中国第一历史档案馆藏，端方档案，档号：27-01-001-000157-0031。

诸端方为内阁副总理。虽然清廷并未采纳袁、端建议，袁世凯还被消除兼差，剥夺了北洋六镇中四镇的兵权，但端方与袁世凯因官制改革互为盟友，交谊益固。其后，反对袁世凯改制方案的幕后推手瞿鸿禨，引广西巡抚林绍年入军机为其帮手，又借岑春煊进京之机，推波助澜，北洋集团与瞿鸿禨、岑春煊等人的矛盾愈加激烈。

岑春煊入京后，对北洋集团频频发难，袁世凯惴惴不安，接连向端方致电，而本章议及的密信也就在这个时间段发出。袁、端密电多谈及岑春煊的举措、北洋的防御反击策略、人事动向、派系纷争等内情，可证二人关系非同一般。兹罗列几条如下：三月十八日，袁世凯知会端方岑春煊已到京，两宫召见。奕劻不知内情如何，可见能力不足，又无可奈何。三月二十日，告知岑春煊连续三次被召见，参劾众人。三月二十一日，急电传告岑春煊任邮传部尚书。三月二十二日，密电告岑春煊参劾外务部、学部、陆军部及南北洋大臣，“天下自此多事”。三月二十五日，告知慈禧太后一再责备诸枢，人心惶惶，大局可虑。三月二十八日，电告赵启霖弹劾载振奏折，内容全虚，不足为害。同日，称近两日政情有所好转。四月初五日，告知拟商徐世昌设法为郑孝胥谋缺。四月初六日，告知推荐郑孝胥一事不能唐突上奏，应外保再酌情办理。四月十七日，告知岑春煊任两广总督。[①] 从这些电报也可以大略看出，岑春煊入京后，北洋一系经历了危机到化解危机，并进行反击获胜的过程。

岑春煊被排挤，出任两广总督后两天，四月十九日，袁世凯将一封亲笔密信，托人带到两江。当时端、袁有密电本，却采取密信的方式，惟恐电报泄露机密，信函的隐秘性与重要性不言而喻。

① 参见端方档案来电卷 252（袁世凯来电卷），本文引用时间自光绪三十三年三月十八日至四月十七日部分函电。

二　从密札看袁、端的应对

自《国闻周报》将密信发之报端，该信流传甚广，收录到不同的文献中，文字未有出入，本文引用据《袁世凯全集》所刊。① 密信共计五百余字，分八小节。

> （一）午桥四弟大人阁下：上中两旬间奉读三月二十五日、四月初八日并抄件两次惠函，拜聆种切。大谋此来，有某枢暗许引进，预为布置台谏。大谋发端，群伏回应，大老被困，情形甚险。

抬头袁世凯称端方为四弟，二人有金兰之谊，“午桥”为端方的字，在家族兄弟辈中排行第四，从称谓中显见交际紧密。信中所说三月二十五日、四月八日端方所发相关密电或信件，查阅端方档案及《袁世凯全集》等文献档案，并未有相关记录，此中大有可能议论政局情事。②

第二句与第三局多用隐语。“大谋”指岑春煊。三月十八日，岑春煊入京第三日，端方致电袁世凯称：“北来蓄志已久，……此子智小谋大，怨家太多，诚如公言，终无能为也。”③ 讽刺岑春煊“智小谋大”。三月二十八日，袁世凯致端方密电，称岑“举武进不称旨，谋大才小，此之谓乎。”“大谋”由“谋大”而来，暗指岑春煊谋求入枢，讥讽其志大才疏。④

“某枢”，暗指军机大臣瞿鸿禨。时军机大臣有奕劻、瞿鸿禨、

---

① 《致两江总督端方函》，光绪三十三年四月十九日，骆宝善、刘路生主编：《袁世凯全集》第16册，第176页。该书标注此信来源于《国闻周报》。

② 端方为官期间往来电文，曾短暂流入市井，散佚不少。中国第一历史档案馆存有一些残件，并不对外开放查阅。受此局限，端、袁政潮之中电文反映的政情内幕还有继续探索的空间。

③ 《端方致袁世凯电》，光绪三十三年三月十八日，中国第一历史档案馆藏，端方档案，档号：27-01-001-000156-0006。电文未注朝年，根据文中“巧”电推断。

④ 《袁世凯致端方电》，光绪三十三年三月二十八日，中国第一历史档案馆藏，端方档案，档号：27-01-002-000252-0036。

世续、林绍年。三月二十七日，大理寺卿刘仲鲁致端方密电，称岑春煊大乱政界“内倚双目”，“双目”当是瞿鸿禨“瞿”字的代称。[①]故此处“某枢”暗指瞿鸿禨。

“大老”，指领衔军机大臣、庆亲王奕劻。朝中有资历、有声望被袁世凯称为“大老”者，首席军机大臣奕劻无疑具备资格。此一时段，御史轮番攻击弹劾奕劻、载振父子，同样符合“大老被困”的情境。

“预为布置台谏”“群伏回应”，指的是瞿鸿禨、岑春煊早已秘密布局，言官群起发难。御史江春霖上奏弹劾奕劻借办寿之机，收受巨款，贪鄙成性。报人汪康年撰文《庆亲王七十生辰蒙特别赐寿恭记》，称辽东疮痍、江皖饥馑、上海租界抢劫、萍乡动乱、黔贵匪起，国不安宁，庆王应“踧踖忸怩而不自安”[②]，讥讽奕劻借生辰敛财，不顾民生多艰。御史赵启霖上奏，称庆王之子农工商部尚书载振因段芝贵进献戏子杨翠喜，为段谋取黑龙江巡抚一职。江春霖再上折斥责奕劻父子“威权日盛，势倾中外”[③]。据张之洞在京眼线张寿龄密告，江春霖奏折触动慈禧太后，“江春霖严劾庆父子，慈圣大哭”[④]。台谏争相上奏，因此密信中有“大老被困，情形甚险”之语。慈禧太后命醇亲王载沣、大学士孙家鼐查办载振案，奕劻父子形势危急。

“预为布置台谏”还包含言官弹劾北洋集团之意。翰林院侍读学士马吉樟参奏邮传部尚书张百熙、侍郎唐绍仪，张为袁世凯亲家，唐“乃袁世凯之密友，为袁督所护庇之人”[⑤]。岑春煊入京后，独对

---

① 《刘仲鲁致端方电》，光绪三十三年三月二十七日，中国第一历史档案馆藏，端方档案，档号：27-01-002-000172-0024。

② 《庆亲王七十生辰蒙特别赐寿恭记》，《京报》，光绪三十三年二月二十九日（1907年4月11日）。

③ 《掌新疆道监察御史江春霖折》，光绪三十三年三月二十九日，中国第一历史档案馆藏，录副奏折，档号03-5478-181。

④ 《张委员来电》，光绪三十三年四月初三、四日，虞和平主编：《近代史所藏清代名人稿本抄本》第2辑第110册，第135页。

⑤ 《西报访事评议唐侍郎去就之关系》，《申报》，光绪三十三年正月初四日（1907年2月16日），第10版。

两宫，再次弹劾唐绍仪，三月二十一日，袁世凯密告端方，“面劾诸人，以唐为尤”[①]。岑春煊弹劾唐绍仪，为报复上年唐氏上折参其经营粤汉铁路过失。同时也是为了声援台谏，剪除北洋集团羽翼，实为一箭多雕之举。

结合当时朝中政情，此段是说瞿鸿禨援引岑春煊入京，联合御史参奏奕劻父子，局势十分凶险。对此，刘仲鲁曾致电端方，判断政局形势，认为岑春煊“大乱政界，闻渠外联香、杏、清、吉，内倚双目。……二赵日趋岑门”[②]。“香、杏、清、吉”分别代指湖广总督张之洞（字香涛），原邮传部尚书盛宣怀（字杏荪），云贵总督锡良（字清弼），陕甘总督升允（字吉甫），“双目”上文提及指瞿鸿禨。“二赵”指御史赵炳麟、赵启霖。这也是密信中言及的“群伏回应”的内涵。不过，囿于史料所限，岑与各地方督抚的串联还不清楚。虽然岑春煊进京后一度势头很猛，且深得两宫崇信，但袁世凯判断，“日内情形揣度推翻恐做不到，西行或者可免”,[③] 指出岑将中枢推倒重建不可能，留京而不赴四川总督是有可能的。

（二）幸大老平时厚道，颇得多助，得出此内外夹攻之厄。伯轩、菊人甚出力，上怒乃解。而联合防堵，果泉亦有力焉。

“大老平时厚道，颇得多助”，是说奕劻渡过此劫，是因得到了众人的支助，“多助”之人包括伯轩、菊人、果泉。

“伯轩”指军机大臣世续，字伯轩，隶内务府满洲正黄旗。光绪三十年，世续以吏部尚书协办大学士，寻授体仁阁大学士。光绪三十二年，命为军机大臣。世续与奕劻在八国联军占领京师期间，同

① 《袁世凯致端方电》，光绪三十三年三月二十一日，中国第一历史档案馆藏，端方档案，档号：27-01-002-000252-0040。

② 《刘仲鲁致端方电》，光绪三十三年三月二十七日，中国第一历史档案馆藏，端方档案，档号：27-01-002-000172-0024。

③ 《袁世凯致端方电》，光绪三十三年三月二十一日，中国第一历史档案馆藏，端方档案，档号：27-01-002-000252-0040。

为在京留守大臣，患难之交。此次奕劻遇难，世续予以助力。清人笔记则记述道："时长白世伯轩相国，在满人中素著忠悃，而与庆近。且都中舆论，以为袁绌而岑用，一也。徒苦老庆，于满人无利。适慈圣往淀园，过万寿寺，稍憩，召世相独对，世相殊不为左右袒，微露庆、岑夙有嫌怨，慈意稍为之解。"①

"菊人"，指东三省总督徐世昌，号菊人，为袁世凯得力助手。先后担任商部左丞，大学士、练兵处大臣。光绪三十一年，入军机，为北洋集团的重要成员。世续与徐世昌"出力"使奕劻解围，应是助其化解了台谏弹劾。

"果泉"，指新授察哈尔都统诚勋，字果泉。诚勋原为江宁将军，光绪三十三年正月被任命为察哈尔都统，二月间遵旨入都觐见，据其到任后谢恩折，"入都仰蒙召见两次"②。诚勋委蛇奕劻，在京期间曾请托庄王父子，为其长子耆龄转补农工商部左丞。③ 诚勋在江宁任职，正在两江辖区，与端方交好，接触频繁。此次入京独对，有可能提及岑春煊在上海资助筹备立宪公会，任用维新党狄楚青、麦孟华等人，诚勋在"联合防堵中"的贡献或许正在此。光绪三十三年九月，耆龄再恩赏二品衔，自然是奕劻与北洋对诚勋立功的奖励。④

"得出此内外夹攻之厄"，指此波针对奕劻与北洋攻势的结果。御史轮番参劾，形势对奕劻不利，却未能撼动其位置。御史赵启霖弹劾载振押妓，朝廷派载沣、孙家鼐确查，结果以"御史赵启霖污蔑亲贵重臣，既经查明失实，自应予以惩儆"⑤，建议将其革职。报界对于调查结果不满，"赵侍御罢职之命下，舆论哗然，

① 《载振纳妓杨翠喜案》，刘体智：《异辞录》，第201页。

② 《察哈尔都统诚勋折》，光绪三十三年四月二十八日，中国第一历史档案馆藏，朱批奏折，档号：04-01-16-0293-079。

③ 《察哈尔都统诚勋折》，光绪三十三年二月初一日，中国第一历史档案馆藏，录副奏折，档号：03-5477-055。

④ 《察哈尔都统诚勋折》，光绪三十三年九月十八日，中国第一历史档案馆藏，朱批奏折，档号：04-01-16-0295-075。

⑤ 中国第一历史档案馆编：《光绪宣统两朝上谕档》第33册，第52页。

各御史拟联名奏参"[1]。江春霖再上奏，请严饬彻查载振案，结果折上留中不发。碍于舆论压力，载振奏请开缺获准，上谕称"时事多艰，载振年富力强，正当力图报效，仍应随时留心政治，以资驱策，有厚望焉"，留了十足的颜面，为其复出做好了铺垫。[2] 慈禧太后依然对庆亲王父子保持信任。

（三）十六日大老独对，始定议遣出。上先拟遣，次日即发表。

这句是讲奕劻开始反击，将岑春煊外放两广。为渡过危机，奕劻在四月十四日前，连续三次独对，夺回主动，岑春煊则帘眷渐衰。张之洞眼线张寿龄告知，"西林（岑春煊）慈眷顿减，邮部两次值日均未召见，庆（奕劻）则独对三次，闻仍将外用"。[3] 至四月十五日，袁世凯告知端方，奕劻之围已化解，载振也未受到太大冲击，岑春煊猛烈攻势未能伤到奕劻及北洋筋骨，"承泽（奕劻）已稳，育（载振）无大伤"[4]。从而有密信所提及的"大老独对"，岑春煊"始定议遣出"[5]。四月十七日，袁世凯电告端方，"岑仍回粤"[6]。

奕劻独对了什么？最终打动了慈禧太后，将岑氏这个政敌外放。时隔多年，岑春煊认为自己离京出任两广总督，完全是奕劻、袁世凯有意陷害，"会广东急奏请兵，而庆、袁之计行矣。先是钦州土毫（豪）刘思裕，聚众劫掠，本粤中常事。袁世凯闻之，亟电粤督周

① 《张委员来电》，光绪三十三年四月初九日（据青电推断），虞和平主编：《近代史所藏清代名人稿本抄本》第2辑第110册，第190页。

② 中国第一历史档案馆编：《光绪宣统两朝上谕档》第33册，第50页。

③ 《张委员来电》，光绪三十三年四月十四日，虞和平主编：《近代史所藏清代名人稿本抄本》第2辑第110册，第216页。

④ 《袁世凯致端方电》，光绪三十三年四月十五日，中国第一历史档案馆藏，端方档案，档号：27-01-002-000172-0006。

⑤ 汪诒年：《汪穰卿先生传记》，第129页。

⑥ 《袁世凯致端方电》，光绪三十三年四月十七日，中国第一历史档案馆藏，端方档案，档号：27-01-002-000252-0006。

馥，令张大其词。太后鉴于桂匪前时扰乱，深以南服为忧，谋帅于枢近。遂请以余再督两广，并促迅赴新任”。[①] 奕劻独对应该说了两广匪患的事，用意排岑。端方发给云贵总督锡良的电报提及此事，“西林挑闼入都，既得邮传意仍怏怏，昨日廉钦潮匪□，遂再被督粤之命，岭南本非所乐，或终须别作计□耳”[②]。此前，周馥四月十五日向朝中发电，叙述了广东匪患之乱，是一封长电，内容涉及岑氏所说的钦州刘思裕叛乱的事。[③] 不过，此电时间较庆王独对晚了一天，至四月十四日，庆王已经独对了三次，岑则两次值日未见。时广东之乱朝野内外人尽皆知，至少四月十三日，周馥还致电端方，称孙文要从苏门答腊来，伙同当地土匪起事。[④] 庆王独对时说广东匪乱严重，非岑氏不可，为了增加奕劻话语的分量，才有了周馥立即上的长电，用以强调广东匪患之烈。

岑春煊在京期间参劾了周馥，无意间起到了助攻的作用。正如报界所言，周馥罢职实是被政府排挤所出，清廷去周非恶周，只是为了寻找一地为岑。[⑤] 简言之，岑春煊弹劾周馥，正中奕劻计，周去职由岑补缺，正出自同一道上谕。袁世凯对此不无得意，发电告知端方“周内召，岑仍回粤”。为了进一步说明，几个小时内再致一电称“周系开缺，另简”[⑥]，正是说明周馥并非被岑弹劾，职位变动而

---

① 岑春煊：《乐斋漫笔》，第 33 页。

② 《端方致锡良电》，光绪三十三年四月十九日，中国第一历史档案馆藏，端方档案，档号：27-01-001-000112-0058。档案未见锡良参与丁未政争，但从端方致电口气来看，似乎锡良对岑亦不满。

③ 《两广总督周馥为钦州股众倡乱事》，光绪三十三年四月十五日，电报档，档号：2-04-12-033-0394。

④ 《周馥致端方等电》，光绪三十三年四月十三日，中国第一历史档案馆藏，端方档案，档号：27-01-002-000155-0294。

⑤ 《日下近闻》，《申报》，光绪三十三年四月二十九日（1907 年 6 月 9 日），第 3 版。《专电》，《申报》，光绪三十三年四月十九日（1907 年 5 月 30 日），第 3 版。不过晚清以来报纸为博人眼球、捕风捉影之事甚多，《申报》6 月 3 日发文，曾称瞿鸿禨探得袁、岑有联络之意，异常惊慌，恐军机大臣被夺，因此向慈禧太后建言岑系剿匪熟手，疆臣中未能及者，因此有岑再任两广之命。参见《日下近闻》，《申报》，光绪三十三年四月二十三日（1907 年 6 月 3 日），第 3 版。

⑥ 《袁世凯致端方电》，光绪三十三年四月十七日，中国第一历史档案馆藏，端方档案，档号：27-01-002-000252-0032。《致两江总督端方电》，光绪三十三年四月十七日，《袁世凯全集》第 16 册，第 165 页。

已。四月二十七日，岑还在京延宕不走，端方给周馥去电，称“荩画周密至佩，匪势穷□，想不难立就□清，近中情形仍希示及”。[①]所谓“荩画周密至佩”应是对周馥逼岑出京，从中出力表示夸赞。

> （四）公举苏龛本意，大老亦在上前说明，颇以为然。但大谋既去位置，苏、公必将又松一步。为苏计，大可趁此北来，在部浮沉数月，明此心迹，为将来大用地步。

“苏龛”指郑孝胥。岑春煊入京第二天，即保举了郑孝胥，援引进京作为助手。郑孝胥为岑春煊第一幕府，时誉“卧龙”先生，入京势必成为岑附翼。端方得知岑保郑为邮传部丞参，即发电催促袁世凯干预此事，“鄙意苏龛（郑孝胥）大材，亦断不可为西林（岑春煊）有，既使彼有所展布，亦免为谋附翼，不害能办到否”？[②] 郑孝胥的发迹与岑春煊的信任和提拔有密切联系，原本二人交谊深固。端方向袁世凯建议，安徽按察使世善病逝，运作此三品实缺的臬司，对于非实职的道员郑孝胥更具吸引力。[③] 在岑春煊保举六天后，端方向朝廷上奏称“将候补四品京堂郑孝胥破格擢用，于大局实有裨益”[④]，为郑任职安徽臬司做铺垫。

“大老亦在上前说明，颇以为然”，是说以端方和袁世凯还不足以解决郑孝胥的出路，此事得到了奕劻的助力。

此节后两句是袁世凯对于郑孝胥是否入京的看法。岑春煊四月十七日被排挤出京，在袁世凯看来岑春煊已出局，故郑孝胥是否入京都与大局无关，反而是到京历练，积累政绩，对于仕途更有

---

① 《端方致周馥电》，光绪三十三年四月二十七日，中国第一历史档案馆藏，端方档案，档号：27-01-001-000112-0106。

② 《端方致袁世凯电》，光绪三十三年四月初一日，端方档案，档号：27-01-001-000156-0010。

③ 《端方致袁世凯电》，光绪三十三年四月初二日，中国第一历史档案馆藏，端方档案，档号：27-01-001-000156-0020。

④ 《端方保举郑孝胥折》，光绪三十三年四月初五日，中国第一历史档案馆藏，录副奏折，档号：03-5480-008。

帮助，因此有“可趁此北来，在部浮沉数月，明此心迹，为将来大用地步”之语。而端方与郑孝胥的关系伴随岑春煊的失势，自然“又松一步”。四月二十二日，郑孝胥为皖臬谕旨下发，终如端方所愿。[①]

（五）大谋不肯去，十六日亦曾议及，当有对待之术继之。伊眷渐轻，势大衰，无能为矣，不如不来为愈也。举武进、郑、张，上均不以为然，人得借口谓其推翻大老，排斥北洋，为归政计，因而大中伤。

“大谋不肯去”，指调任两广总督，非岑春煊所愿，上奏请收回成命未准。四月十六日上谕，称广东地方紧要，土匪滋事，两广总督周馥恐难胜任，岑春煊毋得再行固辞。同日奉上谕，邮传部尚书着陈璧补授，岑路已堵。袁世凯据此判断岑春煊“伊眷渐轻，势大衰，无能为矣”，不如不进京了，暗中嘲讽。岑春煊离开京城之前，“又密疏劾邸枢甚烈，上颇动，不日恐有变局”[②]。这是袁世凯不能够放心的，“当有对待之术继之”。后端方暗中调查岑春煊结交康有为、梁启超，致其去职，当为“对待之术”（详见本书第四章）。

“举武进、郑、张，上均不以为然”，分别指岑春煊保举盛宣怀、郑孝胥、张元济，未获朝廷赏识。郑孝胥事下文述及（参见本书第四章），早年曾参与戊戌维新。袁世凯曾告知端方，“苏曾有疑案，恐人得藉口，未必有益于西林耳”。[③]

盛宣怀在沪与岑春煊有过接触，岑春煊入京大力参劾邮传部侍郎朱宝奎等人，即与盛的推动有莫大关系。袁世凯对此有所察觉，

---

① 关于丁未政潮之际的郑孝胥际遇，参见本书第四章第二节。

② 《袁世凯致端方电》，光绪三十三年五月初六日，中国第一历史档案馆藏，端方档案，档号：27-01-002-000252-0018。

③ 《袁世凯致端方电》，光绪三十三年四月十六日，中国第一历史档案馆藏，端方档案，档号：27-01-002-000172-0007。

曾致电端方，称“举武进（盛宣怀）不称旨”[①]，“武进所献，十九已面陈。上询告枢，均驳之，恐难实行”[②]。袁世凯对盛宣怀一直存有戒心。

张元济，字菊生，光绪十八年进士，总理衙门章京，维新干将。岑春煊入京第二天即上奏保举了张元济与郑孝胥。[③]

“人得借口谓其推翻大老，排斥北洋，为归政计，因而大中伤”，是岑春煊去职的原因。岑春煊保举的盛宣怀、张元济、郑孝胥，在戊戌变法中比较活跃。三人经历被奕劻、袁世凯利用，奕劻独对谓岑春煊推荐戊戌旧臣，打压宗室，最终为慈禧太后“归政计”，此“最为孝钦（慈禧）所惊心动魄者”[④]。岑春煊出京后，滞留沪上，端方曾致电袁世凯，称“康（有为）、梁（启超）到沪踪迹及与伊（岑春煊）秘密各情，经方迭次派员密探，并派李道葆恂藉候伊病为名，随时侦查。该道在沪将及半月，一切情形访察尤悉”，“兹拟派李道谒公，觌陈委曲并令谒邸（奕劻）密陈如何办理，仍望公为主持”[⑤]。李葆恂与袁世凯、奕劻的密谋，即运作恽毓鼎弹劾岑春煊结交康、梁，终致岑去职。（详见本书第四章）

（六）武进供给，亦有人言及，恐从此黄鹤一去矣。兄久有去志，甚愿大谋或武进来代，但大局攸关，受国厚恩，何敢任其败坏也。

刘厚生在《张謇传记》里指出，“此句颇费解，今姑为之注释

① 《袁世凯致端方电》，光绪三十三年三月二十八日，中国第一历史档案馆藏，端方档案，档号：27-01-002-000252-0036。

② 《致两江总督端方电》，光绪三十三年三月二十三日，骆宝善、刘路生主编：《袁世凯全集》第16册，第91页。

③ 《四川总督岑春煊折》，光绪三十三年三月十八日，中国第一历史档案馆藏，录副奏折，档号：03-5478-174。

④ 汪诒年：《汪穰卿先生传记》，第129页。

⑤ 《端方致袁世凯电》，光绪三十三年六月十六日，中国第一历史档案馆藏，端方档案，档号：27-01-001-000157-0061。

如下：'武进供给'四个字，当然是根据端方所报告。我的推测，端方报告中曾说：'春煊在上海受盛宣怀之怂恿，令春煊晋京，恳求太后在北京当差，在京一切费用，由宣怀供给，其数目为每年十万两云云。'所谓'黄鹤一去'，可能是袁世凯嘲笑宣怀之词。世凯知宣怀虽甚富有，但性实悭吝。世凯所引用的古典，大概是'腰缠十万贯，骑鹤上扬州'诗句。世凯若曰：'岑春煊失脚撵出北京之后这个克吝鬼盛宣怀允许的十万贯，可以省掉了。'"[①] 刘厚生认为"黄鹤"代指盛宣怀。据袁世凯四月十五日发给端方的电报来看，"黄鹤"应指岑春煊，电文称"初八函件悉。承泽已稳，育无大伤，黄鹤无望，高（子益）、曾来未与深谈，荐疏极切实"[②]。电文中"承泽"指奕劻，"育"为载振的字"育周"简称，"黄鹤"应是人名的代称，暗指政局旋涡中的对手。四月十四日之前，奕劻独对三次，应确定岑春煊出京，但没有发布上谕，所以"恐从此黄鹤一去"，是说岑春煊出京了，有可能不再被重用，所以说"一去矣"。另，李伯元《南亭笔记》中记述了这样一则故事：张之洞赴京陛见，僚属在黄鹤楼设筵公饯，梁鼎芬独设酌伯牙台。张与之计议，谓："若不到黄鹤楼，却不过众人情面。若不到伯牙台，人家都道我扫你的脸，这可怎么办呢?"梁曰："宫保，黄鹤楼万不可到的。崔颢诗云：'黄鹤一去不复返'，他们是咒宫保不能回任。"张之洞爽然若失，乃命驾至伯牙台。[③] 这则典故或可例证，"黄鹤一去矣"暗讽岑春煊，从此不能回京。

第二句袁氏自称让岑春煊和盛宣怀来代替他，属自谦之语，尤其袁与盛为死敌，盛宣怀苦心经营的诸多业务，在李鸿章病逝后，渐被北洋集团蚕食。

---

① 刘厚生：《张謇传记》，第 145 页。

② 《袁世凯致端方电》，光绪三十三年四月十五日，中国第一历史档案馆藏，端方档案，档号：27-01-002-000172-0006。

③ 《梁鼎芬巧簧摇舌》，李伯元：《南亭笔记》，山西古籍出版社 1999 年版，第 306—307 页。

（七）育公始颇受疑，此次全开差缺，由于某枢要弄，现已释然。默揣情形，大老决不能动，同班中或不甚稳耳。人心太险，真可怕也。大老心地厚道，事理明白，阅历深久，声望远着，如推翻之，何人替代，当今实无第二。

此节是袁世凯对本集团未来局势的分析和阐述。

首句“育公始颇受疑，此次全开差缺，由于某枢要弄，现已释然”，“育公”指载振，“某枢”为瞿鸿禨。袁世凯判断载振开缺，受朝廷质疑，完全是出于瞿鸿禨鼓动台谏，暗中怂恿。

“大老决不能动，同班中或不甚稳耳”，应如汪诒年解释“微示鸿禨将去矣”[①]。本年五月，北洋集团运作恽毓鼎弹劾瞿鸿禨，致其去职，果然“不甚稳耳”。除了瞿鸿禨，军机中不稳的还有林绍年，“善化既出，林亦难久居枢要”[②]。岑春煊被外放两广第二日，林绍年授度支部右侍郎，上谕毋庸到任，仍值枢垣。以军机大臣出为卿贰，显为左降。据称，赵启霖因参案获遣时，林大军机曾力争，“见尤于某邸，遂萌退志”，[③] 更有风言称，“林邸两次冲突，故奏辞要差”，林与庆不睦。[④] 丁未五月，徐锡麟刺杀安徽巡抚恩铭，奕劻欲请林绍年代恩铭，军机大臣世续认为“遽出枢臣为巡抚，恐南人震惊，新党互相猜疑，激成大变”，林得以留在枢垣。[⑤] 袁世凯告知端方，“赞（林绍年）早有出枢象，皖缺已议及”[⑥]，也印证了林出任安徽抚台的传闻。此后不久，河南巡抚出缺，着林绍年补，成为继瞿鸿禨去职后，第二位被排挤出局的汉人军机。

① 汪诒年：《汪穰卿先生传记》，第 129 页。

② 《京高道来电》，五月初七日，中国历史研究院藏，张之洞档案，甲 182-445。

③ 《林大军机辞差之原因》，《京报》，光绪三十三年四月二十日（1907 年 5 月 31 日）。

④ 《京张委员来电》，光绪三十三年四月二十日，中国历史研究院藏，张之洞档案，甲 182-444。

⑤ 《林侍郎扶正》，胡思敬：《国闻备乘》，第 78 页。

⑥ 《袁世凯致端方函》，光绪三十三年七月初八日，中国第一历史档案馆藏，端方档案，档号：27-01-002-000172-0002。

“人心太险，太可怕也”一句，指瞿鸿禨阴奉阳违，从中作祟。

此节结尾对奕劻的夸赞一句是二人交谊的确证。从袁世凯利益分析，保住奕劻，北洋集团受益最大。慈禧太后主政时期，一般以满族亲王为首席军机大臣，奕劻若开缺，其他有资历的亲王，如醇亲王载沣、肃亲王善耆、恭亲王溥伟等，远不如奕劻与北洋联结密切。袁世凯称赞奕劻“何人替代，当今实无第二”，实是出于自身得失考虑。

（八）两宫圣明，必可鉴及，若辈何不自量耶！匆匆此复，敬请台安。祈即付丙。如小兄名心顿首，四月十九日。孙道建林（廷林，笔者注），已晤谈，极干练，甚佩甚佩。

第一句有政争获胜，自鸣得意之感，同时嘲讽政敌“不自量”。

第二句、第三句、第四句，是书信结尾用语。

信尾“孙道建林”，应为“孙道廷林”。孙廷林，字词臣，长期在湖北任职，善于理财，任盐务和土膏局等差，深得端方赏识。端方曾保举孙廷林为八省土膏大臣，因资历尚浅，未能获准。端方向贵州巡抚柯逢时举荐孙廷林，称其“办事亦极精干”“系有用之材”①。政潮之际，孙廷林押送从德国购买的动物进京，端方安排过天津时与袁世凯会面，并致电北洋嫡系朱家宝“（孙）到津时望于慰帅（袁世凯）前力为游扬，俾藉扶携之力”②。此电发于三月二十四日。密信中，袁世凯回复端方“已晤谈”，夸赞孙廷林“极干练”。至于晤谈内容，未知。丁未政潮过后，端方请袁世凯提携孙廷林，“望鼎力裁成，俾得早除一官”③；同时向奕劻请托，夸赞孙

---

① 《端方致柯逢时信》，朝年不详，中国第一历史档案馆藏，端方档案，档号：27-02-000-000143-0009。

② 《端方致朱经帅电》，光绪三十三年三月二十四日，中国第一历史档案馆藏，端方档案，档号：27-01-001-000035-0148。

③ 《端方致袁世凯信》，朝年不详，中国第一历史档案馆藏，端方档案，档号：27-02-000-000064-0002。

“实属监司中不可多得之员”[①]。有御史弹劾江南政务，涉及孙廷林，端方写信请奕劻“主持公道”[②]。孙廷林此次会面袁世凯，转达了端方对于时政的一些看法。

岑春煊三月中旬入京后，奕劻、袁世凯等人经历了险情到化解危机，并进行反击，至四月中旬获胜，四月十六日端方致袁世凯密电，称“春明局势渐定，至幸”,[③] 已经化险为夷，稳定了局势。岑春煊被排挤，出任两广总督上谕下发后两天，即四月十九日，袁世凯致端方本文密信。当时端、袁二人有密电本，此次采取密信的方式，应有双方可信赖之人或者专使在天津，代递至两江。有可能是孙廷林自京办差结束，路过天津带回。

由于岑春煊被排挤，北洋处境由危机转向缓和，该信有总结意味，涉及此次政争的来龙去脉，内容十分重要，这也是本节逐一阐释的意义所在。密信中袁世凯提醒端方，岑春煊不会轻易出京，当有对待之术。所以有后来恽毓鼎弹劾瞿鸿禨，端方暗中授意恽氏再次发难，参劾岑春煊结交康、梁，导致岑去职。从这一层面讲，密信是为北洋集团化解被动局面的总结，同时也是反击的开端。

三 岑春煊奉旨外放与离京赴沪

在北洋一系的联合策动下，奕劻连续独对，以广东匪患事逼岑出京剿匪以孤其势。四月十七日，内阁奉上谕，“两广总督周馥着开缺另候用，岑春煊着补授两广总督”。[④] 邮传部众人得知岑补两广，纷纷集堂向其揖贺，岑言：“朝廷用人如此！既有今日，则当时何必

---

① 《端方致奕劻信》，朝年不详，中国第一历史档案馆藏，端方档案，档号：27-02-000-000072-0027。

② 《端方致奕劻信》，朝年不详，中国第一历史档案馆藏，端方档案，档号：27-02-000-000141-0011。

③ 《端方致袁世凯电》，光绪三十三年四月十六日，中国第一历史档案馆藏，端方档案，档号：27-01-001-000157-0060。此电无时间，据袁世凯四月十七日致端方电（档号：27-01-002-000172-0007）文内内容及“铣”电推断。

④ 中国第一历史档案馆编：《光绪宣统两朝上谕档》第33册，第58页。

移我滇与蜀？我咯血犹未止，方冀休息，而不获如志，我命苦耳。"[①]言毕，匆匆离去，次日上奏请收回成命，主要表达几层意思。一是称籍贯隶属广西，例应回避兼辖省份，之前以桂省兵事奉命署理粤督，本是一时权宜。二是身患重病多年，精力日减，不胜疆寄，且到京以来，咯血复发，迭经中西医诊治，迄未就痊，并举任职邮传部尚书时奏恳赏假一月为例。三是两广政务殷繁，较之四川难治，川省况且辞不能赴，何况粤省。潮州、钦廉有会匪戕官之事，与两广总督周馥颇有关，折内又弹劾了周，称其年力本衰，精神颓懈，幕僚文武饮博酣嬉，以致百事废弛，纪纲不振，此次潮州钦廉各属土匪滋闹，"该督迭次来电，未免迹近张皇"。意思是广西本来无事，全在于周馥无能且虚张声势。据此岑春煊请收回成命，另简贤员，并请赏假一月调理。[②]"不乐岭南"的意图甚为明显。[③]

岑春煊言语恳切，可慈眷已衰，上折当日，内阁奉上谕驳回，开首比较客气，"病尚未痊，朝廷亦甚廑念"。话锋一转，即逐条批驳，指出广东地方紧要，廉、钦等处均有土匪滋事，潮州府有聚众戕官重案，周馥难以胜任，亟须有威望、熟悉情形之人镇慑。广西虽系兼辖省，但特事特办，毋庸回避，连同请假也一并毋庸议。上谕还提到岑"世受国恩，当此时事艰难，自应力图报称，勉副朝廷惓怀""毋得再行固辞"，名为夸赞，多少有批评的意味。[④]回想一月前，清廷以岑春煊体气衰惫，将其留京休养以资顾问，授邮传部

① 孙宝瑄：《忘山庐日记》（下），第1029页。

② 《邮传部大臣岑春煊折》，光绪三十三年四月十八日，中国第一历史档案馆藏，录副奏折，档号：03-5480-015。时两广匪患严重，疲难之缺，与岑春煊有隙的广西巡抚李经羲即致信瞿鸿禨称："外间征于前事，见督抚求去均切，或拟为匪患，旦夕将起，则殊大谬。无论岑督尚不至是，即庸劣如经羲，既不肯扶节以戈近攻，又焉恳急避以干清议耶？"李经羲是正话反说，此年他正谋求调离，寻找下家，与岑同时乞退，为了达到己愿，自称"平心论之，粤省盗炽民嚣，自不可无岑督控摄"，明显是乐见政敌岑春煊接手两广的烂摊子。参见《李经羲上子玖先生启》，光绪三十一年八月十五日，《瞿鸿禨朋僚书牍》第109号函。

③ 《端方致宝熙电》，光绪三十三年四月十九日，中国第一历史档案馆藏，端方档案，档号：27-01-001-000037-0078。

④ 中国第一历史档案馆编：《光绪宣统两朝上谕档》第33册，第60页。

尚书。部堂坐席尚温，即被逐出京城，令人唏嘘，专制体制下的官僚任命，雷霆与雨露于此可见一斑。同日，陈璧补邮传部尚书，占了岑氏的缺，表明已经没有挽回余地。此前，岑春煊上奏保举广东布政使胡湘林、前福州将军景星、绥远城将军贻谷、江苏巡抚张曾敭、度支部右侍郎陈璧、苏松太道瑞澂，声称这些人均各有所长，胜任粤督的得力人选，上谕也是间接回应了岑奏陈，粤地非岑莫属。[①] 在打击政敌方面，岑氏的对手手段严密，比之于"官屠"的大张旗鼓显然更胜一筹。

据说，岑离京前，"两宫甚催促，闻皇上手诏有福星所至，□寇不难厥平语。岑对人言：'川本不愿去，粤有事当别论，事平即回'，已奏奉太后面允"，[②] 但显然再次回京是极其困难的。参见此间清廷的一系列人事任命，陈璧由度支部右侍郎升为邮传部尚书，当然得益于北洋的助力，所遗度支部右侍郎缺由林绍年补。同日，林绍年上奏称，"厘定官制原奏专任之法，不得兼充繁要差缺"，恳请"免在军机大臣上学习行走，俾的专心曹务"。[③] 上谕称"度支部右侍郎仍着宝熙署理。所请开去要差之处着毋庸议"。[④] 宝熙荫庇于奕劻，署理度支部右侍郎，当然也如庆王所愿。一系列操作后，各部缺已调动多处，京中各职位"亦不容其（岑）旁觊"。[⑤]

自授两广总督后，岑春煊迟迟不肯出京，接连上折具奏诸多事务。自四月十八日请求清廷收回粤督成命，直至五月初三日悻悻离京，共上了 18 封奏折，涉及的内容，大体上有如下几类。大宗是人事调遣，算上上文提及的收回成命折以及建言胡湘林等人胜任两广总督（被驳回），共计 8 折，其中 5 折均有上谕表同意，只有关于姚

---

① 《邮传部大臣岑春煊折》，光绪三十三年四月十八日，中国第一历史档案馆藏，录副奏折，档号：03-5480-016。

② 《京陈丞来电》，五月初六日，中国历史研究院藏，张之洞档案，甲 182-445。

③ 《新授支部右侍郎林绍年折》，光绪三十三年四月十九日，中国第一历史档案馆藏，录副奏折，档号：03-5480-035。

④ 中国第一历史档案馆编：《光绪宣统两朝上谕档》第 33 册，第 60 页。

⑤ 《述致端方电》，光绪三十三年四月二十一日，中国第一历史档案馆藏，端方档案，档号：27-01-002-000156-0027。

绍书等二十人调遣未获批示，应是清廷考虑所调人员过多，其中有革职人员不便应允。财政方面有 2 折，涉及广东借洋款、派员出洋考察盐务，均获批示。还有统筹铁路全局、统筹西北全局、各边地设民官 3 折，均由军机处字寄发督抚讨论。预备立宪阶级折、敬陈用人纳言 2 折，清廷同样批示各部讨论。关于蒙地改县、蒙部变通官制、保送御史稍宽一格 3 折，未批复。时人胡思敬评价岑离京前所上奏陈，“其刚可用，其智则黯矣”。[①]

岑春煊留京无望，却依然上了诸多奏陈，他自己是这样解释的，“盖及此犹可进言之时，为最后纳忠之计，不忍有一毫自匿，以负我君父。人徒见封奏之勤，而不知字字皆血泪所成，其心苦矣”。这句应是对于处境的判断，他已深知这是“最后纳忠之计”的机会，寄托上折能够挽回外放成命，否则出京更无希望。接着岑氏又言，“尔后虽时亦采纳其言，如设礼学馆，擢用新进，注意蒙、藏等事，悉发端于此。然皆枝节为之，于本源来能稍有更张，固徒然也”[②]。即使清廷批示并采纳了多条建言，但岑氏并不满意，原因还在于这些只是“枝节”，“本源”未动。岑氏曾在入对时用“大树”与“枝节”做比喻，在他看来不能留在京内，就难以撼动奕劻与北洋根深蒂固的“大树”。

岑春煊离京之际，接连上奏目的是要打动慈禧太后，以便于留京，但方寸已乱，不知从何着手，采取多方发力，寄望某点能够挽回帘眷。报界分析认为，岑氏的举动为了免于赴任两广，“不愿复回粤任，奏请收回成命，又未蒙俞允，故缮此折，以期触怒当道解职回里耳，然而此愿未必能偿也”。[③] 慈眷无法挽回，岑又寄望于北洋政敌军机大臣瞿鸿禨，临行前致信，谈及外官制改革的设想，称“惟此仅厘定官制中之一端，未便遽登封奏，谨具说帖呈核，如蒙采

① 《岑云阶入京举动》，胡思敬：《国闻备乘》，第 76 页。

② 岑春煊：《乐斋漫笔》，第 33 页。

③ 《日下近闻》，《申报》，光绪三十三年四月三十日（1907 年 6 月 10 日），第 3 版。

择，请汇入更规定外省官制案内，一并议奏施行”[①]。可惜岑尚未到沪，瞿即被恽毓鼎弹劾开缺回籍。多方运作无果，岑在自述中称“眷遇正衰，无能为役”，应是当时处境的真实流露。[②] 但岑春煊帘眷已衰，枢臣又不能和衷，游移迁延只是缓兵之计，其尴尬境地早被外界看穿，“闻岑拟明日陛辞出京，是否果行，殊难捉摸，枢意如岑逗遛不行，只可照前日密商办理”。[③] 看来京城已不能容西林。

岑春煊补两广，粤人支持与反对者态度大相径庭，互造舆论。以《申报》为例：两粤留日学生致军机处电，称岑刚暴驱民，为盗破坏路政，粤民切齿，恳代奏收回成命。[④] 广州商界人士则对岑春煊任粤督表示欢迎，张灯结彩，放假一日，准备欢迎仪式。[⑤] 但从总体上看，粤人反对者居多，岑前此任两广总督，政尚严厉，前后参革之员，共计一千零六十人，上自抚院，下至典史，仇家很多。[⑥] 这在其离京之际，粤省京官态度体现尤为明显，“岑督自奉简命，与广东同乡京官之感情未能欢洽，盖因进京之时，有密参唐少川中丞之谣，而粤人之推戴中丞几如泰山北斗，因此不免略有芥蒂。故此次出京，除法部戴尚书略与周旋外，其余同乡京官相约不为祖饯”[⑦]。总之岭南非岑所愿，原因是多方面的，此次再任两广，意颇怏怏。[⑧]

岑春煊五月初三出京，临行之际，致电广东商学界，“煊督粤三年殊少善状，复承恩命方深惭悚，阅电滋愧，所愿奋爱国之诚，宏

① 《岑春煊拟更定外省官制说帖》，《瞿鸿禨朋僚书牍》第 232 函。原文标注为光绪三十二年，从文内行文称“前经煊于召见时面奏大概”，可以判断说帖发生在光绪三十三年三月中下旬陛见之后。瞿鸿禨于五月初七日被罢黜，因此这封说帖时间当在此之前。

② 《端方致梁鼎芬电》，光绪三十三年四月二十八日，中国第一历史档案馆藏，端方档案，档号：27-01-001-000124-0101-2。

③ 《天津张委员来电》，丁未五月初二日，中国历史研究院藏，张之洞档案，甲 182-445。

④ 《两粤学生致军机处电》，《申报》，光绪三十三年五月初二日（1907 年 6 月 12 日），第 3 版。《日下近闻》，《申报》，光绪三十三年五月初八日（1907 年 6 月 18 日），第 3 版。

⑤ 《粤人对于岑宫保之感情》，《大同报（上海）》1907 年第 7 卷第 16 期。

⑥ 《岑春暄参劾之多》，刘声木：《苌楚斋随笔续笔三笔四笔五笔》，第 594 页。

⑦ 《日下近闻》，《申报》，光绪三十三年五月初六日（1907 年 6 月 16 日），第 3 版。

⑧ 《端方致宝熙电》，光绪三十三年四月十九日，中国第一历史档案馆藏，端方档案，档号：27-01-001-000037-0078。《端方致锡良电》，光绪三十三年四月十九日，中国第一历史档案馆藏，端方档案，档号：27-01-001-000112-0058。

公益之心，使地方蒸蒸日有进步，是则鄙人所深望也”[①]。这算是对于清廷和广东的表态。再次南下广东，非岑春煊所愿。途经天津，与袁世凯简短会面，并无要紧之语，怏怏离去。[②] 出津后过秦皇岛，初七日晚到沪停留，住洋务局，对外称“眷属有病，须小住数日”，再次滞留上海。[③] 初十日，以赴任途次病势骤剧恳请开缺，自此长驻沪上。[④] 诚如袁世凯致端方密信所言，“大谋不肯去，十六日亦曾议及，当有对待之术继之”，“对待之术”由两江总督端方接续。[⑤]

① 《岑督复商学界贺电》，《申报》，光绪三十三年五月初三日（1907年6月13日），第12版。

② 《袁世凯致端方电》，光绪三十三年五月初四日，中国第一历史档案馆藏，端方档案，档号：27-01-002-000252-0014。

③ 《瑞澂致端方电》，光绪三十三年五月初八日，中国第一历史档案馆藏，端方档案，档号：27-01-002-000159-0171。

④ 《两广总督岑春煊折》，光绪三十三年五月初十日，中国第一历史档案馆藏，录副奏折，档号：03-5482-002。

⑤ 《致两江总督端方函》，光绪三十三年四月十九日，骆宝善、刘路生主编：《袁世凯全集》第16册，第176页。

第三章　清流的裁抑：恽毓鼎弹劾瞿鸿禨

岑春煊被排挤出政局中心，原本动荡的朝局并未就此平息，离京南下之际，秉笔枢垣的军机大臣瞿鸿禨遭侍读学士恽毓鼎一纸弹劾，清廷未经调查仓皇下诏将瞿开缺回籍。此举显然不合规制，庚子回銮之后的统治阶层面临着重新洗牌的局面。对此，岑春煊在自述中称，“闻瞿鸿禨得罪，知朝局大变”，以边帅孤立心生归隐之志，而庆王则是“尽去其逼，益无忌惮”，追查党援成为朝野内外关注的话题。[①] 本来军机更换在晚清政局的赓衍中并非鲜见之事，此次引起震动就在于恽毓鼎的奏陈外界一直无从知晓，即便随后启动了调查程序，却依然未将此折下发给查办大臣，诡异的举措招致更多的猜疑，进而演化成悬案。据说瞿鸿禨被议后，恽毓鼎投刺往谒，称参劾“系为公事”，今日来安慰年伯乃交际私情，“瞿竟无词以对”[②]。弹劾自然不是出于“公事”这般简单。[③]

---

① 岑春煊：《乐斋漫笔》，第 33 页。按：岑因瞿出事决定退出，时人亦有关注，“刻以朝局大变，恐有反对决计乞退，先请假一旬”。参见《上海杨道来电》，光绪三十三年五月十一日，中国历史研究院藏，张之洞档案，甲 182-445。

② 《日下近闻》，《申报》，光绪三十三年五月十九日（1907 年 6 月 29 日），第 3 版。

③ 过往关于丁未之际瞿鸿禨的研究多依据时人记述，具有代表性的文献参见《瞿鸿禨因衽席之言失位》，胡思敬《国闻备乘》，第 95—96 页；《瞿子玖开缺始末》，刘禺生《世载堂杂忆》，第 91—93 页。近年依据新档案，相关研究有所推进，孔祥吉首先发现了清宫藏恽毓鼎参劾瞿鸿禨和岑春煊的两份奏折，据此分析瞿去职一案的来龙去脉。参见孔祥吉《惊雷十年梦未醒：档案中的晚清史事与人物》，广东人民出版社 2017 年版，第 294—303 页。韩策从地方势力的视角，认为瞿鸿禨和袁世凯交恶的重要原因是北洋强势南下，南洋湘系势力遭受重挫，瞿也因之孤立。参见氏著《清季江督之争与丁未政潮的一个新解释》，《近代史研究》2021 年第 4 期。回顾过往研究发现，囿于史料所限，尚有很多疑点有待厘清商榷。

第一节　瞿鸿禨的人脉与势力依托

瞿鸿禨，字子玖，号止庵，湖南善化人，同治九年中乡试，次年联捷成进士，改庶吉士，入翰林院。时军机大臣李鸿藻以清流议政，“持躬俭约”“独守正，持大体”“所荐引多端士”，[①]看上了这位殿试排名二百三十多名的湖南籍进士，“密疏荐为天下才”[②]，并推荐给与之通帖的枢垣首揆荣禄，再“专折奏保”[③]。瞿鸿禨将这段知遇之恩放在所著《恩遇纪略》的开篇，提到慈禧太后曾当面称，“从前李鸿藻说尔好，他们也说尔好”。[④]这里的“他们”，自然包括荣禄。

军机大臣的赏识与引介让瞿鸿禨在人才辐辏的翰林院诸公中脱颖而出，屡受恩遇。光绪元年，二十六岁的瞿鸿禨翰詹大考一等，升侍讲学士，同年典试河南，为乡试正考官，此后担任河南、四川、浙江、江苏四省学政，典试福建，都是翰林院清贫之地难得优差。每至各省，棚礼甚佳，少年得志，春风得意。瞿鸿禨以儒臣骤登政地并不是偶然的，与其文字才华有着密切的联系。时何绍基、郭嵩焘主讲城南书院，少年瞿鸿禨“从之游，文字多所点定。屡冠其曹，自谓得力最多”，[⑤]并结识了王闿运、沈曾植、陈三立等文雅之士，请教学问之道与经世致用之学，积累了文学功底。其知交陈三立记述称，“值枢廷六七载，凡诏旨、条例、约章类无一非出公手”。[⑥]挚友沈曾植赞其风骨声采，于唐若权德舆，于宋若周必大，都是一时名相，给予很高评价。即使是对其颇有微词的报刊评论亦称，“之

---

① 赵尔巽编：《清史稿》卷436，中华书局1998年版，第12368页。

② 《清代碑传全集》，上海古籍出版社2018年版，第1273页。

③ 陈夔龙：《梦蕉亭杂记》，第86页。

④ 瞿鸿禨著、谌东飚校点：《瞿鸿禨集》，湖南人民出版社2010年版，第167页。

⑤ 《清代碑传全集》，第1273页。

⑥ 《清代碑传全集》，第1275页。

所可称述者，入居翰苑”。[①] 对此，瞿鸿禨不无得意，在《恩遇纪略》中郑重写道，宫中各种御制文书，“皆命臣鸿禨撰拟进呈”[②]。掌握了笔杆子的枢臣为扩展权力开拓了广阔空间，在新旧体制的变革规章条例上大做文章。

时势嬗递，枢臣更迭，权势几度转移，瞿鸿禨由卷帘军机渐成汉人军机代表，秉笔枢垣，以名望为号召，与庙堂之上的言官与庙堂之外的名士这些继承了清议衣钵的群体多有联结，成为各地士人凝聚与交际网络的中心，清议众望之人，贯通为一股影响政治与舆论不可忽视的势力。此外，原有清流底色的权臣重臣与瞿鸿禨道出一路，更容易达成政治共识，于庚子之后的变局中演进为瞿鸿禨重要人脉依托，与成员多为“浊流”[③] 的北洋集团于内政外交相抗争。

瞿鸿禨与言官的结纳在既往研究中已有论述，突出表现于官制改革期间的议政。清末新政以五大臣出洋考察，回国后推动的预备立宪为节点，走向更为敏感的政体改制，其中官制改革为先导。首席军机大臣奕劻阳为核定官制大臣，袁世凯阴主之，欲借此扩充权力。都察院面临裁撤的风险，自身出路的焦虑以及政治走向的不确定性促使言官由议政转化为攻击异己，争相纳谏，弹劾奕劻庸臣误国、袁世凯疆臣夺权。内轻外重、将权侵陵君权，“卒以酿异日藩镇擅兵、宗社倾覆之祸”。[④] 由单独上奏转为集体纳谏，幕后直接预谋者为都御史陆宝忠，而陆的背后则是瞿鸿禨，“运动城南御史纠弹阻挠，皆瞿计也”。[⑤] 瞿也因此与北洋集团杯葛日甚。（言路与瞿鸿禨的合谋参见本书第一章）[⑥]

---

① 《论瞿鸿禨之革职》，《申报》，光绪三十三年五月初九日（1907年6月19日），第2版。

② 瞿鸿禨著、谌东飚校点：《瞿鸿禨集》，第168页。

③ 陈寅恪将清末士大夫分为“清流”与“浊流”。陈寅恪：《寒柳堂集》，第171页。

④ 《内阁中书王宝田等人折》，光绪三十二年八月二十八日，中国第一历史档案馆藏，录副奏折，档号：03-9283-005。

⑤ 《京师近事之里面》，《时报》，光绪三十二年十月初九日（1906年11月24日），第1版。

⑥ 相关研究参见李细珠《丙午官制改革与责任内阁制的命运——侧重清廷高层政治权力运作的探讨》，中国社会科学院近代史研究所政治史研究室，河北师范大学历史文化学院编《晚清改革与社会变迁》，社会科学文献出版社2009年版，第320—336页。

清议打着尊王的旗号，抓住权势下移，藩镇割据的说辞，在官制改革方案的策动中略胜一筹，本源就在于清廷推行立宪为尊崇国体、防损主权、巩固君权，“在外各督抚，在内各大臣，其权不如往日之重，其利不如往日之优”。[①] 对比北洋方案，清议政更能打动当政者，清廷在宣布仿行立宪谕中虽有“庶政公诸舆论”，但前一句“大权统于朝廷”方为根本。[②] 内外臣工勿以私见害公益，勿以小忿败大谋，无论清议还是朋党，触碰君权的底线都是不被允准的，日后恽毓鼎攻击瞿鸿禨也是以此为重点。

庙堂之上的清议诸人出身科举，受儒家思想浸润秉持义理，“本以建言为职，不以治事为职”，[③] 与权贵相扞格。瞿鸿禨典试河南、福建、四川、浙江等地，桃李遍布天下，培植势力的优势也恰在此。其中一些门生具有功名，却立于庙堂之外，游走于公卿之间，与庙堂之上言路相呼应，引导天下士议，报人汪康年就属这般名士，为光绪十四年瞿鸿禨任浙江学政时所选拔。与言官试图打动帝王一人不同之处在于，汪康年借助报刊将清议刻板的文字转化为生动的辞藻，影响大众。名士的报纸与言官的奏章交相附和，被门户各方利用引导舆情、干预国政。

汪康年，字穰卿，生于咸丰十年，浙江钱塘人。光绪十二年应岁试列第一名，当时按试杭州的正是浙江学政瞿鸿禨，后汪康年一直以门生自居即源于此。光绪十八年参加会试，殿试名列三甲，不过并未走上学而优则仕的传统道路。光绪二十年，甲午战争爆发，清军失利，上海报纸谎报军情，无一可信，康年遂萌发了办报的想法。次年，在上海筹办报馆，越年创设《时务报》，倡言变法，多救亡图存之策，褒贬时政，名声大噪。报纸初出，谤言日至，同人书札往还，劝其戒慎。时任江苏学政的瞿鸿禨手书劝导，“近惟有时议

① 《镇国公载泽折》，光绪三十二年，胡绳武主编：《清末立宪运动史料丛刊》第 3 册，第 28 页。

② 中国第一历史档案馆编：《光绪宣统两朝上谕档》第 32 册，第 128—129 页。

③ 《御史王步瀛折》，光绪三十二年十月十四日，中国第一历史档案馆藏，录副奏折，档号：03-9285-001。

论恢张，不能无矫枉过正之弊，如所列知耻学会前序，直斥至尊，心何以安，授人口实，大率在此。尚愿少加谨慎，留意选收，即保令名，亦全盛举”[①]。瞿鸿禨以师长的口吻，鼓励办报，同时规劝不要太过激进。

光绪二十四年，《时务报》改名《中外日报》，凡国内发生大事，多予以评论，为当时报界的翘楚，体现了汪康年出色的办报才干。光绪三十年，授职内阁中书，往来京沪。比之上海，京师为政府所在，辇毂之地，旗汉回教五方杂处，易播流言，遂萌发在京办报的想法。光绪三十三年，汪康年将《中外日报》事委托于人，设《京报》于京师。据其好友王慕陶称，初始只备“暂办一敷演报，较《北京日报》略高即足，公仍注其全力，为《中外日报》通信，借此为之机括。俟二一年后，机关组织完备，资本筹得，商款一切经验已熟，社会程度若高，再设法改良”“成一独立不羁之报馆”。[②]王慕陶提到的《北京日报》，多认为是庆王府的机关报。时局演变，“《北京日报》与《京报》彼此笔战，实系各有心事”，[③]汪康年也因此卷入丁未政潮之中，这在《京报》的政治取向以及主持者的政治参与体现得尤为明显。

处江湖之远、脱胎于清议的名流，在与大吏交际中并未远离政治，试图将思想学理转化为治国理政的重要参议。瞿鸿禨门生不乏江南名士，浙江籍士子汤寿潜即是其中一位，向座师游说推荐立宪政治。晚清权势下移之际，汤寿潜有意推动内廷与外朝交际，在分析南方各省局势时，称周馥“不堪南洋”，丁振铎“庸下书生”，“移吾闽浙，沪报大放厥词，期期亦为不可”，张曾敭莅浙，藩诈臬鄙，“冥冥坠落”“两浙从此已矣”，寄托于瞿鸿禨整治闽浙时局，不无奉承的称“全浙实利赖之”[④]，“吾师在浙日久，义为第二故

① 汪诒年纂辑：《汪穰卿先生传记》，第61页。
② 《王慕陶来函》，上海图书馆编：《汪康年师友书札》，第104页。
③ 陈旭麓、顾廷龙、汪熙主编：《辛亥革命前后·盛宣怀档案资料选辑之一》，第60页。
④ 《汤寿潜致瞿函》，光绪三十二年八月，中国历史研究院藏《瞿鸿禨朋僚书牍》第194号函。

乡”[1]“吾党”“吾军”之称谓常见于瞿氏门生通信。[2] 科举取士重地、财富之区江南士人的认同，瞿鸿禨士林清望伴随枢垣地位的提升而日趋高涨。

除了庙堂内外言官与名士，具有清流底色的内外重臣，亦与瞿鸿禨有着天然的结合基因，曾经的清流干将张之洞就是其中一位。由清流摇身为疆臣，清议群体的精神尚存。面对北洋权势扩充，瞿鸿禨与故乡“大公祖”张之洞有了更多联络动力，暗中探讨时局，“现在南洋权限，已为本初（袁世凯）包举，冰公（张之洞）何能俛仰依人”“如果必不令其（张）久食武昌之鱼，则请多则三年，少则一年以外，再图离鄂，均无不可”“谓天下大事，非本初一人所能了”。[3] 政务的交流掺杂着针对北洋一系的敏感话题。

外朝势力扩充的同时，瞿鸿禨在内廷和京中秘密布局，其中曾经的清流干将林绍年，刚直敢言的岑春煊为其重点援引对象。林绍年，字赞虞，生于道光二十九年，福建闽县人。同治十三年，中进士，改翰林院庶吉士。绍年敢于直言，渐有直声，列于清流之列。光绪十六年，奉旨补授云南昭通府知府，开始在云贵地区为官，之后官符如火，“迁黔臬、滇藩，移晋藩，方觐京师，擢滇抚，至即兼摄总督，去为知府方四年也”。[4] 光绪三十一年九月，林绍年由贵州巡抚调广西巡抚，未及上任即致信瞿鸿禨，称“再密肃者：黔事非不可为，惟司道多不得力，亦属可虑……各道亦绝鲜好手，所以办理一切，均极费力；更恐有败坏于无形者，考察弗及，能无惴惴，本拟年终据实陈明，兹幸去此，又似未便琐琐特渎。用敢将此间情形，密达左右，以备顾问或及，易于上陈也”[5]。信中所言“密达左

① 《汤寿潜致瞿函》，光绪三十二年八月，《瞿鸿禨朋僚书牍》第194号函。

② 《张美翊致张劭熙、朱桂辛函》，光绪三十年四月二十二日，《瞿鸿禨朋僚书牍》第54号函。“一山”指的是章一山，即章梫，瞿鸿禨门生。庶吉士，光绪三十一年任译学馆提调。

③ 《余肇康致止公亲家函》，光绪三十一年六月初五日，《瞿鸿禨朋僚书牍》第103号函。

④ 刘承幹辑：《蕉廊脞录》，章伯锋、顾亚主编：《近代稗海》第13辑，四川人民出版社1989年版，第658页。

⑤ 《林绍年致瞿鸿禨函》，光绪三十一年九月，《瞿鸿禨朋僚书牍》第120号函。

右，以备顾问或及”，足以说明双方私下确实有所接触。

光绪三十二年的官制改革，军机处重组，铁良、徐世昌、鹿传霖、荣庆以不能兼差出枢，林绍年以开缺广西巡抚、候补侍郎在军机大臣上学习行走，由地方官入枢，参与最高决策，引起北洋一系的关注。端方告知长沙坐探李葆恂，“林赞帅不日由粤来湘，乞往一见”[①]，并派各省眼线沿途监视，时时报告。[②] 林绍年过湖北时曾逗留数日，与张之洞有密切交谈，对地方官制有所议论，达成共识，张嘱其将其草拟的方案带入京中。[③] 林绍年是较早倡导立宪的地方督抚，“立宪事宜最初提倡者，京官则法部尚书戴鸿慈，外官则桂抚林绍年，下诏立宪先从改订官制入手大抵从二人之言为多”[④]。端方是立宪的积极提倡者，于林绍年被任命即发去贺电，提及“官制奏上，略具机关，无大更动，闻日内可望发表”[⑤]，对其推动立宪寄予厚望，看重林氏的话语权。

枢府中常例有一名位居末者，抄录秘密文件，京语所云“摩棹子”。甫入军机的林绍年任此角色，虽居于末位，其政治参与依然值得重视。入枢后，报界称其办理政务颇得两宫信赖，“入觐后次日蒙赏朝马”“办理新政必参酌旧制，故两宫颇倚重之。近日所有政务事无大小必先垂询林绍年，然后再决办法。同事诸大老敬承上意，亦颇器重其为人”。[⑥] 光绪三十三年二月初，邮传部尚书张百熙因病请假，由林暂行署理邮传部要差，官制改革后枢府不提倡兼任，可知

---

① 《端方致李文石电》，光绪三十二年十月二十八日，中国第一历史档案馆藏，端方档案，档号：27-01-001-000163-0067-1。

② 《朱文学自长沙致端方电》，光绪三十二年十月三十日，中国第一历史档案馆藏，端方档案，档号：27-01-002-000136-0200。《朱文学致端方电》，光绪三十二年十一月十四日，中国第一历史档案馆藏，端方档案，档号：27-01-002-000138-0365。朱文学与端方密电码为“余”。

③ 《端方致袁世凯电》，光绪三十二年十一月十九日，中国第一历史档案馆藏，端方档案，档号：27-01-001-000165-0082-3。参见第一章第二节。

④ 《戴尚召见被斥》，《申报》，光绪三十二年十二月二十三日（1907 年 2 月 5 日），第 2 版。

⑤ 《端方致林绍年电》，光绪三十二年九月二十日，中国第一历史档案馆藏，端方档案，档号：27-01-001-000163-0027。

⑥ 《西报访员论林绍年入军机事》，《申报》，光绪三十二年十二月初二日（1907 年 1 月 15 日），第 3 版。《军机处近事》，《申报》，光绪三十三年正月二十九日（1907 年 3 月 13 日），第 2 版。

当政者的认可。

林绍年以外官进京，入军机处学习行走，外界多认为得益于瞿鸿禨援引，“文直（林绍年）以边省巡抚骤入政地，实文慎（瞿鸿禨）左右之”①。晚清川督刘秉璋之子刘体智记述称，“善化相国少年科第，以经济文章自负，与侍郎（林绍年入京补度支部侍郎）素相钦重。庚子回銮之后，善化入相，时侍郎渐升专阃，内外尤相契合。官制改革，引入枢廷，共任艰巨”。② 从日后林入枢垣的行径来看，显然与瞿为同路人，奕劻的对头。据时人记载：杨翠喜案，载振上疏乞去，上谕中查办此案有“水落石出”四字，京中好事文人作联云：“虽水落石出，圣明无不烛之私；而地厚天高，局蹐有难安之隐。”林绍年读毕，叹曰：“好文章！”庆邸衔之。③ 赵启霖因弹劾载振遭革职，“绍年谓谏官本许风闻言事，事虽不实，当稍示优容”④。这些话语显然都具有政治门户的倾向性。此外，岑春煊丁未年入京弹劾北洋，亦有迹象表明为瞿鸿禨援引，清君侧意图十分明显（见下文）。

第二节　与北洋集团矛盾日甚

瞿鸿禨的发迹离不开外部机遇与自身努力，同时也是时代大势下的因缘际会。庚子国变，两宫逃往西安，“枢臣端邸载漪、刚相毅、赵尚书舒翘、启尚书秀，因庇拳获严谴，枢府乏人”。⑤ 军机大臣荣禄举荐瞿鸿禨，特旨令其迅速赴陕，预备召见。此年，瞿鸿禨任江苏学政（光绪二十三年以詹事府詹事提督江苏学政，同年升内阁学士、兼礼部右侍郎衔）期满，身患头风，请假两个月回籍就医。

---

① 汪诒年纂辑：《汪穰卿先生传记》，第 132 页。
② 《林绍年出枢廷》，刘体智：《异辞录》，第 210 页。
③ 《林绍年出军机》，刘体智：《异辞录》，第 210 页。
④ 《林侍郎扶正》，胡思敬：《国闻备乘》，第 78—79 页。
⑤ 陈夔龙：《梦蕉亭杂记》，第 86—87 页。

清廷令其接任都察院左都御史，回京供职，旋即改授工部尚书。瞿鸿禨接到特旨后，于十二月初八日由湖南启程，次年正月十五日抵达行在。四月初九日，距到行在不足三个月，任工部尚书尚不足半年，即入直枢廷，着实属于拔擢异数。同列枢垣的有荣禄、王文韶、鹿传霖，瞿鸿禨扮演“伴食宰相”“卷帘子军机”的角色。

晚清对外交涉为当政者治国理政棘手且极为肯綮的环节，《辛丑条约》将总理衙门改为外务部，班列六部之首，同比中央各部位置显要。四位军机中，当属瞿鸿禨兼任外部尚书最为合适，这是不待公布，众人即早有预见的，“其时八国和约，要求枢臣兼外部，以免隔阂。时政府枢臣三人：荣文忠名列罪魁，幸而获免，自无此望；王相、鹿尚书均两耳重听，未可贻笑外人。固知非年力富强者，未可以对外，而止（斋）［庵］之当选，不待面圣而都人早料及矣”。[①]瞿鸿禨以工部尚书调补外务部尚书，授会办大臣，这让他与庆王奕劻有了更多交际，“外务部督办大臣为庆亲王奕劻，瞿鸿禨虽为尚书，而遇事须请命于庆王”。[②] 荣禄病逝后，奕劻接替军机首揆。坤宁宫前几间军机值庐的随班听鼓、太和殿里的跪请君安，瞿、奕自此抬头不见低头见。

关于瞿鸿禨与奕劻，后人多以后见之明，据官制改革至丁未政潮期间双方的矛盾，认为积怨已久，势如水火，两不相容，终在丁未年爆发。事实上，奕劻入枢晚于瞿鸿禨，此前在处理外事上多有来往，尚能和衷共济，这在早期二人往来的几封信函有所体现。

信函一奕劻致止庵尚书启，光绪二十九年正月十一日

止庵尚书如面。启者：昨日上遣太医张仲元诊视，据云：系属劳累，后夹湿气。今仍俯仰欠利，牵引右胯，尤觉酸软。蒙赏假五日条理，如见轻减，十六日即可入值。诸望偏劳。耑

---

① 《瞿鸿禨》，刘体智：《异辞录》，第192页。

② 罗惇曧著；孙安邦、王开学点校：《罗瘿公笔记选》，山西古籍出版社1997年版，第225页。

此，佈候勋祺。夔相、滋翁、华卿均此，恕不另启。奕劻手泐。

信函二奕劻致止庵尚书函，光绪二十九年正月十三日

止庵尚书如面。启者：顷阅电报，吉林将军因病出缺。吉林地方，最关紧要。前山海关副都统富顺，于武备交涉，均甚熟悉，各国联军在关相处，亦甚妥洽，以之暂署斯缺，或于地方有益。再择妥人接替。如诸公均以为然，乞于明辰召对时，面陈请旨。耑此，顺候勋祺。滋翁（鹿传霖，号滋轩）、夔相、华卿均此。奕劻手泐。

信函三奕劻致夔石中堂子玖尚书函，光绪二十九年二月十九日

夔石中堂、子玖尚书如面。数日未能晤谈，起居定符私颂。予因夜不能寐，头晕身倦，未能入值。今请假数日，服药调理，外部公事，诸乞偏劳。韩廷致贺，似可不必。请派专使由出使大臣呈递国书，以归简易。尚乞卓裁。耑此，顺候勋祺。奕劻手泐。①

这三封信函均写于光绪二十九年春，时奕劻尚未入枢，身兼政务处大臣与总理外务部事务王大臣。奕劻生于道光十八年，资历与出身都在瞿鸿禨之上。不过军机处自雍正朝设立之后，处于中央权力的核心，外界虽有荣禄去世后由奕劻接替的传闻，但毕竟尚未兑现。基于此，在处理政务过程中，奕劻处处小心谨慎，对枢垣诸公十分客气。第一封信称身体不好，请假五日，凡事“诸望偏劳”，同时告知不再一一致信鹿传霖、王文韶、荣庆诸公，可见奕劻还是乐

① 《奕劻致止庵尚书启》，光绪二十九年正月十一日，《奕劻致止庵尚书函》，光绪二十九年正月十三日，《瞿鸿禨朋僚书牍》第 21 号函。《奕劻致夔石中堂子玖尚书函》，光绪二十九年二月十九日，《瞿鸿禨朋僚书牍》第 22 号函。

于与瞿鸿禨交际的，至少并不排斥。第二封信涉及用人，奕劻更为谦逊，“如诸公均以为然，乞于明辰召对时，面陈请旨”，这次应是与枢臣诸人都提前通信了。第三封信有关外事，也是谦卑商量的口吻，“外部公事，诸乞偏劳”“尚乞卓裁”。通过这三封信可以看出庆王未入枢垣之前韬光养晦，这大概与其经历和性格不无关系。庆王年少家境贫苦，曾为人抄书度日，有过一段辛酸往事。发迹后，深知好日子来之不易，万事小心，“平时为人很谨慎，不多说话，他接见人，在事前就把应该说的话预先想好，说完就不再开口，因此很少失言”。[①] 身处波云诡谲政坛的军机大臣，战战兢兢、如履薄冰，妥协与合作应是日常，矛盾冲突大都为不得已而为之，属于非常之举。

第三封信函发出不足一月，中枢变动，庚子之后一直秉持枢垣的军机大臣荣禄去世，接替者正是坊间早有传言的奕劻。据称在军机处人选上，“皇太后乃属意礼亲王，而皇上则属意庆亲王”[②]。传闻难以深究，可以肯定的是奕劻初入军机处，话语权远不能与太后“言无不听”的荣禄相提并论。枢垣中王文韶有“琉璃球”的诨号，上了年纪后，又惯用装聋作哑，与年弱体衰、两耳重听的鹿传霖一起，践行多磕头少办事的为官宗旨。倒是新近崛起的瞿鸿禨，由“荣文忠公亲以笔研相属，上甚倚之”，[③]“慈眷日隆，势力亦日益膨胀”[④]。政治势力此消彼长，奕劻入枢后权力与日俱增，军机处内部的权势潜移默化地发生转移，从几封致瞿鸿禨信函的语气亦可窥见一斑。[⑤]

信函一奕劻致止庵尚书函，三十一年十一月

---

① 章宗祥：《记庆亲王奕劻和贝子载振》，上海市文史资料委员会编：《上海文史资料存稿汇编·政治军事》，上海古籍出版社2001年版，第10页。

② 《论北京政界》，《香港华字日报》，光绪二十九年四月十七日（1903年5月13日），第4版。

③ 余肇康：《尚书瞿文慎公行状》，《碑传集补》卷二，《清代碑传全集》，第1274页。

④ 《瞿有势力》，《香港华字日报》，光绪二十九年五月初八日（1903年6月3日），第4版。

⑤ 关于奕劻入枢后的权力更动，参见赵虎《奕劻入枢与政务处的职能分合》，《中山大学学报》（社会科学版）2021年第6期。

止庵尚书阁下：昨奉手书，领悉一切。拟致考察政治大臣之电，甚妥，即可请旨缮发。蒙王乌泰，若令来京，彼必生疑，倘不奉诏，反失政体。或由该将军设法，妥筹办理，容晤商，再定。前日入直，散后，觉中空气短，今日子丑之间，尚不能寐，拟再请假数日条理，或可渐次就痊。诸望偏劳，顺候时祉。奕劻泐复。大稿奉缴。

信函二奕劻致止庵协揆启，光绪三十二年九月十九日

止庵协揆阁下：明早入直，乞将拟稿备带，耑此，顺候勋祺。奕劻手泐。①

第一封信时间为光绪三十一年年底，奕劻入枢已两年有余，虽然信中多商量语气，与上文三函相较，不难看出“甚妥”“请旨缮发”“容晤商，再定”，这些话语的指向性已然明显。第二封信函文字简短，却提供了非常重要的信息，即军机处还是由瞿鸿禨秉笔拟稿。查阅此一时段军机处录副奏折，此封信函中提及的“拟稿”应是指《总司核定官制大臣先将京官编定复核折》，就是中央官制改革方案，此折落款时间为九月十六日，录副奏折中有“二十日随手交”字样，落笔为九月十九日，与奕劻信函所提“拟稿”时间相符。② 这封奏折十足重要，丙午中央官职改革的总方案，关系政治权力分配与政治走向，由袁世凯主导完成。瞿鸿禨以总司核定官制大臣的身份署名，却随后单独上说帖将此方案否定（详见第一章第三节），瞿、袁由此益恶。当朝重臣陈夔龙称，“嗣因议改官制，（瞿）与同直诸君意见不合”③，就是指这件事。

袁世凯自戊戌之后崛起，先是投奔荣禄，后又仰仗奕劻，掌控

① 《奕劻致止庵尚书函》，光绪三十一年十一月，《奕劻致止庵协揆启》，光绪三十二年九月十九日，《瞿鸿禨朋僚书牍》第129、第197号函。

② 《总司核定官制大臣奕劻、孙家鼐、瞿鸿禨折》，光绪三十二年九月十六日，中国第一历史档案馆藏，录副奏折，档号：03-9284-023。

③ 陈夔龙：《梦蕉亭杂记》，第87页。陈夔龙为直隶总督，辛亥之后避乱上海，与在沪的瞿鸿禨时相过从，“乱后相见，偶话先朝遗事，几如白头闲坐，同说开、天”，记述较为可信。

北洋新军，任号有“天下总督之首”的直隶总督，把守京畿门户，朝中新进的权势人物。袁发迹后，遍交当朝权贵，但却难以亲近瞿鸿禨，下面一封有关送礼的信函说明了这一点。

> 袁世凯致子玖中堂函，光绪三十年三月二十五日
>
> 敬再启者：去年冬京邸追随，深承雅爱。以昕宵入直，跋涉多劳，谨将敝车一辆，奉赠台端，窃附车马与共之义，顷蒙专使赐还，并荷齿谢殷拳，益增感怍。清风亮节，夙深钦慕之忱，献带赠衣，幸讬知交之列。未敢固伸前议，只得遵嘱收回，古道澄怀，弥殷景企。肃复，再请勋安。统祈惠证。晚生袁世凯又顿。[①]

此函写于光绪三十年三月，据袁世凯客套的谦辞所说，上年在京得瞿鸿禨照顾，特送上马车一辆，以示谢意。瞿宅位于黄米胡同，离紫禁城很近，上朝还谈不上“跋涉多劳”。袁世凯送马车应是为迎合瞿军机春季频繁往返颐和园上朝的需要，以此投石问路，尝试用拉拢奕劻的办法结交新贵，不想瞿鸿禨“清风亮节”，将车马退还。看来史家陈寅恪将瞿与袁分列“清流”与“浊流”，不是没有根据的。[②]

瞿、袁冰炭日甚，御史顾亚蘧试图作为中间人调和，“令善化、项城结为异姓兄弟”。瞿鸿禨以“生平未有兰谱”，拒绝了袁义结金兰的邀请，“而语东海徐相，请婉为之复”。“东海徐相”指的是徐世昌，与袁换贴。这种“婉为之复”的举措，看似避免尴尬，实则

---

① 《袁世凯致子玖中堂函》，光绪三十年三月二十五日，《瞿鸿禨朋僚书牍》第51号函。时人汪大燮就认为：“项城近年得势之故，皆由有钱运动，初以四镇兵饷融销其运动之费，夺邮电两权亦以此。而前年关外铁路得利甚厚，蔡绍基为总办与洋人商取余利（有奏案）以一半奏明归公，另一半暗销。暗销之中一半朋分，一半作运动费。此事颇闻其略，近年两镇兵归陆军部已较支绌，于是多方设法，杨五之游历，亦其谋经济一端。赵次帅在东省颇扩利源，以为得此肥肉，又可设法。及徐往则财政多系明款，难于暗取。于是又欲别有生法，而计及苏杭甬。”《汪大燮来函》，上海图书馆编：《汪康年师友书札》第1册，第883页。

② 陈寅恪：《寒柳堂集》，第171页。

多少有些对于朝臣“结党”的揶揄君子不党。

地方实力派之间的权势争夺，加剧了瞿鸿禨与北洋集团矛盾走向，其中身为湘人的瞿与湘系保持着千丝万缕的联系，在清末的政局中面对日益强大的北洋集团，内廷与外廷之间形成隐秘的联结。出身两湖籍的官员，尤其是一些封疆大吏，借乡荫之便，有意靠拢。其中就有曾任职陕甘总督、闽浙总督、两江总督的湘系要员魏光焘，他在光绪三十一年正月两江任上被免职，波及湘系在南洋的势力与根基，致信瞿鸿禨，寄望栽植湘人，延续传统，称“钧座与冶秋（张百熙）尚书，并为吾湘一代伟人，将来陶铸群伦，栽培后进，为天下主持公道，为国家造就人才，既可匡救时艰，且使湘岳英灵，日有起色，惟我两公，始足副此重望。弟虽老，犹将馨香祷祈求之”。言语中视这位同乡为湘系势力“保护伞”的用意极为明显。[①]

湘军在平定太平天国起义之后，借助攻占金陵余威，控制两江财赋之区，江督人选大都出自湘人。瞿鸿禨之于两湖的渊源，袁世凯亦有认识，将其与曾国藩、左宗棠相比拟，“三十年揆席继登，合名宦儒林，湘乡与湘阴媲美”。[②] 瞿鸿禨的同年、同乡刘凤苞亦称，“曾文正、左文襄之勋业，得阁下联镳接轨”“阁下与埜秋（张百熙）仙侣同舟，夷艰济险，不可谓非天之有意于期间也”。言语不无谄媚之词，可见瞿鸿禨于湘人中的声望。[③]

瞿鸿禨对乡梓事务多有干预是事实。湖南地方学务新旧之争尤为激烈，总议长王先谦极为顽固，巡抚端方与总督张之洞“又素有异同”，加之有人“播弄其间”，“端帅实难堪矣”。瞿氏门生张缉光建议座师“万望设法，电致南皮，无令督抚生嫌，无令全湘学权坠入昏谬之手，则师之赐于湘人者厚矣”。地方督抚不能调和之事，由中枢出面调整，看似顺理成章，背后则是瞿鸿禨于湘省事务的介入。湘省人事任命与瞿多有干系，传言称赵尔巽之去，与陆元鼎上任即

---

① 《魏光焘致瞿函》，光绪三十一年正月初七日，《瞿鸿禨朋僚书牍》第 82 号函。

② 《袁世凯致瞿鸿禨函》，光绪三十二年二月初八日，《瞿鸿禨朋僚书牍》第 161 号函。

③ 《刘凤苞致外务部瞿》，光绪三十一年，《瞿鸿禨朋僚书牍》第 137 号函。

出自瞿鸿禨的运作，“湘人以为赵去陆来，出自师意”，端方由署理两江总督调湘抚同属此类。[①] 林林总总不难看出，瞿鸿禨确实积聚了湘系的势力，与妄图染指湘系控制的两江之地的北洋集团时有摩擦，这在魏光焘去职后，继承湘人衣钵的潜在候选人，曾国藩女婿浙江巡抚聂缉椝与瞿的通信中有所体现。[②]

> 某人（铁良）与弟（聂缉椝）素昧平生，亦无交涉，不知其所言何事，求明示为叩。至其专与湘人为难，有人谓有一人（袁世凯）意图独揽，南皮（张之洞）好名，故彼（袁世凯）挤之。文侯（魏光焘）庸庸，故彼容之。迨文侯既去，彼以汝南（周馥）耷迈，且为彼所汲引，故推之。又恐汝南不久于其位，将来湘人继之，弟乖谬迂直，彼所夙知，故嗾某人（铁良）牵连及之。近年所用数大员，皆其党与，外间啧有烦言。彼才学勋望，均不如文忠（李鸿章）远甚，而有震主之讥，所谓司马氏之心，行路人皆知之矣。彼方且以为得计，有识者皆为之可危。观近日杨（士骧）调其子办洋务，周（馥）调其弟练兵，陈（夔龙）又留其弟练兵数月，不知是何心肝，敢于如此欺饰。读各奏疏，令人肉麻，彼三人讵不知之？然不如此，不得好官，所谓笑骂由人笑骂也。《中外日报》与《新闻报》，皆谓河南练兵之劣，而某人方且褒之；盖以河南练兵统领为彼之弟，又为陈之特保人才，不惜昧心回护，而不虞各报将其关系之事胪列也。更可异者，某人在皖阅操时，甚赞皖之常备军，在湘时，又与陆春帅言之，当面背后均夸好，乃具奏则诋之，殆镜花缘所谓两面国之人耶？[③]

---

① 《张缉光上瞿中堂启》，光绪三十年（月不详）初十日，《张缉光上瞿世伯夫子启》，光绪三十年月二十五日，《瞿鸿禨朋僚书牍》第 74、第 75 号函。

② 《袁世凯不能达瞿鸿禨》，刘体智：《异辞录》，第 194 页。顾亚蘧以敢言著称，也是一位热衷于奔走权门之人，在北洋打压岑春煊的密谋活动中亦见其身影（详见本书第四章第五节）。

③ 《聂强恕致止庵先生函》，光绪三十一年三月，《瞿鸿禨朋僚书牍》第 92 号函。

这封信写于光绪三十一年三月，瞿鸿禨亲家聂缉椝对于袁世凯重用亲信、打击异己，权力触角遍及各地深表不满，通信内容极为敏感，更关系到湘系势力的走向。信中称袁世凯羽翼丰满，欲效仿李鸿章，向南洋拓展势力。湘系元老魏光焘在聂缉椝看来极为平庸，因此北洋尚能容之。魏光焘之后，李兴锐曾短暂任江督，病逝任上，袁亲家周馥得以从山东巡抚继任。本有希望任职江督、继承湘系衣钵的聂缉椝难免牢骚满腹，向瞿鸿禨这位朝中湖南势力的代言人表达不满。更令聂氏担忧的是，“近日用人新政，外间大都訾议，均谓枢府设在北门，而事变之来，亟亟可虑”，“且此时世界，宫枢无权，非走通北门不可”。这里的“北门”指的就是北洋门户。面对袁世凯日渐揽权的隐忧，聂缉椝却是无可奈何，叹称“我公终日与不合心之人勉强周旋，则为之不快；而我公所处之地，万无退理，只有祝天默佑我公身体健适，阖家平安”。义愤填膺却又无可奈何，信尾写下了“身体健适，阖家平安”的拜年话。[①] 北洋集团的强势扩张，让瞿鸿禨深感孤立，促使其培植党羽势力。

北洋集团与瞿鸿禨随着时局的演进成见日深，这在光绪三十二年官制改革已现端倪（详见第一章第三节），表面为政策分歧，实质是争政柄。双方矛盾不止于“新政”，延伸到国家政务的各个角落之“常政”，邮传的争夺尤为明显。光绪三十三年前后，路事风潮迭起，邮传不但与国家经济命脉相连，更牵涉到外交事务，瞿鸿禨作为外务部大臣于邮部上下其手，而觊觎该部的北洋早就暗中布局。这块肥肉成为双方争权的要地，于此亦可窥见此次政争大凡。

邮传部初开，张百熙为尚书，胡燏棻、唐绍仪为左右侍郎。唐绍仪依北洋起，袁世凯的佐命功臣，任会办铁路大臣，把持部务，与张百熙争权，属曹分两党，争辩不休，为瞿禨介入邮传部提供了契机。瞿鸿禨与张百熙为同乡，据说曾对灯立誓，无论何人入枢，

① 《聂缉椝致瞿鸿禨》光绪三十一年九月二十四日，《瞿鸿禨朋僚书牍》第117号函。

荐以江督之位。[①] 外界也将两人看作是朝中湘系势力的代表，在日益演变的政局中二者关系颇为微妙。据后人追述，庚子之岁，二人先后被召至西安行在。因军机大臣空缺，慈禧太后有意选择其一，询及荣禄，建议就新政各抒己见。张百熙奏陈洋洋万言，瞿鸿禨则回答简要。两宫认为百熙所言连篇累牍，不得要害，鸿禨所说切中利弊，平易近情，遂令在军机大臣上学习行走，又派充政务处大臣。[②] 瞿鸿禨任军机大臣，并未兑现张百熙任职两江的许诺。百熙不得志，辄举以告人，"今总督无望，即巡抚亦不可得矣"，[③] 郁郁以终，于光绪三十三年春病逝。瞿、张时有嫌隙，日渐疏远，时人分析根源在于瞿鸿禨"为人向系阴险一路"，"庚子回銮之时，长沙（张百熙）名誉甚好。政府评议，九公（瞿鸿禨）亦说好，并谓长沙人太好，即如保康（有为）亦其太好之故，面子似系说好话，而以'保康'两字提出，大有窒碍"。张百熙旋与袁世凯缔姻，适中瞿鸿禨之忌，交益疏远，神离貌合，"长沙以阴鸷譬九公，亦良确也"。[④]

邮传部侍郎、属北洋一系的唐绍仪为张百熙的主要对手。唐熟悉外交事务，得慈禧太后信任，称"外部事应由汝当家，好好办事"，于是外部之事唐"画诺后方定"，因此越发"意气如虹"，"几有入赞枢密之谣，更有即为邮尚之议"，"殊不知九公（瞿鸿禨）蜃怨，竟不之觉"。[⑤] 当然，军机协揆成见的根源还在于唐绍仪的北洋背景。

张百熙与唐绍仪时有冲突，正被瞿鸿禨所利用。伴随双方矛盾日趋炙热，不可调和。张百熙致信瞿鸿禨斥唐争权，"今日唐侍郎送来折稿一件，由潜（张百熙）点定一二语，缮就呈阅。侍郎之意非此不可，前日并云已与邸（奕劻）说过，潜谓此稿非呈邸座阅定不

---

① 《瞿鸿禨与张百熙》，刘体智：《异辞录》，第 185 页。
② 陈夔龙：《梦蕉亭杂记》，第 86—87 页。
③ 《瞿鸿禨与张百熙》，刘体智：《异辞录》，第 192 页。
④ 陈旭麓、顾廷龙、汪熙主编：《辛亥革命前后 · 盛宣怀档案资料选集之一》，第 46 页。
⑤ 陈旭麓、顾廷龙、汪熙主编：《辛亥革命前后 · 盛宣怀档案资料选集之一》，第 35 页。

能上也。是否如此办，望求钧酌，或请携此稿去邸座面商，或发还后由潜明早入直时面呈邸阅，均求见复遵办。用本部关防尚是潜力争而得，其意欲请另给关防，尤难措词，且于事理尤不合也。本部司员多不谓然”①。内部办事程序的分歧恰恰说明，邮传部内部党派林立，政见不合。张百熙信函中以庆王与唐绍仪的关系为症结，也是大有深意。

用人方面，张、唐意见分歧更甚。瞿鸿禨对外曾说：“长沙（张百熙）胸无成竹，日后部事无非唐（绍仪）、杨（士琦）两人大权在握。似乎泗州（杨士琦）之右侍殆无疑义。然长沙闻善化之说，不肯认大权旁落之名，故近来与三藏（唐绍仪）于调人之际，颇有意见。”② 双方因堂官施肇基与陈昭常的任用，直接找瞿鸿禨对质，状告到主管中枢。张百熙称“已与公（瞿）商定，开去陈、施两缺，则外议自可稍平”“求公一酌之”。看来针对两人的进用私下有过沟通。③ 不过，后来张、唐商议开缺一人，而是留下陈昭常。对此，唐绍仪致函瞿，称“留陈仅充部丞”。同时将张百熙写给他的信一并抄送，“开缺即无所归，于情未免难堪。部丞兼充督办，于新章恐亦未合，拟留陈在，施是否可行？愿明以教我”。④ 看来邮传部内部倾轧日烈，已经到了不可调和的地步，这是瞿鸿禨插手的有利因素，顺势布置机关。

先是光绪三十二年冬梁鼎芬进京，觐见时弹劾邮传部诸公，张百熙、唐绍仪即受到严训，背后即有瞿鸿禨的身影（参见第二章第一节）。随后侍读马吉樟再劾唐绍仪任用私人，称邮传部右丞陈昭常为同乡，右参议施肇基为侄婿。折上，慈禧太后询问奕劻：“唐某平日办事，我深许之。何以近来说闲话者如此之多？”庆王为唐开脱：“唐某自奉命在外部当家后，勤慎办事，又有税务等事，亦无暇周

---

① 黄薇整理：《张百熙、瞿鸿禨往来书札（上）》，《历史文献》第 19 辑，第 83—84 页。

② 陈旭麓、顾廷龙、汪熙主编：《辛亥革命前后·盛宣怀档案资料选集之一》，第 33 页。

③ 《张百熙致瞿函》，光绪三十二年十一月，《瞿鸿禨朋僚书牍》第 205 号函。

④ 《唐绍仪致瞿函》，光绪三十二年，《瞿鸿禨朋僚书牍》第 217 号函。

旋，所以如此。”显然解释无力，不能令当政者满意。又云：“此次丞参内一同乡，一亲戚，不免为人指摘”，结果“即将陈、施开缺可也”。瞿鸿禨借用御史发难，又通过奕劻独对失策，除去唐绍仪两亲信。载振感叹：“老人家（奕劻）又上人之当矣。”① 与瞿鸿禨关系密切的汪大燮亦研判此事，“谓唐用私人，谁所用非私人，何者焉私，何者非私，界限安在，如此何足服之”。对瞿的手段颇有微词。② 瞿鸿禨打击异己的同时，“大肆机关”，③ 安插亲信，准备提拔同党兼同乡曾广铨，“竭力谋邮侍，九公力任之”，遭到奕劻的反对，提拔“不苟言，甚稳当，通英语”朱宝奎替代。④ 此后张百熙旋中寒疾，误服芩连不起。林绍年署尚书不足一月，由岑春煊代之，上任即弹劾朱宝奎，人事纠葛多与高层的政争逻辑暗合。

透过邮传部人事纷争，可以看到官制改革后，瞿鸿禨与北洋的矛盾积不相能。瞿鸿禨不愿“汉人入枢垣，惟有伴食而已”的局面，隐忍与压抑终于爆发。⑤ 某日，瞿鸿禨直庐，看到乾清门外，雍正帝御书匾额“一堂和气”，有感而发，赋诗一首：“中枢清切丝纶地，右掖深严政事堂。特诏和衷孚一德，高悬圣藻照三光。更无异党争牛李，要使同音奏杜房。夙夜鉴临滋省惕，矢怀忠实绝他肠。”⑥ 庙堂之上“一堂和气”“和衷”，“无异党”“同音”谈何容易。

---

① 陈旭麓、顾廷龙、汪熙主编：《辛亥革命前后·盛宣怀档案资料选集之一》，第 37 页。

② 《汪大燮来函》，上海图书馆编：《汪康年师友书札》，第 834 页。

③ 陈旭麓、顾廷龙、汪熙主编：《辛亥革命前后·盛宣怀档案资料选集之一》，第 37 页。

④ 陈旭麓、顾廷龙、汪熙主编：《辛亥革命前后·盛宣怀档案资料选集之一》，第 48 页。曾广铨与同乡瞿鸿禨私下确实有联系，也曾请托于瞿，“广铨情性孤僻，自知难于合群，倘于偏地位置一席，尚能勉效驱驰。若欧洲诸差，家计艰难，不堪赔累。恃爱渎陈，伏乞垂谅”。《驻法公使曾广铨致瞿中堂函》，光绪三十一年十月二十五日，《瞿鸿禨朋僚书牍》第 124 号函。陶湘称，“曾五始谋署邮传，继谋陕藩，后复谋补邮侍，旋谋府尹，最后谋苏臬，均未得，颓丧之至。大约有九公在，当不终于落空”。陈旭麓、顾廷龙、汪熙主编：《辛亥革命前后·盛宣怀档案资料选集之一》，第 50 页。

⑤ 《汪大燮来函》，上海图书馆编：《汪康年师友书札》，第 776 页。

⑥ 《乾清门外枢臣直庐，世宗御书匾额，曰“一堂和气”。出入瞻仰，肃然敬赋》，《瞿鸿禨集》，第 48 页。

第三节　恽毓鼎上奏与清廷奉法循理

恽毓鼎，字薇荪，又字澄斋，生于同治元年，顺天府大兴县人，世籍江苏阳湖，也因此常被讥讽为“冒籍举人”，暗含几分投机取巧的揶揄。恽毓鼎出身官宦世家，曾祖任直隶河工主簿，祖父道光朝进士，历官至江西巡抚，父同治朝举人，内阁候补侍读。幼年家世零落，双亲病故，身为家中长子，依附时任湖北粮道的伯父恽彦琦，得以继续读书，寄望通过科举改变命运。受惠于家庭书香氛围，他于科考表现出较高的天赋，光绪八年中举，十五年会试二甲第二十九名，入翰林院，这是古代士子中进士后一条令人钦慕的正途之路。

在文章高手如云的词苑，恽毓鼎表现并不突出，循资升迁，随班听鼓，历官詹事府右赞善、左赞善、右中允、左中允、司经局洗马，翰林院侍讲、侍读、侍讲学士、侍读学士。与瞿鸿禨中举后，不几即连续外放为学政的优差不同，恽氏寄居翰林院，兼职多是在国史馆担任协修、纂修、提调，文渊阁校理，都是一些文人养家糊口的苦差事，有对外说出口的官职名声，却无特别优厚的经济收入。[①] 在翰林院的清贫之地度日，恽府上下生活拮据，加之接连纳妾，子女众多，家境更贫。[②] 光绪三十二年腊月，临近年关，恽宅诸口嗷嗷待哺，“年况甚属萧条”，恽毓鼎不得已向乡试同年已任两江总督的端方去电求助。端方知其经济窘迫，汇去一百两，并嘱托在

---

① 据报界称，恽毓鼎与瞿鸿禨因国史馆誊录议叙挟有夙仇。《日下近闻》，《申报》，光绪三十三年五月十四日（1907 年 6 月 24 日），第 2 版。

② 据恽日记记述：“配管夫人，前卒。生子一，即宝惠，镶黄旗汉军副都统，公府顾问。女一，适常熟翁之铨，京兆昌平县知事。继配董夫人，生子四：宝懿，内务部任用荐任职，宝晟、宝润、宝愉。女五：一适天津李宝训，一适吴县邹应菘，一适满洲完颜世贤，馀未字。侧室王，生子三：宝襄、宝纶、宝宽。女三，一适嘉兴沈瀛，馀未字。孙十人。孙女二人。”恽毓鼎著，史晓风整理：《恽毓鼎澄斋日记》，第 809 页。

京的七弟端绪赶紧送去，以解燃眉之急。随后又接到恽函，“意似告急”，又加送两百金，不过此次未派人专送，而是让恽到票号自取。[①]年节临近，这位整日侍奉宫中，见惯皇家奢华生活的侍读学士想必心中五味杂陈。金榜题名，读书入仕，多少士子的梦想，但恽毓鼎所处的清末政治生态是严酷的，旧制以郎中、给事中分途并用，递升至三品，遂跻侍郎尚有可能。庚子以后，候补京堂多至三四十员，恤荫、报效、随同议约、军机章京、襄办政务均可得之，自是郎中、给谏永无推升之期，无钱无势的恽毓鼎毫无出头之日。面对现实的窘境，恽毓鼎需要做几件“惊天动地”的大事，改变人生命运。

对恽毓鼎而言，继续保持文人的自恃清高，还是放下身段屈服于现实，显然要做一抉择。两者的选择均非易事，前者保持了读书人的尊严，却难以体面的生活；后者要奔走权门，对于一届书生来说，挤入高墙红门谈何容易。恽毓鼎手中可用的“王牌”当属翰林院常年熏陶的八股文章，虽然坊间有“翰林院的文章、太医院的药方”的不屑说辞，能改变恽氏命运的却也只剩下手中的笔杆。

光绪三十二年启动的官制改革，体制巨变，朝野震动，“各争权力，互相猜忌，已失宪法宗旨”可能“召大衅而生大乱”。[②] 时人的担忧颇能反映实况，尤其是一些边缘衙门面临裁撤，关系到京官的前途命运，人心惶惶。都察院、翰林院的改制也在讨论之中，自八月开始已有御史连篇上书，对于主导官制改革的权臣袁世凯大肆弹劾（见本书第一章第三节）。恽毓鼎亦多有微词，在日记中写道：“近来疆臣权重势专，朝廷一意姑息，不复能制，尾大不掉，藩镇之祸时见于今。”“疆臣”，指的就是袁世凯。[③] 在此之前，恽毓鼎就曾痛斥士人奔走北洋，“士大夫之无耻者，群媚北洋，以为外援，超取

---

① 《端方致北京陶转恽毓鼎电》，光绪三十三年正月十九日，中国第一历史档案馆藏，端方档案，档号：27-01-001-000166-0070。《端方致北京陶电》，光绪三十二年十二月二十八日，中国第一历史档案馆藏，端方档案，档号：27-01-001-000166-0041。

② 《余敏斋自长沙致止盦相国亲家函》，光绪三十二年十二月初十日，《瞿鸿禨朋僚书牍》第208函。

③ 恽毓鼎著，史晓风整理：《恽毓鼎澄斋日记》，第348页。

爵位，借新政名目，遂其卖国图利之私，国事将不可救”。感叹之余，立志不能忘了读书人的初心，“处此时势，惟有畏远权势，不求利达，以期无负初心”。[①] 恽毓鼎入翰林院后，秉笔词曹，坚守本心，曾向前辈瞿鸿禨表达对士子轻浮的不屑，“南中子弟极多聪俊者，然往往伤于浮薄，似宜以正心术，励品行为先”。[②] 可生逢三千年未有之大变局的晚清，官场政治波云诡谲，“入鲍鱼之肆，久而不闻其臭”，读书人不忘初心谈何容易。专制政治下的清议传统代表着士阶层的道德境界，秉持“人而不能言，何以为人”忠言纳谏信念的儒家重名思想是历代清议重起的深层因由。追求义理与真知、不计名利、不惧权贵本是清议诸公最为人称道的道德本色，翰林院清贫之地，科举取士将最有才华的士人积聚于此，但却要经历一番京官生活的寒苦。晚清以降日益拥堵的宦途，向权贵低头、奔走权门改变命运，时刻考验着士林中最有气节的群体。

行走宦途的恽毓鼎一度以敢言著称，疏陈朝中各事，涉及经济特科选用人才、修筑山东铁路、纠参顺天属吏贪污、严饬近侍、筹济江南米荒、维新敬陈管见、密筹战备、办理教匪、苏淮分省利弊、经营新疆、设新陕总督、奏陈南昌教案办法等，可以说是一位兢兢业业的言官。不过频频上奏却未能获得青睐，看来未得撰写奏陈的要领，在于讨论的事件未能触动当政者，也反映出言路的式微之势，为统治者博得纳谏的名分性象征意义多于实践价值。作为日讲起居注官，帝后身边的近侍是能够获得第一手信息的，留意会有所得。

机会来自光绪三十三年春，两宫于四月十二日移驻颐和园，比之于深宫，西山风景秀丽，于此理政更为闲适惬意。翻阅此段时间《起居注》，慈禧太后居园期间主要往来于乐寿堂和玉澜堂，不时发出懿旨，但为数不多。起居注官倒是清闲，记载的大都是请安、点戏听戏等日常琐事。五月初四日，轮到恽毓鼎当值，当天的起居注

① 恽毓鼎著，史晓风整理：《恽毓鼎澄斋日记》，第 283 页。

② 恽毓鼎著，史晓风整理：《恽毓鼎澄斋日记》，第 136 页。

未记载大事要事，不过应是探听到了敏感的消息，“初四日，某侍御曾劾九公（瞿鸿禨），措词散漫，上阅后曰：‘此如何兴？’即置之。澄（恽毓鼎）密得此息”。[①] 大理院少卿刘仲鲁致端方密电称，“南田一疏，本有线索，故有触即发”[②]。看来恽氏确实获得了可靠的文料，从事后来看事涉枢垣重臣。一次有失人格，却能博得大名的投机际遇摆在他面前。

对比同样出身翰林、官至中枢的瞿鸿禨，恽毓鼎检讨自身窘状，不免嫉恨落寞。本年二月曾就瞿的仕途轨迹有所议论，“善化任学士二十三年，最为淹久，而由学士拜相，则不及十年。可见仕途迟速，自有一定，绌于彼者伸于此，非人力所可强为。余于是不兴迟暮之感矣”。[③] 仕途升转“非人力所可强为”耶？恽毓鼎不信，境况的反差自然也有些许嫉妒与愤懑，“素为瞿所垂青，屡有所许，而八年不迁一秩，恽因深衔之”。已有迟暮之感的侍读学士虽然屡次上奏不得垂青，但依然寄望有朝一日跻身权门，连夜据探得密信起草奏章，“既可结知于庆，又可泄忿也”。[④] 折上后当朝军机瞿鸿禨被开缺回籍，这是恽毓鼎始料未及的，“以小臣一言，不待查办，立予罢斥，自来所未有也”。[⑤]

恽毓鼎的奏章上陈后，除慈禧太后外，军机大臣亦不得见，留中。不几年，清朝覆亡，该折尘封，无人问津。直到史家孔祥吉先生查阅档案，将其公布于众，得以面见天日，世人方探知内中原委（折有一附片，未见）。现将此折录入：

日讲起居注官二品顶戴、翰林院侍读学士臣恽毓鼎跪奏，为枢臣怀私挟诈，请奋乾断，立予罢斥，以清政本，恭折仰祈

① 陈旭麓、顾廷龙、汪熙主编：《辛亥革命前后·盛宣怀档案资料选辑之一》，第58页。

② 《刘仲鲁致端方电》，光绪三十三年五月十二日，中国第一历史档案馆藏，端方档案，档号：27-01-002-000173-0017。清代书法家恽格，别号南田，此处“南田”代指恽毓鼎。

③ 恽毓鼎著，史晓风整理：《恽毓鼎澄斋日记》，第298—299页。

④ 《京高道来电》，光绪三十三年五月初九，中国历史研究院藏，张之洞档案，甲182-445。

⑤ 恽毓鼎著，史晓风整理：《恽毓鼎澄斋日记》，第351页。

圣鉴事。窃维中外臣工效一官司一职，虽有劣迹，关系尤轻。惟枢辅重臣赞助无才，居心叵测，误国蠹政，实为法所难宽。伏查军机大臣、协办大学士瞿鸿禨，名望素轻，蒙皇太后、皇上圣恩拔置政地，宜如何开诚布公，以报殊遇。乃七载以来，于时事毫无补救，而反怀私挟诈，翻复不忠，屡被纠弹，巧谋益固，不能不为圣主言之。瞿鸿禨平日与京报馆主事往来甚密，通国皆知。朝廷缜密之谋，暗通消息，往往事未宣布，而报纸先已流传。其心所欲言，则授意言官奏陈。瞿鸿禨窃权而为之主。外城总厅丞朱启钤与瞿鸿禨至戚，以一县丞不数年而跻三品。余肇康于刑律素未娴习，且因案降调未久，瞿鸿禨与为儿女亲家，托法部保授右丞。去岁张百熙奉严旨申饬，瞿鸿禨对人言：上意甚怒，无力挽回。及张百熙病危，瞿鸿禨前往慰问，则谓：身后饰终之典一人任之，必使应有尽有。怨归君父，恩则归己。大臣用心，岂宜如是。闻之士大夫群谓，其阴结外援，分布党羽，为保守禄位之计，言之凿凿，必非无因。似此鬼蜮之行，岂可久居政地？臣受恩深重，不敢畏避权势，缄默不言。可否立予罢斥之处，出自圣裁，非臣所能擅议。谨具折纠参，伏乞皇太后、皇上圣鉴。谨奏。光绪三十三年五月初六日。[①]

据恽折的叙述顺序，所罗列的瞿鸿禨“罪行”概括起来主要有六点：暗通消息、授意言官、窃权而为之主、阴结外援、分布党羽、保守禄位。“暗通消息”折中称“通国皆知”，指与京报馆主事往来；“授意言官”并未举证，强调与言官串通；“窃权而为之主”一条，列举了余肇康、朱启钤、张百熙三人，其中余、朱品级不高，张居高位，已去世。在陈述了前三条之后，恽毓鼎作了总结，又列出其他三项，称“阴结外援，分布党羽，为保守禄位之计，言之凿

① 《翰林院侍读学士恽毓鼎折》，光绪三十三年五月初六日，中国第一历史档案馆藏，朱批奏折，档号：04-01-12-0655-054。

凿”，但无详证论述。

时人认为恽毓鼎这篇弹章“由庆邸交下，系杨士琦代拟”，[①] 但并无实据，不过庆独对诋毁瞿被外界探知。[②] 与此时段言官弹劾奕劻与北洋的奏章相比，恽折用词并不激烈，证据亦不充分。不过就是这样一封文辞欠佳、举证不清的奏陈，却打动了慈禧太后，折上次日上谕下发：

> 殊谕恽毓鼎奏参枢臣怀私挟诈请予罢斥一折，据称协办大学士外务部尚书军机大臣瞿鸿禨暗通报馆，授意言官，阴结外援，分布党羽。余肇康于刑律素未娴习，因案降调未久，与该大臣儿女亲家，托法部保授丞参等语。瞿鸿禨久任枢垣，应如何竭忠，报称频年屡被参劾，朝廷曲予宽容，犹复不知戒慎，所称窃权结党，保守禄位各节，姑免深究。余肇康前在江西按察使任内因案获咎，为时未久，虽经法部保授丞参，该大臣身任枢臣并未据实奏陈，显系有心回护，实属徇私溺职。法部左参议余肇康着即行革职，瞿鸿禨着开缺回籍，以示薄惩。钦此。[③]

上谕对恽毓鼎弹章所列六罪均有涉列，其中“暗通报馆”与“窃权结党”与恽折用词不同，属于新表述。“暗通报馆”指的是恽折中的“暗通消息”，无太多歧义。“姑免深究”的“窃权结党”一项则内含深意，尤其是“结党”一语恽折中并未述及，如此敏感的词汇，行文者必然出于授意或当政者有感而发，方落在纸面，形成了“窃权”与“结党”的结合。“结党”反映了当政者对于此案的

① 《京陈丞来电》，光绪三十三年五月初九日，中国历史研究院藏，张之洞档案，甲 182-445。亦参见《瞿鸿禨因衽席之言失位》(胡思敬:《国闻备乘》，第 96 页)。杨士琦喜文墨，据说载振被劾谢罪折就是出自其手笔。杨士琦运动恽毓鼎上奏笔记多有记述，参见《杨杏城之毒药水》(刘禺生:《世载堂杂忆》，第 203 页)。

② “瞿相被逐之事，闻前日庆邸独对，痛陈善化近日私祚之谋，并被倾轧情形”。《京高道来电》，光绪三十三年五月初九日，中国历史研究院藏，张之洞档案，甲 182-445。

③ 中国第一历史档案馆编:《光绪宣统两朝上谕档》第 33 册，第 76 页。

态度，为导致瞿鸿禨去职的重要因由。

此道上谕称“窃权结党，保守禄位各节，姑免深究”，这样恽折提到的六项罪名剩四项。第一道上谕下发时，林绍年对清廷不经查办即定案颇为不满，“遽行放斥，后复谁敢任天下事者”？“如此何以服人”？力请派查，慈禧太后“哂而允之”[①]，据此下发第二道调查的谕旨：“恽毓鼎奏参瞿鸿禨暗通报馆、授意言官各节，着交大学士孙家鼐和陆军部尚书铁良秉公查明，据实复奏”。[②] 据此，余下四项罪名，“阴结外援”“分布党羽”两项又免于调查，仅查证“暗通报馆、授意言官”。需要调查的两项罪名实难定论，诚如报界所言，“若曰暗通授意，则更无语言文字之可求”，且“曰暗通、曰授意，更轶出乎风闻言事之常例，而援理想以言事”。[③] 显然上谕已将此事定案，且瞿鸿禨已放逐归乡，调查完全是出于敷衍而平息舆论。查办大臣孙家鼐召对时索要恽毓鼎原折，得到慈禧太后回复则是：“汝查而已，何必原折？”台谏弹章少有不交折查者，当时的成例一般是“查办大臣必先探询政府意旨，然后复禀。凡政府不愿去之人，虽空台以争，无效也”。[④] 从这方面来说此案已成定数，有无奏折并不影响办案，如何回奏令当政者满意，才是熟稔官场政治的两位查办大臣最为关心的问题。结果如时人预见，“孙查办宗旨与前略同或不株累”[⑤]，仅用十天即草草了案。

结案奏章通篇采用了诸多非确定性用语，“尚未能遽定此案虚实”“恐所不免”“或亦有之”“恐瞿鸿禨断不致糊涂至此”“似尚未为允协”“可否免其置议之处”“未必肯受人指使”，并未给出确切结论。显然查办大臣寻求以试探性语言给出一些模棱两可

① 《林侍郎持正》，胡思敬：《国闻备乘》，第 78 页。

② 中国第一历史档案馆编：《光绪宣统两朝上谕档》第 33 册，第 76 页。

③ 《旅沪常府绅士致恽薇孙学士书》，《申报》，光绪三十三年五月初十六日（1907 年 6 月 26 日），第 2 版。

④ 《陈璧、袁世凯之去》，胡思敬：《国闻备乘》，第 39 页。

⑤ 《京陈丞来电》，光绪三十三年五月初九日，中国历史研究院藏，张之洞档案，甲 182-445。

的建议，“瞿鸿禨业经奉旨开缺回籍，可否免其置议之处”“请一并无庸置议”，将定案权“恭候圣裁”“伏乞皇太后、皇上圣鉴”，[①] 这是官僚的圆滑与推诿，同样也是君臣之间的默契。据称鹿传霖曾向孙、铁面授机宜，称此案所应查者一为暗通，二为授意，断然无法查实，开缺者开缺，革职者革职，如查有其事已足蔽辜，查无其事亦岂能开复，“含糊了结最为上策”。[②] 更何况慈禧太后在调查之初，就有“汝查而已，何必原折”之语，其倾向性与意图再明显不过，欲加之罪而已，调查就是为已经下发的上谕找个说辞。调查折上奏当日上谕下发，“奉旨知道了”。[③] 此案虽有了官方定论，却不能令人信服，诚如史家沈云龙所言，证词“为移花接木、曲予弥缝，避重就轻，有意开脱，实显而易见，自不足据一位信史也”。[④] 暗通报馆与授意言官虽难以查实，回到历史场境，却反映了时人对于庙堂之上的言官与庙堂之外以报馆为主导的清议的认知。

暗通报馆为触动慈禧太后的重要因由，张之洞在京坐探称，“慈圣近于学风邪谬，士论喧嚣最为深恶，长沙被逐，固多有所由。然于暗通报馆一端尤触慈怒，所以派查办者即此故也”。[⑤] 恽折提及京报馆主事，并未明确指向何人，此外尚有附片题名为《候补五品京堂官曾广铨内阁中书汪康年勾结路透电洋员泄露机密请饬民政部迅予处置片》[⑥]，孙家鼐与铁良的回奏指证了报人汪康年。

晚清报纸将本属于体制内狭窄的士林清议扩充到影响全国的舆论，其公众影响力又非清议所能比肩。汪康年借助办报引导舆论，

---

① 《文渊阁大学士孙家鼐、陆军部尚书铁良折》，光绪三十三年五月十七日，中国第一历史档案馆藏，录副奏折，档号：03-5482-010。

② 《日下近闻》，《申报》，光绪三十三年五月二十一日（1907 年 7 月 1 日），第 3 版。

③ 中国第一历史档案馆编：《光绪宣统两朝上谕档》第 33 册，第 85 页。

④ 沈云龙：《徐世昌评传》，中国大百科全书出版社 2013 年版，第 49—50 页。

⑤ 《京高道来电》，光绪三十三年五月二十四日，中国历史研究院藏，张之洞档案，甲 182-445。

⑥ 恽毓鼎著，史晓风整理：《恽毓鼎澄斋奏稿》，第 77 页。目前此片尚未得见，仅在恽氏所著《恽毓鼎澄斋奏稿》保留了题名。

光绪三十三年年初，在京设立《京报》，发刊词指出创办该报的目的，“力纠政府之过失，以弭目前之祸”[①]。冠冕堂皇的办刊宗旨背后，不乏政争对手倾轧。报纸于政治参与自成一路，代表民间士议的报人转而成为政争者暗中操纵舆论的工具。光绪三十三年，《京报》对奕劻七十寿辰发表了多篇评论，有意针对庆王府发难，连篇累牍的批评见于该报，言语辛辣犀利，评论称当此时局举办生辰庆典应有不安者三，一是辽东战乱、江南水灾、山东枭匪等各地民不聊生；二是内政外交绝无建功之地，西藏为英所窥测，盛京为龙兴之地，被日俄蹂躏，编史无可书之；三是庆王外虽蒙朝廷恩典，内实则自惭，原因是周某（荣耀）以罪干籍末之人，骤得奉使绝域之命，道路皆知。同时揶揄庆王，有此三点不安，何能寿礼，“何况广受货贿自干法典乎？”[②]

此年赵启霖弹劾庆王府，《京报》跟踪报道，推波助澜。盛宣怀坐探陶湘称，“盖《京报》主事某公（汪）为九公（瞿）门下士，数年来出入九公之门，专为侦探起见，今年即舍《中外时报》，而特开《京报》，于杨（翠喜）事极力以登之”，汪康年在京所办之《京报》，即瞿鸿禨机关报，与庆王府掌控的《北京日报》展开笔战。[③]与汪康年过从甚密的王慕陶称《京报》出版大佳，“吾党一重要机关也”，也可看出该报确实具有政治背景与政治倾向。[④]依附于王朝体制内的清议在言论范围与意见表达褊狭有限，汪康年身为瞿鸿禨门生以报人的身份陶铸文风，引导舆论，涵盖范畴则非常广泛，代表了晚清名士参与政治的另一面相，与言官的庙堂之上打动帝王相呼应，内外相合实为瞿鸿禨阵营横议政治、鼓荡人心的重要应援。对此，北洋集团有着明确的认识，两江总督端方致电袁世凯称“善

---

① 汪诒年纂辑：《汪穰卿先生传记》，第119页。

② 《庆亲王七十生辰蒙特别赐寿恭记》，《京报》，光绪三十三年二月二十九日（1907年4月11日）。

③ 陈旭麓、顾廷龙、汪熙主编：《辛亥革命前后·盛宣怀档案资料选辑之一》，第59页。

④ 《王慕陶来函》，上海图书馆编：《汪康年师友书札》第1册，第114页。

化参案必涉及汪康年"[①]，袁回电称，"俟此风潮后，嘱朱桂辛妥筹《京报》收束法"。[②] 由此看来，恽毓鼎指控瞿鸿禨暗通报馆指的就是汪康年及《京报》馆，针对则是日益兴起的民间士议。[③]

言官居于庙堂之上，占据道德的制高点，惯用具有普遍性的历史经验和世俗伦理评判是非，实际的尺度则遵从自身学识与门户之见。言官本是个体立言，在国事窘迫之际越发高亢，给人以合众群鸣的观感，如同前后清流的此起彼伏。至丙午官制改革，制度变革为谏官提供了广泛的议政空间，新旧体制熔铸磨合牵动则是官员群体与个人利益。瞿鸿禨被认为从中怂恿引导言路，"授意言官指赵启霖而言也"[④]"谓系瞿子玖报复所为"[⑤]。恽毓鼎所言授意言官，指的就是赵启霖弹劾庆王府事，更为广泛的对象则是被瞿鸿禨操控、居于庙堂之上的清议群体。

揆诸此案，授意言官与暗通报馆致军机协揆瞿鸿禨去职，看似冠冕堂皇、无从查证的理由，此中蕴含的深意则是清廷最高当政者对于庚子之后士林于新政改革喧嚣一面的不满，其中言官代表了庙堂之上

① 《端方致袁世凯电》，朝年不详，中国第一历史档案馆藏，端方档案，档号：27-01-001-000157-0006。原电称"善化参案必涉及汪康年，渠所办《北京日报》似宜设法易人，或另筹妥善办法"，似有将《北京日报》与《京报》混淆之误。

② 《袁世凯致端方电》，光绪三十三年五月十九日，中国第一历史档案馆藏，端方档案，档号：27-01-002-000252-0013。

③ 针对恽毓鼎所言"暗通报馆"的指控，未见瞿鸿禨出言反驳，倒是其后所著多部著作，反复阐述军机处的保密规矩。《圣德纪略》中写道，"钦圣驭下严明。一切折件，虽奏事首领太监，例止递进传发，不许翻视。召见臣工，皆令内监远立正殿之外，召对之人退出，方得进殿，无敢违者"，言外之意，对于保密一事，清廷尤为关注，作为枢臣自然严格遵循。《儤直纪略》用很长篇幅讲述清代军机处定例森严，虽王大臣不能擅入，凡入对、起草文书皆有程式，不敢擅自为之。《恩遇纪略》继续谈到，自其入枢后，"始终不易人，予于此滋益慎密"，在瞿鸿禨看来，保密是军机大臣的必备常识。《旧闻纪略》开篇即谈，"军机处系机要重地，凡事俱应慎密，不容宣泄"，随后讲述清朝各代因泄露机密的事件以及处理之上谕。可想而知，瞿鸿禨行走内廷，应该是熟知宫中涉密规矩，事后在撰写各种纪略中反复提及，也算是一种开脱辩解。参见《圣德纪略》，瞿鸿禨著，谌东飚校点：《瞿鸿禨集》，湖南人民出版社 2010 年版，第 156—157 页。《儤直纪略》，《瞿鸿禨集》第 158—166 页。《恩遇纪略》，《瞿鸿禨集》第 170 页。《旧闻纪略》，《瞿鸿禨集》第 171—179 页。

④ 《日下近闻》，《申报》，光绪三十三年五月初十九日（1907 年 6 月 29 日），第 3 版。

⑤ 《瞿子玖开缺始末》，刘禺生：《世载堂杂忆》，第 92 页。

的言路，报馆则是庙堂之下的士议，两类最具清议色彩的群体。言官清议多为文学之士、握有天下义理，引导道统之清望，为庙堂之上最为高亢的人。与庙堂之上的体制内狭小空间清议相呼应的则是庙堂之外与清流一脉相承的士议，晚清报纸的创办让名士有了更多的表达空间，通过舆论引导风气、干预国政，达官显贵往往乐于接纳诸如报人这般名士之流，也是最高当政者善于利用的政治工具。[①] 士林群体喧嚷朋党政治之害的同时，也成为朋党攻击的对象。

第四节　瞿鸿禨因“党”去职

授意言官与暗通报馆背后蕴含着当政者不满于朝中的士议，进而演化为党议、党援。恽毓鼎弹章中“窃权而为之主”，上谕改为窃权结党，颇有深意。有关瞿鸿禨窃权结党的指控因三品官法部右丞余肇康一人而坐实。余肇康为瞿鸿禨子希马的岳父，瞿府的常客，与军机协揆能说上话的人。恽毓鼎弹章胪举了余肇康及朱启钤、张百熙三人作为例证，惟有余肇康被硃谕点名批评，“显系有心回护，实属徇私溺职”“着即行革职”。余肇康虽为三品京堂，算不上重臣权臣，却是瞿鸿禨一手提拔起来的，沟通朝野内外的一枚重要棋子。恽毓鼎折中余“因案降调未久”一句，看似无关紧要，其实暗含玄机，指的是“余肇康前在江西按察使任内因案获咎，为时未久，虽经法部保授丞参，该大臣身任枢臣并未据实奏陈”[②]，实则牵涉到北洋与江西教案，瞿鸿禨之“党”总是与北洋朋党相联结的。这里简要介绍被上谕点名的小人物——余肇康的发迹史，亦可窥测清末高层布局的镜像。

余肇康，字尧卫，湖南长沙人，光绪十年中举，十二年中进士，

---

① 体制内的“清议”与报章舆论，前者在朝后者在野，体制内外之别，但时间的推移发生了颠倒性的转化，清议界说为在野的民间声音，而舆论被界说为国家官方的权威之声。参见倪琳《近代中国舆论思想变迁》，上海交通大学出版社 2012 年版，第 80 页。

② 中国第一历史档案馆编：《光绪宣统两朝上谕档》第 33 册，第 76 页。

留京任吏部主事。光绪二十年外放，署武昌知府，后实任汉阳知府。二十九年署襄阳道，再升任荆宜施道，两年后擢升江西臬司。余肇康的每次升转均有瞿鸿禨运作的痕迹。瞿军机行走内廷，如履薄冰，行事谨慎，但对余肇康这位亲家公却十分信任。光绪二十八年，余去信称，“北征之意，发自中峰，自有特别报送，弟亦深不欲行。一切起虑，均如尊指，年内决不作是想”。囿于史料，目前难以解读文中“北征”的含义，应是指官职有变，听从安排。[①] 余肇康在湖北任职期间，多次得到总督张之洞的赞誉，“鄂中各司道，孰有如□（余）”。深谙为官之道的余氏当然有自知之明，“盖亦因公（瞿）而有此誉耳”。[②] 光绪三十年，余肇康任江西按察使，亲家公暗中操作起了很大作用，“枢府诸公，虽均知下走（余）姓名，而两年未通一音敬，乃不以为不肖，同声荐举，盖亦我公逢人说项之所至”。在宦途壅滞的晚清官场，官符升转需论资排辈、更需要人脉资源，恽毓鼎多年不得意不就是例子，焉能不恨？但余肇康并不满意新职，“如有长江附近缺出，仍求设法量移”[③]，“长江附近”应是指沿江各省。余肇康一直不愿赴京为官，加之体残，京中官员给他起了个诨号——“余瘸子”。如果不是有瞿鸿禨这座靠山，恐怕余肇康连引见都过不了，何况还为戴罪之人。

光绪三十一年，与瞿府多有联系的湖南巡抚端方，寄望以乡官的身份与军机大臣建立联系，两次保举余肇康，谓其“才堪大用，可任封疆，在两司中为杰出，并云邸（奕劻）亦如此说。慈意欣然”。地方督抚要员竭力迎逢朝中要员乡梓的亲属，此中内情不难理解。余肇康在众人夸赞中有了更大的雄心，不满于现状，写信给亲家公，回忆十年前简放遗缺时瞿鸿禨的贺信中称：“今年惟此事，最当人心，开府当在指顾，际此时难，起而肩之，庶几宏济，将使天下吐气。”言语中流露出的霸气，显然来自军机协揆的臂力。余肇康

① 《余敏斋致止庵亲家尚书函》，光绪二十八年九月十六日，《瞿鸿禨朋僚书牍》第 9 号函。

② 《余敏斋致止庵先生密函》，光绪二十九年，《瞿鸿禨朋僚书牍》第 36 号函。

③ 《余敏斋致止庵先生函》，光绪三十年十二月二十一日，《瞿鸿禨朋僚书牍》第 65 号函。

自然深知当朝者多避讳“私于所亲”，行事愈加谨慎，“惟其避亲”，[1] 唯恐落下话柄。与高官为姻亲是把双刃剑，可以平步青云，超然提拔，同样面临被牵连的风险。

按照瞿鸿禨的设计运作，余肇康很可能借助江西按察使的平台，进一步获得提升，不想江西教案的发生打碎了军机协揆培植亲信的筹划，一同碎落一地的还有余肇康开衙建府的梦想。光绪三十二年发生的南昌教案为清末大案。从以往清廷的办理程式来看，处理对外交涉一般由督抚牵头，洋务局、各地道台参与，间或派大员钦办，按察使只负责审理，处于决策的边缘，南昌教案是例外，身为臬司的余肇康主导了此案。时江西巡抚胡廷幹办案不力，引发舆论不满，受到严责，退居幕后。余肇康曾有过对外交涉教案的经历，张之洞曾夸赞其作臬司，“可无冤狱”，被推到了台前。[2] 余肇康能搏得枢臣信任，并非完全出于门荫故旧，到任江西后，将多年积压旧案，沉冤滞狱，“廓而清之”“痛加整顿”“风纪为之一肃”。[3] 有关此案的很多函电均出自他的手笔，当然不能忽视的则是以按察使代行巡抚职权，深层的原因还在于主管外务部中枢瞿鸿禨为其奥援。

江西教案牵涉甚广，舆论推波助澜，赣省官场受到冲击，巡抚胡廷幹、藩司周浩、臬司余肇康先后获谴，清廷派北洋一系的梁敦彦专办此案，这是出于袁世凯的运作，“拟派蔡二源、梁崧生两道台赴江西查办。唐侍郎建议：道员去查巡抚，事颇不顺，应请另简大员。那相（那桐）［以］为然，公函请邸（奕劻）示。邸示决于北洋（袁世凯）。北洋谓：且不必大员前往，惟两道中以梁为优。于是派梁及法参赞同往”[4]。梁敦彦与同为北洋一系的外务部侍郎唐绍仪沟通后，决定将案件提京审理。对此前主抓此案的余肇康多有微词，

---

① 《余敏斋致止庵先生密函》，光绪三十一年十月十九日，《瞿鸿禨朋僚书牍》第121号函。

② 《余敏斋致止公先生函》，光绪二十九年正月初三日，《瞿鸿禨朋僚书牍》第19号函。

③ 《余敏斋致止庵先生函》，光绪三十一年十月十九日，《瞿鸿禨朋僚书牍》第121号函。

④ 陈旭麓、顾廷龙、汪熙主编：《辛亥革命前后·盛宣怀档案资料选辑之一》，第21页。

对外称“此次在江议不谐，皆臬公一人把持作难”[①]。后余肇康据此案获罪，曾向瞿鸿禨申诉，“来缄谓据查情节，竟不相符，此所谓据，是否据崧生私电？其所指不符者何项？”并称在京期间与亲贵商议教案办理，“丝毫仍不能出弟条议范围，徒殷殷自戕同人”，请瞿鸿禨“昭雪”，否则“冤死矣”。[②] 北洋一系在办理江西教案过程中，对瞿鸿禨的姻亲余肇康的态度颇耐咀嚼。

余肇康因教案去职，因背后有瞿鸿禨一层人脉，各方争相延揽，以至袁世凯都伸出了橄榄枝，可见极为抢手，最终被张之洞请入幕府，在湖广办理路政。此间湘中路政政出多门，商会别开旗帜，赎路之款无从着落，招股又不能取信于人，种种掣肘难题，余肇康感叹，“今无别法，惟求公（瞿）为我图之，俾脱离此苦海。（陶斋、项城，似均可商）即以四五品京堂充长江一带如电政、船政、土膏等类之会办，亦所不辞，惟不能再充各省大府委员，未免太无趣味”，[③] 多少有些心灰意冷，不愿再充各省知府。

很快余肇康于三十三年正月任法部参丞，自蒙简后请假两个月，但入京并非余所愿，采取拖延战术，告知亲家公，“长江一带，实为极所心愿”，称对各部丞参堂官并不看好，“且除此不堂不司之官，尚复不能封品”。进京更令其为难的是，“今以曾作两司之人赧颜厕身其间，已为人所匿笑，谓为顽钝无耻，则何如偷过此关”。看来余所顾虑的是曾任臬司，再与堂官同列，不免面子上过不去。他听说，林绍年“逢人称许，似可与商”，看来一直并未放弃其他选择，但也深知这一切出自瞿鸿禨的规划，不能因其喜恶擅自更动，“如公别有计画，以来京为优胜地位，则亦必俶装前来，不复游移”。[④] 此外，余肇康为人性格偏执，光绪三十一年入京，“言论亦因此动多狂率”，

---

① 《余肇康日记》第 30 本，湖南省博物馆藏。

② 《余敏斋自南昌致止公相国函》，光绪三十二年三月初六日，《瞿鸿禨朋僚书牍》第 170 号函。

③ 《余敏斋致止公相国函》，光绪三十二年六月初六日，《瞿鸿禨朋僚书牍》第 183 号函。

④ 《余敏斋致瞿中堂函》，光绪三十三年正月，《瞿鸿禨朋僚书牍》第 238 号函。

着实为一段不愉快的经历。[①] 余肇康迟迟不肯进京履职，以张之洞嘱其开办路事为由推迟，至三月下旬启程，入京办差。[②] 到了三月下旬，又称老母春天最易感触，“故必须四月乃敢行”。[③] 延宕不肯入京的余肇康一直谋求在长江流域得一肥缺，结果非如所愿，似有不祥的预感。果不其然，到京不足一月，即遭恽毓鼎弹劾罢免，被作为瞿鸿禨“窃权结党”罪名的例证。

比之于三品京堂余肇康的品级，“阴结外援”就显得党争的意味更浓，尤其不能令当政者容忍。丁未年八月张之洞入京奏对，慈禧太后与这位曾经出身清流的疆臣大佬说：“大远的道路叫你跑了来，我真是没有法了。今日你轧我，明天我轧你，今天你出一个主意，明天他又是一个主意，把我闹昏了。叫你来问一问，我好打定主意办事。对：自古以来大臣不和最为大害，近日互相攻击，多是自私自利，臣此次到京愿极力调和，总使内外臣工消除意见。”[④] 在慈禧太后看来朝局杌陧在于中枢办事不力，首揆与协揆领衔倾轧脱不了干系，枢垣重臣更替自在考虑之列，令其反感的清流领袖首当其冲，恽毓鼎弹章适时而上，“阴结外援”打动了当政者，正被其捕捉。

外援是谁？恽毓鼎没有举证，很快北洋一系即“炮制”出人选，即与庆王作对的岑春煊。瞿鸿禨甫一去职，端方密电署理度支部右侍郎宝熙，多次询问“折参外援究指何人？”[⑤] 得到回复称“外援四项并未指实”[⑥]。借恽折将政敌结党坐实无疑是个绝好机会。端方在

---

① 《余肇康致止公亲家函》，光绪三十一年六月初五日，《瞿鸿禨朋僚书牍》第 103 号函。

② 《余敏斋致止庵相国亲家函》，光绪三十三年二月三十日，《瞿鸿禨朋僚书牍》第 241 号函。

③ 《余敏斋致止庵公亲家函》，光绪三十三年三月二十二日，《瞿鸿禨朋僚书牍》第 242 号函。

④ 《八月初七日张之洞入京奏对大略》：张之洞档案《丁未时务杂录》。

⑤ 《端方致宝熙函》，光绪三十三年五月初八日，中国第一历史档案馆藏，端方档案，档号：27-01-001-000124-0106-1。《端方致宝熙电》，光绪三十三年五月十一日，中国第一历史档案馆藏，端方档案，档号：27-01-001-000124-0110-1。

⑥ 《宝熙致端方电》，光绪三十三年五月十一日，中国第一历史档案馆藏，端方档案，档号：27-01-002-000173-0018。

未有确据的情况下密电湖北按察使梁鼎芬称，“某（瞿）曾为内应，此外援之说所由来也”[①]。称岑“到沪知内应已败，且恐根究外援，遂称疾请假一旬”[②]，判定“外援”即为岑春煊，“内应”显然为瞿鸿禨。借助舆论风说，“西林素恃内援”很快传播开来。[③] 当朝御史胡思敬所说代表了朝中部分官员的看法，“岑春煊之入见也，或谓鸿禨实召之来”。[④] 庙堂之上有意流布，在野的风说不胫而走，视岑春煊为“外援”，五月十九日，即孙家鼐、铁良查办回奏后两日，《申报》刊文称，“瞿中堂参案其原因不一端，而最针锋相对者则为杨翠喜一案，所云暗通报馆指《京报》而言也，授意言官指赵启霖而言也，阴结外援则指岑西林而言”。[⑤] 后世的笔记演绎更为离奇，称岑、瞿中间人为于式枚，“于晦若侍郎入都议宪政，见善化，以意私焉，善化欣然从之。西林以密电书本为赠，二人之交自此始”。[⑥] 在此叙事逻辑下，外援与内援相呼应，进而成为党祸。[⑦] 党祸是与党援、党议相关联的，党议又与清议相联结，只是瞿鸿禨的外援与北洋朋党相去甚远，“虽阴结外援，不过岑西林一人，而彼则有无数外援矣”。[⑧] 其后岑春煊被北洋构陷去职，朝臣即感叹“去河

---

① 《端方致梁鼎芬电》，光绪三十三年五月初十日，中国第一历史档案馆藏，端方档案，档号：27-01-001-000124-0109-1。梁鼎芬将此电转给张之洞最为信赖的幕僚黄绍箕，岑春煊为“外援”的风说流传愈广。参见谢作拳点校《黄绍箕集》，中华书局2018年版，第892页。

② 《端方致梁鼎芬电》，光绪三十三年五月十一日，中国第一历史档案馆藏，端方档案，档号：27-01-001-000124-0110。

③ 陈旭麓、顾廷龙、汪熙主编：《辛亥革命前后·盛宣怀档案资料选辑之一》，第55页。

④ 《瞿鸿禨因衽席之言失位》，胡思敬：《国闻备乘》，第96页。

⑤ 《日下近闻》，《申报》，光绪三十三年五月十九日（1907年6月29日），第3版。

⑥ 《庆袁相比》，刘体智：《异辞录》，第200页。

⑦ 有关“外援”还有不同的说法，指向外国人。陶湘的记述称，“盖折内牵涉《泰晤士［报］》，恐启交涉，所以未发。九公临行时告人云：‘谓我结外援，我既不通语言，为人又极顽固，亦不配也’”，这是说瞿自将“外援”之说视为外国报刊。显然难以令人信服，更像是瞿氏借用文字的“欲盖弥彰”。后来确有传播，民国时期戈公振撰写《中国报学史》即认为“阴结外援，即指伦敦《时报》（即《泰晤士报》）”。（参见陈旭麓、顾廷龙、汪熙主编《辛亥革命前后·盛宣怀档案资料选辑之一》，第59页。戈公振：《中国报学史》，生活·读书·新知三联书店2011年版，第133页）笔者认为，“外援”之“外”指的应该是晚清以降“内轻外重”之“外”，即地方督抚，岑春煊的可能性最大。

⑧ 《日下近闻》，《申报》，光绪三十三年五月初十九日（1907年6月29日），第3版。

北贼易，去中朝朋党难，意见之祸人过，诚可畏也”。朋党已不仅是北洋的代名词，而是指朝中的各方势力。[①]

派系间的分野日甚，矛盾激化，庚子之后的京中政局势必有一决算，“默观大势，恐都中不久将出一乱子，不免有排山倒海之虑，但未知鹿死谁耳”[②]。光绪三十三年春，枢垣内外山雨欲来，等来的是恽毓鼎弹章的这股东风，北洋集团借机从中做了一些手脚，“设为诬陷之方法以倾之”。[③] 庆王利用慈禧太后最恨康梁一党，独对时，密陈瞿鸿禨“复翻戊戌前案，排去北洋，谋归政为词，其词危耸，且依约附会，颇有迹象，最足中太后之忌”。反观瞿鸿禨言行，正中北洋之计，“尝自恃得君密，请赦还康、梁，至于再三，积前后事，遂颇有疏疑之意矣”。[④] 此诬陷说出自军机章京林步随，后刊于《国闻周报》，汪诒年撰写《汪穰卿先生传记》引用此文，显然是支持此说。作为瞿鸿禨的门生及《京报》主笔，汪康年在瞿去职一案中是被恽指摘的当事者之一，从他与兄长汪大燮通信来看，对于协撰遭遇同样持诬陷说，认为有人伪造电报，从中构陷，“又电局事，前造善化（瞿）之电无算，不可不知，岑西林亦因电成诬陷之局，甚离奇，非明电不敢发”“自今春以来，北路电局皆系党人，政界人发电无不知者。但有电码，即按其字码之数编造一电，以为诬陷地步。前谓瞿、岑通电，有事如不成则沉几观变，如成则卷甲重来之语。此岂善化口吻，乃竟以此示庆，而庆竟信之。”[⑤] 此后，汪大燮多次诟病朝中诬陷之风，以瞿案举证，“自以诬陷法去善化，而诬陷之衍益肆，几欲无往不

---

① 《通政使郭曾炘折》，光绪三十三年七月初五日，中国第一历史档案馆藏，录副奏折，档号：03-9287-015。

② 《汪大燮来函》，上海图书馆编：《汪康年师友书札》第1册，第762页。

③ 《汪大燮来函》，上海图书馆编：《汪康年师友书札》第1册，第853页。

④ 汪诒年纂辑：《汪穰卿先生传记》，第133页。史家萧一山亦持此说，“所谓忤太后旨者，殆指鸿禨有密请赦还戊戌党人事，实则奕劻借此以媒孽之，谓欲翻旧案，图谋归政，适中慈禧之忌耳”。参见萧一山《清代通史》第4册，华东师范大学出版社2005年版，第873页。

⑤ 《汪大燮来函》，上海图书馆编：《汪康年师友书札》第1册，第847页。

用其诬陷也”“与造善化电报何异，无凭之说”。[①] 时人借助电报捏造信息，倾轧异己应是确有其事，招商局董事王存善给盛宣怀的外甥兼管家顾讷铨写信称，“话多不能发电，且天下最能泄漏者密电是也”。盛氏主管电报局多年，对此中关节自然清楚。[②] 如以今人后见之明来看，北洋打击岑春煊所采用与康党结交的诬陷手法（见本书第四章第四节），显然是惯用手段。

针对朝中积习日久的党派成见，御史赵炳麟在瞿鸿禨放逐后上《请销党见疏》，写道：“臣观今日，大臣争权，小臣附势”“徒开明末党援之习，且恐酿唐季藩镇之忧。”[③] 附片中指斥恽毓鼎所言授意言官为巧立名目，欲盖弥彰，“盖别有希冀”“意所欲言而不直指其事，使巧陷术中”。并指出“大小臣工不以国事为念，互相倾轧。傥圣明未能烛破私情，党祸牵联迄无虚日”[④]。赵炳麟建议将清圣祖康熙帝的一道关于消除党锢的上谕，悬挂在京朝各部院及直隶总督衙署，以示警戒，显然就是针对袁世凯而发。清初严禁朋党，雍正帝作御制《朋党论》，乾隆帝申饬党援之弊，赵炳麟引用祖宗家法，在历史经验中探讨殷鉴得失，影射的则是当朝清议与朋党之祸。赵折中称“党锢兴而汉亡，清流诛而唐亡，道学禁而宋亡，东林逐而明亡。亡国之道如出一辙”。正折有感于北洋尾大不掉的“藩镇之忧”，附片不满于清廷放逐瞿鸿禨，援引清流、道学、东林无疑是在自我标榜，清议与朋党对立，政局体制内不可忽视的力量，“万一有窃权植党，如严嵩当国，台谏尽置

① 《汪大燮来函》，上海图书馆编：《汪康年师友书札》第1册，第853页。《汪大燮来函》第1册，上海图书馆编：《汪康年师友书札》，第887页。

② 陈旭麓、顾廷龙、汪熙主编：《辛亥革命前后·盛宣怀档案资料选集之一》，第52页。

③ 《署京畿道掌辽沈道监察御史赵炳麟折》，中国第一历史档案馆藏，录副奏折，档号：03-5745-040，光绪三十三年五月二十七日。《赵柏岩集》将此折命名为《请销党见疏》，见该书第445页。

④ 《署京畿道掌辽沈道监察御史赵炳麟折》，中国第一历史档案馆藏，录副奏折，档号：03-5746-080。此折没有标注时间，据《赵柏岩集》《请销党见疏》之附片，时间为五月二十七日，见该书第446页。

私人……国是尚堪问乎？”[①]“此折奉旨给直督阅看”，[②]袁世凯不安矣。

清末朝中有党、党中有派是政治生态的实情，时人虽评价不尽一致，但将朝臣以满汉、中西、激进、保守分类却是常见的。有人认为瞿鸿禨对内政外交持“消极主义”，对于改革不尽上心。[③]还有人分析瞿去职，“非军机之竞争，乃满汉之竞争也”。[④]另有说法称是行在派与在京派斗争的结果，“鸿禨在军机，有拥肃王倒庆王之意，又欲引岑春煊入军机以对袁世凯。肃王、鸿禨、春煊，皆称扈驾西行有功之臣，自成一党；庆王、袁世凯、张百熙，又自成一党也”。[⑤]

除了上述原因外，瞿鸿禨性格应是其去职的重要因素，陶湘评价“为人向系阴险一路”。[⑥]即使汪大燮、汪康年等交往密切之人，亦对其人品评价不高，“弟谓瞿师迈幅极狭小，倚以办事实所不能，此真至言也”。[⑦]在汪大燮看来瞿鸿禨不足辅，“专门弄小巧机，只最为大体之害……无定性、无定识、无定谋，真是通病，可危之至。……如世（续）、如林（绍年）、如那（桐）则又谓其专，不能开心见诚，同事万不能谐也。”[⑧]政府中人对瞿鸿禨不满者很多，军机大臣荣庆，“短瞿于庆（奕劻）”“时有冲突”。[⑨]上年官制改革，徐世昌、铁良、鹿传霖、荣庆退出枢垣，时军机处内有大餐桌，四枢出军机旨下，四人皆起，侧首窥见，“鹿微笑，荣、徐、铁色如死灰”，“荣徐铁出阁，

---

① 《御史叶芾棠折》，光绪三十二年八月二十九日，中国第一历史档案馆藏，录副奏折，档号：03-9283-013。

② 《京齐、高道来电》，光绪三十三年六月初二日，中国历史研究院藏，张之洞档案，甲182-445。

③ 《王慕陶来函》，上海图书馆编：《汪康年师友书札》第1册，第118页。

④ 《日下近闻》，《申报》，光绪三十三年五月初十九日（1907年6月29日），第3版。

⑤ 《瞿子玖开缺始末》，刘禺生：《世载堂杂忆》，第92页。相关介绍参见马建标《权力与媒介：近代中国的政治与传播》，北京师范大学出版社2018年版，第103页。

⑥ 陈旭麓、顾廷龙、汪熙主编《辛亥革命前后·盛宣怀档案资料选集之一》，第46页。

⑦ 《汪大燮来函》，上海图书馆编：《汪康年师友书札》第1册，第811页。

⑧ 《汪大燮来函》，上海图书馆编：《汪康年师友书札》第1册，第833页。

⑨ 《汪大燮来函》，上海图书馆编：《汪康年师友书札》第1册，第776页。《汪大燮来函》，上海图书馆编：《汪康年师友书札》第1册，第759页。

殆不能步”。与瞿同路人的梁鼎芬描绘此景时盛赞：“妙哉，瞿也。”[①]外界认为“四退枢谓瞿取巧，深衔之”。[②]可以说，政府诸公对瞿暗含不满，致使其十分孤立，影响了当政者的决策。

反观奕劻虽爱财，但为人颇为厚道，同样感受到朝野各方压力，于瞿去职时自请罢去，给出的理由是“即使聪明才力兼人之能犹虑不给，况奴才以衰庸之质”，“聪明才力”，显然指的是瞿，以退为进，试探自己是否跻身于兔死狗烹，鸟尽弓藏之列。[③]不过奕劻得到朝臣的力挺，“承泽辞差将允之，赖世、孙、鹿三公谏止”“复留”，[④]“毋庸议”[⑤]。当朝御史胡思敬则称，慈禧太后“迫于众议，欲并奕劻罢去”，召见孙、世、鹿三位老臣，“令公荐堪胜枢务者一二人”，结果“惶悚不敢任咎”。鹿传霖识时务“反极力保全奕劻，太后之意遂阻”[⑥]，庆王暂时稳住了阵脚。对于奕劻来说乘胜追击，

---

① 《京梁鼎芬来电》，光绪三十二十一月十五日，中国历史研究院藏，张之洞档案，甲182-442。

② 《汪大燮来函》，上海图书馆编：《汪康年师友书札》第1册，第827页。按：张之洞坐探称，“此次善化独与密谋，四枢二十日照常入值，忽不叫起，谕旨下始知被裁。硃谕皆善化手笔。世中堂传递林绍年，亦系善化保荐”。参见《京吴太史来电》，光绪三十二九月二十五日，中国历史研究院藏，张之洞档案，甲182-442。

③ 《庆邸奏请开去军机原片》，《申报》，光绪三十三年五月初十七日（1907年6月27日），第3版。

④ 《宝熙致端方电》，光绪三十三年五月十一日，中国第一历史档案馆藏，端方档案，档号：27-01-002-000173-0018。《刘仲鲁致端方电》，光绪三十三年五月十二日，中国第一历史档案馆藏，端方档案，档号：27-01-002-000173-0017。

⑤ 中国第一历史档案馆编：《光绪宣统两朝上谕档》第33册，第80页。据陶湘写给盛宣怀的密信称，当政者讨论过奕劻的去留：据说召两日，专议领袖（奕劻，笔者注）之进退。（领袖几一同迅出，外间始知非领袖之意。）上拟以泗州（杨士琦，笔者注）、澄园（恽毓鼎，笔者注）均入枢府，孙（家鼐）力阻（其阻澄园如何措词不知），其阻泗州（陈田今又劾之矣）则称，“屡有人劾，难孚人望”，力言领袖为当时交涉熟手，万不可动，动则无人接手，于事无益，林（绍年）之为人拙笨，其心无他。上点首曰：“林某我亦知其心无他，不过事理不明，才料不够。”廷议两日，始留领袖，而以某邸（载沣，笔者注）进班学习，林公（林绍年，笔者注）暂时依然，终恐要出来也。参见陈旭麓、顾廷龙、汪熙主编《辛亥革命前后·盛宣怀档案资料选集之一》，第60页。

⑥ 《孝钦优容庆邸》，胡思敬：《国闻备乘》，第134—135页。按：关于庆邸被辞退传言亦多，“庆稍缓尚拟辞职，此本有立予罢斥谕旨。醇、鹿、世再三恳求，并云外部兼军机为庆瞿二人，倘皆斥退，外人必将诘问。且懿亲重臣有关国体，伏求逾格优柔，云次月复恳慰留，始降旨”。参见《天津张委员来电》，光绪三十三年五月十二日，中国历史研究院藏，张之洞档案，甲182-445。

反攻倒算，打压瞿援引的党羽势在必行，军机中林绍年首当其冲，虽“每日随班上殿叩头，甚惭惧不安”[①]，朝中既有传言恽毓鼎弹劾瞿鸿禨，“亦暗射赞（林）”，意林为党援。[②] 丁未五月，革命党人徐锡麟刺杀安徽巡抚恩铭，奕劻准备借机将林外放，军机大臣世续认为“遽出枢臣为巡抚，恐南人震惊”“激成大变”，遂止。[③] 丁未七月河南巡抚出缺，林绍年补，出军机，成为继瞿后第二位出枢的枢臣。然最令庆王不能释怀的是岑春煊，遥想二月二十九赐寿之辰，歌舞连宵，宾朋满座，一何盛也。未逾三旬，父子交困，报纸呵讥，台谏弹射，严旨纠诘，几无以自容，这都是岑入京后造成的连带后果。政局稳固后，庆王益无忌惮，大有一日不去西林，孤不得安矣之慨，对岑的打击便提上了日程。

① 《林侍郎扶正》，胡思敬：《国闻备乘》，第 78 页。

② 《袁世凯致端方电》，光绪三十三年七月初八日，中国第一历史档案馆藏，端方档案，档号：27-01-002-000172-0002。

③ 《林侍郎扶正》，胡思敬：《国闻备乘》，第 78 页。

第四章　朝有官而无士：庆王与北洋的反击

岑春煊被排挤出京后，并未前往两广赴任，而是以生病为由，滞留沪上疗养，实是暗中观察官场动态，秘密运作，此前避去赴任云贵、四川，传言南洋终为其所有。两江为财赋之区，时人眼中的“形胜之地”，晚清以降常被湘系大僚统领。北洋一系觊觎已久，可谓司马昭之心。自光绪三十年，周馥任职江督，北洋蚕食南洋越发明显，而继任者端方本多年为官两湖，在不断变化的政局中，逐渐成为袁世凯的有力帮手。岑春煊谋求江督的想法，引起端方不快，坚定了其助庆、袁打压异己的决心。揆诸史实，端方早有准备，有所布局，在岑氏入京前即设计阻拦郑孝胥同往。岑氏再次来沪，端方借助管辖地之便，先是暗中唆使给事中陈庆桂弹劾，未果。继又搜寻岑与康有为、梁启超结纳证据，策划恽毓鼎上奏。打倒岑春煊之功臣，有人称“第二是端方”①，实为首功。②

---

① 刘厚生：《张謇传记》，第150页。

② 学界关于此段往事研究的成果及观点主要有：郭卫东最早依据北京大学图书馆藏《恽毓鼎澄斋日记》稿本，考证丁未政潮始末。指出恽毓鼎弹劾岑奏折，系“北洋党徒先拟好，再交给恽缮写上奏”的说法，因史料限制，可以待考。（郭卫东：《论丁未政潮》，《近代史研究》1989年第5期）孔祥吉认为，“徐一士先生所述，端方进岑春煊与梁启超合影劾倒岑春煊的掌故，在清宫档案中无法证实，很显然是坊间流传的野史，不足为凭”。（孔祥吉：《读书人莫学恽毓鼎——剖析丁未政潮的若干细节》，《惊雷十年梦未醒：档案中的晚清史事与人物》，第303页）两位学者的研究也表明，此段历史情事有“待考”的必要，还需在档案中查找实据。

第一节　端方与岑春煊的交际

端方与岑春煊同龄，生于辛酉年（1861），为晚清历史上具有转折意义的年份。此年慈禧太后与恭亲王奕䜣联合发动辛酉政变，把持朝政，开启了四十七年的统治，端、岑二人此后的官宦仕途与慈禧太后密切相关。两人都是官宦子弟，端方的伯父是内务府大臣桂清，岑春煊之父为云贵总督岑毓英。端方青年在京城，过着上等旗人的生活，而岑春煊跟随其父辗转各地，随宦读书，本来双方鲜有交际可能。

光绪五年，岑毓英"以滇桂僻处边地，子弟见闻隘陋，无所师法"，[①] 将岑春煊送往京师，观光上国，增长见识。先由国学生加捐主事，分部学习行走，签分工部，是年五月，到部供差。这一年端方的伯父桂清逝世，他凭荫生资格报捐，以满洲候补员外上学习行走，同样分到工部。岑春煊在工部两年即以病乞假回籍调养，在京期间与同僚端方是否有所接触，并未见记述，想必认识，但无深交。

光绪八年，端方中顺天府乡试，三年后，岑春煊在广西中举。二十五岁之前中举，在科举考试时代可谓年轻有为。光绪十二年二月，岑春煊到工部销假，学习期满，经堂官奏留候补，光绪十四年五月，报效海军经费，奉旨以郎中归本部即补，仕途颇为顺利。端方则不然，光绪十一年，父母相继病逝，辞官守丧。至光绪十五年，再次受命为官，又与岑春煊为工部同事。当年，京中的大事莫过于光绪帝大婚，二人均奉命筹办婚事，工部主管后勤保障，见识与才识都得到了提升，大婚礼成，议叙获奖，岑春煊奉特旨免补郎中，以应升之缺尽先升用，端方加四品衔。岑春煊日后在回忆录《乐斋

① 岑春煊：《乐斋漫笔》，第7页。

漫笔》中说："计余在工部先后凡十年，见知于吴县潘文勤公祖荫最深，奖掖备至。潘公治事精能，不畏强御，与余戆直之性，雅相契合，故于长安人海中，独加赏拔。余亦直道当官，不避劳怨，所以答知己也。"[①] 看来岑氏在京期间得工部尚书潘祖荫提携照顾。端方则于家世的关系，深受光绪帝老师、大学士，也曾任职过工部尚书的翁同龢赏识，多方提携。[②] 潘祖荫与翁同龢均通经史，好收藏，端方对于金石尤为痴迷，未见岑春煊染指收藏，二人兴趣略有差异。

光绪十七年后，端方改派外地为官，先后到张家口担任监督，来到直隶总督李鸿章座下，办理土药税厘，再至普陀峪定东陵当差。陵工完成，端方获奖，加三品衔。岑春煊于十七年八月服阕，次年三月到京，奉旨补授光禄寺少卿，旋迁太仆寺少卿，署大理寺正卿。端、岑宦途颇为顺利，当然受益于家世。戊戌变法期间，两人均参与其中，主张变革。端方任职农工商部，积极改革，变法维新。[③] 岑春煊则在广西创立圣学会，与汪康年、黄遵宪、张謇等人齐名，受到光绪帝的接见，参与变法，超擢广东藩司。戊戌政变发生，端方虽为翁同龢保举，但并未划入帝党，外放为陕西按察使，成为政变中少有的不降反升的改革派官员。岑春煊则由广东藩司平调甘肃，实为暗降。两人同时来到西北，端方比较顺利，光绪二十五年，陕西巡抚魏光焘署理陕甘总督，陕西藩司李有芬护理巡抚篆，因丁忧不能赴任，端方由按察使护理巡抚，一年之中连续超擢。

八国联军侵华，两宫"西狩"，政治中枢暂时由北京转到西北。岑春煊以甘肃布政使职衔率数十兵丁，千里勤王，露宿两宫门外，日夜把守，感动了慈禧太后，得以擢升陕西巡抚。端、岑因缘际会于百里秦川，再次成为同僚，但岑春煊很快被出任山西巡抚，端方出任为河南布政使，在岑未到任前继续护理陕西巡抚，二人在政务

① 岑春煊：《乐斋漫笔》，第 7 页。

② 端方家世与入仕参见本书附录。

③ 张海林：《端方与清末新政》，南京大学出版社 2007 年版，第 5 页。参见尚小明《戊戌变法中的端方》，王晓秋编：《戊戌维新与近代中国的改革：戊戌维新一百周年国际学术讨论会论文集》，社会科学文献出版社 2000 年版。

上有交集。岑春煊查办喀什噶尔提督余虎恩，后交端方审理[①]，奏称“被参各款，详加考查，均无确据”[②]。岑在陕西设立官车局，端认为原来陕有里民局，但是这几年军事用得多，民间疾苦。如“本月调任山西巡抚岑春煊率诚信军赴晋，需用差车数在三百辆上下，均未付价，以有限之财力，应无穷之供应，差在州县，智能尽索，原非故事，烦苛在地方罗掘悉穷，犹必勉为支付”[③]。提及岑春煊征用民车却不付给银钱，有告御状之嫌。端方奏请变通赈照章程，提及“此次陕省请颁空白执照，先后已发给三万五千张，如果利弊兼筹，自可俟劝办有效，再行续请等因。遵查此次秦晋赈捐，前经调任抚臣岑春煊饬局径填执照，不给实收，原为鼓舞捐输起见，第思名器所关，宜求详审”，表达对岑春煊滥发空白执照的不满。[④] 端对岑在陕西巡抚任上的一些措施进行了变通，政见存有分歧。光绪二十七年，端方被任命为湖北巡抚，岑春煊继续担任山西巡抚，各自为一方封疆大吏，这年他们四十岁。

光绪二十八年，端方在湖北巡抚任职，岑春煊调任四川任总督。此年九月，端方接到湖北汉黄德道岑春煊之弟岑春蓂的信函，得知春煊之子，湖南试用知府、庚子恩科举人岑德固自杀。起因是六七月间德固来鄂，其母途中患痢疾，不料误进汤药病故。岑德固内疚哀悔异常，水浆不入，于母殡所殉葬，年仅二十四岁。端方得知后，特上折请国史馆立传表彰其孝行，将事迹编入《孝友传》。[⑤] 岑春煊就此事致电端方致谢，“公谊不敢言谢，心感曷已”[⑥]。两人除了公务，端方提携过岑之弟岑春蓂，看来虽在陕期间存有芥蒂，但后因

① 《陕西巡抚岑春煊折》，光绪二十七年正月二十六日，中国第一历史档案馆藏，朱批奏折，档号：04-01-12-0600-052。《遵首查明提督参款折》，《端忠敏公奏稿》第1册，第109页。

② 《遵旨查明提督参款折》，《端忠敏公奏稿》第1册，第116页。

③ 《请设官车局折》，《端忠敏公奏稿》第1册，第122页。

④ 《奏请变通赈捐照章程折》，《端忠敏公奏稿》第1册，第124页。

⑤ 《请旌表孝子折》，《端忠敏公奏稿》第1册，第182页。

⑥ 《岑春煊致端方电》，光绪二十八年九月二十五日，中国第一历史档案馆藏，端方档案，档号：27-01-002-000237-0005。

天各一方，并未产生太多嫌隙，尚能保持同僚的体面。

光绪二十九年，岑春煊由四川总督调两广总督，遇到最为棘手的问题是广西地方动乱。端方担任湖北巡抚兼署湖广总督，所辖湖南地界与广西接壤，军事行动需要人力、物资、军饷配合，端岑的交往渐渐增多。端方予以支持，战斗加剧，广西兵力不足，湖北新编练的武建军两营奔赴前线。同时端方从后方招募新军，先行垫付军资。弹药不足，湖北军械局奉命第一时间补充。军饷为打仗根本，时各省财政拮据，端方依然全力支持，俨然岑氏的“后勤部长”。此间岑春煊生病，端方也多次问候，表明两人交谊尚好。[①] 除了军事，于洋药征税、铸造铜元、人事调动、银价等政务各方面均有交流，不一一赘述。总体而言，双方无深交也无深怨，更未能成为同党。端方曾与时任武昌安襄郧荆道道员梁鼎芬谈及，“文本（岑春煊）素有刚正之名，与鄙人貌合情离”，“貌合情离”是二人的真实交际。[②]

光绪三十一年秋天，岑春煊患严重痔疮，出血昏晕，病势加重，于三十二年四月请求开缺，朝廷未允，给假两月，假满后，补云贵总督，迟不赴任。十月来到上海。端方于光绪三十一年出洋考察回国，次年九月被任命为两江总督，管辖上海，岑、端再次际会。岑甫一到沪，端即致电请其到南京调理，以尽地主之谊。[③] 岑春煊并未赴宁，也未赴任云贵，而是在上海逗留，到了十二月底，假期已满，又向朝廷请假三个月。[④] 此时二人政事交流不多，但也有私下交往，如端方七弟端锦在湖南当差，湘绅多有为难，希望与行盐局对调官

① 端方档案分来电、去电、专案电、信函、杂档五部分，其中专案电为其幕府将某一事件的往来电函汇总成册。广西战事即存有专案电册，多为端方与岑春煊等人往来电函，参见端方档案专案电卷35、卷36、卷37。

② 《端方致梁鼎芬电》，光绪三十一年五月初三，中国第一历史档案馆藏，端方档案，档号：27-01-001-000103-0010。

③ 《端方致岑春煊电》，光绪三十二年十月初七日，中国第一历史档案馆藏，端方档案，档号：27-01-001-000163-0048。

④ 《岑春煊折》，光绪三十二年十二月二十七日，中国第一历史档案馆藏，录副奏折，档号：03-5475-063。

职，请岑帮忙。[1]

岑春煊滞留上海期间，主要是会见沪上各界名人，时五大臣出洋考察回国，清廷宣布施行立宪。岑出资万元，资助张謇、郑孝胥筹备预备立宪公会，广泛结交名流，四处串联引起了端方的警觉与不满，在给梁鼎芬去电中谈及对岑的成见：

> 西林徘徊海上，久无佳兆，遂不能稍自忍耐，此等伎俩真不置一哂。近中如何运动，想公亦已然屏烛之。鄙人在此筹办振赈，改良敝政，不避怨谤，不皇寝食，自愧尚无成效，但愿此君善自为谋，钟山一席，正可举以奉畀也。[2]

这封密电说明，岑春煊在沪谋求江督职位，并借两江赈务造谣诽谤，招致端方的嫉恨。

光绪三十三年正月，上谕岑春煊调补四川总督，特意强调其务必直接赴任，毋庸来京请训。但岑并未遵从上谕，三月借赴四川总督任，径自赴京请训，在京发难，弹劾北洋兼及南洋，后被排挤出京（详见第二章第二节）。到了上海并未南下，中国之大，端、岑却总能因缘际会，真可谓不是冤家不聚头。

第二节　“卧龙”之争

端方与岑春煊的较量从岑氏入京前就开始了，主要围绕着当时有“卧龙”之称的经世之才，同光体诗歌闽派的代表人物郑孝胥开始的。[3]

---

① 《端方致岑春煊电》，光绪三十二年十二月二十四日，中国第一历史档案馆藏，端方档案，档号：27-01-001-000163-0110-1。

② 《端方致岑春煊电》，光绪三十二年十一月二十九日，中国第一历史档案馆藏，端方档案，档号：27-01-001-000165-0092。

③ 从现有研究情况来看，学界对郑孝胥诗学的研究多于史学，史学方面郑氏于晚清时期的研究更显薄弱。与本节相关研究参见李君《“丁未政潮”之际的郑孝胥》，《史学月刊》2009年第5期，所引用的主要材料为郑氏日记，揭示丁未年郑孝胥的际遇。

郑孝胥，字苏堪（又作苏龛、苏盦），福建闽县人。光绪八年，中乡试第一名，以诗文享誉文坛。此后经年，多次参加会试不中。郑氏《海藏楼诗集》篇首《春归》中写道，“三十不官宁有道，一生负气恐全非”。道出了科举之路的蹭蹬，处于大丈夫郁郁不得志之秋。酒香不怕巷子深，其才华还是引来了时人关注，先后被沈葆桢、李鸿章、张之洞等封疆大吏延请入幕，尤以在湖广深耕多年的张之洞香帅对其赏识有加，委以重任。郑孝胥以落拓文人，望门投依，在湖北兴建铁路、开办学堂，参与地方政务，在人才济济的两湖官场，幕僚们称其为郑总文案。张之洞性格孤高，幕僚侍从偶有失误即当众呵责。内心孤高、恃才傲物的郑孝胥难免心存不满，不得倾心事之，后来点评晚清名宦，称张氏“有学无术”自然在情理之中，离开张府、另谋他就不难理解。①

时任署理四川总督岑春煊于庚子勤王有功，深得慈禧太后宠信，准备广揽名士，干一番事业，早就钦慕郑孝胥之才。光绪二十八年，连续两次保举，称赞郑“志虑忠纯，学术精博，操履端介，才识闳深……至于中国经史掌故及外国政治学术，均所深造”，给了很高的评价，军机处存记。② 据岑春煊称，之前两人“并无杯酒之欢”，仅是“特访之公论，察其行事，确为今日难得之才”。③ 可觇郑孝胥早已名声在外，一洗十余载功名沉滞之苦，自此改换门庭，谋食岑府。

光绪二十九年五月，岑春煊调两广总督，郑孝胥跟随来到粤省。时广西地方动乱，地方事务颇为棘手，郑督办桂省边防事务，又兼管广西龙州铁路。两广两大要政均交其督管，可见幕主对其之信任，实为岑府第一“红人”，政治上契合无间。郑氏在广西督办军务，与时任署理湖广总督的端方结识。两广兵力不足，军机处调拨湖北武建军助剿。端方提出武建军近年训练初具规模，所辖两旗统领不足

① 《张之洞与端方》，刘禺生：《世载堂杂忆》，第58页。

② 《署理四川总督岑春煊折》，光绪二十八年十二月二十八日，中国第一历史档案馆藏，朱批奏折，档号：04-01-12-0620-074。

③ 《署理四川总督岑春煊折》，光绪二十八年十二月十八日，中国第一历史档案馆藏，朱批奏折，档号：04-01-12-0622-016。

以独当一面，“虽有贤将，不如苏龕”，点名由郑孝胥统率鄂军。[①]郑孝胥不负所望，率领武建军左右二旗先后开赴前线，调度有方，连战告捷。湖广作为广西的协饷省份，端方尽力支援前线军饷。端方与郑、岑于政务互相支持，相处融洽，私人交际极为投契。晚清的地方督抚中，岑春煊以性格刚正强势著称，有“官屠”之号。他与时任广西巡抚柯逢时政见不合，互相参劾，军事上相互掣肘，前线带兵的郑氏左右为难，多次向端方表达不满：“桂省边防事事掣肘”，“办事处处龃龉，万一偾事，害在国家，何如去之？”[②] 作为岑府倚重之人，向“外人”端方倾诉处境之难以及敏感的官场交际，也足见郑、端交谊非同泛常。不过受困于捉襟见肘的边防军饷以及复杂的官场内斗，郑孝胥还是以身体不适为由，辞去广西军务督办，诗言“弃官才信一身轻”[③]。辞官隐居，等待时机。

郑孝胥交代广西边务之后，乘船赴广州，稍作逗留即赴上海。至沪已是冬月。自光绪八年乡试中举，至光绪三十一年，宦海沉浮二十余年，四十六岁称疾致仕感慨颇多，这年除夕自书“名教乐地，风流人豪”二语。上海这片华洋杂居之地，将为其带来更多机遇和挑战。光绪三十二年他在《元旦试笔》中写道：“胜天由素定，吾意稍施行。归老方耽学，投荒久厌兵。一闻春风至，复有少年情。只恐清樽侧，回肠醉不成。”表达出对于政事的厌倦，内心又不甘于归隐山林，等待属于自己的“春风”。[④] 而端方与郑孝胥几乎同时调离西南，光绪三十一年七月奉旨出国考察，二人再次聚首是在次年六月，端方考察回国途经上海，沪上名流为其接风洗尘的宴会。几个月后，端方任两江总督，双方再聚于江南。

---

① 《端方致岑春煊电》，光绪二十九年闰五月二十八日，中国第一历史档案馆藏，端方档案，档号：27-01-001-000088-0188。

② 《郑孝胥致端方电》，光绪三十年二月三十日，中国第一历史档案馆藏，端方档案，档号：27-01-003-000036-0012；《郑孝胥致端方电》，光绪三十年三月初五日，中国第一历史档案馆藏，端方档案，档号：27-01-003-000036-0016。

③ 《移情》，郑孝胥：《海藏楼诗集》卷六，上海古籍出版社2003年版，第158页。

④ 《元旦试笔》，郑孝胥：《海藏楼诗集》卷六，第157页。

上述回溯，可略窥岑春煊、端方对郑孝胥均很赏识，风格却大不相同。岑春煊官僚习气重，对郑有提携重用之恩。端方仿古人礼贤下士之风。光绪三十三年正月，安排郑孝胥到青年读书时的花园居住，“沈（葆桢）文肃公时，余尝读书园中数月，实光绪己卯岁，余年二十。午帅使余仍居前读书处”[①]。郑孝胥对此颇为感动，回忆往事触景生情，写诗纪念，“当年弱冠过江初，双桧婆娑略忆渠。犹有园丁谙故事，夕阳闲话沈尚书”[②]。档案还记载，端方在南京觅好公馆，延请郑氏及其家人，派人购买官船仓票迎来送往，照顾得体贴周到。[③] 端方采用的多是官僚交际，表面应酬，对于郑氏之才岑实更深爱之，深处政局中的郑孝胥却未能分辨，以至进退两难。

光绪三十二年，郑孝胥摆脱宦海束缚，旅居他乡，闲适从容，却度过了人生中不平凡的一年。临近岁杪，总结这一年写道：“丙午（光绪三十二年）一年又辞我去矣。一生最奇之境莫如今年，吾之待己与待世者，皆开从古未有之新意。为特立独行乎？为随波逐流乎？曰，皆有之。”[④] 孤傲自负的郑孝胥，感叹“从古未有之新意”，显然有得意之作。

此年正月，郑孝胥乘船由上海赴烟台，此行是为见其“挚爱”——名角花旦金月梅（郑孝胥呼其“凤雏”，应是与自称“卧龙”相呼应）。两人相识有年，此后郑孝胥随幕主辗转各地，与金分居两地。此次赴烟台，两人应是久未联系，临行之际郑氏情感交杂，担心见不到，或者金氏嫁人。郑孝胥战场上运筹帷幄，却对此行不存胜算，日记中流露出忐忑之意，“意凤雏不在烟台，余当不遇而返”，“又意凤雏已嫁，则当谢余不见；或请见余，略谈所遇情状，余何言以对乎？”[⑤] 幸运的是，金月梅未嫁，“悲喜相持，为余下榻，

① 劳祖德整理：《郑孝胥日记》第2册，第1078页。

② 《南京节署西园》，郑孝胥：《海藏楼诗集》卷六，第164页。

③ 《端方致郑孝胥电》，光绪三十三年正月二十九日，中国第一历史档案馆藏，端方档案，档号：27-01-001-000163-0137。

④ 劳祖德整理：《郑孝胥日记》第2册，第1076页。

⑤ 劳祖德整理：《郑孝胥日记》第2册，第1027页。

絮语终夕”，郑氏将迎回金月梅与诸葛亮收姜维相比，“吾神机妙算，战无不胜，攻无不克。此次来烟台，如诸葛孔明之收姜维。可谓快矣！”[①] 上年离开广西，曾遭广西巡抚李经羲弹劾，奏其军饷未有造册报销。或许郑氏离职解交的军费并非实数，发了军饷财，此时又抱得美人归，凡此种种都可称得上“从古未有之新意”。

不仅如此，光绪三十二年四月，郑孝胥还在上海置办了房产，临近河岸，屋后洋房一幢，楼上下各三间、一大间，明亮宽敞。摆脱了紧张的军务与幕府兼差，身边有佳人相陪，又在苏州、太湖等地购置几十亩地和多处房产，做起了地主和寓公，不时在上海会见名流，生活闲适惬意。郑孝胥于六月初四日搬入新宅，就在同日，出洋考察大臣端方考察回国途经上海，张謇、瑞澂、赵凤昌等沪上名流设宴招待，郑孝胥位列其中。酒桌上，郑孝胥向端方建议官府包买进口洋药，加抽土药税，为制造机械筹集资金，此后全国施行禁烟，得到名流们的认可，“申言其理致，举座皆然之”[②]。其才华又一次在华洋齐聚的上海得到认可，广西经历之抑郁，荡然而出，声势炙手可热，想必性格狡黠的端方也说了一通客套话。

解甲归田，郑孝胥隐于繁华的上海，享受十里洋场生活，但也时刻观察着朝局动向。他在《隐几》中写道：“卸甲归来倚市楼，腾腾人海独吟秋。浮云北极天将变，落日中原事可忧。”[③] 凭借多年宦海沉浮的经验，郑孝胥敏感地意识到朝局将变。自然做好了随时入仕的准备。对于己才，十足自信，“倘竟有豪杰再起，必将求我，虽埋头十年，至五十六岁出任天下大事，依然如初日方升，照耀一世”。[④] 三十二年七月中旬，端方拨款筹建中国公学，聘请郑孝胥为校长。郑孝胥适机入幕端府，再次踏入政界。

老东家岑春煊与郑孝胥一直保持联系，光绪三十二年，岑氏出

① 劳祖德整理：《郑孝胥日记》第 2 册，第 1028 页。
② 劳祖德整理：《郑孝胥日记》第 2 册，第 1050—1051 页。
③ 《隐几》，郑孝胥：《海藏楼诗集》卷六，第 162 页。
④ 劳祖德整理：《郑孝胥日记》第 2 册，第 975 页。

资在上海成立宪政研究会（当年九月改为预备立宪公会），请郑孝胥参与帮办。十月初，岑春煊乘船来到上海（岑由两广调任云贵，并不赴任，又补四川总督）。自此，郑孝胥逶迤于端方与岑春煊之间，开始“一仆二主”的生活。

临近岁杪，广西巡抚林绍年内召为军机，途经湖北，约郑孝胥汉口一见，岑替郑做主赴约。[①] 郑孝胥到汉口后，便服谒见前东家张之洞，亦相谈甚欢。至于郑氏与林、张等人在汉口谈何内容，郑日记未载，只记录一些餐饮、参观的杂务，但是可以肯定，郑孝胥在汉期间，不可避免地与张、林讨论了朝局。郑孝胥在致林绍年的诗中写道，“朋党兆已萌，勿使祸再起”。提醒林氏此次入京，“孤立固甚危，诡随亦吾耻”，鼓励林与国家共赴时艰，任重道远，多加小心。[②] 回沪轮船途经南京，郑孝胥上岸便服拜见端方，有几次长谈，内容日记未载，郑氏之日记往往在关键与隐秘情节处缺失，应是涉及隐情，有意为之。端方派兵轮送其至上海，郑孝胥转交林绍年带给岑春煊的折稿，并与岑深谈，久之乃去，内容日记亦未记述，只是说谈了很久。几日后郑孝胥日记写道，“铁良将入军机，瞿子久（瞿鸿禨）将不能自固，京都情形视上半年更加黑暗”，于朝政预测于此可见大凡。郑氏已经隐约预料到，庚子之后，积怨日久的统治阶层内部，山雨欲来风满楼，一场狂飙渐作的高层的政争即将上演。

政潮发起的直接引线是岑春煊未奏入京，在此之前，一直以病为由滞留上海。光绪三十三年三月十六日，岑春煊以赴任四川总督借道北上入京觐见，此行并非贸然，而是经过了精心筹备。三月初二日，即岑入京前两周，郑孝胥日记记载“强余同入都”，“谢不能同行”[③]。郑氏不愿同行入京应是出于仕途隐忧，京中动向不明，不想伙同进入是非之地，垂拱任其所为。

较早探知岑春煊借道觐见的人正是身为两江总督的端方。上海

① 劳祖德整理：《郑孝胥日记》第 2 册，第 1069 页。

② 《赠林赞虞侍郎》，郑孝胥：《海藏楼诗集》卷六，第 163 页。

③ 劳祖德整理：《郑孝胥日记》第 2 册，第 1085 页。

在两江辖区，自岑入沪，端方即时刻派其眼线关注岑的举动。需要说明的是，丁未年前后端方与岑春煊已由广西“剿匪”之际的同僚相助，逐渐因派系和利益纷争产生矛盾，渐行渐远，积不相能。三月初四日，据袁世凯电告盟友军机大臣徐世昌称，端方已经探知岑要入京（参见第二章第二节），还不确定是何人援引，其动机若何。不过，端方获取信息并不是来源于郑孝胥。三月初七日，端方曾向郑询问，“闻文本（指岑春煊）将入都，有造膝之陈，公当有闻”，得到确认，询问电文晚于上文端发袁电时间三天。此事关系朝局，端方有恐岑春煊在京乱参，借赴京觐见谋求江督肥缺，急切探知内情，邀请郑孝胥到南京面谈。据端方从郑氏口中探知：

> 北来蓄志已久，在沪向苏盦（郑孝胥）说此行专为推翻政府，改良外部，必欲达目的而后已。当事力薄，不足制之，请公用全力密为布置。此子智小谋大，怨家太多，诚如公言，无能为也。[①]

端方将信息告诉了袁世凯，尤其是提及的“推翻政府，改良外部”，是希望引起袁的注意，同时有捧袁、贬岑的意蕴，至于“诚如公言，无能为也”，主要还是唆使袁氏“全力密为布置”，毕竟端方身处南洋，“无能为也”。无论如何，针对岑春煊入京一事，南北洋有必要联合起来，对政敌的发难有所准备。

岑春煊入京后，接连受到两宫召见，借此打击异己，弹劾朝中重臣，以北洋居多。令北洋一系深感不安的是，在京不几日，岑春煊补邮传部尚书，将常驻京城。对此郑孝胥不无得意，“余在沪尝告云帅（岑春煊字云阶），入京必补邮传部。果然”[②]。不仅于此，更

---

① 《端方致袁世凯电》，光绪三十三年三月十八日，中国第一历史档案馆藏，端方档案，档号：27-01-001-000156-0006。电文朝年不详，根据文中“巧”电推断。

② 《郑孝胥日记》第2册，第1088页。邮传部尚书张百熙本年二月因病请假，由林绍年暂行署理尚书。参见中国第一历史档案馆编《光绪宣统两朝上谕档》第33册，第17页。

令京中一时人人自危的是，岑春煊尚未履职邮传部，即参劾该部左侍郎朱宝奎。原因可能是朱声名狼藉，隶属北洋一派，引起岑的不满，也有可能岑在上海受曾主管邮传与铁路的盛宣怀之托打击异己，结果朱氏旋遭革职，一部之长官甫任即将卿贰拿下，震惊朝野。这种刚劲的办事风格，在官场是极为罕见的。

岑上任后，立即致电郑孝胥赶紧入京，协助自己帮办邮传部事宜，电称“邮传责重事繁，菲材深惧不克胜任。务恳执事星驾来京，匡我不逮，盼切!”[①] 邮传部管理全国邮政、铁路、船务、电报等事，任务繁重复杂，岑亟须郑入京辅佐自然是实情。为稳妥起见，岑上奏保举郑氏，请求朝廷“拟肯特旨调令来部，在丞参上行走”[②]。岑春煊此时正承两宫雨露，获得连续独对的恩崇，报界风传入军机指日可待，春风得意，加之与郑有多年交情，自信“卧龙”不日即到。而且，调员入京并非难事，清末督抚量移之际，牵动私人，幕客亲官一般“相率尾之而去”，习为故事，“疆臣援案以请，辄降中旨允之”。[③] 事情却未按其设计进行，这是岑氏始料未及的。

端方自丙午官制改革后，与袁世凯政见相合，结为金兰之谊，交往愈发密切。反之，猜疑岑春煊有谋求两江总督之位，渐生不满，“云帅今日由汉口坐快车入京，闻具奏即行，殊不妥”[④]，不难看出其对岑的成见之深。为阻止郑孝胥进京，告知郑氏御史江春霖复劾庆亲王奕劻，慈禧太后圣为不满，京中局势异常。名为担忧郑的仕途，实为暗示其小心行事。巧合的是，端方发电当日，在京的岑春煊向朝廷保举了郑，上文亦有提及，端、岑争夺“卧龙”日趋激烈。而得知都中形势未定，郑孝胥不愿贸然入伙，但迫于压力，只能复电称“容即赴沪，料理北行”，以为迁延之计。时局纷扰，郑孝胥对仕途存有隐忧，不想进京与岑为伍，受各方集矢，所作《残春二首》及《送春》

---

① 劳祖德整理：《郑孝胥日记》第2册，第1089页。

② 《岑春煊保举郑孝胥、张元济折》，光绪三十三年三月二十八日，中国第一历史档案馆藏，录副奏折，档号：03-5478-174。

③ 《疆吏调员》，胡思敬：《国闻备乘》，第60页。

④ 劳祖德整理：《郑孝胥日记》第2册，第1087页。

道出其进退两难的无奈与无力，“又作江南客，还逢白下春。春风太轻别，无地著愁人”“江南是我销魂地，忍泪看天到几时”？[①]

此一阶段，相比仕途烦扰，更令郑孝胥难于抉择的是情感。金月梅于三十三年二月回烟台，三月初突然给郑孝胥写了诀别信，信称：“依君一年，自惭无功坐食……高情厚爱，终身不忘。今愿自苦，复理旧业。请勿相迎，婢不来矣。”郑孝胥接信后，“肌跳头眩，几不能坐”，悲痛欲绝，连复三书，以图挽留。[②] 政潮爆发之际，郑孝胥因女伶金月梅的诀别，心灰意冷，一度无心政治，诗云“琅琊王伯舆，区区为情死”[③]，正是此时的心境。自古经世之才，多受厄于儿女情长，令人叹息，事涉题外，姑止于此。

京中政局日渐白热化，不会因为郑孝胥的私事而中止，何况岑春煊并未意识到曾引为心腹的得力干将之苦衷，对郑氏入京依然充满期待。三月二十八日，岑氏保举郑为邮传部丞参，端方得知即电促袁世凯阻止此事：

> 苏龕在此深资臂助，西林（岑春煊，广西西林人）近拟攘之入邮，闻已奏保丞参上行走。苏龕见局势扰攘，不愿往。其壻伯平太史现依公幕，当能述其崖略。鄙意苏龕大材，亦断不可为西林有，能为苏龕在外边谋得位置，既使彼有所展布，亦免为某附翼，不害能办到否？尊意如何？卓裁密示。[④]

对于如何阻止郑北上，端方建议袁世凯，安徽按察使出缺或可运作，“苏龕自以能督在南方位置为宜，此间总藩司久有退志，且性

---

① 《残春二首》，《送春》，郑孝胥：《海藏楼诗集》卷六，第166、167页。

② 劳祖德整理：《郑孝胥日记》第2册，第1086—1087页。附一封原文：“汝病疯耶，乃为此语：我诚有负情义，使汝有去志耶？所约端午节后遣人往迎，明有天地，暗有鬼神，岂可欺哉！”

③ 《三月十二日四十八岁初度是日自上海赴南京》，郑孝胥：《海藏楼诗集》卷六，第166页。

④ 《端方致袁世凯电》，光绪三十三年四月初一，中国第一历史档案馆藏，端方档案，档号：27-01-001-000156-0010。《端方致袁世凯电》，光绪三十三年四月初一，中国第一历史档案馆藏，端方档案，档号：27-01-001-000156-0011。第二件档案最后一页为第一件档案的结尾，原档分开著录。时间根据文中“支”电推断。

情稍急，与同官亦多不洽，早晚必将引去，若以苏龛接替此席，次再安臬病重出缺在即，暂令回翔，亦所甚愿。此时恐未易，请向机图之甚望"[①]。袁世凯回复称，奕劻认为“苏事未便突说，须先由外保再酌办，云请由尊处酌保，先复以便转达”。[②] 心有灵犀，奕劻的建议与端方不谋而合，袁世凯来电前一日，端方即向朝廷保举郑，“将候补四品京堂郑孝胥破格擢用，于大局实有裨益”[③]，显然这是为其任职安徽臬司做铺垫。

端方的奏保和许诺无疑打动了郑孝胥，终于决心拒绝入都。岑虽大怒，但动之以情，发长电相劝：相知有年，即不念私交，宁不念国事？又当此急而相求之际，煊纵极庸下，不可共功名，宁不可共忧患耶？务求践约来都[④]。岑春煊这封电文可以看出，其性格强势，与端方之狡黠大不相同。

端方称一切从长计议，速到南京相商妥当办法，“此间亦正为公计画，北上议请稍缓再定，一切立盼公面罄”[⑤]。由于不能够从容应对岑春煊，端方向盟友袁世凯求援，“苏龛自沪来函，云接西林电，责其悔约，……苏龛意恐不免一行”，望袁有所准备。需要指出的是，郑孝胥并不知端、袁之间的合作，“就此间与公（袁世凯）商荐苏事，亦尚未与宣露，谨密闻”。[⑥] 郑孝胥于四月十四日夜到南京，十五日入两江总督署，落入端方设计好的计策之内，决定出任安徽

① 《端方致袁世凯电》，光绪三十三年四月初二日，中国第一历史档案馆藏，端方档案，档号：27-01-001-000156-0020。原稿有“彼人竞得达其推翻目的为当事危为大局忧，日来内意已稍解否，念极”，被端方删除。根据“江”电推断。

② 《袁世凯致端方电》，光绪三十三年四月初六日，中国第一历史档案馆藏，端方档案，档号：27-01-002-000252-0001。

③ 《两江总督端方折》，光绪三十三年四月初五日，中国第一历史档案馆藏，录副奏折，档号：03-5480-008。

④ 劳祖德整理：《郑孝胥日记》第2册，第1091页。

⑤ 《端方致郑孝胥电》，光绪三十三年四月十一日，中国第一历史档案馆藏，端方档案，档号：27-01-001-000157-0016。此文朝年不详，据《郑孝胥日记》第1091页及文内“真”电推断。

⑥ 《端方致袁世凯电》，光绪三十三年四月十一日，中国第一历史档案馆藏，端方档案，档号：27-01-001-000157-0008。原文朝年不详，据《郑孝胥日记》第1091页记述原电及文内“真”电推断。

按察使。京中动乱，审时度势，不蹚浑水还有实缺无疑是最好的出路。安徽巡抚恩铭早有皖臬意向人选，谋得此职难度不小，袁世凯联合奕劻从中斡旋。①

袁世凯很快有了回复，“苏曾有疑案，恐人得藉口，未必有益于西林耳”，② 同时托人给端方带了一封密信，称“大老（奕劻）亦在上前说明，颇以为然。但大谋（岑春煊）既去，位置苏（郑孝胥），公（端方），必将又松一步。为苏计，大可趁此北来，在部浮沉数月，明此心迹，为将来大用地步。大谋不肯去，十六日亦曾议及，当有对待之术继之”③。袁世凯复信时间为四月十九日，距离岑春煊入京已有一个月三天，此间京中朝局发生了剧烈变动，先是岑获恩宠独对，到了四月中旬渐渐失宠，四月十七日，上谕岑补两广总督，被排挤出局。既然岑出任两广总督，袁世凯据此认为端、郑“必将又松一步”，提出郑是否入都与大局已经无关紧要，反而是到京历练积累政绩，于仕途更有帮助。四月二十二日，郑孝胥任皖臬谕旨下发。袁世凯认为“藉此回翔，亦甚善也”④。林林总总表明郑未能入京助岑，得以补安徽按察使背后得到北洋一派的支持。

岑春煊离京之际，大力参劾北洋心腹、袁世凯儿女亲家、原两广总督周馥，“西林意颇与甘心于亚夫（周馥）……请切托苏龕，

---

① 此间还有一插曲，安徽按察使世善与端方相识多年，在任期间新旧债务数万，非得大宗款项不能帮助，盐道朱恩黻愿意出钱，担任此职填补亏空，已经托人运作，得到了恩铭的肯定，也请托了端方。这让端方很为难，“此举若行，苏龕又须另为设法”，对袁世凯同样无法交代，“殊无以对公耳”。《端方致袁世凯电》，朝年不详，中国第一历史档案馆藏，端方档案，档号：27-03-000-000140-0288。

② 《袁世凯致端方电》，光绪三十三年四月十六日，中国第一历史档案馆藏，端方档案，档号：27-01-002-000172-0007。端方接到袁世凯电文后，复电称“苏事尽虑周详”，底稿则是“苏事几忘却”，可知端方与郑孝胥之真实情感。《端方致袁世凯电》，光绪三十三年四月十六日，中国第一历史档案馆藏，端方档案，档号：27-01-001-000157-0060。据来回电文以及文中“铣”电推断时间。

③ 《致两江总督端方函》，光绪三十三年四月十九日，刘路生、骆宝善主编：《袁世凯全集》第16册，第176页。

④ 《致两江总督端方电》，光绪三十三年四月二十四日，刘路生、骆宝善主编：《袁世凯全集》第16册，第185页。

晤面时婉劝西林，勿再下石为感”。袁世凯请端方沟通郑孝胥帮忙斡旋，但并不想让郑氏知其所为，“但不可作为凯托也”。[1] 郑表示“当保无虞”[2]，显然已倒向北洋一派，此次帮忙也算是一次检验本领、表明心迹，投向端、袁的“投名状”。

岑春煊补两广总督上谕下发，基本已经确定被排挤出局，但并未即刻离开京城，而是寻找时机，再发电邀请郑孝胥入京。郑以胃病发作为由再婉却。到了四月二十七日，岑春煊知大局已定，在京周旋无益，怏怏出京，赴任两广。临行之际，上奏请将安徽按察使郑孝胥与广东按察使朱寿镛互相调补，谕旨允其所请。岑告郑“奉旨调粤，恭贺大喜”。不过此时郑孝胥已有转换门庭之意，得电后“齿痛甚剧”，以大病为由拒绝随同赴粤。[3] 五月初七日，岑春煊乘船抵达上海，郑孝胥便衣求见，在日记中特意强调，面见时“旧幕府郑苏龛，非以广东臬司来见也”，已决心改换门庭，不再追随岑氏。沪上名流为岑春煊接风，晚宴之上郑再次表示拒赴广东。[4]

端方见岑春煊到了上海，为阻止郑孝胥随同赴粤，一反之前所言京内政风凌替，朝政杌陧，又开始极力怂恿郑进京为官，并向新任邮传部尚书陈璧请托，为其谋得邮传部丞参一职，“现在左右丞缺未审，能代谋位置否，如有可图即希密示”，同时也请袁世凯“预为招呼”[5]。在等待陈璧回复期间，安徽巡抚恩铭被刺，省城罢市、人心不靖，“非有强毅济世之才前往镇抚不可”。端方借机上奏称郑孝

① 《致两江总督端方电》，光绪三十三年四月二十六日，刘路生、骆宝善主编：《袁世凯全集》第16册，第187页。

② 《端方致袁世凯电》，光绪三十三年四月二十八日，中国第一历史档案馆藏，端方档案，档号：27-01-001-000157-0003。据文中“勘”电推断时间。

③ 劳祖德整理：《郑孝胥日记》第2册，第1091页。

④ 劳祖德整理：《郑孝胥日记》第2册，第1095、1096页。

⑤ 《端方致陈璧电》，光绪三十三年六月初二日，中国第一历史档案馆藏，端方档案，档号：27-01-001-000124-0115。《端方致袁世凯电》，光绪三十三年六月初七日，中国第一历史档案馆藏，端方档案，档号：27-01-001-000157-0022。据文中“阳”电推断时间。另据《郑孝胥日记》记载：“午帅屏人语曰：‘已有电入都，商位置之策，日内当有回电。’”参见《郑孝胥日记》第2册，第1099页。

胥勘膺派署，未果。[①] 面对端、岑针锋相对，郑孝胥难以护持弥缝，限于两难困局。权衡利弊后，决定以请求开缺为计，暂时退出官场，故两职均未赴任。[②]

岑春煊被排挤出京，此前北洋的政敌瞿鸿禨已被开缺，朝中北洋一系圣恩日隆，一家独大。郑孝胥入京显然前途一片大好，入粤可得岑氏重用，倚为心腹，宦途并不会差。端方基于当时官场规则，认为郑孝胥自请开缺粤臬无益，将开缺折“暂扣”，[③] 请陈璧设法斡旋，等来的回电称郑外省可大用，千万勿萌退志。[④] 无奈郑孝胥去意已定，坚执如前，端方只能代其以病为由请缺。[⑤] 郑孝胥作诗《弃官》表达对于处境与时事的无奈：“弃官宁不遇，厌世始猖狂。欲老真甘死，难行却善藏。累心情略尽，用短巧何妨。此意将谁语，凭阑送夕阳。”[⑥] 个人天分与时势际遇由此可略见大概。

第三节　岑春煊滞沪与陈庆桂劾岑

岑春煊出京后，五月初七日到达上海，并未前往两广赴任。上海是华洋杂处之地，交通要道，往来官员频仍，加之电报和铁路的便捷，再配合以海运和长江轮渡，比较容易获得朝野信息，更能够接触到内廷及各方情报。光绪三十二年，清廷宣布预备立宪，改革

① 《端方致军机处电》，光绪三十三年六月二十七日，中国第一历史档案馆藏，端方档案，档号：27-01-001-000154-0006。据文中内容及“宥”电推断时间。

② 关于丁未之际郑孝胥的两难处境，可见李君：《“丁未政潮”之际的郑孝胥》，《史学月刊》2009年第5期。

③ 《端方致陈璧电》，光绪三十三年六月二十五日，中国第一历史档案馆藏，端方档案，档号：27-01-001-000040-0154。

④ 《端方致郑孝胥电》，光绪三十三年七月初四日，中国第一历史档案馆藏，端方档案，档号：27-01-001-000041-0024。亦见《郑孝胥日记》第2册，第1103页。

⑤ 《端方致陈璧电》，光绪三十三年七月初五日，中国第一历史档案馆藏，端方档案，档号：27-01-001-000041-0034。《两江总督端方折》，光绪三十三年七月初六日，中国第一历史档案馆藏，录副奏折，档号：03-5485-011。

⑥ 《弃官》，郑孝胥著，黄珅、杨晓波校点：《海藏楼诗集》卷六，第168页。

官制，岑春煊曾在沪出资筹备预备立宪公会，与郑孝胥、张謇、赵凤昌等人交往密切，与立宪派便于联系，做出更有利的决策。此外，岑滞沪尚有其他一些考虑的因素。

首先，岑春煊此年身体状况欠佳，病情加剧。出京前谢恩，自称粤省多事，当力疾驰往，以纾朝廷南顾之忧，只是气体素弱，于南省潮湿瘴疠之地，不甚相宜，如粤事敉平，乞求圣恩内召，俾资调理，慈禧太后点头应允。[①] 初七日抵吴淞，因海道颠簸，岑春煊咯血加剧，上岸调治。

到了上海，已经进入两江地界，端方向其推荐德国医生李熙，医学极精，需要可随时推荐召唤。岑春煊不信西医，复电称服药稍愈，暂不易医，事实却是吐血头晕，请假十日，奏请开缺。[②] 据端方密探李葆恂探报，在上海逗留期间，岑“服曹姓药有效，不欲易医，今晨吐血，小便血多，请开缺”，移居静摄，仍服药，病情并未好转，同时听说岑向人诉苦，“近遭疑谤，言不足重，徒启党祸”。看来是病事与心事同时困扰着岑氏。[③]

至六月初，岑春煊痔疮骤然加重，“用药线扎创口，现已三日寝食俱废，辛苦异常”[④]。应该是忍受不了痛苦，连续两天给端方去了加急电。电言听说襄阳有位郭医生为长江水师提督程文炳治过痔疮，询问能否将其请来。[⑤] 端方虽然对岑不满，但碍于情面，还是联系了程文炳，几天后还假惺惺地探问病情，“秉三来电言尊恙殊剧，惦念

---

① 《日下近闻》，《申报》，光绪三十三年四月二十八日（1907 年 6 月 8 日），第 3 版。

② 《端方致岑春煊电》，光绪三十三年五月十二日，中国第一历史档案馆藏，端方档案，档号：27-01-001-000114-0146。《端方致李葆恂电》，光绪三十三年五月十四日，中国第一历史档案馆藏，端方档案，档号：27-01-001-000038-0116，同电亦参见中国第一历史档案馆藏，端方档案，档号：27-01-001-000114-0158。《李葆恂致端方电》，光绪三十三年五月十四日，中国第一历史档案馆藏，端方档案，档号：27-03-000-000011-0044。

③ 《李葆恂致端方电》，光绪三十三年五月十五日，中国第一历史档案馆藏，端方档案，档号：27-03-000-000011-0043。

④ 《岑春煊致端方译转程文炳电》，光绪三十三年六月初八日，中国第一历史档案馆藏，端方档案，档号：27-01-002-000160-0035。

⑤ 《岑春煊致端方转程文炳电》，光绪三十三年六月初七日，中国第一历史档案馆藏，端方档案，档号：27-01-002-000160-0165。

之至"，"秉三"指的是熊希龄，在沪与岑有交际，这是岑、端两人都知道的，不过原电文是"现从周（程文炳）有复电否，郭医有无把握，□躬积劳日久，必不能十分强实，惟格外珍卫为要"，显然端方想彻底摸清岑氏的病情，观察其动向。[①] 而暗地里却正在调查岑氏结交康梁的证据（下文详述）。

岑春煊病情逐渐加剧，"因便红日剧，或云因痔为患，特于襄阳觅得医痔者来沪施治，以药线札疮，痛楚万倍，三日夜寝食俱废，汗出神疲几欲晕脱，现另延中西医敷药止痛，略见轻松，病外增病，益觉不支"[②]。张之洞接到密探来电，"探悉西林病重，割痔晕绝，西医谓难速愈"[③]。虽然种种证据显示，岑春煊因病滞留上海，端方还是不放心，担心政敌以病掩饰，从中有诈，再次发电确认，当然是关切的口气，"顷闻从周云，郭医年已七十余岁，公所延之郭医年岁如何，当是郭医之子侄，近日所苦当渐轻减"。据岑春煊回复，六月十五日郭医父子均在，为其做了手术，"将痔疮剪去，痛苦顿止，惟步履尚艰"[④]。看来岑春煊确实如其所言，这个时间段病痛加剧，这是其滞留上海的一个关键原因。

其次，岑春煊不愿赴任粤督，与两广官民的嫌隙不无关系。岑

---

① 《端方致岑春煊电》，光绪三十三年六月初十日，中国第一历史档案馆藏，端方档案，档号：27-01-001-000115-0075。本年三月底四月初，东三省总督徐世昌拟留奉天农工商局熊希龄相助，端方致电徐称，"敝处诸事待该员商略者甚多，仍望催令早来，尊处有需该员商榷之事，得电召可即来，使该员往还期间最为方便，千万勿奏留，至幸"。在打压岑氏紧要关头，熊氏此时在京通报政局动态，"此间待公甚亟，断难相让，特奉□朝局有何变动，望先电示"。这对于端方来说是头等大事，因此"断难相让"，熊氏与丁未政争还有待研究。参见《端方致徐世昌电》，光绪三十三年四月初一日，中国第一历史档案馆藏，端方档案，档号：27-01-001-000037-0102。《端方致北京陶转熊希龄电》，光绪三十三年三月二十八日，中国第一历史档案馆藏，端方档案，档号：27-01-001-000124-0083。

② 《岑春煊致端方电》，光绪三十三年六月十一日，中国第一历史档案馆藏，端方档案，档号：27-01-002-000160-0055。

③ 《王守来电》，光绪三十三年六月十一日，《近代史所藏清代名人稿本抄本》第2辑第110册，第347页。

④ 《端方致岑春煊电》，光绪三十三年六月十五日，中国第一历史档案馆藏，端方档案，档号：27-01-001-000115-0110。《岑春煊致端方电》，光绪三十三年六月十六日，中国第一历史档案馆藏，端方档案，档号：27-01-002-000160-0069。

氏第一次督粤，与粤省商人几至冰点，“以铁路筹款事，逮捕黎绅国廉，粤人大起冲突。而当时七十二商家尤为激烈”。[①] 且岑弹劾了诸多属员，粤民将其喻为“老虎三爷”，“曾有老虎三爷之目，及其督粤，益复严刑峻法，任意诛戮。多及无辜，阖省绅民，指为屠伯转世，……虐遇绅士至于如此，何况小民。睚眦可以杀人，偶语即须弃市，武健严酷，惟杀是嗜，鸱鸮豺虎，不足以喻其暴，道路以目，民何以勘”[②]。此外，岑春煊入京后，弹劾了粤绅领袖唐绍仪，“因此不免略有芥蒂”“与广东同乡京官之感情未能欢洽”。[③]

岑春煊再次被任命为粤督，两广官员人人自危。按惯例，督抚大吏未经到任以前，一般不干涉该省行政。岑氏例外，尚未出京，因钦廉土匪肇乱，特致电前两个总督周馥请将不称职官员钦廉道王雪澄等多人撤职查办，同时任命亲信柴维桐等人上任各地，“霹雳一声心胆落，无怪粤省官吏之惴惴不安枕席也”[④]。

为防止两广官僚离职，岑春煊未赴粤前，即电周馥，“请传知三品以下人员，一概不准先行离省，俟到任后当再分别察看云云”[⑤]。各局所当差人员暂毋更动，到后仍当量才委用。另如道台赵曾槐、姚鸿法等人才略尤优，更是点名务请周馥转饬留粤。周馥曾遭岑春煊弹劾，对其意见颇深，回电告知所中意的广东地方官，或请假离粤，或多病不服，或已电调他省，“间有因他故，辞差在先者，暂难全留”[⑥]。两广官员显然并不欢迎新任总督，耳目众多的岑氏自然能够风闻和体察来自两广的阻力。

---

① 《岑督果应欢迎乎抑应阻拒乎》，《申报》，光绪三十三年五月初四日（1907 年 6 月 14 日），第 2 版。

② 《给事中陈庆桂折》，光绪三十三年五月二十八日，中国第一历史档案馆藏，录副奏折，档号：03-5482-093。

③ 《日下近闻》，《申报》，光绪三十三年五月初六日（1907 年 6 月 16 日），第 3 版。

④ 《日下近闻》，《申报》，光绪三十三年五月初七日（1907 年 6 月 17 日），第 2 版。

⑤ 《岑督不准三品以下人员离省》，《申报》，光绪三十三年五月初三日（1907 年 6 月 13 日），第 3 版。

⑥ 《新任粤督延揽人才电文》，《申报》，光绪三十三年五月初九日（1907 年 6 月 19 日），第 11 版。

岑春煊出京之前，向清廷申请借洋债一千万两，兴办利政。“所奏各件已先后接王大臣复电，面奉谕旨允准”“惟息借洋款一事，有多人参奏”。[①] 粤籍给事中陈庆桂据此弹劾岑春煊，“查洋债利息纵使甚轻，而借至千万，即以五厘而论，年亦需子金六十万，近来各省所办新政，如工艺各厂，仅能养活贫民，何尝稍有溢利，广东情形已极凋敝，试问将来本何由还，利何由出，势必愈欠愈重，无所抵”[②]。对于借洋债极为不满，实反映出京内外粤民对岑氏的成见。

再次，两广本非岑春煊心仪为官之地。清末广东匪乱加之革命党起事不断，事务繁杂，财务竭蹶，冲、繁、疲、难俱全。光绪三十三年，同盟会发动潮州、钦州起义，岑春煊“剿匪”的军饷报销案尚未了结，多次上奏申明。广东赌博盛行，岑春煊准备以铺捐抵赌饷，裁免厘金，改办铺捐，岁可增饷数百万足以相抵，既恤商艰，复除赌患，或亦两得之策，集众通筹。[③] 同时，岑春煊还奏请整顿粤海关筹钱，离京谢恩召见，面递密折，痛陈时事，并条陈粤东兴革大政数端，其意政府允准始肯请训就道。岑深知清廷此时忌嫉甚深，若草草出京，他日势必遇事掣肘，不如先事要求之为得计。[④] 除了建议减少广东赔款，留作兴学练兵经费，岑春煊还提出开放琼州口岸。上奏精练两镇陆军，裁汰水师营，改练海军，并仿北洋新军，练一师团等请求。[⑤] 种种举措表明，岑深知广东政务纷繁，财政拮据，匪患不断，加之当时粤商铁路风潮频发，出国留学生甚多，革命党、立宪派云集，实是难于治理的棘手之地，不如滞留沪上，再谋他图。

最后，岑春煊逗留上海，拒不赴粤，与幕府的意见有很大关联。劝说其迅速赴粤的人很多，包括张謇和汤寿潜等预备立宪公会要员。

---

① 《盼望岑督者看》，《振华五日大事记》1907年第22期。

② 《陈庆桂奏参部准粤督息借洋债原片》，《申报》，光绪三十三年六月十三日（1907年7月22日），第4版。

③ 《岑督以铺捐抵赌饷之电文》，《申报》，光绪三十三年六月初四日（1907年7月13日），第12版。

④ 《日下近闻》，《申报》，光绪三十三年四月二十六日（1907年6月6日），第3版。

⑤ 《日下近闻》，《申报》，光绪三十三年四月二十九日（1907年6月9日），第3版。《岑督封奏之要旨》，《申报》，光绪三十三年五月十七日（1907年6月27日），第3版。

也有多名幕僚反对其南下，据《申报》探查，“岑意初为之动，惟幕府知交，无一赞成其南来者，故遂决意力辞，并闻郑孝胥京卿，力劝到任，以副粤民之望，而高凤岐则竭力阻止，岑意益为踌躇，惟词气之间，似以高说为然”[①]。幕府的意见左右了岑的动向。

事实上这些原因都不是根本的，并未触及岑氏留在上海的实质意图。根源还在于其暗中运作，“所欲未偿，仍必一再乞休，以图尝试”[②]，希望能够谋得心仪之地，东山再起。岑春煊不意两广，此次再被任命为粤督，准备另谋出处，纵观各省总督，以直隶总督兼北洋、两江总督兼南洋、湖广总督、四川总督最富庶，湖广张之洞占据多年，四川总督地处偏远，唯有南北洋总督职位关系至重，地处京畿门户和华洋总汇之地，令人垂涎。两江总督自然在岑春煊的视野范围之内，引起了江督端方的担忧。在端方看来，岑氏在京期间极力诋毁南洋，即“欲南图，因于鄙人颇肆诋毁，□遂倾轧”。[③] 且端方听说岑春煊“极力运动求与鄙人互易”[④]，颇为惊慌，毕竟此时端方的处境极为不妙，“南洋名誉大损，以搜索革党，妄事株连，加以虐待征兵及江北饥民谙事，尤为大失人望，恐难久于其位”。[⑤] 略有安慰的是，袁世凯判断，“互易运动自在意中”，“想亦办不到”。[⑥] 虽有袁的口头允诺，端方仍不放心。卧榻之侧，岂容他人酣睡，端方坚信“某愿未遂，心必不死”[⑦]，于是开始煞费心机，对付岑春

① 《岑督不赴粤任消息汇录》，《申报》，光绪三十三年五月二十八日（1907年7月8日），第4版。

② 《端方致袁世凯电》，光绪三十三年五月十九日，中国第一历史档案馆藏，端方档案，档号：27-01-001-000157-0013。此电朝年不详，时间据文内“伊又赏假十日”及“皓”电推断。

③ 《端方致袁世凯电》，光绪三十三年三月十八日，中国第一历史档案馆藏，端方档案，档号：27-01-001-000156-0006。时间据文内敬贺袁世凯“荣膺新简”及“巧”电推断。

④ 《端方致袁世凯电》，光绪三十三年四月二十日，中国第一历史档案馆藏，端方档案，档号：27-01-001-000157-0023。原电朝年不详，由四月二十一日袁世凯致端方电及文内“智”推断。

⑤ 《王慕陶来函》，上海图书馆编：《汪康年师友书札》第1册，第105页。

⑥ 《袁世凯致端方电》，光绪三十三年四月二十一日，中国第一历史档案馆藏，端方档案，档号：27-01-002-000252-0005。

⑦ 《端方致袁世凯电》，光绪三十三年五月初七，中国第一历史档案馆藏，端方档案，档号：27-01-001-000157-0012。电文朝年不详，据五月初六日收袁世凯“鱼”电及文内“阳”电推断。

煊。当然，寓居沪上的岑氏，也自知“必构衅于江督”[①]，京内知好电云，“如仍不赴粤，必有奇祸”。[②]

端方担心岑春煊会攫取两江总督的担忧并非没有根据。瞿鸿禨之子瞿兑之在《杶庐所闻录》记载：“春煊当光绪季年，以风力著称，又深得慈禧宠眷，见袁世凯权势日盛，乃蓄意与之为敌。朝野之士，凡不附袁者，皆归春煊，预依以为陶桓公。然春煊始终未得两江，不居形胜之地，不足以闻朝政。世凯亦深忌之，谋于奕劻，移春煊督云贵。春煊知一旦赴边，益无所凭借，遂称疾居上海，密谋相抗。”[③] 无独有偶，张之洞坐探也证实岑不愿任职两广，有意南洋和北洋，“岑不愿赴粤尚属确实，前闻有抵沪后仍具折坚辞之说，但职道前晤高凤岐，高言：‘云帅本有此意，后以慈意极为恳切，义不容辞，只好暂且赴任’。高为岑左右极靠窃之人，所言当尚可信。然岑变化莫测或到任后再另有所图，或不到任恐虽高亦不能预知。惟尝闻人之意，总在南北洋也”。[④] 岑春煊一直以未谋得两江总督一职为憾，至于是否寻求瞿鸿禨的支持，瞿兑之并未交代。岑氏调任两江的传闻一直存在，光绪三十一年，岑主导广西“剿匪”，其幕僚郑孝胥在日记即称其有调任两江之望。[⑤]

无论是否要运作江督抑或其他，岑春煊确实不愿再总制两广是事实，出京之际请训，称身体虚弱，南方潮湿不甚相宜，如粤事敉平后，“仍乞圣恩内召”。[⑥] 岑用意很明显，对京官兼枢臣似有向往，但并非毫无对其他督抚优缺的觊觎。当时已有“岑十万谋南洋”见报章的传言。[⑦] 盛宣怀在京中的眼线陶湘就认为，“南洋（端方，南

---

① 《李葆恂致端方电》，光绪三十三年五月十四日，中国第一历史档案馆藏，端方档案，档号：27-03-000-000011-0044。

② 《岑督来粤问题》，《振华五日大事记》1907 年第 18 期。

③ 《岑春煊遗事》，瞿兑之：《杶庐所闻录》，山西古籍出版社 1995 年版，第 157 页。

④ 《京高道来电》，光绪三十三年五月初五日，中国历史研究院藏，张之洞档案，甲 182-445。

⑤ 劳祖德整理：《郑孝胥日记》第 2 册，第 995 页。

⑥ 《日下近闻》，《申报》，光绪三十三年四月二十八日（1907 年 6 月 8 日），第 3 版。

⑦ 曾伟希：《清末吴禄贞致樊增祥信函》，《文献》2011 年第 3 期。

洋大臣）为西林所劾，或云南洋一席，终为西林所有”。[①] 陶湘在京结交李莲英等人打探消息，所获信息并非空穴来风。种种迹象表明，岑春煊滞留沪上，对江督已成潜在威胁，端方已有荆棘在背之感。

上海属于两江总督辖地，端方派人密布眼线，时刻监视岑春煊在沪举措。不过，二人表面上则始终表现得一团和气。岑尚未出京，端即发电，望早日告知抵沪日期，以便派轮接送、接风。岑离京时，端绪亲到车站送别，也应是出于端方叮嘱。[②] 岑甫一离京，端方即嘱托郑孝胥、瑞澂，到沪时“一切妥为招呼”。[③] 岑患有严重的痔疮，端方又请名医诊治，以表关怀。[④] 其实，延医看病不过是托词，实为窥探两林之情况。端方令李葆恂随时留意，以便监测其意向。此外，端方还亲自致电问候病情，实则提示其尽速赴任粤督：“尊恙当益轻减，闻近将移居，为静摄计。现仍服药否？”这封电报曾经删削，底稿内容是：“尊恙当益轻减，闻近将移居，为静摄计。弟药物似亦未可尽废，公谓然否？约何时启节赴粤，并希示及。”[⑤] 显然，端方关心的不是病情，而是政敌何日离沪赴任。只是感觉太过明显，又对电文做了删改。当听说岑春煊有上折开缺的传闻，端方赶紧让李葆恂向张謇打探，为了不表明身份，嘱托“万勿露出系敝处所属为要”。[⑥]

岑春煊在京期间，袁世凯致端方密函言，岑不肯轻易离京，“当

---

① 陈旭麓、顾廷龙、汪熙主编：《辛亥革命前后·盛宣怀档案资料选辑之一》，第 55 页。

② 《为西林南下事致端方电》，光绪三十三年五月初五日，中国第一历史档案馆藏，端方档案，档号：27-01-002-000157-0001。

③ 《端方致郑孝胥电》，光绪三十三年五月初五日，中国第一历史档案馆藏，端方档案，档号：27-01-001-000038-0159。

④ 《端方致岑春煊电》，光绪三十三年四月二十一日，中国第一历史档案馆藏，端方档案，档号：，27-01-001-000112-0062。《端方致岑春煊电》，光绪三十三年五月初十，中国第一历史档案馆藏，端方档案，档号：27-01-001-000114-0135。《端方致岑春煊电》，光绪三十三年五月十二日，中国第一历史档案馆藏，端方档案，档号：27-01-001-000114-0146。《端方致岑春煊电》，光绪三十三年五月十二日，中国第一历史档案馆藏，端方档案，档号：27-01-001-000038-0200。

⑤ 《端方致岑春煊电》，光绪三十三年五月二十四日，中国第一历史档案馆藏，端方档案，档号：27-01-001-000114-0265。

⑥ 《端方致李葆恂电》，光绪三十三年五月十五日，中国第一历史档案馆藏，端方档案，档号：27-01-001-000038-0124。同电亦见，中国第一历史档案馆藏，端方档案，档号：27-01-001-000114-0185，当为稿本。李葆恂的很多信息来自张謇，看来张謇与岑在上海期间多有交流。

有对待之术继之”。[①] 待岑被排挤出京，驻扎沪上，对端方的威胁加大后，端方便成了进一步打击岑春煊的急先锋。他采取的“对待之术”，便是授意御史上奏弹劾岑春煊，迫使岑早日离沪赴任。

很快，给事中陈庆桂被物色为参奏岑氏的不二人选。陈庆桂，字香轮，广东番禺人，光绪庚辰科（1880）进士，光绪二十一年八月奉旨记名以御史用。出身粤籍，陈庆桂更多关注岭南案件与社会治安问题。光绪二十五年，陈庆桂补福建监察御史，针对弊政连续上奏，涉及积重难返的河工、积弊太重的厘金、保案泛滥的用人等各方面。其中，关涉桑梓广东上了三道奏折，分别是针对粤省盗窃风气日炽，请求派员查禁；参劾广东候补道员王存善操守庸劣，请旨严查；奏赌博败坏人品，破人家产，请严禁并纠察办事不力官员。[②] 光绪二十八年，陈氏调任掌浙江道监察御史，上奏称广东盗匪猖獗，请当地官员制定严格的捕盗赏罚章程。[③] 光绪三十一年，陈补授工科给事中，奏请广东学海堂菊坡精舍仍照旧章斟订章程。[④] 不难看出，但凡广东事情，陈均会竭尽本职，两广总督岑春煊也牵涉其中。光绪三十二年，粤路风潮起，商民因股闹事，陈庆桂上奏称这源于前督臣岑春煊误听人言，信用小人，任意侵吞，遂至弊端百出。[⑤] 岑春煊曾上奏广东水陆提督归并一员，意在专一事权，将虎门屯防同知改为抚民直隶同知以管理缉捕镇压，陈庆桂则上折认为同

① 《掌致两江总督端方函》，光绪三十三年四月十九日，骆宝善、刘路生主编：《袁世凯全集》第16册，第176页。

② 《福建道监察御史陈庆桂折》，光绪二十五年三月初九日，中国第一历史档案馆藏，录副奏折，档号：03-7086-048；光绪二十五年四月初二日，中国第一历史档案馆藏，录副奏折，档号：03-5517-031；光绪二十五年五月十六日，中国第一历史档案馆藏，录副奏折，档号：03-7391-014；光绪二十五年六月初八日，中国第一历史档案馆藏，录副奏折，档号：03-5377-020；光绪二十五年七月二十一日，中国第一历史档案馆藏，录副奏折，档号：03-5517-045；光绪二十五年，中国第一历史档案馆藏，录副奏折，档号：03-7433-069。

③ 《掌浙江道监察御史陈庆桂折》，光绪二十八年二月二十七日，中国第一历史档案馆藏，录副奏折，档号：03-7435-022。

④ 《给事中陈庆桂折》，光绪三十一年四月三十日，中国第一历史档案馆藏，录副奏折，档号：03-7214-053。

⑤ 《给事中陈庆桂折》，光绪三十二年十二月十三日，中国第一历史档案馆藏，录副奏折，档号：03-7144-064。

知职分较微，不能兼涉兵事，裁撤一员所剩无几，万一有警，彼此断难周密，与其贻患，不如审慎于先，请照旧分设提督，毋庸归并。[①] 从陈氏经历和倾向看，显然是岑的政治对头。

岑春煊离京之际，曾奏请为广东借外债一千万两，有报纸认为此举有意为难朝廷，借机拒不赴粤上任。[②] 针对此事，陈庆桂上奏称广东连年灾疠，势必愈欠愈重，岑春煊浑言兴利各政，究竟所办何事，并未指明，窃恐巨款到手，耗于挥霍者半耗于侵蚀者，半借易还难，若向地方搜括，取偿则民困更深，后患何堪，设想挖肉补疮，最为下策。请饬再行集议，妥筹办理。[③] 陈庆桂同时上奏还有一折一片，折是参劾岑春煊贪、暴、昏、欺四款罪名，“贪”指代多项，“搜括靡遗，罚款几及百万”；“暴”是说岑在粤“严刑峻法，任意诛戮，多及无辜”；“昏”参其素不读书，事理未达，重用柴维桐、郭人漳“鱼肉粤人”；“欺”是指岑结交康党，重用麦孟华。[④] 片是弹劾盛宣怀侵占公产，称其前充招商局督办期间，用局款买地，假借名目，从中牟利，“价涨则视为己业，价落则拨归公产，牟利之工至斯而极”，且探闻盛将通商银行公地“擅售与日商三菱公司”。[⑤]

御史虽有风闻言事的权力，但也要有确实的文料，保证参劾能

---

① 《给事中陈庆桂折》，光绪三十二年，中国第一历史档案馆藏，录副奏折，档号：03-6040-102。《会议政务处折》，光绪三十二年，中国第一历史档案馆藏，录副奏折，档号：03-5765-087。

② 《日下近闻》，《申报》，光绪三十三年五月初六日（1907年6月17日），第2版。

③ 《给事中陈庆桂折》，光绪三十三年五月二十八日，中国第一历史档案馆藏，录副奏折，档号：03-6668-161。

④ 《给事中陈庆桂折》，光绪三十三年五月二十八日，中国第一历史档案馆藏，录副奏折，档号：03-5482-093。

⑤ 《给事中陈庆桂折》，光绪三十三年五月二十八日，中国第一历史档案馆藏，录副奏折，档号：03-5482-094。此片很短，内容非常具有针对性，显然有人提供文料。“给事中陈庆桂片。再商约大臣盛宣怀贪鄙近利，行同市侩，前充招商局督办，用局款购买上海产地，弊端百出，有用本局及总办出名者，有用福昌洋行出名者，且有假用英商密尔注销名者，皆盛宣怀一人经手，推其纷歧错杂之故，无非价涨则视为己业，价落则拨归公产，牟利之工至斯而极。且闻将通商银行公地二亩零擅售与日商三菱公司，现在上海道未允税契，故不能交易。又闻其与岑春煊合买上海之苏州河地亩甚多，以及合置昆山县田，恃势抑勒，民怨沸腾。似此行为实于官箴有玷，拟恳谕饬两江督臣端方分别密查，据实覆奏，请旨办理，以重公产，而纾民困。是否有当，谨附片具陈，伏乞圣鉴，谨奏。五月二十八日。”

击中对方要害。陈庆桂参岑的“风闻”是来自哪里呢？据端方档案，陈庆桂风闻均为端方所提供，尤其是盛宣怀侵占招商局局产的内幕，均出于江督的直接授意。

岑氏尚未离京，四月二十八日，端方收到“坫”字密电[①]，提及上海四马路沿滩招商总局、电局、通商银行系旗昌旧基，占地二十亩左右，确统售归三菱通商，占地二亩零，已先送道转册。[②] 这封从上海发来的电报涉及招商局地产的密电，从内容上看，应该是对端方要求调查相关情况的回复，所以核查地产、打击盛宣怀应早在四月二十八日之前，岑春煊尚在京城之际即已运作。并且，端、袁就此问题有过交流。端将调查取证盛宣怀贪污公产的情报告知过袁，袁复电称“武进（盛宣怀，江苏武进人）行为大都如是，候尊函到核办”[③]，期待端方有机会进一步调查此事。笔者认为，端方授意将参盛的附片与参岑折片合在一起奏上，也有借机打压盛宣怀，借以增加与北洋合作砝码的目的。[④]

五月初十日，端方发给上海道瑞澂电报提及此事，“前请密查福开森地皮由日人转册一事，迄未奉复，事关中国权利，务祈秘密详

① 端方与外界通电，涉及隐秘情事，均用密电本。“午密本二本，申密本，宁密本，武密本。袁宫保龕密本。那中堂鼐密。赵次帅杩密。伦贝勒鸿密。振贝子桢密。庆邸承密，□上陈呈。泽公翻密。世中堂藹密。铁尚书农密。徐菊帅鞠密。刘仲鲁舆密。定铣本，铣密。庆小山云密。朱桂辛栋密。林贻书豫密。邓孝先边密。于钦使采密。梁星海烈密。瑞藩司莘密。熊秉三彪密。金仍珠合密。陈伯帅健密。志赞兮坚密。英济臣鸿密。上海道鋆密。万锺元善密。陈筱帅梁密。朱藩司静密。鹿滋帅撲密。甫王爷靖密。冯少竹陶密。许奏云智密。恽薇孙浣密，存上重呈。王慕陶侃密。瞿子玖撲密。”参见《为曾移交三十八本事》，宣统元年二月十四日，中国第一历史档案馆藏，端方档案，档号：27-03-000-000031-0039。

② 《某致端方电》，光绪三十三年四月二十八日，中国第一历史档案馆藏，端方档案，档号：27-01-002-000171-0001。

③ 《袁世凯致端方电》，光绪三十三年四月三十日，中国第一历史档案馆藏，端方档案，档号：27-01-002-000252-0012。

④ 袁世凯任直隶总督后，与盛宣怀争夺轮船招商局、电报局等实业，致使盛氏丢掉了两个“财神庙”职务，二人明争暗斗，成见很深。参见夏东元编著《盛宣怀年谱长编》，上海交通大学出版社2004年版，第769、796页。

查，即速电复至荷”[①]。五月十二日，又致电称，“日人转册者闻地在通商银行，共约二亩，□招商局地产以总办本局出名者，系何处何名，均望密查详细电复”。[②] 据瑞澂五月十二日回电，“蒸电敬悉，前奉卅电遵经密查”。从电报中提及“蒸电”“卅电”可知端方两次密令上海道瑞澂彻查此事。不过，从瑞澂调查的结果来看，并未有实质性证据，招商局、通商银行、电报局局产很多用洋商挂名，难以确查是否盛宣怀的私产，“无日商代福开森转契之事，恐户名更易，致被蒙混”“道契地亩大都由洋商挂名，因无某国某号确据稽查匪易，除再密加查探”。[③] 调查盛氏一事，事关紧要，端方特意叮嘱瑞澂，“日内所有来往莘密要电均请自译”。“莘密”是两人的密电本。[④]

端方深知袁世凯与盛宣怀不睦，为了向袁氏表功，势必要找出盛氏侵占公产的证据，他致电袁氏称：“武进（盛宣怀）管招商时曾以局款购上海四马路沿滩旗昌旧基二十余亩，而契券窃署己名，该地为招商电局，通商银行所在，现闻已由彼卖归三菱。通商所占二亩零，已先送道转册，事甚确凿。查此地既在招商码头，即使业为彼有，亦当先尽招商承买，岂能由彼私售外人。事关招商权利甚大，谨先密闻。余再函述。”[⑤] “事甚确凿”显然是端方为了强调起见，实还无确凿证据。

---

① 《端方致瑞澂电》，光绪三十三年五月十四日，中国第一历史档案馆藏，端方档案，档号：27-01-002-000171-0006。时间据文中内容及“蒸”电推断。此电应为去电，档案归入来电类。

② 《端方致瑞澂电》，光绪三十三年五月十二日，中国第一历史档案馆藏，端方档案，档号：27-01-001-000156-0027。此电日期不详，根据上下文及“侵”电推断。

③ 《瑞澂致端方电》，光绪三十三年五月十二日，中国第一历史档案馆藏，端方档案，档号：27-01-002-000171-0002。

④ 《端方致瑞澂电》，光绪三十三年五月十三日，中国第一历史档案馆藏，端方档案，档号：27-01-001-000124-0111-1。

⑤ 《端方致袁世凯电》，光绪三十三年五月十四日，中国第一历史档案馆藏，端方档案，档号：27-01-002-000171-0005。时间据文内容及“勘”电推断。原稿：“天津袁宫保，龠。武进管招商时曾以局款购上海四马路沿滩旗昌旧基二十余亩，而契券窃署己名，该地为招商电局，通商银行所在，现闻已由彼卖归三菱。通商所占二亩零，已先送道转册，事甚确凿，现已派员密查，事关码头权利甚大，特先，□□余函详。○，勘。”

为了掩人耳目，端方将调查的信息发给湖北巡警道道员冯启钧，令其将情报转给陈庆桂。五月十二日，冯启钧自湖北发来电报，催促“沪地撰稿”（此稿即陈庆桂所陈盛宣怀贪污片）。[①] 端方电报回复冯，该电内容多被陈庆桂引用。电文称：

> 沪地事据调查员复称，盛卖通商银行地二亩零，据日领事书记春山正隆云，已由领署送道转契。刻接到沪道瑞澂密电，转契事尚待详查，惟招商地产甚多，有用本局及总办出名者，有用福昌行出名者，且有系英商密尔登出名者。招商产业皆某一手经理，而凌杂至此，其包藏祸心，意图弊溷，实已无可遁饰，现仍饬沪道再将四马路沿滩地皮售与三菱实据确查密复。[②]

对比陈庆桂折片，陈片内有盛宣怀前充招商局督办，用局款购买上海产地，“有用本局及总办出名者，有用福昌洋行出名者”等相关内容，这与端方发冯启钧电文内容完全相同，甚至个别字句一字不差。[③] 事实上，端方提供的这些信息，根本没有得到瑞澂确切调查报告的证实。就在同一天，端方再次致电瑞澂，请其务必详查此案。[④] 五月十四日、五月二十一日，瑞澂向端方做了事涉地产方面的详细汇报，但是并未找到盛宣怀侵占地产的有力证据，并称“非明询盛

---

① 《冯启钧致端方电》，光绪三十三年五月十二日，中国第一历史档案馆藏，端方档案，档号：27-01-002-000171-0003。冯启钧，字少竹，时任湖北巡警道道员，端方曾多次保举，引为心腹。

② 《端方致冯启钧电》，光绪三十三年五月十二日，中国第一历史档案馆藏，端方档案，档号：27-01-001-000160-0109。

③ 《给事中陈庆桂折》，光绪三十三年五月二十八日，中国第一历史档案馆藏，录副奏折，档号：03-5482-094。

④ 《端方致瑞澂电》，光绪三十三年五月十二日，中国第一历史档案馆藏，端方档案，档号：27-01-001-000156-0027。时间据文内容及“侵”电推断。这封电报是十三日发出去的，略有修改，详见中国第一历史档案馆藏，端方档案，档号：27-01-001-000124-0111-2，“上海瑞道台莘，昨电当到。英租界四马路沿滩招商局电报通商银行即旗昌洋行旧基系何人出名挂号，公分道契几张，祈查明一并详复。”原稿：“上海瑞道台莘，昨电当到。英租界四马路沿滩招商局电报通商银行由何人出名挂号，公分道契几张，祈查明一并详复。闻日人以通商地约二亩零由美册转入日册，确否，速复。三十三年五月十三日午刻发。”

宫保，难悉其详达，旗昌洋行挂号各□者为商局产，何者为他人产，何者仍归旗昌，尤难密查。缘租界内地主大都托洋商挂名，甚有一商挂号至百数十户者，转展探询，终难得其实在”。[①] 瑞澂的调查结果自然令端方大失所望。不过，这些并不重要，端方已经认定了盛氏侵占地产，欲加之罪，何患无辞。五月二十六日，端方询问冯启钧，蔡乃煌在何处。[②] 二十八日，冯告知，“蔡在京，许明回。西林正文、武进副稿今日发刻”。[③] 这些证据足以表明，陈庆桂所上正折、附片皆端方所提供。陈在折片中还提及岑春煊与盛宣怀合买上海苏州的土地，致使民怨沸腾，此事在档案中并未查到相关内容，但端方将岑、盛一并打击的动机甚是明显。对于端方此举，袁世凯显然非常满意，六月初二日，袁世凯致电端方，“参武进交公查”[④]。次日，袁又电，“冬电悉。钦佩莫名……陈劾伊贪暴昏欺四大罪，劾武进擅售公地，勒置民田”[⑤]。

陈庆桂上奏参劾当日，军机处字寄两江总督端方，“奉上谕：有人奏商约大臣盛宣怀贪鄙近利，行同市侩，并有擅售公地，勒买民田情事，请旨饬查等语，着端方按照所参分别密查，据实具奏，毋稍徇隐”[⑥]。不过，此事一直延宕未有结果，光绪三十四年

① 《瑞澂致端方电》，光绪三十三年五月十四日，中国第一历史档案馆藏，端方档案，档号：27-01-002-000171-0007。《瑞澂致端方电》，光绪三十三年五月二十一日，中国第一历史档案馆藏，端方档案，档号：27-01-002-000171-0008。

② 《端方致冯启钧电》，光绪三十三年五月二十六日，中国第一历史档案馆藏，端方档案，档号：27-01-001-000160-0135。蔡乃煌，字伯浩，上海道道员，端方亲信，二人用密电本联系，代号“蓬”。在端方档案中存有某年给有关人员的炭敬费，涉及众多政府要员，如载泽四百两、世续四百两、载振一千两、恽毓鼎一千元。蔡乃煌为两千元，以道员的身份领取如此之多的炭敬费，可知关系不同寻常。参见：《炭敬表》，朝年不详，中国第一历史档案馆藏，端方档案，档号：27-03-000-000147-0001。

③ 《冯启钧致端方电》，光绪三十三年五月二十八日，中国第一历史档案馆藏，端方档案，档号：27-01-002-000157-0038。

④ 《袁世凯致端方电》，光绪三十三年六月初二日，中国第一历史档案馆藏，端方档案，档号：27-01-002-000252-0025。

⑤ 《袁世凯致端方电》，光绪三十三年六月初三日，中国第一历史档案馆藏，端方档案，档号：27-01-002-000172-0014。《端方致袁世凯电》，光绪三十三年六月二日，中国第一历史档案馆藏，端方档案，档号：27-01-001-000154-0008。据“冬”电推断时间。

⑥ 中国第一历史档案馆编：《光绪宣统两朝上谕档》第33册，第92—93页。

二月，端方催促已调任苏州臬司的瑞澂继续查办，未见回复。[①] 至光绪三十四年六月，端方亲信上海道台蔡乃煌继续调查此事，对待盛氏的态度显然比瑞澂恶劣，据蔡发给端方的密电称，“奉委查盛宣怀，廿七已移招商局，调卷尚未见复，惟闻该局径复宪台，乞批饬仍将全卷送道，如始终不送，是自取灭亡，惟有将道署凭据及瑞藩查复据实上详并布告天下，不使其稍有活路”。“今日招商咨送手折，已移还不阅，并嘱问□面告老盛，如始终藐视不送全卷，勿怪无情”。从蔡乃煌的表述来看，打算对盛不留情面，痛下杀手。盛宣怀怎能受人摆布，拒不交付卷宗，至六月末，端方催促蔡乃煌“武进案盼速查复”[②]。蔡乃煌不得已，怏怏出具调查结果，“调查商局全卷，武进实无弊混，已缮稿详复矣”[③]。光绪三十四年八月初一日，端方上奏盛宣怀各参案缘由，称所参各项均不符。朱批：“知道了。”[④] 至此，端方这起自导自演的弹劾剧落下帷幕，最终以未有确据了结。

陈庆桂参劾岑春煊折，涉及贪、暴、昏、欺四罪。在奏折谈及四项罪名之前，有一段引领的话语，耐人寻味，“两广总督臣岑春煊，以勋臣余荫，牧园微劳，擢至兼圻，已逾本分。乃督粤三载，恣睢乖谬，罄竹难书，幸而朝廷眷念海疆，使之离粤督滇，冀观后效，亦可谓弃瑕使过矣。乃岑春煊不知感激，自奉命简授滇督以后，行至上海，诡名养病，实因滇地苦瘠，抗旨不行，或谓云南系岑毓英立功之地，劝其前往以续父勋，岑春煊漠然无动于心，迁延竟逾数月，及调川督，朝旨敦促赴任，岑春煊又不恪

---

① 《端方致瑞澂电》，光绪三十三年二月十四日，中国第一历史档案馆藏，端方档案，档号：27-01-001-000126-0113。据文内容及“盐”电推断。

② 《蔡乃煌致端方电》，光绪三十四年六月初三日，端方档案，档号，27-01-002-000193-0046。《蔡乃煌致端方电》，光绪三十四年六月初四日，端方档案，档号，27-01-002-000193-0047。《端方致蔡乃煌电》，光绪三十四年六月二十三日，端方档案，档号，27-01-001-000158-0010。

③ 《蔡乃煌致端方电》，光绪三十四年六月二十五日，中国第一历史档案馆藏，端方档案，档号：27-01-002-000193-0038。

④ 《两江总督端方折》，《政治官报》，折奏类，光绪三十四年八月初五日，第340号。

遵，抵鄂数日，远行赴京。自来各省督抚所不敢为，而岑春煊为之，纪纲法令，视若弁髦，今复特简南行，又敢在沪逗留，托病乞假，窥其用心，不知朝廷畀以何官，岑春煊始能满意，不再要求”。[①] 讲述岑春煊自任职以来，对于职务的种种不满。此段具有深意，此前端方在袁氏探得消息，“内甚盼伊之粤，未闻另有处置意”。[②] 岑春煊到沪后奏请开缺，两宫极为不满，“不能由伊，如再不去可严饬”。[③] 岑氏滞留沪上，一日不赴粤，朝局即一日不稳，人心惶惶，“闻朝局不久尚有大变，各省督抚亦恐有大调动，外而匪徒蠢动，内而党祸渐萌，大乱之来恐将不远。又闻人云宪座（张之洞）有调两广，铁（良）尚书放湖广之说，又有赵（尔巽）次帅调两广，溥（颋）尚书放四川之说，但均系得诸谣传，无从根诘。想均由岑辞粤任，悬揣而出也”。[④] 在此时机，请御史弹劾岑氏一番罪状，推波助澜，以便达到去岑的效果。同时不难看出，这就是端方藏在心底的话，借着陈氏的话语表露出来。或许担心御史职责越界，后又加了一句，“君父之前，且敢如此，则其如何虐待广东百姓不问而知矣”，又回到了弹劾的主题。

考究陈氏弹劾的四项内容，前三项均发生在两广，属于陈折所言“屡接广东绅商来书”的情报。第一项涉及广东钱的使用，无非是“罚款烦苛，无所不有”“搜括靡遗”。更为要紧的是，“其弥缝侵吞之迹，皆拨入西征开销”。岑春煊自广西剿匪，军费报销一直遭到奕劻、袁世凯打压，此次属于火上浇油。第二条罪名，是针对岑春煊有“官屠”的“劣迹”而发，弹劾属员，动辄百人，说其凶残也不为过。至于提及铁路任用私人，想必是陈庆

---

① 《给事中陈庆桂折》，光绪三十三年五月二十八日，中国第一历史档案馆藏，录副奏折，档号：03-5482-093。

② 《袁世凯致端方电》，光绪三十三年五月二十四日，中国第一历史档案馆藏，端方档案，档号：27-01-002-000252-0020。

③ 《袁世凯致端方电》，光绪三十三年五月二十六日，中国第一历史档案馆藏，端方档案，档号：27-03-000-000011-0015。

④ 《齐、高道来电》，光绪三十三年六月初一、二日，《近代史所藏清代名人稿本抄本》第2辑第110册，第253—254页。

桂自己收集的文料，光绪三十二年，陈氏即上折称广东铁路弊端甚多，经理非人。[①] 第三条罪名事涉岑春煊用人不当，也是容易查到的文料。其中柴维桐、郭人漳是岑春煊的亲信，光绪三十年被岑春煊保举调补为知县，此次岑简放两广，尚未出京，因钦廉土匪肇乱，特电致周馥请将钦廉道王雪澄撤任查办，而以柴维桐署廉州府。[②] 郭人漳本是罢黜之人，被岑春煊从江西调回，得以重用。此后，针对柴、郭，陈庆桂又于光绪三十三年七月和十一月连续参劾。陈庆桂弹劾岑春煊前三项罪名，事发广东，对于常年关注粤地事务的御史，这些信息并不难获得。第四项参劾岑重用维新党人麦孟华一事，发生在两江，这与端方调查取证有直接关联，而且这条信息显然是别有用心，深知慈禧太后最恨维新党，这条证据也是身在京城的陈庆桂无法知晓的。由端方提供内容、陈庆桂所上奏折称：

> 岑春煊外托悻直，内蕴奸邪。戊戌之初，逆首康有为在京倡设保国会，是时岑春煊以大员子弟，候补京堂，首先附和，甘充会党领袖，尤得诿之逆迹未彰。至康逆最悍之党曰麦孟华，系庚子富有票逆首，经湖广督臣张之洞奏明密拿有案，岑春煊去年在沪引为腹心，所有密谋秘计皆归麦孟华主持，并将麦孟华荐之浙江巡抚臣张曾敭，期于联络煽惑，幸张曾敭察其心术不正，旋即拒绝。岑春煊现在上海，仍复延置幕府，日使汲引诸无赖以为辅助，欺罔之咎孰甚于斯。其罪四。[③]

---

① 《给事中陈庆桂折》，光绪三十二年十二月十三日，中国第一历史档案馆藏，录副奏折，档号：03-7144-064。

② 《署理两广总督抚岑春煊、广东巡张人骏折》，光绪三十年十二月初四日，中国第一历史档案馆藏，朱批奏折，档号：04-01-12-0641-011。《日下近闻》，《申报》，1907 年 6 月 17 日（光绪三十三年五月初七日），第 2 版。

③ 《给事中陈庆桂折》，光绪三十三年五月二十八日，中国第一历史档案馆藏，录副奏折，档号：03-5482-093。

在端方档案中，笔者检阅到几封端方调查岑与麦交往的电报草底。四月十四日，岑尚在京，端方致电湖北按察使梁鼎芬，称“通麦（孟华）事已调查，期得确耗”。[①] 四月十六日，岑春煊奉旨外任两广，次日端方便致电梁鼎芬，称“文本（岑春煊）仍回粤督，急击勿懈”[②]，希望倒岑不要松懈。同日，又发电冯启钧，称：

> 麦事探明，本年春间筱飐（张曾敭，字筱飐）因海门教案欲招高凤谦回浙，西林不放，遂力荐麦往。到浙良久，始入署，住十余日。筱帅因虑人言，未下札，未令办事。麦即辞归上海，云为西林坚邀入蜀，又麦与高凤谦往来亦极秘密，特闻。[③]

不知出于何原因，端方调查此事后，四月十八日，又告知冯启钧与梁鼎芬“粗有效果，缓击为是”[④]。对比四月十七日端方致冯启钧电文与陈庆桂折参岑结纳麦孟华，不难看出二者基本相同。不过，事与愿违，陈庆桂的奏陈没有起到期待的效果。六月初二日，袁世凯颇为无奈地致电告知端方，“四大罪，语过重，留中”。[⑤] 显然，岑在慈禧太后心目中还有一定的分量，至少在朝局中还有一定的利用价值。端方只得继续寻找其他突破口来扳倒岑春煊。

---

① 《端方致梁鼎芬电》，光绪三十三年四月十四日，中国第一历史档案馆藏，端方档案，档号：27-01-001-000160-0052。

② 《端方致梁鼎芬电》，光绪三十三年四月十七日，中国第一历史档案馆藏，端方档案，档号：27-01-001-000160-0061。

③ 《端方致冯启钧电》，光绪三十三年四月十七日，中国第一历史档案馆藏，端方档案，档号：27-01-001-000160-0053。

④ 《端方致冯启钧电》，光绪三十三年四月十八日，中国第一历史档案馆藏，端方档案，档号：27-01-001-000160-0063。档案未见“缓击”缘由电文，应是端方派人到了武汉，详商。《端方致冯启钧电》，光绪三十三年四月二十一日，中国第一历史档案馆藏，端方档案，档号：27-01-001-000160-0066。

⑤ 《袁世凯致端方电》，光绪三十三年六月初二日，中国第一历史档案馆藏，端方档案，档号：27-01-002-000252-0025。

第四节　端方暗查岑联络康、梁

陈庆桂参岑折留中，表明岑春煊“眷尚未全衰”[①]，非但如此，据称岑“现移居虹口，有久安意”[②]。这对于端方而言，不啻威胁时在身边。于是他策动第二波攻势，继续从岑春煊联络康有为、梁启超等维新党人入手，图谋扩大战果。端方深知，戊戌之案“最为孝钦（慈禧）所惊心动魄者”[③]，只有将政敌牢牢罗织于康、梁党案中，才能最终将达到消灭异己的目的[④]，岑氏的个人经历被利用。

岑春煊与维新派交往始于戊戌变法时期。甲午战后，维新派倡导变法，岑春煊积极参与，以达官之后，曾先后参加上海强学会和北京保国会，以讲中国自强之学，与黄体芳、汪康年、康有为、梁鼎芬、张謇等人名列，是维新运动的支持者。此后，岑春煊参与康有为成立的广西维新派组织圣学会，为该会捐款兴课。张之洞称赞圣学会“识政教分合之故，表明素王制作之功，御外侮，翼圣道，惟桂林之圣学会得之”。[⑤] 光绪二十四年，百日维新期间，岑春煊入都销假，受到光绪帝接见，称“赏罚者朝廷大权，今皇上徒有其名，而不得操其权”[⑥]。退朝后条陈时政，奏请裁撤尸位素餐的无能之辈。[⑦] 因在戊戌维新表现积极，岑春煊被擢升为广东布政使。政变发

---

① 《袁世凯致端方电》，光绪三十三年五月二十四日，中国第一历史档案馆藏，端方档案，档号：27-01-002-000252-0020。

② 《端方致袁世凯电》，光绪三十三年五月二十日，中国第一历史档案馆藏，端方档案，档号：27-01-001-000157-0020。原电文朝年不详，由文内意及“漾”电推断。

③ 汪诒年纂辑：《汪穰卿先生传记》，第129页。

④ 岑春煊与保皇会关系，参见桑兵《岑春煊与保皇会》，作者指出：“就与保皇会暗中结交而言，端方、袁世凯和岑春煊无异于同道，……但在清政府内部的权利斗争中，却利害各异。”桑兵：《庚子勤王与晚清政局》，北京大学出版社2015年版，第339页。

⑤ 《桂林圣学会续闻》，《知新报》第3册，光绪二十三年八月十一日。

⑥ 岑春煊：《乐斋漫笔》，第11页。

⑦ 《前太仆寺少卿岑春煊折》，光绪二十四年七月初七日，中国第一历史档案馆藏，录副奏折，档号：03-5616-026。

生后，维新党人纷纷遭到通缉、杀戮、罢黜，岑春煊也受牵连，所幸在荣禄的协助下，改调甘肃布政使。

预备立宪期间，岑春煊滞留上海，上奏称：“窃观今日世界殆无非立宪之国，无论何种政体，变迁沿革，百折不回，必归于立宪而后底定。”① 支持立宪政治。立宪派因清廷立宪举措，呼声日益高涨，举措频繁，岑春煊在沪有意拉拢，支持郑孝胥筹备预备立宪公会。预备立宪公会集中了当时上海的政、商、学、绅等名流，包括张謇、汤寿潜、张元济、李平书、刘厚生、高凤谦等人。这些人中，难免与康梁有过深交，或者保持千丝万缕的联系，岑氏在沪期间频繁与立宪派交往，很容易被端方等人利用。如上文提及的陈庆桂劾岑，其中重要的一条即重用维新党人麦孟华。清人的日记记述岑春煊、梁启超、麦孟华密谋的逸闻，“先将岑春煊、梁启超、麦孟华三人各个照相，制成一联座合照之相片，岑中坐，梁居左，麦居右，首在沪出售，次及天津、北京，并赂津、京、沪大小各报新闻访员，登载其事”“保皇党人见之，莫知底蕴，反称岑为保皇党，以增长势力，编造照相故事”。显然这是子虚乌有的事情（下文详述），不过别有用心的人深知只要能够论证岑氏与保皇党结纳，就找到了打击岑氏的“命门”。② 在接下来的攻岑活动中，首席军机大臣、庆亲王奕劻扮演了非常重要的角色。

丁未年二月二十九日是奕劻七十寿辰，慈禧太后颁懿旨赐寿，令奕劻倍感风光。不料，自三月开始，御史赵启霖上奏称载振狎妓，段芝贵夤缘亲贵，向奕劻献寿礼十万金，买得黑龙江巡抚一职。京

---

① 故宫博物院明清档案部编：《清末筹备立宪档案史料》（上），中华书局 1979 年版，第 498 页。

② 《假照片计陷岑春煊》，刘禺生：《世载堂杂忆》，第 124 页。胡思敬记述：“粤人蔡乃煌失志居天津，侦得其情，思媚袁以求进，因入照相馆，觅得春煊及康有为影相各一，点景合成一片，若两人聚首密有所商者，献于世凯。世凯大喜，交奕劻密呈太后，证为交通乱党，春煊之宠遂衰。”参见《袁世凯谋倾岑云阶》，胡思敬：《国闻备乘》，第 102 页。刘体智《异辞录》亦称：“上海道蔡伯浩观察得其西法撮景，以新会梁启超旧景相合如一，以为逆党之证，进呈御览，遂得罪”。这都是比较有名的时人笔记，看来此说流传甚广。参见《岑春煊宠衰》，刘体智：《异辞录》，第 209 页。

内报刊连篇发问，报人汪康年在《京报》连续发表评论，讥讽奕劻借生辰大肆敛财，不顾民生多艰。由于舆论压力，载振被迫辞去农工商部尚书，奕劻也上奏乞退，拟作回翔，朝廷虽未允，却也因此大失颜面。岑春煊在京期间，又重提庆王府贪污之事。奕劻处境愈加不妙，便开始秘密布局，展开反击，先将矛头指向军机大臣瞿鸿禨。在袁世凯多方斡旋之下，五月初，侍读学士恽毓鼎上奏弹劾瞿鸿禨，瞿开缺出局。① 接下来岑春煊这位帘眷未衰的政敌，又成为奕劻乘胜追击的目标。

五月二十五日，奕劻用北京农工商部的电报发给端方两电。其一云：

> 闻得西林在沪有与巢枭会晤，确否？乞密探示知。庆，押。②

其二云：

> 闻得西林在沪有与康、梁会晤，确否？乞密探示知。庆，押。③

电中“巢枭”指梁启超、康有为。首席军机亲自署名上阵，连发两电，询问岑与康党结交之事，不难看出他对岑成见之深。对于端方而言，奉命打探如此敏感之事，事关上司信任，也关乎自己的前程，加之与岑本来势不两立，自然会格外卖力，但他对京城的复电却非常谨慎。端方接到电报后，当日即由幕府起草电文：

---

① 端方与瞿鸿禨有所交际，往来电文多涉及政务，鲜有隐秘交易。瞿对端有关照之情，端方署理江苏巡抚、出洋考察均得到瞿的支持，档案中未见端参与瞿去职一事。

② 《奕劻致端方电》，光绪三十三年五月二十五日，中国第一历史档案馆藏，端方档案，档号：27-03-000-000011-0014。

③ 《奕劻致端方电》，光绪三十三年五月二十五日，中国第一历史档案馆藏，端方档案，档号：27-03-000-000011-0027。

> 北京庆王爷钧鉴，承密。电谕祗悉。西林在沪结识之人甚杂，常著短衣，乘马车外出，所往还甚为秘密，所往还者何人，殊不易知，确与巢枭交结事尚无所闻，皆已派人密查，俟得复即密陈，决不稍有洩漏。再，瑞道澂与西林甚密，故此事未令伊与闻。叩。宥。

这是接到第一电后由幕府起草的电稿，可能随后又接到奕劻第二封电报，端方对复电稿做了修改，将“西林在沪结识之人甚杂”，改为“西林在沪结识之人甚滥”，将“所往还甚为秘密”改为“其踪迹秘密”，将“确与巢枭交结事尚无所闻”，改为“与康、梁会晤事尚无所闻”。[①] 对于岑是否结交康、梁并没有贸然下结论。作为下属，端方提醒奕劻，瑞澂与岑联系紧密，此事需保密，说明端方对瑞澂也有防备，这或许源于上文提及查盛宣怀贪污招商局公产一事，因为瑞澂调查后称“非明询盛宫保，难悉其详”，表现出淡然处之的态度，自然不会让端方满意。[②] 端方还向奕劻表示，将继续关注此事，“俟得复即密陈，决不稍有洩露”。

奕劻得知岑与康、梁有交往的信息，可能出于袁世凯的提供，至少他与庆王交流过此事。在奕劻发电第二日，袁也致电端方问及此事，似乎比奕劻多了解一些细节：

> 闻康、梁十一抵沪，即晚密谒伊（岑），三日内见数次，康、梁寓狄楚青家，伊退休决于康、梁，请设密确查。伊开缺折到，上云不能由伊，如再不去，可严饬。[③]

① 《端方致奕劻电》，光绪三十三年五月二十六日，中国第一历史档案馆藏，端方档案，档号：27-03-000-000011-0030。原电时间不详，据五月二十五日奕劻发电及原文落款“宥”电推断。

② 《瑞澂致端方电》，光绪三十三年五月二十一日，中国第一历史档案馆藏，端方档案，档号：27-01-002-000171-0008。

③ 《袁世凯致端方电》，光绪三十三年五月二十六日，中国第一历史档案馆藏，端方档案，档号：27-03-000-000011-0015。

次日，端方复电袁，称梁来沪不止一次，来必住狄楚青家，此次康、梁同来尚无所闻，正在密探。再，岑与狄也时有往还，常著短服，行迹甚诡密。[①] 狄楚青是晚清著名报人，曾参加自立军起义，主持保皇会资助的《时报》，观念趋新。康、梁来沪寓于狄家，自然不免嫌疑。[②]

此外，端方猜测张之洞也可能参与其中，向梁鼎芬打探：沪上传言，抱冰（张之洞）有电致承泽[③]（奕劻），云西林招康、梁至沪谋不轨，有此电否？祈密探示复。[④] 梁鼎芬回复称已秘密探询电房，“复云无此电”。端方不甘心，称如果日后“查得此电，仍盼密示”。[⑤] 此后，端方又致电朱文学询问，请其将“五月二十前后及六月初十边，抱冰有致邸（奕劻）及军机处密电，言西林结纳康、梁事，请将原码照转一阅”[⑥]。朱回复称，“查从五月廿至十五日

① 《端方致袁世凯电》，光绪三十三年五月二十七日，中国第一历史档案馆藏，端方档案，档号：27-03-000-000011-0034。“天津袁宫保鉴，龠。宥电悉。梁来沪不止一次，来必住狄楚卿家，此次康梁同来尚无所闻。刻即密探。再西林与狄楚卿时有往还，近常著短服，微行迹甚诡密。沁。”原文时间不详，据袁世凯五月二十六日致端方电及原文落款“沁”电推断。

② 《齐、高道来电》，光绪三十三年六月初一二日，《近代史所藏清代名人稿本抄本》第2辑第110册，第252页。岑春煊驻沪期间，将前在北洋调用的武员数人，全部由沪遣回，颇有不赴粤任，另有所谋之意，袁世凯心不自安，对岑春煊进一步防范。不过，此次对岑发动的主角是庆王奕劻。

③ “承泽”为奕劻府邸承泽园简称，奕劻与端方的密电代号为“承”。端方曾致电梁鼎芬，“承泽系某邸赐园，所言虑泄，故以此代其名耳”。参见，《端方致梁鼎芬电》，光绪三十三年六月初十日，中国第一历史档案馆藏，端方档案，档号：27-01-001-000124-0117。

④ 《端方致梁鼎芬电》（朝年不详，笔者推测应是光绪三十三年六月初十左右），中国第一历史档案馆藏，端方档案，档号：27-03-000-000011-0031。

⑤ 《梁鼎芬致端方电》，光绪三十三年六月十一日，中国第一历史档案馆藏，端方档案，档号：27-03-000-000140-0095。《端方致梁鼎芬电》，光绪三十三年六月十三日，中国第一历史档案馆藏，端方档案，档号：27-01-001-000154-0009。据文内内容及“元”电推断。

⑥ 《端方致朱文学电》，光绪三十三年六月十五日，中国第一历史档案馆藏，端方档案，档号：27-01-001-000124-0119-2。原稿为“或言西林结纳康、梁事”，端方将“或”删除。朱文学，字如山，任职武昌知县，双方往来密电本代号“余”。端方在湖北的眼线很多，除了朱文学，他还买通了主管张之洞电报房的金峙生及其属员。金峙生，名金鼎，曾由端方保举随同出洋考察。端方不止一次让金秘密抄送张之洞的电文。光绪三十二年官制改革，端方即给金发电，“武昌金峙生兄密。冰翁（张之洞）官制议闻已交林（绍年）枢带去，务请（金）煦生将原稿抄出”。参见《端方致金峙生电》，光绪三十二年十一月十九日，中国第一历史档案馆藏，端方档案，档号：27-01-001-000163-0084-1。金煦生为金鼎弟，端方送给他一本密电本，用于秘密通信。《端方致金煦生信函》，系年不详，中国第一历史档案馆藏，端方档案，档号：27-02-000-000022-0003。

止，除因皖事致军机处、陆军部一电外，并无致处、邸之电”。[①] 端方深知康、梁与张之洞的恩怨，但对岑、张关系并不敢做出明确判断。

康门弟子对此事也有议论。维新党人何天柱给梁启超写信，谈及岑春煊被参一事说：“沪道（瑞澂）得端方电，到处访查。函丈（梁启超）此次来沪，虽无大碍，然西林则为张所揭参，而吾党对于外人面子上甚不好看，凡所识者，皆来探问，于他事殊多不便。”[②] 何写信时间是六月十九日，称岑春煊被参为张之洞揭发，应属误听，应指代陈庆桂参岑一案。提及岑开缺之事，徐勤函告康有为：“岑之去，一由于庆王之排挤，二由于岑初特聘孺博（麦孟华，字孺博）入四川，袁世凯、张之洞、梁鼎芬皆借此以陷之。……（陈赓虞、杨西岩）运动星海嗾张之洞，借此电庆王以陷岑。张与梁与吾有宿仇，故又借以打吾党，以巴结庆王也。岑屡被参皆不动，参以勾引康党，则那拉动矣。于是开缺矣。”[③] 此外，徐勤后来回忆称，岑去职确与张之洞揭参相关：“值康先生有为自海外秘电某当道，请劾奕劻植党揽权，及外间有康梁秘联粤督岑春煊谋倒张之洞、袁世凯之谣，于是袁党力促张之洞奏请清后举发康梁乱政秘谋。”[④] 在维新党人看来，张之洞出于自己的目的，也具备揭发岑春煊的动机。据郑孝胥日记，七月初八熊希龄来，示北京密电，云“南皮告邸：‘岑招康、梁至沪，谋不轨’”等语。[⑤] 政潮期间，熊希龄在两江起草币制改革草案，与端方多有接触，曾向郑孝胥提及端方暗中阻拦郑入京助岑，可推断熊对端的举动有所了解。[⑥] 政情隐秘，端方自然不会轻易向外泄露，此电内容可能是端方有意透漏给熊希龄，利用其与

---

① 《朱文学致端方电》，光绪三十三年六月十六日，中国第一历史档案馆藏，端方档案，档号：27-03-000-000141-0193。

② 丁文江、赵丰田编：《梁启超年谱长编》，第 383 页。

③ 上海市文物保管委员会编：《康有为与保皇会》，上海人民出版社 1982 年版，第 376—377 页。

④ 丁文江、赵丰田编：《梁启超年谱长编》，第 450—451 页。

⑤ 劳祖德整理：《郑孝胥日记》第 2 册，第 1100 页。

⑥ 劳祖德整理：《郑孝胥日记》第 2 册，第 1109 页。

维新派的关系，嫁祸张之洞，当然也不排除熊从别处获得信息的可能。至于张之洞是否参与此事，还有待更多的证据。

确定梁启超确曾来沪，端方秘密布置人马，持续监视梁在上海举动，并与奕、袁时刻保持联络。六月初一日，眼线志锜发回密电，“日前在沪曾往苏盦立宪会三次，余探闻”[①]。六月初三日，端方将获得的情报加以综合，密电袁世凯：

> 梁启超确于五月初到沪，住狄楚青家，专候西林，条陈粤路事，西林止在狄处就见一次，谈时甚久。又，梁曾到上海立宪会三次，先后共住十日即回神户。[②]

这里明确说岑、梁在狄宅见过一次。四月，梁启超曾给蒋观云、徐佛苏信中也提及他与岑会面的计划：“顷见电，知西林南下欲往沪，要之于路有所陈说，一为全局，二为桑梓也。准土曜（星期六）十时动身，约半月始能返，相会又须俟二十日后矣。现当经始之时，本不宜他行，然西林、项城二人，皆为今日重要人物，将来必须提携者，失此机会，相会殊难，故不得不先彼，想两公亦必以为然也。”[③] 梁拟从日本赴上海会见岑。所说“为桑梓”，是因岑为粤督，此时粤路风潮期间，梁对“路事”有所建议。至于“为全局”，则

① 《志锜致端方电》，光绪三十三年六月初一日，中国第一历史档案馆藏，端方档案，档号：27-03-000-000011-0020。

② 《端方致袁世凯电》，光绪三十三年六月初三日，中国第一历史档案馆藏，端方档案，档号：27-03-000-000011-0033。原电时间不详，据六月初一日志锜致端方电及原文落款“江”电推断。

③ 丁文江、赵丰田编：《梁启超年谱长编》，第404页。晚清维新派活动大致分为三个时期，维新时期（1895—1898年），保皇时期（1899—1906年），立宪时期（1906年年底至1911年）。戊戌政变发生后，维新派或遭罢黜或被通缉潜逃海外。光绪三十一年，五大臣出洋考察，次年，归国建议清廷颁布施行仿行立宪，维新党人又活跃起来。清廷下预备立宪诏后，梁启超一直密切关注。九月，清廷宣布厘定内阁官制结果，有名无实，梁启超不满，称“政界事反动复反动，竭数月之改革，迄今仍是本来面目”。虽然愤懑，但并未消极，而且进一步主张组织政党，以督促清廷推进立宪，创办政闻社。梁启超此信正是这种背景下发出的。参见丁文江、赵丰田编《梁启超年谱长编》，第242页。

是看中岑春煊为“今日重要人物，将来必须提携者”，是为保皇会政治前途着想的。不过，究竟二人是否见过面，并无确切证据。有学者认为梁到沪候岑，但无音信，遂先岑到沪一日离开了，二人擦肩而过，会面计划落空了。[①] 查阅档案，梁启超四月二十三日到沪，五月初五离开，而岑春煊是五月初七日未刻到沪。[②] 不过，梁启超这个阶段不止一次秘密来沪。六月初八日，他给康有为写信，称“启超数月来奔走于上海、神户、东京之间，几于日无暇晷”。[③] 据端方线人探报，梁启超于五月十二日由小吕宋（即菲律宾）坐亨生号来，住虹口，二十三坐山城丸往日本。也有探报称，梁五月初二乘塘沽丸到，住虹口福寿里时报外馆，二十三山城丸回日。[④] 就此看来，梁启超五月初五回到日本后，得知岑春煊初七日到沪，于五月中旬又返沪见岑，这种可能性也是存在的。

袁世凯接到六月初三日端方这封电报，得知岑、梁会晤的消息，即刻复电，认为“此事颇有关系”，建议端方将这件事正式“密电枢知之”。所谓“枢”自然指奕劻。[⑤] 于是，端方在致袁世凯电文内容基础上，亲笔增添了两条信息，发给庆王。两条信息，一是：

> 又据秘密报告，梁与西林有组织归政之举，语秘不能作据，惟西林改外意颇怏怏，常以此意向宾僚宣露是实。[⑥]

---

① 郭卫东：《丁未政潮中康梁派活动考略》，《历史档案》1990 年第 1 期。

② 丁文江、赵丰田编：《梁启超年谱长编》，第 404 页。《瑞澂致端方电》，光绪三十三年五月初七日，中国第一历史档案馆藏，端方档案，档号：27-01-002-000159-0171。

③ 丁文江、赵丰田编：《梁启超年谱长编》，第 409 页。

④ 《王某致龙王庙何公馆电》，光绪三十三年六月初六日，中国第一历史档案馆藏，端方档案，档号：27-03-000-000011-0016。《许炳璈致端方电》，光绪三十三年六月十三日，中国第一历史档案馆藏，端方档案，档号：27-03-000-000011-0017。

⑤ 《袁世凯致端方电》，光绪三十三年六月初三，中国第一历史档案馆藏，端方档案，档号：27-01-002-000252-0026。“南京端制台鉴，奤。江电悉，此事颇有关系，可否由公密电枢知之。请酌。凯。江。”

⑥ 《端方致奕劻电》，光绪三十三年六月初三，中国第一历史档案馆藏，端方档案，档号：27-03-000-000011-0028。《端方致奕劻电》，光绪三十三年六月初三，中国第一历史档案馆藏，端方档案，档号：27-03-000-000011-0029。原电时间不详，据五月二十五日奕劻发电及原文落款“江”电推断。

端方增加的这条“秘密报告”大有深意，“西林有组织归政”一句，虽然“语秘不能作据”，却触及慈禧太后最为敏感的归政一事，这无疑是对付岑春煊杀伤力最强的武器。“改外意颇怏怏”，是提醒奕劻，岑春煊不满现状，还有死灰复燃的可能。

端方添加另一条为“康有为并未来沪”。这年四月至五月，康一直在墨西哥，六月初到达纽约。[①] 但很多人并不知道康的具体行踪。端方收到多条有关康有为到沪的电文，详略不等，当然这些情报并不可信。六月初九，志锜有密电称“南海（康有为）初寓狄家，现移西林处”[②]；六月十一日，许炳璈又致电称：

> 南海五月十三到，初住狄，旋迁西林。十九去檀香山，惟贼踪诡秘，恐阳去阴留。西林寓谦吉里与职胞侄临近，已募亲信摄镜以伺，如尚留必难遁形，有闻续禀。[③]

显然，他们给端方提供的情报并不准确。倒是许炳璈的电文提及一个细节十分重要，端方手下竟然在岑春煊住宅附近“摄镜以伺”，所谓“摄镜”即是今天所说的照相机，清末也称“镜箱”。后来笔记小说中多有岑、梁、康合影之说，或许信息源头即来自这里[④]，但档案里没有照片的相关记述。而且，端方是在极为隐秘的情况下运筹此事，除了几个亲信幕僚，其他人根本无从得知内幕。当时，道台

---

① 张启祯、（加）张启礽编：《康有为在海外·美洲辑——补南海康先生年谱（1898—1913）》，商务印书馆 2018 年版，第 115—119 页。

② 《志锜致端方电》，光绪三十三年六月初九，中国第一历史档案馆藏，端方档案，档号：27-03-000-000011-0021。志锜，字赞兮，为端方在沪眼线，两人密电本代号为“坚”，珍妃、瑾妃堂兄。

③ 《许炳璈致端方电》，光绪三十三年五月二十六日，中国第一历史档案馆藏，端方档案，档号：27-03-000-000011-0004。

④ 近代以来不少笔记、小说、报刊都有袁党“合成岑春煊与康有为、梁启超假照片”陷害岑的说法，而端方、陈少白、蔡乃煌等人都曾被认为是伪造照片的嫌疑人。参见《岑春煊宠衰》，刘体智：《异辞录》，第 209 页。《假照片计陷岑春煊》，刘禺生：《世载堂杂忆》，第 124 页。《岑春煊》，徐一士：《一士谭荟》，第 224 页。岑春煊：《乐斋漫笔》，第 34 页。照片未必有，但端方操纵寻找康党证据之事确凿无疑。

熊希龄在沪为端方起草币制改革草案，他与梁启超过从甚密，此年与梁启超、徐勤等人筹划党团，即光绪三十三年成立的政闻社。[①] 熊希龄与端方交往有年（参见第一章第一节），六月初八日，熊希龄致电端方称，“邸谓西林招康、梁来沪谋不轨，怪极”[②]。显然熊希龄并不相信岑春煊与康、梁交往密谋。六月初十日，熊希龄告知端方“西林奉旨又赏假半月，敦责赴任，现病甚剧，昨晕厥两次，颇可虑”[③]，他对岑春煊状况比较了解，对于岑勾结维新党存有疑虑。币制改革涉及省份众多，端方请熊希龄北上与袁世凯商议，临行特意嘱托，“赴津见项城专说币事，此外千万勿涉及西林、次帅（赵尔巽）两公事，要要”[④]。可见端方担心熊氏多言，不利于此次密谋。

端方的眼线众多，信息接连传回，六月初六日，端方接到密电，梁启超五月十二日由小吕宋坐亨生来往虹口，二十三坐山城丸往东洋。[⑤] 初九日，志锜来电，“南海初寓狄家，现移西林处”[⑥]。“南海”指的是康有为。此事关系重大，端方第一时间告知袁世凯，“据探员电康近亦到沪，初寓狄家，现移西林处。现仍饬再确探，先电闻。又闻西林病剧，曾晕厥两次，不知靠得住否”。电文中岑春煊病倒的信息很可能是来自熊希龄。[⑦]

六月十一日，端方将几日内收到的密电，统合成文发给袁世凯：

---

① 丁文江、赵丰田编：《梁启超年谱长编》，第256—257页。

② 《熊希龄致端方电》，光绪三十三年六月初八日，中国第一历史档案馆藏，端方档案，档号：27-03-000-000031-0021。

③ 《熊希龄致端方电》，光绪三十三年六月初十日，中国第一历史档案馆藏，端方档案，档号：27-01-002-000172-0011。

④ 《端方致梁鼎芬电》，光绪三十三年六月十一日，中国第一历史档案馆藏，端方档案，档号：27-01-001-000124-0117-2。《端方致天津福赵转熊希龄电》，光绪三十三年六月十八日，中国第一历史档案馆藏，端方档案，档号：27-01-001-000124-0121。

⑤ 《某致龙王庙公馆电》，光绪三十三年六月初六日，中国第一历史档案馆藏，端方档案，档号：27-03-000-000011-0016。

⑥ 《志锜致端方电》，光绪三十三年六月初九日，中国第一历史档案馆藏，端方档案，档号：27-03-000-000011-0021。

⑦ 《端方致袁世凯电》，光绪三十三年六月初十日，中国第一历史档案馆藏，端方档案，档号：27-03-000-000011-0032。原电时间不详，据六月初九志锜致端方电及电文落款“蒸”电推断。

> 顷据探电，康于五月十三到沪，初住狄家，旋迁西林处。十九去檀香山等语，看此情形，似与梁相约同来，西林乃致馆之密室，具服其膳。此事未敢遽电承泽，恐发之无效，徒增口舌。前言梁事正确，并不闻有所匪变，大较可□知。究应如何办理，祈密示。①

端方这封密电称探查到康有为的行踪，但不敢贸然向奕劻报告，担心“发之无效，徒增口舌”。袁则建议“宜以此再速电承泽”，因为奕劻最近要独对，“呈公前电”，此时如果再加上结交康有为一条罪证，岑之“胆大洵可服”，不过“大约伊假满便开缺矣”。② 端方也认为此举必将岑氏打倒，“伊气渐衰，恰好邸相独对，所言必当有效”。但也指出“此子甚狡狯，设备不可不严”。③ 端、袁定好计策，将端搜集来的所谓岑结交康党的情报，在庆王独对时呈给慈禧太后，这样一步步，去岑计划一切就绪，已到了“万事俱备、只欠东风”的关键时刻。

第五节　运动恽毓鼎参奏岑春煊

正当端、袁策划发动之际，端方忽然接到瑞澂的一封电报，称

---

① 《端方致袁世凯电》，光绪三十三年六月十一日，中国第一历史档案馆藏，端方档案，档号：27-03-000-000011-0035。本文引用内容为端方改定稿。此稿端方改过两次。端方第一次改稿：“天津袁宫保鉴，龠。顷据探，康于五月十三到沪，初住狄家，旋迁西林处。十九去檀香山等语，看此情形与梁有约同来，西林乃□馆之密室，方服其膳，此事未放□电，□地恐发之无无效，徒增口舌，若言梁事，即使正确，不闻有所匪变，大较可知知。此事如何办理，祈密示。○真。”原稿：“天津袁宫保鉴，龠。顷据探，康于五月十三到沪，初住狄家，旋迁西林处。十九去檀香山等语，特闻。○真。”显然，端方做了精心的改动，以便更好的表述，发生效力。原文时间不详，据文内时间线索及落款“真”电推断。

② 《袁世凯致端方电》，光绪三十三年六月十二日，中国第一历史档案馆藏，端方档案，档号：27-01-002-000172-0015。“南京端制台鉴。龠。真电悉，伊胆大洵可服，闻数日内承泽请独对，呈公前电。宜以此再速电承泽，大约伊假满便开缺矣。凯。文。”“龠”为端、袁密电代号。

③ 《端方致袁世凯电》，光绪三十三年六月十三日，中国第一历史档案馆藏，端方档案，档号：27-01-001-000157-0011。时间依据文中内容及“元”电推断。

“风闻梁启超有来沪情事”，发现有一名与梁面貌相仿者来沪，没有停留耽误，就乘船去了胶州。[①] 端方曾告知奕劻，瑞、岑关系甚密，相关事情不能让其知道[②]，对瑞早有提防之心。接到这封电报，立刻判断这是瑞瀓心虚的表现，因为“康、梁来沪几于无人不知”，瑞瀓与岑交往过密，担心“风声太大”，所以“诡为此说”，属于“掩耳盗铃之举动也”。[③] 这个小插曲可能加速了端方、袁世凯倒岑的策略和进程。

在此期间，奕劻在慈禧太后召见时，汇报了梁启超来沪之事，似未引起两宫的关注，端方告知袁世凯，“经邸造膝，尚无效力”。并担心此后“万一再电陈，恐邸力不足，或转以烦数之故，别生疑惑”，而且岑春煊在京“多内援，似尤不可不防”。为稳妥起见，端方决定派人去天津与袁世凯详细商讨策略，然后再进京谒见奕劻，密陈办法。[④] 端方选派心腹李葆恂北上，李原为直隶候补道，光绪二十八年端方电请袁世凯同意，将其调往湖北商务局任会办，故李与

---

① 《瑞瀓致端方电》，光绪三十三年六月十四日，中国第一历史档案馆藏，端方档案，档号：27-03-000-000011-0001。亦见：《瑞瀓致端方电》，光绪三十三年六月十四日，中国第一历史档案馆藏，端方档案，档号：27-03-000-000011-0019。虽然在打压岑春煊的过程中，端方对瑞瀓有所戒备，应是出于保密起见，不便过多交流。事实上，端、瑞交际很早，尤其在政务方面比较投契，岑去职后，瑞出任江苏臬司，即出于端方的保举。参见《瑞瀓致端方电》，光绪三十三年十一月十六日，中国第一历史档案馆藏，端方档案，档号：27-01-002-000169-0027。

② 《端方致奕劻电》，光绪三十三年五月二十五日，中国第一历史档案馆藏，端方档案，档号：27-03-000-000011-0030。原电时间不详，据五月二十五日奕劻发电及原文落款“宥”电推断。

③ 《端方致袁世凯电》，光绪三十三年六月十六日，中国第一历史档案馆藏，端方档案，档号：27-01-001-000157-0061。原电时间不详，据文内容及原文落款“铣”电推断。

④ 《端方致袁世凯电》，光绪三十三年六月十六日，中国第一历史档案馆藏，端方档案，档号：27-01-001-000157-0061。“天津袁宫保鉴，龠。文电悉。康梁到沪踪迹及与伊秘密各情，经方迭次派员密探，并派李道葆恂藉候伊病为名，随时侦查，该道在沪将及半月，一切情形访察尤悉。惟此等重要之事经邸造膝，尚无效力，万一再电陈，恐邸力不足，或转以烦数之故，别生疑惑。伊多内援，似尤不可不防。兹拟派李道谒公，觏陈委曲，并令谒邸，密陈如何办理，仍望公为主持。再康梁来沪几于无人不知，瑞道近忽来一电，云查得初八日博爱丸进口有东洋装华人二十余，其名游极者貌似梁启超，到沪未耽搁，即乘美最时塘沽轮船赴胶等语。近日瑞道与伊相结既密，且因风声太大，伊遂阴托瑞道，诡为此说，图佔地步，实亦掩耳盗铃之举动也。铣。”原文朝年不详，据文内内容及“铣”电推断。

端、袁均有交际。[①] 而丁未年五月后，李葆恂一直在沪监视岑春煊的举动，深知内情原委，由他前往天津代表端方与袁密谋计策最适合不过。从后来的实际情况看，李葆恂北上的主要任务就是与袁世凯、奕劻磋商物色再次参劾岑春煊的人选问题。[②]

为了确保倒岑计划取得绝对成功，端方全力以赴做的一件事就是继续围绕岑春煊秘密会晤康有为、梁启超之事查证细节，努力将有关问题"坐实"，为参奏岑提供有力的证据。事实上，奉命在沪一直负责该事的是许炳璈，上文业已提及许提供的情报。许炳璈字奏云，清末民初岭南诗人、书法家，其父为浙江巡抚许应鑅。端方喜收藏金石字画，故许炳璈常与其鉴赏书法作品，兴趣相同，时常出入端府。[③] 丁未政潮期间，许炳璈作为端方的眼线，身居上海，时刻监视岑春煊的举动，或许是出于粤人的缘故，许对侦查岑氏格外卖力，提供了大量情报，二人通过密电本联系，代号"智"。早在端方接到奕劻五月二十五日密电的第二天，即让此前一直密谋的冯少竹派许氏迅速来江宁密商，同电还询问了蔡乃煌居于何处。看来端方已经计划好了参与此事的人选，[④] 主要是

① 《端方致袁世凯电》，光绪二十八年二月二十九日，中国第一历史档案馆藏，端方档案，档号：27-01-001-000003-0024。

② 光绪三十二年十月，岑春煊由粤至沪，端方即密电邮传部杨士琦，将李葆恂由湘调宁，针对互调人选颇为上心。此事由杨士琦玉成。《端方致杨士琦电》，光绪三十二年十月二十八日，中国第一历史档案馆藏，端方档案，档号：27-01-001-000163-0067。《端方致李葆恂电》，光绪三十二年十月二十八日，中国第一历史档案馆藏，端方档案，档号：27-01-001-000163-0067-1。《杨士琦致端方电》，光绪三十二年十月三十日，中国第一历史档案馆藏，端方档案，档号：27-01-001-000165-0065。需要指出的是，调动李葆恂几经周折，端方曾与岑春煊商议，具体原因颇不解。有可能是通过岑代请其弟湖南巡抚岑春蓂，档案中有"请馥帅""辞湘"电。《端方致岑春煊电》，光绪三十二年十二月二十日，中国第一历史档案馆藏，端方档案，档号：27-01-001-000163-0110。《彦致李葆恂电》，朝年不详，十二月十八日，中国第一历史档案馆藏，端方档案，档号：27-01-001-000163-0249。

③ 《端方致许炳璈电》，朝年不详，七月初一日，中国第一历史档案馆藏，端方档案，档号：27-01-001-000160-0171。《许炳璈致端方电》，光绪三十三年八月初二日，中国第一历史档案馆藏，端方档案，档号：27-01-002-000170-0035。《许炳璈致端方电》，光绪三十三年八月十四日，中国第一历史档案馆藏，端方档案，档号：27-01-002-000170-0048。

④ 《端方致冯少竹电》，光绪三十三年五月二十六日，中国第一历史档案馆藏，端方档案，档号：27-01-001-000160-0135。

查证康梁结交岑氏证据，端方曾发电询问此事，“南海乘何船何日到沪，何日乘何船赴檀香山，在沪曾与何人往还最多，阁下人中有能证明其来沪者否，并□于西林之确据否”。[1] 六月十三日，许炳璈复电，自称查实了康有为、梁启超与岑会晤的“事实”。其中两封电报具有代表性：

> 岑使麦五月初六进京未回，梁（五月）初二塘沽丸到，住虹口福寿里时报外馆，廿三山城丸回日。康十二亨生到，十九德公司龙邮船往檀香山，康、岑时尚在洋务局。[2]
>
> 米（许炳璈派遣的眼线）言五月十七夜两点十分钟，米经西林寓见二人，一华服，一西装，仓卒自内出，审视乃康、梁，登一秘家轿车疾驰去，萧目击可作证名。[3]

同时提供了康有为、梁启超此行所来的宗旨：

> 康尚留之说，密查无迹，闻已离沪，现康、梁改各埠保皇会为预备立宪会，联西林以推翻旧政府，立新宪党为目的，五月之来实为此，前电禀来去船期，人言凿凿，米复目击可互证也。[4]

这些情报的真伪值得怀疑，至少说康有为到上海纯属子虚乌有之事。许炳璈电报又说：“西林楼上关防极密，康或阳去而阴匿，此

① 《端方致许炳璈电》，朝年不详，中国第一历史档案馆藏，端方档案，档号：27-01-001-000157-0029。

② 《许炳璈致端方电》，光绪三十三年六月十三日，中国第一历史档案馆藏，端方档案，档号：27-03-000-000011-0017。

③ 《许炳璈致端方电》，光绪三十三年六月二十四日，中国第一历史档案馆藏，端方档案，档号：27-03-000-000011-0023。

④ 《许炳璈致端方电》，光绪三十三年六月二十六日，中国第一历史档案馆藏，端方档案，档号：27-03-000-000011-0024。

项侦伺三日未见出入，再查续禀。”“康住狄家，梁迁麦寓之说，侦数日未得实迹。”[①] 显然，事实究竟如何，他本人也不敢肯定，大半是推断之词。侦查工作辛苦枯燥自不待言，许氏难免有讨好端方、谋求好处的心思，故有此类似是而非的说法。[②] 可是，对端方而言，为了配合奕劻，里应外合，达到打倒岑氏的目的，他对这些言辞闪烁的情报采取宁可信其有的态度，在无法进一步核实的情况下，直接将这些“风闻”呈报奕劻，作为弹劾岑春煊的绝好文料。此时的端方已经不甘于将岑春煊驱逐出沪上，而是要置其于死地，即使许炳璈同时也给他发过，“西林因内信戒，勿再渎，恐自毙，变宗旨，请假不再乞休”的密电，[③] 端方显然有更进一步的诉求，可谓得陇望蜀。

准备证据和文料的同时，选择由何人出面奏劾也提上了日程。其实，端方等早就确定了人选。此人就是当初参劾军机大臣瞿鸿禨的恽毓鼎。选择恽氏自然深得奕劻与袁世凯的赞同，更主要的是恽、

---

① 《许炳璈致端方电》，光绪三十三年六月二十三日，中国第一历史档案馆藏，端方档案，档号：27-03-000-000011-0022。《许炳璈致端方电》，光绪三十三年六月二十四日，中国第一历史档案馆藏，端方档案，档号：27-03-000-000011-0026。

② 许炳璈一直提供情报，以便端氏确定岑氏结交康、梁的证据。除了引用的四封电报，六月中旬还有四封电报。“南京督宪端，智密。南海五月十三到，初住狄，旋迁西林。十九去檀香山，惟贼踪诡秘，阳去阴留，西林寓谦吉里，与职胞侄临近，已募亲信摄镜以伺，如尚留必难遁形，容有闻续禀。炳璈。真。光绪三十三年六月十一日酉刻发酉刻到，上海。”“南京督宪端，智密。西林因内信戒，勿再渎，恐自毙，变宗旨，请假不再乞休，泰安栈，璈，文。光绪三十三年六月十二日。”“南京督宪端，智密。舟次得电，敬悉，船名日期，已电详陈，即回免秉，璈。元。光绪三十三年六月十三日亥刻发亥刻到，上海。”“南京督宪端，智密。西林楼上关防极密，康或阳去而阴匿，此项侦伺三日未见出入，再查续秉，马名号米查得再电，泰安栈，璈，漾。三十三年六月二十三日。”参见《许炳璈致端方电》，光绪三十三年六月十一日，中国第一历史档案馆藏，端方档案，档号：27-03-000-000011-0004；光绪三十三年六月十二日，中国第一历史档案馆藏，端方档案，档号：27-03-000-000011-0018；光绪三十三年六月十三日，中国第一历史档案馆藏，端方档案，档号：27-03-000-000011-0003；光绪三十三年六月二十三日，中国第一历史档案馆藏，端方档案，档号：27-03-000-000011-0022。

③ 《许炳璈致端方电》，光绪三十三年六月二十二日，中国第一历史档案馆藏，端方档案，档号：27-03-000-000011-0018。袁世凯亦告知，岑春煊有销假之意。参见《袁世凯致端方电》，光绪三十三年六月十八日，中国第一历史档案馆藏，端方档案，档号：27-01-002-000172-0016。

端早有深交。

恽毓鼎与端方为壬午（光绪八年）顺天府乡试同年。中举后双方联系鲜见记述。戊戌期间，端方入农工商部，在京当差，恽毓鼎在翰林院任职，两人交往频仍。《恽毓鼎澄斋日记》记述了二人的交谊，光绪二十四年九月十五日，恽毓鼎在江苏馆请客，端方在列，薄暮终席。光绪二十五年四月二十八日，端方将新得汉透光铜镜送给恽毓鼎，此镜以镜面向日，其影射地，镜阴花纹字形悉现。铜质甚厚，乃能透光，又元鼎押铸作鼎形，腹有文字，残剥不甚可辨。古质斓斑，确系旧物。端方以其与恽毓鼎名相合，特制黄杨为匣，镌字以赠。

此后端方辗转湖广、两江等地为官，两人时有通信。光绪三十年三月十一日，恽毓鼎以志雨民及故员戴主谦事向端方写信请托。光绪三十一年，端方由湖南巡抚被任命为出洋五大臣出国考察，入京请训。八月初七日，恽毓鼎在方壶斋宴请端方，盛宣怀作陪。第二日，应两人座师孙家鼐之召至安徽会馆赴宴，端方请摄影师拍照。恽毓鼎感慨："壬午距今廿四年矣。一堂师弟，杖履相随，在科举既罢之后，尤当郑重视之。"八月十五日中秋节，大学堂、实业学堂、译学馆江苏学生在省馆公请端方，以其抚苏时大有功于学界，恽毓鼎为江苏籍官员作陪，宾主各致颂辞。光绪三十二年端方考察回国，七月二十九日，壬午科团拜，恽毓鼎请座主孙家鼐，端方在列，夜观文明戏两出。八月二十五日上灯时，至北洋公所与端方夜谈，同行的宝瑞臣与刘仲鲁都是端方的密友，在京为官，为端方提供京中情报，显然这些人关系匪浅。① 光绪三十二年十一月，端方任两江总督，恽毓鼎向其举荐赈灾人才。当年江淮水灾百年罕见，两江地区灾荒严重，赈灾成为端方的首要任务，多方筹措。两江是恽毓鼎的乡梓，赈灾过程中，恽协助办理捐款，为纳捐人员申请奖励，缓运

① 恽毓鼎著，史晓风整理：《恽毓鼎澄斋日记》，第171、190、240、277、278、324、326页。

漕米，协助赈灾。[①] 端方曾上奏保举恽毓鼎八叔恽心耘，请破格录用，奉旨交军机处存记。[②] 恽毓鼎在京仕途蹭蹬，准备南下投靠故友，宁藩一席"公能设法一援手乎"?[③] 端方则称赞其"器识闳达，持论通明，实吾党后起之秀"，不过不建议其出京，"不如养望京朝，随事匡正较于大局有裨，白下之游，诚如欣愿，然尚非所望"，[④]"吾党"也说明恽与端为同道中人，为日后恽毓鼎频频发难埋下了伏笔。林林总总，不难发现，端方与恽毓鼎同年之谊，交际频仍，过从甚密。

不过与端方殷实优渥的家境不同，恽毓鼎入仕后，生活拮据，经常得到端方的接济。（见第三章第一节）端方档案中存有某年给有关人员的炭敬费，给恽毓鼎是一千元，炭敬很高，可知私交匪浅。[⑤] 档案还记载，恽毓鼎妻妾子女众多，每到年关难以度日，经常得到端方的接济，为此恽还曾写信表示感激，"去冬远颁隆贶，顿使举家欢乐度岁，门前无鴈立之忧。虽同胞弟兄，恐亦不能体恤至此，感荷竟非笔墨所能罄矣"。[⑥] 并且，恽毓鼎讲求经世致用之学，疏陈朝中各事，以敢言著称。对恽毓鼎而言，常滞冷曹，前程暗淡，也有改换门庭，改变窘境的意愿，甚至不惜放弃名节，甘于任人驱使，

---

① 《端方致恽毓鼎电》，光绪三十二年十一月十八日，中国第一历史档案馆藏，端方档案，档号：27-01-001-000027-0036。《端方致恽毓鼎电》，光绪三十二年十一月十八日，中国第一历史档案馆藏，端方档案，档号：27-01-001-000105-0015。《端方致恽毓鼎电》，光绪三十二年十一月二十六日，中国第一历史档案馆藏，端方档案，档号：27-01-001-000105-0030。《端方致恽毓鼎电》，光绪三十二年十二月初七日，中国第一历史档案馆藏，端方档案，档号：27-01-001-000106-0025。《端方致吴郁生电》，光绪三十三年二月初十日，端方档案：档号：27-01-001-000163-0163。

② 恽毓鼎著，史晓风整理：《恽毓鼎澄斋日记》，第439—440页。

③ 《恽毓鼎致端方信》，《端方存札》，第128页。

④ 《端方致恽毓鼎信函》，朝年不详，中国第一历史档案馆藏，端方档案，档号：27-02-000-000077-0007。文中有"赞翁内招"指的是林绍年入军机，时间为光绪三十二年九月，据此判断，此函应写于光绪三十二年秋。

⑤ 端方档案，杂档卷147。同一份炭敬单中，上海道蔡乃煌此年的炭敬金额比恽毓鼎还要多，为两千元，也是这年炭敬表中最高的，以上海道的身份领取如此之多的炭敬费，必然有过人的功劳。

⑥ 《恽毓鼎致端方信》，《端方存札》，第125页。

这种现象在晚清官场并不鲜见，端方联系他可谓一拍即合。

在江宁和京城各项准备就绪后，端方对岑春煊的致命一击开始了。恽毓鼎日记七月初一日记述：“闭户自缮封奏，劾粤督岑春煊不奉朝旨，逗留上海，勾结康有为、梁启超、麦孟华，留之寓中，密谋掀翻朝局，情节可疑，请密旨查办。……蔡伯浩（乃煌）、顾亚蘧来久谈。”① 恽氏缮写奏折之日，端方的亲信蔡乃煌竟到他家拜访，应该不是偶然的。② 同来的顾亚蘧，名瑗，通政使顾璜之弟，与恽同官翰林院，也是同年，为恽氏的外甥女婿，有亲缘关系，光绪三十二年三月补山西道监察御史，上任两个月，即弹劾军机大臣鹿传霖、刑部尚书葛宝华、署两广总督岑春煊、两江总督周馥等人，③ 顾亚蘧的奏折被恽毓鼎看到了，在日记中记录一笔，“顾亚蘧侍御疏劾枢臣鹿定兴、尚书葛宝华，附片劾粤督岑春煊受病已深，请听其乞去，以示保全。诸辅恶伤其类，惮其敢言，乃摘附片中语巧中之。有旨回原衙门行走。近年劾枢臣者谏垣仅三人：王乃征出守，蒋式瑆、顾琼皆回原衙门”。④ 两人自然算是志同道合者，弹劾岑春煊一事，

① 关于恽毓鼎参劾岑春煊，可参见郭卫东的相关研究（氏著：《论丁未政潮》，《近代史研究》1989 年第 5 期）。郭先生分析认为，笔记中“缮”是抄写，“北洋党徒先拟好，再交给恽缮写上奏，此点待考”。同时指出，蔡乃煌深夜长谈，“肯定负有某种特殊使命”。

② 丁未政潮过后，蔡乃煌入京任邮传部参议。张之洞入军机，端方嘱托蔡对张务必小心谨慎，“再公过于坦率，此等事关系重大，稍不留神，不但害成，且招奇祸，切戒戒”。以蔡乃煌的地位，身为总督的端方与其谈及如此敏感机密之事并谆谆相告，显然蔡并非仅仅了解此案皮毛，更加深入参与此事更让人信服。蔡乃煌在邮传部期间，还接到端方密电，告知岑春煊借助苏杭甬铁路事，“日言政府外交失败，希图推翻政府”，“望密陈邸堂，勿稍大意”。蔡乃煌充当端方与奕劻之间的信使，此后，蔡继续追随端持续打压岑，引起岑氏憎恨，以致托人刺杀。据蔡称岑买刺客“出至英金三千磅，死当酬以一万磅并铸铜像。刺客尚有天良，投函密告职道，即回新加坡，凡嘱密为防范，且牵及上海报馆某人主谋，并催下手，事确不假”。参见《端方致蔡乃煌电》，光绪三十三年十月十八日，中国第一历史档案馆藏，端方档案，档号：27-01-001-000164-0007。《蔡乃煌致端方电》，宣统元年闰二月二十八日，中国第一历史档案馆藏，端方档案，档号：27-03-000-000021-0036。

③ 《山西道监察御史顾瑗折》，光绪三十二年闰四月二十日，中国第一历史档案馆藏，录副奏折，档号：03-5459-138。《山西道监察御史顾瑗片》，中国第一历史档案馆藏，录副奏折，档号：03-5474-017，原折时间为光绪三十二年，据恽毓鼎记述，此折应为附片，时间为光绪三十二年闰四月二十日。弹劾周馥片见《山西道监察御史顾瑗片》，光绪三十二年，中国第一历史档案馆藏，录副奏折，档号：03-5474-018。

④ 恽毓鼎著，史晓风整理：《恽毓鼎澄斋日记》，第 312 页。

恽、顾二人应有交流。笔者推测，顾亚蘧在参劾岑春煊过程中也扮演了助攻角色，日后也因此受益。[①]

七月初二，恽毓鼎奏折密陈岑春煊勾通逆党，情迹可疑，称岑氏自五月奉旨简任粤督，到沪即托病稽留，一再请假，借病规避。恽氏奏折提及“都人士有从上海来者，咸谓康有为、梁启超现已到沪，与岑春煊时相过往，岑春煊留之寓中。又证以所见各处函电，均确凿可凭”一节，可能是指蔡乃煌所言，至少蔡提供了不少消息；当然，这些与许炳璈报告给端方的情报也是吻合的。奏折还提及岑重用“富有票逆首”麦孟华，此事在端方策动陈庆桂弹劾折业已提及，此次旧事重提，内容并无二致，为了强调“诸逆密相勾结”后果的严重性。奏折最后指出：“军机大臣中如有曾经岑春煊保荐者，谕令勿得泄漏，事机万急，安危所争，间不容发，若（岑）到任后始行查办，则有兵权财权在手，又有凶逆为之主谋，不可复制矣。”[②]军机大臣并没有岑春煊保荐的，由督抚保荐中枢也不合逻辑，如果有所指向，应是指林绍年。此句重点强调“安危所争，间不容发”，或许有意劝说慈禧太后立即处理，否则放虎归山，后果不堪设想。

---

① 岑春煊开缺后第五天，端方致电询问顾亚蘧，是否有东瀛之行，顾以承询暂不赴日致谢。几日后，顾亚蘧搭乘轮船赴南京面谒端方。此后，端方与其有过交往，曾向其打探朝议，也有竭力为其保留薪水之事。参见《端方致顾亚蘧电》，光绪三十三年七月初十日，中国第一历史档案馆藏，端方档案，档号：27-01-001-000160-0181。《顾亚蘧致端方电》，光绪三十三年七月十三日，中国第一历史档案馆藏，端方档案，档号：27-01-002-000161-0340。《顾亚蘧致端方电》，光绪三十三年七月十八日，中国第一历史档案馆藏，端方档案，档号：27-01-002-000161-0348。《端方致顾亚蘧电》，朝年不详，中国第一历史档案馆藏，端方档案，档号：27-02-000-000135-0011。《端方致顾亚蘧电》，七月十一日，中国第一历史档案馆藏，端方档案，档号：27-02-000-000113-0010。光绪三十三年九月，经端方举荐，蔡乃煌入京邮传部供职，继续在京联络奕劻、袁世凯打压岑春煊，尤为得力，端方致信夸赞，并提及顾亚蘧亦十分佩服，蔡、顾在暗中去岑必有联系。“蔡道乃煌，伯皓仁兄大人，阁下二十四日奉邮寄手书具悉种种，执事苦心，毅力锲而不舍，目的所在必当悉达，事关君国，不独私心企冀也。贼（岑春煊）党见逐，其胆已寒，政地两公（奕劻、袁世凯）信公之深，恨贼之切，计可乘之机，亦当不远，惟时时留意，勿稍忽略而已。亚蘧魁杰之士，寸识均鄙所钦佩。公则硕学远猷，十年前即深向往，口称之逮，实所未安。兹将谦柬璧还，尚望并致亚蘧至深心感。”信函未标注时间，据下文有合并时报一节，应为光绪三十三年年底之事，参见本书第六章。《端方致蔡乃煌信函》，中国第一历史档案馆藏，端方档案，档号：27-02-000-000072-0004。

② 《内阁学士恽毓鼎折》，光绪三十三年七月初二日，中国第一历史档案馆藏，朱批奏折，档号：04-01-02-0108-012。

经此精心策划，恽毓鼎递折，终于打动慈禧太后，“折留上，未发枢臣阅”[①]，即罢岑春煊。恽毓鼎折上当天夜，张之洞奉旨，“迅速来京陛见，有面询事件”。[②] 七月初四，清廷未经调查，以岑春煊久病未愈，两广地方紧要，职位不能虚悬为由，着岑春煊开缺安心调养。同日，林绍年补河南巡抚。[③]

慈禧太后何以在短短几个月间对岑春煊态度遽然转变，由信任转而迁就，以至不能容忍，失去耐心。或许深层的内因与官制改革以来日益加剧的满汉矛盾有密切联系，而本年五月下旬安徽巡抚恩铭被刺，此一事件让满汉矛盾以更加激烈方式呈现，进一步坚定了慈禧太后对于朝中满汉官员调整的决心。[④] 恽毓鼎上折同一日，慈禧太后下发懿旨，就“满汉畛域应如何全行化除，着内外各衙门各抒所见，将切实办法妥议具奏，即予施行”。[⑤] 对于慈禧太后来说，恽毓鼎奏折中提及的岑春煊“若到任后始行查办，则有兵权财权在手，又有凶逆为之主谋，不可复制矣”一句，触犯的不仅是其忌讳维新党人康有为、梁启超的神经，更是其作为当政者维护统治政权的底线。奕劻等人正是抓住了这一点大做文章，收到了去岑的效果。岑春煊去职也表明，慈禧太后的施政导向发生了改变。慈禧太后借助瞿鸿禨、岑春煊与奕劻、袁世凯等权臣的政争，施展手腕，对中央与地方进行人事大调整，结局是汉族大臣瞿鸿禨与岑春煊开缺，林绍年出军机，张之洞与袁世凯以明升暗降方式内调。[⑥] 一系列的高层人事调整表明，慈禧太后已经一改前此于满汉间求取平衡的既存局面，转向扬满抑汉的施政策略，此种政策导向进而奠定了清朝覆亡

① 恽毓鼎著，史晓风整理：《恽毓鼎澄斋日记》第1册，第351页。

② 《致军机处电》，赵德馨主编：《张之洞全集》第11册，第364页。关于张之洞丁未入京的动因，多认为是慈禧太后制衡袁世凯之举。近来发现的史料来看，原因很复杂。参见第五章。

③ 中国第一历史档案馆编：《光绪宣统两朝上谕档》第33册，第135页。

④ 相关研究参见安东强、姜帆《丁未皖案与清末政局》，《历史研究》2017年第4期。

⑤ 中国第一历史档案馆编：《光绪宣统两朝上谕档》第33册，第133页。

⑥ 端方借助此次政争有所渔利，稳固了两江总督职位，并进一步取得了奕劻的信任，宣统元年调任直隶总督与北洋一系的支持有直接的关联，其后去职亦因与北洋关系密切所致。

前最后几年的政治格局。

岑春煊开缺后，端方之弟端绪自京致电称岑开缺系“有人中伤”，并不确定主使者。端方欲盖弥彰，反而向京中家人及友人各方打探，岑氏忽授粤督的原因。[①] 可知端方为防止发生意外，一直采取隐秘运作，即使最亲近的人也决不走漏任何消息，唯恐泄露蛛丝马迹对己不利。不仅如此，端方还故意制造迷雾，还假惺惺致电岑春煊表示慰问，岑竟回电致谢，似乎对端方暗中操纵并无察觉。[②] 报人倒是有所议论，《申报》发表评论，探讨二人围绕两江总督一缺的争夺，“江督端午帅自皖案发见后，即电请告病，力保岑督接任两江。但先时午帅确无此意，然因道路中皆纷纷腾说，且夙念岑督注意两江蓄志已久，又知未政府诸公意旨何在，即电致政府代为告病，并保岑督接任。旋奉政府电复谓两江紧要借重方殷，虽自皖案出后，革命暗杀风潮骤作，两宫亦甚放心，并称岑督从前慈眷优隆，此次屡屡展假中道迁延，两宫均含蕴怒。若果该督执意不肯赴粤，有宁使投闲，决不更调他省之意，午帅接电尚疑信参半，又两次自行电奏，均奉温谕慰留，今午帅见准予岑督开缺之上谕，不复再萌退志矣”[③]。可见端方与岑春煊围绕两江总督之位的争夺，早在时人洞见之中。幕府亦知端方开缺为以退为进，以抵制岑氏，“盖疑夫子或以是为抵制西林之计”。[④] 日后岑春煊回忆此段往事，也认定端方在两江，“为之推波助澜”。[⑤] 端方的这些操作即是其个人性格的体现，也反映了晚清官场生态面相。再看袁世凯，在恽毓鼎上折当日，致

---

① 《端绪致端方电》，光绪三十三年七月初八日，中国第一历史档案馆藏，端方档案，档号：27-01-002-000170-0013。

② 《端方致岑春煊电》，光绪三十三年七月初五日，中国第一历史档案馆藏，端方档案，档号：27-01-001-000116-0029。《岑春煊致端方电》，光绪三十三年七月初六日，中国第一历史档案馆藏，端方档案，档号：27-01-002-000161-0026。

③ 《政府对于端岑两督之感情南京》，《申报》，光绪三十年七月初八日（1907 年 8 月 16 日）第 4 版。

④ 《龚锡龄致端方函》，朝年不详，中国第一历史档案馆藏，端方档案，档号：27-02-000-000202-0018。端方奏请开缺以岑春煊代之，报纸亦有关注。参见《端督请去两江》，《大同报（上海）》第 7 卷第 22 期。

⑤ 岑春煊：《乐斋漫笔》，第 28 页。

电端方称，“闻有人劾伊（岑）涉及南皮（张之洞），恐须交查，统希密之”。[①] 为了减小信息扩散，仿佛对此事一无所知。于此可以看到，清末十年新政次第举行，各项施政也渐趋革新，无奈如奕劻、瞿鸿禨等首屈一指的重臣，端方、袁世凯、岑春煊等较有作为的要员却长期陷于争斗内耗之中，失去了借改革消除内外忧患的机遇。即使身为国家耳目之官的御史台谏，本是最能代表士林气节的群体，奈何如本文提及的陈庆桂、恽毓鼎等人为博取名利，投机取巧，不问是非，奔走权门，这些不能不说是清末官场人格与政治文化的体现。

丁未政潮是清末政局转折的重要枢机，政潮中派系纷争，影响了权贵进阶，也改变了一些中下级官员的仕途命运，如本章提及的郑孝胥在此年的仕宦沉浮与矛盾心境即是清廷高层政治斗争的注脚，同时也是当时官场政治生态的一种表现。岑春煊遭北洋一系重创，被免去两广总督职务。郑孝胥频繁往来沪、宁之间，日记中记述经常与岑春煊一起吃饭、打牌，代其起草一些文书。作为端方的幕府，也不乏交际，协助处理两江政务，不过已然不同于政潮期间那般往来频仍。数月后，郑孝胥好友熊希龄向其透漏，“午帅（端方）前有电入都，谓郑某乃岑春煊死党，如令入邮传部，不啻为虎添翼云云”[②]。熊氏同为端府食客，所言非虚，郑孝胥听后则“笑而不信”。本年八月，内阁学士恽毓鼎参劾岑春煊结交康有为、梁启超，图谋不轨，有传言为端方发动，郑孝胥认为“江督贤者，而亦为此耶？当系谣言耳”[③]，他对“有学有术”的端方足够信任。光绪三十三年年末，郑孝胥在日记中总结这一年，“老态已成，殊无生趣。厌世之意益坚，弃官其余事耳。恨无知者可与深言，嗟夫！”[④] 是看透了官场的尔虞我诈，因此萌生“厌世之意”，还是如其所言，缺少“可

① 《袁世凯致端方电》，光绪三十三年七月初二、三日，中国第一历史档案馆藏，端方档案，档号：27-01-002-000172-0019。

② 劳祖德整理：《郑孝胥日记》第2册，第1109页。

③ 劳祖德整理：《郑孝胥日记》第2册，第1107页。

④ 劳祖德整理：《郑孝胥日记》第2册，第1126页。

与深言”者？不得而知。临近岁杪，郑孝胥写下一首《残岁》，诗曰：“残岁每添怀抱恶，北风弄雪晚冥冥。捐书未必遂闻道，厌世何为空养形。歌哭圣狂喧海市，酣嬉醉梦祕云屏。人间正有沉迷乐，莫信灵均说独醒。”[①] 言语中表达了对世事之无奈。

郑孝胥为清末名士，具有经世之才，但为己利见风使舵、首鼠两端，与国士形象相去甚远。处在大变局之际的官员与朝士，本质上既非顽固，也非革新，大都是为了仕途奔走而已，由此亦可窥见清末官员政治生活的原始样态，也诚如士人笔记所记述：“清末朝士，风尚卑劣，既非顽固，又非革新，不过走旗门混官职而已……朝有官而无士，何以为朝？清之亡，亦历史上之一教训也。”[②]

---

① 郑孝胥著：《海藏楼诗集》卷六，第 175 页。

② 《奔走权门扮演丑剧》，刘禺生：《世载堂杂忆》，第 145 页。

第五章　多元的平衡：张之洞、袁世凯入京与政局

赓衍

光绪三十三年五月，一个多事的五月。政局动荡不安，门户政争臻于高潮，岑春煊入京一个月后，被排挤出局，五月三日乘船离京，汹涌的政潮并未因岑氏出局而结束。几天后，中枢协揆瞿鸿禨骤然开缺回籍，朝野产生的震动可想而知。五月二十六日安徽巡抚恩铭被刺，这起突发事件对清末立宪改革、朝局变更均产生深远影响，原本就日趋激化的满汉矛盾与种族之见，突然以更加激烈的方式呈现。徐锡麟被捕后，坦然供称："为排满事，蓄志十几年，为我汉人复仇，先杀恩铭，后杀端方、铁良、良弼等，灭尽满人为宗旨，别无他故。"[①] 消弭革命危机，时人寄托于立宪，而实行立宪的先导为融合满汉。基于此，平满汉畛域成为关注的焦点话题、化解统治危机的肯綮枢纽。中央与地方对调解满汉矛盾有所回应，张之洞、袁世凯联翩入枢，共谋机要，反观最高当政者慈禧太后，"皖事出后，慈圣痛哭，从此心灰意懒，得乐且乐"[②]。统治阶层于日渐削弱

① 《冯煦致端方电》，光绪三十三年五月二十六日，中国第一历史档案馆藏，端方档案，档号：27-01-003-000052-0005。

② 陈旭麓、顾廷龙、汪熙主编：《辛亥革命前后·盛宣怀档案资料选集之一》，第57页。

的政权面临着诸多抉择，政柄的潜移多有变数。[1]

第一节　皖案与平满汉畛域的讨论

清末满人排除出身的特殊标志及生而享有的特权，实则在思维方式、风俗习惯、以致娱乐嗜好均与汉民越来越相似，但是满洲为特权阶层，与民人有难以逾越的界限，满汉之别造成的政治差异并无削减。而满洲内部也分化为无数的圈层，存在各自的利益与团体，即所谓“近支排宗室，宗室排满，满排汉”[2]。统治者构建的满汉一家的迷梦不复存在，乾隆朝以来满人汉化的敏感问题不再避讳，成为朝野直面讨论的话题。[3] 具体而言，清末的满汉关系呈现两种状态。

一是满汉渐趋融合，矛盾却日益凸显。清朝自崛起至君临天下，八旗兵分防各省，占据险要，满人不与汉人杂处联姻。然而至清末已经二百多年，满汉交互融合，即便代表立国精神的文字语言也渐被弃用，除了皇帝典学尚知满语，其余自王公大臣以下已经很少使用，诸如八万件的端方档案，未见一件满文档。习俗日渐相近，成见却鸿沟愈深。至光绪三十二年官制改革，满汉倾轧日重，“内哄之局已成”，时人感慨“软红尘中，讵可立足”。[4] 清廷不得不逐步调整民族政策，缓解满汉之争形成的矛盾情绪。官制上，尽量统一官员晋升办法，取消旗档，计口授田。军制上，逐渐淡化八旗，组建

---

① 张、袁入枢主要成果可参见李细珠借助中国历史研究院藏张之洞档案的相关研究，见《张之洞与清末新政研究》，中国社会科学出版社 2015 年版，第 297—303 页。马忠文对张之洞入枢后的朝局有所发议，参见《丁未政潮后梁鼎芬参劾奕劻、袁世凯史实考订》，《历史教学》2014 年第 20 期。胡思敬著《国闻备乘》记《孝钦驾驭庆邸》，代表了时人对张、袁入枢的看法；黄濬：《花随人圣庵摭忆》所记《袁世凯罢黜始末》，为笔记中有关此案的代表性著述。

② 《清末之官制改革》，刘体智：《异辞录》，第 197 页。

③ 参见孔飞力《叫魂：1768 年中国妖术大恐慌》，上海三联书店 2014 年版，第 84—90 页。

④ 《汪大燮来函》，上海图书馆编：《汪康年师友书札》第 1 册，第 793 页。

新军。法制上，逐步废除满人特权。社会改良上，允许满汉通婚，提倡礼俗一致。地方行政上，将东北纳入内地行省体系，解除封禁。虽然清廷为平满汉畛域作了诸多努力，但满人的特权不可能遽然消失，至清末一直存在，尤其是军权不轻易给汉臣，光绪末年的官制改革尚有夺袁世凯四镇兵权之事。满汉融合、共建国家的政治遐想与现实渐行渐远，旧的满汉关系及其社会结构已经不能适应三千年未有之大变局。满汉矛盾与冲突在舆论的加持下不断放大扩充，延伸到社会各个层面，从而危及一切统治秩序，随着满洲政权力量的衰弱以及外交危机加剧，反满就成为革命者动员民众的重要动力。

二是清廷寄望平满汉畛域的改革，反而激起更为激烈的满汉矛盾。光绪三十二年的中央官制改革，原以为会在官制层面施行不分满汉，结果却不能令人满意，时人诘问："预备立宪，其预备第二次新旧、满汉之大冲突乎?"[①] 立宪打出的是满汉不分的旗号，却是别一番景象，"丞参不分满汉""皆借门望以起",[②] 中央各部及将军督抚，"仍然重用满人，且满人势力有日益膨胀之象，汉人中之不平者甚多"，报界评论称"恐非国家之福"。[③]

满汉之间的鸿沟到底有多深，于此产生的严重后果当政者缺乏清晰的认知，但接连不断的革命者打着反满的旗号起事，则时刻刺激朝野对于这种维持了两百年的民族关系有着不祥的预感，报界预言"恐满与汉之同化尚无期，而汉与满之竞争且日烈。暨乎阋墙不已，外侮交乘，中国之亡将不亡于国力之衰弱，而亡于意见之不融矣"。[④] 军机大臣瞿鸿禨的门生张美翊称，"惟满汉之界，新旧之界，如不一扫刮绝去，则动滋疑忌，百无一成"。[⑤] 看来满汉畛域不平，

---

① 《京官变局》，《论今后之朝局》，《时报》，光绪三十二年十月二十日（1906 年 12 月 5 日），第 1 版。

② 胡思敬：《国闻备乘》，第 34 页。

③ 《东报言满汉之不平等》，《申报》，光绪三十二年十二月十二日（1907 年 1 月 25 日），第 3 版。

④ 《论说》，《申报》，光绪三十三年七月初四日（1907 年 8 月 12 日），第 2 版。

⑤ 《南洋公学张美翊致两广督署（岑）幕府书》，光绪三十年二月初五日，《瞿鸿禨朋僚书牍》第 48 函。张美翊，浙江人，光绪朝举人，瞿鸿禨门生。

将会影响内政外交通盘政务。湖广总督张之洞曾叹清室之将亡，“谓亲贵掌权，违背祖训，迁流所及，人民涂炭，甚愿予不及见之耳”。[①]满汉平权可以弭革命之祸，成立宪之局，关系到政治稳定与统治根基，满汉竞争与倾轧却又普遍存在，即“有形之满汉虽除，而无形之满汉仍在”，满汉成见已到了难以调和的地步。[②] 果不其然，一年后，就发生了徐锡麟刺杀恩铭事件，满汉矛盾成为朝野不得不直面的棘手问题。

清初以来血与火造成的民族创口，在衰世的危机中被再次触痛，革命党人借用曾经残酷的满汉成见之历史点燃熄灭已久的反满火种。政治暗杀是革命党人采取的手段之一，“革命之先，暗杀可以广播火种”。宋教仁将武装革命概括为“暴动”与“暗杀”两种手段；光复会首领蔡元培倡言：“革命止有两途：一是暴动，二是暗杀。”政治暗杀在清末民初非常盛行，徐锡麟刺杀安徽巡抚恩铭即当时暗杀最具震撼力者。

徐锡麟被捕后，抱定必死之心，直言立宪与革命以种族之见为源头，积压已久的民族积郁一泄而出，“满人虐我汉族，将近三百年矣。观其表面立宪，不过笼络天下人心，实主中央集权，可以澎湃专制力量。满人妄想立宪，便不能革命。殊不知中国人之程度不够立宪，以我理想，立宪是万做不到，革命是人人做得到的。若以中央集权为立宪，越立宪的快，越革命的快，我只拿定宗旨，一旦乘时而起，杀尽满人，自然汉人强盛，再图立宪不迟”[③]。暗杀产生强大的政治震撼力，冲出种族之见的网络，向更为广泛的领域漫延，由一出具体的事件，演化为具有普遍性的讨论话题。满汉矛盾为革命所利用主要原因就在于满族统治是一种融合政治制度、经济制度、社会制度的互相渗透到社会各角落的缜密结构，反满能够激起强烈的仇恨，为民众所接受，由此引发各界关注满汉平权问题，同样引

---

① 《奔走权门扮丑剧》，刘禺生：《世载堂杂忆》，第144页。

② 《说林》，《申报》，光绪三十三年七月初四日（1907年8月12日），第3版。

③ 陶成章：《浙案纪略》，中国史学会主编：《辛亥革命》第3册，第80—81页。

起当政者的高度重视。消除满汉畛域，施行立宪喧嚣尘上，社会各界对满汉平权与立宪政体展开大讨论。

当时发行量和影响力较大的《申报》即以“皖抚恩铭被刺”为题，连续刊发十四篇论说，恩铭被刺的来龙去脉，各地督抚针对此事的往来电稿，涉案人员的证言、证词，社会各方的言论态度等，内容包罗广泛。该报发表了多篇评论文章，讨论革命、排满、立宪，代表了时人的看法。五月二十九日，案发三天后《申报》发表《论皖抚被戕》，指出院抚既戕则将来之捕拿党人必益严，捕拿党人益严则彼党之衔恨必益深，冤冤相报，循环无终。不如实行立宪，使一二具有能力之人帖然安静，则不但暗杀之事不再发生，革命名号也将永绝。[①] 六月初四、五两日，《申报》连续刊发署名方驾舟的文章，呼吁政府如欲防微杜渐，除了调和满汉、改良政治之外别无长策。政府正本清源之策在于施行立宪，立宪第一要务为破除界限，改革政体，满汉通婚，选官平等，撤驻防，裁旗饷，如此则一切自由、平等之说不攻自破，何有排满。[②] 消弭革命的根源在于立宪，“立宪第一要务为破除界限，改革政体”，代表了部分时人的看法。

平满汉畛域与立宪、革命的关系引发了持续的关注与讨论。六月十八日，《申报》专栏刊发《论消除革命在实行立宪》一文，评述三者之间因由关系。文章指出“不先除满汉之界，虽日日预备立宪，不过成一立宪之空名词”，满汉同等问题为组织立宪之第一要素，持平和主义者无非以言论鼓吹立宪，以冀立宪之实行而消除满汉分界。而持激烈主义者无非以暗杀迫行立宪，“是以政府不欲实行立宪则已，果欲实行立宪，非先平满汉之界，其道未由政府不欲消除革命之风潮则已，果欲消除革命，非先除满汉之界无由着手”，由此推论，“故早一日实行立宪即早一日弥革命之祸，早一日平满汉之

① 《论皖抚被戕》，《申报》，光绪三十三年五月二十九日（1907年7月9日），第3版。

② 《满汉平议》，《申报》，光绪三十三年六月初四日（1907年7月13日），第2版。《满汉平议续》，《申报》，光绪三十三年六月初五日（1907年7月14日），第2版。

界即早一日成立立宪之局”。[①]《申报》之报道不但代表普罗大众的认知，并报道称满汉平权早已被两宫所重视，“两宫深知今日之大局，非立宪无以消除革命之风潮”。[②] 以种族之见而发起的刺杀撼动的是统治阶层的合法性，在经历十多年内战之后的晚清政局，政权下移，能够开出平满汉畛域药方的并不在中央，而是来自当政者同样防范的地方督抚。

第二节　端、袁举措与袁氏入京

光绪三十二年官制改革，本来气势如虹的袁世凯，意图有所斩获，结果却被除八项兼差，北洋六镇亦有四镇被夺，政柄的丧失，“设非主上生疑，何至如此?”[③] 袁面临着极为棘手的局面，最难的问题当属财源，兼差虽为“兼职”，却影响着收入。袁对内说：“我年年炭敬不少，今兼差全去，进项大减，又谁能谅?”[④] 显然光绪三十三年的新春北洋风光不如往昔，据说“本初败北后，颓丧之至”，忧谗畏讥的袁世凯，不得不避其锋芒，以血亏伴随发烧和胸闷，精神日颓为由请假，“终日在楼上，非要客不见，非要事不办”。[⑤]

言官见袁世凯眷衰，落井下石，“有知其线索者，相约论劾”[⑥]。发难者自然少不了对北洋早有成见的御史赵炳麟。此年五月二十八日，恩铭被刺案发生两天后，赵氏上消弭党祸折，称君主之权不可

---

① 《论消除革命在实行立宪》，《申报》，光绪三十三年六月十八日（1907年7月27日），第2版。

② 《说林》，《申报》，光绪三十三年六月二十八、二十九日（1907年8月6、7日），第2版。

③ 陈旭麓、顾廷龙、汪熙主编：《辛亥革命前后·盛宣怀档案资料选集之一》，第34页。

④ 陈旭麓、顾廷龙、汪熙主编：《辛亥革命前后·盛宣怀档案资料选集之一》，第38页。

⑤ 陈旭麓、顾廷龙、汪熙主编：《辛亥革命前后·盛宣怀档案资料选集之一》，第50页。《袁世凯致端方电》，光绪三十三年五月二十九日，中国第一历史档案馆藏，端方档案，档号：27-01-002-000159-0106。

⑥ 陈旭麓、顾廷龙、汪熙主编：《辛亥革命前后·盛宣怀档案资料选集之一》，第63页。

下移，赏罚必出自天子，否则天下知有大臣不知有天子，党祸门户之见渐起，“今大臣争权，小臣附势，人心险诈，朝纲废弛，不早维持，弊将安极，岂徒开明末党援之习，且恐酿唐季藩镇之忧”。折中引用康熙朝重用汤斌、张伯行“举朝构之”，用明珠“举朝附之”，提议清廷“恭录圣祖仁皇帝上谕一道”，这封出自康熙帝的上谕以盛世之君的凌厉之词，阐述党援、朋党的忧患以此警惕后人：

> 公家之事置若罔闻，而分树党援，飞诬排陷，迄无虚日，以致酿祸既久，上延国家。朕历观前史于此等背公惧国之人，深切痛恨。自今以往，内外大小诸臣应仰体朕怀，各端心术，尽蠲私忿，共矢公忠，岂独国事有裨，即尔诸臣亦获身名俱泰。倘仍执迷不悟，复蹈前非，朕将穷极根株，悉坐以交结朋党之罪。[①]

朋党政治为历代当政者严禁并抨击的积习，祖宗家法中最为痛斥而不可为之的人臣行径。赵炳麟借此申明大义，“引圣祖上谕，请饬各部院大堂悬挂，尾加‘直隶督署大堂’数字，题旨昭然若揭”“原折行至，雪公气沮”。[②] 言官“征引圣训，语侵项城”[③] 的气势高昂折射的正是北洋一系的落寞。折上当日，上谕“奉旨着考察政治馆分行各部院及各直省督抚”[④]。次日，慈禧太后下懿旨，“直省官制

① 折片参见《署京畿道掌辽沈道监察御史赵炳麟折》，光绪三十三年五月二十七日，中国第一历史档案馆藏，录副奏折，档号：03-5745-040。《赵炳麟呈康熙三十年辛未十一月己未圣祖仁皇帝圣训单》，光绪三十三年，中国第一历史档案馆藏，录副奏折，档号：03-5746-079。录副奏折将此折与片分开，后赵原折与片在光绪三十三年六月十二日的《申报》刊登，可以确定赵炳麟所上《圣训单》即为折的附片。《奏牍》，《申报》，光绪三十三年六月十二日（1907 年 7 月 21 日），第 10 版。

② 陈旭麓、顾廷龙、汪熙主编：《辛亥革命前后·盛宣怀档案资料选集之一》，第 63 页。后《申报》刊发赵炳麟折，即将“直隶总督”改为“饬令京朝各部院及直省总督书之匾额竖于衙署”。参见《奏牍》，《申报》，光绪三十三年六月十二日（1907 年 7 月 21 日），第 10 版。

③ 《陈丞来电》，光绪三十三年五月二十九、六月初一日，《近代史所藏清代名人稿本抄本》第 2 辑第 110 册，第 230 页。

④ 中国第一历史档案馆编：《光绪宣统两朝上谕档》第 33 册，第 92 页。

已据王大臣议拟饬行试办矣，惟立宪之道全在上下同心，内外一气，去私秉公，共图治理。自今以后，应如何切实预备乃不徒托空言，宜如何逐渐施行乃能确有成效，亟宜博访周谘，集思广益”[①]，“上下同心，内外一气，去私秉公”，回应了赵炳麟的奏陈，在操笔如操刀的专制时代，煌煌上谕无疑是对臣子最为峻厉的警斥。

慈禧太后下发懿旨次日，袁世凯“具折请病，上赏假一个月”。按照清代惯例，“督抚请病一个月，即系告退牌子（即离任信号）”。外界推测袁“有申言告退之意，所以假满后又请续假。借怕革党而不见客，实则假期之内五内如焚，终日坐楼上不下，即幕府亦罕见其面耳”[②]。人主居高位，持威福之柄，百官畏惧，莫敢仰视，触怒逆鳞的袁世凯由改革官制期间的跋扈走向岑寂，如何应对骤然的变局关系朝局，牵动各方。张之洞坐探齐耀珊探报称，袁请假“颇有关朝局，缘醇邸（载沣）素非议项城，今庆邸日见疏，疑醇邸渐次柄用”。流言与风说并不可考据，却能借此窥探时人的认知。

齐耀珊还点出袁世凯兵权亦受到威胁，“又铁（良）尚书近有折云北洋新练各镇非尽土著，请均遣散，另募新军”，“西林（岑春煊）前在北洋调用武员数人，现均由沪遣回，颇有不赴粤任，另有所谋之意，而项城遂不自安矣”。内中的含义是岑春煊有代替袁世凯任北洋之意。林林总总表明，“朝局不久尚有大变，各省督抚亦恐有大调动，外而匪徒蠢动，内而党祸渐萌，大乱之来恐将不远”[③]。内廷之争严重扰乱了外交政策以及其他国家事务，外人对于当时混乱、停滞的外交政策感到失望，一直与袁有着密切关系的英国政府时刻关注着事态发展，向清廷发出信号，慈禧太后能够洞悉这一点。[④] 日

---

① 中国第一历史档案馆编：《光绪宣统两朝上谕档》第 33 册，第 93 页。

② 陈旭麓、顾廷龙、汪熙主编：《辛亥革命前后·盛宣怀档案资料选集之一》，第 57、63 页。

③ 《齐、高道来电》，光绪三十三年六月初一二日，《近代史所藏清代名人稿本抄本》第 2 辑第 110 册，第 253 页。

④ ［美］斯蒂芬·R. 麦金农：《中华帝国晚期的权力与政治：袁世凯在北京与天津 1901—1908》，第 86—87 页。

俄战争后的东三省对外交涉棘手，袁世凯的外交能力愈发凸显，“孝钦后谓东三省譬如后门，北洋如大门，袁某如离北洋，则大门无人看守”。[①] 鉴于庚子之乱，慈禧太后曾云：“李去而拳作，天津勿必轻动。”“李”指的是李鸿章，“天津”为直督袁世凯。袁“闻之大悦，极力周旋”，由此看来“本初虽败，尚未至于死灰复燃，固其宜也”。[②]

政务层面袁世凯也迎来转机，原本由其暗中操控的官制改革方案，因各地督抚意见存有分歧，后经赵启霖上折被拖延搁置，[③] 在瞿鸿禨去职后得以重提。皖案发生的第二天，即光绪三十三年五月二十七日，兼任总司核定官制大臣的奕劻将编制局拟好的外省改革官制方案奏陈，显然方案的公布与皖案的发生并非巧合，“立宪诏闻因皖案仓卒为之”。深居简出的袁世凯，不甘心上年官制改革的失利，以皖案为契机，欲借助此案有所条陈，“思也我辈正可应诏条陈，切实书言或有小益”[④]。与同道中人联络也渐多，两江总督端方即是其中一员。

两江总督端方作为满人地方大员，较早注意到满汉矛盾引发的一系列不良后果，清末新政初期曾上《筹议变通政治折》，称“民旗杂居，耕作与共，婚嫁相联，可融满汉畛域之见”。[⑤] 湖北为官期间，“使荆鄂操防畛域不分，联为一气，化满汉之见，开风气之先”“倘各省疆臣闻风兴起，俾驻防旗兵均能援照办理，数十年之积弱可转为自强之国，非独旗营之幸，亦即天下之幸”。显然端方具有超出民族主义之外的眼光与见识。[⑥] 作为满人官员，端方关注本民族的生计与存亡，就不得不重视与政权统治紧密相关的满汉关系。这在他

① 张一麐：《古红梅阁笔记》，第 58 页。

② 陈旭麓、顾廷龙、汪熙主编：《辛亥革命前后·盛宣怀档案资料选集之一》，第 47 页。

③ 参见李振武《预备立宪时期督抚对立宪的认识及态度》，《广东社会科学》2018 年第 5 期；彭剑《清季外官制改革中督抚群体对“两层办法”态度新考》，《近代史学刊》2004 年第 1 辑。

④ 《袁世凯致端方电》，光绪三十三年五月二十九日，中国第一历史档案馆藏，端方档案，档号：27-01-002-000252-0022。

⑤ 《筹议变通政治折》，端方：《端忠敏公奏稿》卷一，第 141 页。

⑥ 《绰哈布、瑞兴、德禄致端方信函》，时间不详，中国第一历史档案馆藏，端方档案，档号：27-02-000-000033-0001。

与军机大臣铁良的通信中表现的尤为明显，“现在革命排满之说布遍天下，种族之祸近在眉睫，非兴旗学何以救亡”。[①] 端方曾动用私人关系，为梁鼎芬担任学部侍郎向铁良请托，“节庵（梁鼎芬）热心教育，忠爱拳拳，若今专司学务，必能为旗籍尽力筹谋命脉所关，惟望公坚持前议”，原因就在于梁氏在湖北兴办旗学，而兴旗学可避免“种族之祸”。[②]

光绪三十二年，端方出洋考察团归来，拟上陈随员熊希龄代拟的《请平满汉畛域密折》。这篇奏折后来收入中国史学会编《辛亥革命》一书，影响甚广，学界多有引用，代表了端方处理满汉关系的思想。端方折中指出革命与种族矛盾有极大的关联，满汉之见是“中国新政莫大之障碍，为我朝前途莫大之危险”。[③] 但不知出于何种原因，该折并未上奏，以至于有学者存有疑惑，称“端方此折上后，未见清廷有任何反应”，看来时机不成熟。[④] 徐锡麟刺杀恩铭事件极大地改变了清末满汉关系认知。徐锡麟被捕后称要“杀尽满人，自然汉人强盛”[⑤]，激烈的言论反映了反满已成为革命的特旨之一。

---

① 《端方致铁良函》，朝年不详，中国第一历史档案馆藏，端方档案，档号：27-02-000-000199-0017。

② 端方与满汉政策的相关研究，参见迟云飞《端方：一个满族官员的民族主义及其政治取向》，《河北师范大学学报（哲学社会科学版）》2012年第6期。铁良与端方不同，对汉官成见甚深。

③ 端方：《请平满汉畛域密折》，中国史学会主编：《辛亥革命》第4册，第39—47页。此折有多个版本，分别是中国史学会主编中国近代史料丛刊《辛亥革命》收录，原件由新会陈氏收藏，落款时间标注为“光绪卅二年七月匋斋折稿”（匋斋是端方的字号）；《端忠敏公奏稿》收录《均满汉以策治安折》，时间为光绪三十三年七月，此件与军机处录副奏折内容相同（录副奏折为残件，少了开篇部分内容），据军机处录副可知端方上折时间是七月初五日，硃批至会议政务处议奏时间为七月十六日；还有版本为《熊希龄遗稿》中收录的《代拟化除满汉畛域折》。三个版本的逻辑关系为光绪三十二年熊希龄代拟了一篇关于平满汉畛域的奏折，成稿即“光绪卅二年七月匋斋折稿”，但端方回国后并未上陈。到了光绪三十三年皖案发生，端方请熊希龄将奏折修改，由端方署名发表，即《端忠敏公奏稿》收录的奏折。《熊希龄遗稿》中《代拟化除满汉畛域折》是对光绪三十二年代拟稿的修订版，《端忠敏公奏稿收录》的即在此折基础上成稿。此外，熊希龄于八月初八日上《为化除满汉畛域尽陈管见事呈文》，亦关涉平满汉畛域，参见中国第一历史档案馆藏，录副奏折，档号：03-9289-008。

④ 参见李细珠《清末预备立宪时期的平满汉畛域思想与满汉政策的新变化：以光绪三十三年之满汉问题奏议为中心的探讨》，《民族研究》2011年第3期。

⑤ 陶成章：《浙案纪略》，中国史学会编：《辛亥革命》第3册，第80—81页。

火与血推动下的满汉关系让身为满臣的端方先是寻求自保，再则于政务势必发声。

六月初一日，袁世凯致端方密电，称“我弟居心仁厚，断无恶报，但不可不加慎耳”，并提及，“弟主融见，人所共知，逆党忌弟才，故为藉口煽惑，似可将满汉相猜，渔人得利各节剀切踈通”，说明此前两人曾就满汉问题有过交流，故建议借机上陈利害。[①] 次日，端方回电称“化除满汉猜疑为救亡第一要著，当即痛切上陈。至实行立宪更以化除满汉为急务，若仍徒饰观听，何以取信天下。去年既已失机，此时尤不可再误”[②]。电文称“去年既已失机”，可知光绪三十二年就已准备平满汉畛域的建言。端知袁正酝酿有关满汉的奏陈，请“先示大意，俾有所循”，准备联衔上奏。袁世凯告知拟上折陈述“昭大信、量用才、公赏罚、振国势、化满汉、正人心、设内阁、设资政院、办自治、普教育”[③] 等条款。端方背靠北洋，称“所欲言者均不能越此数端，将来或即由公主稿合疏上陈，此外添上菊（徐世昌）、尧（岑春蓂）似较有力”。[④] 袁则认为此次上奏牵涉较多，“系密陈，颇伤大众”，未便会奏，“仍以遵旨各自条陈为妥，融化满汉，公单奏必可详画”[⑤]。

经与袁世凯商讨后，六月初八日，端方致电熊希龄，将上年

---

① 《袁世凯致端方电》，光绪三十三年六月初一日，中国第一历史档案馆藏，端方档案，档号：27-01-002-000252-0022。

② 《端方致袁世凯电》，光绪三十三年六月初二日，中国第一历史档案馆藏，端方档案，档号：27-01-001-000154-0008。此电无时间，文中有“巡江事化，好极”一句，袁世凯六月初二曾谈及岑春煊请托巡江一事。袁发给端的电文日期为“冬”，当为六月初二日。参见《袁世凯致端方电》，光绪三十三年六月初二日，中国第一历史档案馆藏，端方档案，档号：27-01-002-000252-0025。

③ 《袁世凯致端方电》，光绪三十三年六月初三日，中国第一历史档案馆藏，端方档案，档号：27-01-002-000172-0014。

④ 《端方致袁世凯电》，光绪三十三年六月初五日，中国第一历史档案馆藏，端方档案，档号：27-01-001-000157-0017。此电朝年不详，据文内“江”电及“歌”电推断。

⑤ 《袁世凯致端方电》，光绪三十三年六月初六日，中国第一历史档案馆藏，端方档案，档号：27-01-002-000252-0027。

“化除满汉折稿立传缮发，请速改妥寄还”[①]，“寄还”说明此折在熊手里。“化除满汉折稿”即收入中国史学会编《辛亥革命》的《请平满汉畛域密折》。[②] 熊希龄两天后回电称，“折稿删定即寄呈”，不过对于此时上折尚存疑虑，提议“此事似须先商政府再缮发，倘留中此后更难实行”[③]。电文中提及的“政府”，笔者认为应是指军机大臣奕劻，为保险起见，听取中枢的意见再有所举动，否则留中一切辛劳将付诸东流。此间，熊希龄还负责起草币制改革事，被端方派往天津与袁世凯相商，结果耽搁了折稿修改。[④] 六月十五、十七日，端方两次发电催促，“化除满汉折稿请即改定寄宁，立待缮发”[⑤]。并告知“已电慰帅（袁世凯）各自具奏，不复联衔”，[⑥] 想必熊希龄也与袁世凯探讨过此事。

六月十九日，袁世凯密奏请赶紧实行预备立宪谨陈管见十条，其中第四条为“满汉必须融化”，提出“整饬内政，因时制宜，不分满汉”[⑦]。大理寺少卿刘仲鲁随同端方出洋，知晓上年平满汉畛域一折内情，或许初衷是声援北洋起见，指出袁氏“立宪十条，词甚悚切”“去年我公平满汉疏稿趁此润色早上，以维大局，而杜异喙，定有效力”[⑧]。

① 《端方致熊希龄电》，光绪三十三年六月初八日，中国第一历史档案馆藏，端方档案，档号：27-01-001-000124-0116-1。

② 有学者据北京大学图书馆藏梁启超致端方密信，其中提及满汉问题的建言，判断端方后上陈奏折与梁启超有莫大关联。参见《梁启超代拟宪政折稿考》，夏晓虹：《梁启超：在政治与学术之间》，第43页。

③ 《熊希龄致端方电》，光绪三十三年六月初十日，中国第一历史档案馆藏，端方档案，档号：27-01-002-000172-0011。

④ 《端方致熊希龄电》，光绪三十三年六月十一日，中国第一历史档案馆藏，端方档案，档号：27-01-001-000124-0117-2；中国第一历史档案馆藏，端方档案，档号：27-01-001-000124-0121-1。

⑤ 《端方致熊希龄电》，光绪三十三年六月十五日，中国第一历史档案馆藏，端方档案，档号：27-01-001-000124-0119-1。

⑥ 《端方致熊希龄电》，光绪三十三年六月十七日，中国第一历史档案馆藏，端方档案，档号：27-01-001-000124-0121。

⑦ 《密奏请赶紧实行预备立宪谨陈管见十条》，刘路生、骆宝善主编：《袁世凯全集》第16册，第338页。袁氏此折内容激烈，暗斥抱有满汉成见的铁良等人。

⑧ 《刘仲鲁致端方电》，光绪三十三年六月二十二日，中国第一历史档案馆藏，端方档案，档号：27-01-002-000172-0008。

此外一封来自京城的密信，代号“陶”（为端方京府中的密电本代码），亦建议“去岁满汉折似可改削缮递”。① 看来上陈平满汉畛域折的时机已经成熟，端方回复刘仲鲁等人，“即当入奏”。②

端方办事机敏且沉稳，即使多人建言速上奏陈，作为多年驰骋官场的老手，还是要继续多方观察各方动态。先是致电在京密探将袁世凯所上《密奏请赶紧实行预备立宪谨陈管见十条》抄寄以便参考，同时得知湖北按察使梁鼎芬也将奏陈化除满汉事，且梁称“冰（张之洞）有电来，必当极力赞成，联衔入告”③，对端方来说，进一步观察局势就显得尤为必要。虽张之洞最终并未联衔，但很快致电军机处，“仰恳圣明特颁谕旨，布告天下，化除满汉畛域，令内外各衙门详议切实办法，迅速奏请核定施行”。④ 在各方的呼吁下，七月初二日，清廷颁布慈禧太后懿旨，称“现在满汉畛域应如何全行化除，着内外各衙门各抒所见，将切实办法妥议具奏，即予施行”。⑤ 对于满族统治者而言，无非是要借助满汉平权的讨论，在形式上改变或者修缮日益紧张的满汉关系，缓和统治危机。而端方此时上折性质就变了，成为遵旨例行的公事，而非贸然建言，由此也遮盖了声援袁世凯的嫌疑。

此间的高层人员更动值得注意，平满汉畛域懿旨下发当日，湖广总督张之洞内召，两广总督岑春煊被黜，林绍年出军机，自上年官制改革引发的丁未政潮联动的中央人事调动渐趋明了，端方再无顾忌。此后，大小臣工纷纷上疏献策，在众多奏折中夹有一封来自

---

① 《北京某致端方电》，光绪三十三年六月二十二日，中国第一历史档案馆藏，端方档案，档号：27-01-002-000172-0009。

② 《端方致刘仲鲁电》，光绪三十三年六月二十三日，中国第一历史档案馆藏，端方档案，档号：27-01-001-000124-0122-3。《端方致北京陶转正闇电》，光绪三十三年六月二十二日，中国第一历史档案馆藏，端方档案，档号：27-01-001-000160-0155。

③ 《端方致梁鼎芬电》，光绪三十三年六月十五日，中国第一历史档案馆藏，端方档案，档号：27-01-001-000124-0119。

④ 《致军机处电》，光绪三十三年六月三十日，虞和平主编：《近代史所藏清代名人稿本抄本》第2辑第25册，第414页。

⑤ 中国第一历史档案馆编：《光绪宣统两朝上谕档》第33册，第133页。

两江的奏陈，落款为七月初五日。需要指出的是，端方这篇稿件自上年草拟，此年又经熊希龄修订，期间还请幕府人员修改，据《郑孝胥日记》记述，“午帅示折稿《请化除满汉界限》，以除满缺、废驻防为言，使余润色之。细视原稿，无可增意”。[①] 端方上奏的内容修订、时间掌控均是经过了深思熟虑，其中与北洋袁世凯的交流尤为值得关注，南北洋联合的意向甚为明显。

袁世凯拒绝了端方联衔奏陈，拟单独奏陈一稿，理由是“颇伤大众，且牵率多事，未便会奏”[②]。此时他正在酝酿一篇针对清廷改革的长篇奏折，即《密奏请赶紧实行预备立宪谨陈管见十条》。此折中满汉平权仅是其中一节，另有九部分关涉清末新政的各方面，“条陈之言，皆老生常谈耳，其中主意实为弹劾”，所言颇耐咀嚼。[③]

袁奏折第一节为彰国信。立意很高，不满于官制改革人浮于事及朋党之患，指出“欲行宪政，必先自立信始，立信之道，必先自慎号令始”，朝三暮四之议不可取，“庚子以来，曾设政务处，内外条陈悉交核议，而施行者寥寥无几，嗣设考查政治馆诸使条奏，均付核阅，而举行者更寂寂无闻”。折中称清廷立宪，下诏求言，不能走政务处、考察政治馆的老路，一切政令束之高阁，徒留口实，“上年恭奉明诏，宣布立宪，从厘定官制入手，厥后内阁未立，资政院未设，机关不备，精意全失。其改设之各衙门，亦大半徒具名目，中外议者咸疑立宪为空文”。显然是对光绪三十二年责任内阁制流产的指摘，进而对瞿鸿禨暗中阻隔发泄不满。袁世凯请在京开资政院，并请旨饬下枢臣暨大学士率领在京各官恭诣太庙，各省督抚率领所属恭诣万岁牌前，诚宣誓大要，化除私见，实行预备立宪。画面感十足的表述，相约众臣太庙前起誓，“化除私见”，门户政治而成的

① 劳祖德整理：《郑孝胥日记》第2册，第1099页。

② 《袁世凯致端方电》，光绪三十三年六月初六日，中国第一历史档案馆藏，端方档案，档号：27-01-002-000252-0027。

③ 《汪大燮来函》，上海图书馆编：《汪康年师友书札》第1册，第852页。

政治隔膜显然成为推行新政的首要障碍，[①] 将彰国信列为首条，可觇袁对预备立宪，施行内阁表现出极大的决心，完成上年未竟事业。

袁世凯提出的第二条为选贤用人。折中说，“预备立宪既从改官制入手，自不得不注重用人”，老生常谈的话语。此节要点谈到了保荐御史的一则上谕，“上年十一月间暨本年五月间，恭奉谕旨，饬京外大臣保荐御史。一则曰将原保大臣一并从重议处，再则曰定将原保大臣从重惩处。明诏煌煌，迄鲜应者”。所提到的谕旨应是光绪三十三年五月初三日所发，称“外官实缺四品以下，至州县均保送御史。兹据两广总督岑春煊奏称，外省实缺各官恐地方相需甚殷，未能悉以充选，拟请稍宽一格等语。嗣后保送御史着准其兼择候补人员之曾任实缺”“日后有徇私黩货情事，一经发掘定将原保送大臣一并从重惩处不贷”。[②] 据此上谕，御史史履晋上奏，指出耳目之官尤为重要，御史与各国议院职责相同，但是近年保举的官员多庸劣、滥竽充数之人，列举了“如王之春、周馥、丁振铎、吴匡、樊增祥、周荣曜、尚其亨、朱宝奎、段芝贵”，慵闲无能，贪劣不曦，实为蠹吏。显然这些人多为北洋保举，或有瓜葛，该折还请求，“明降谕旨，嗣后无论内外大小臣工，有不称职守、劣迹昭著者，一经发掘，将原保大臣一体治罪”。[③] 袁世凯则称“惩罚太重，谴责太严，人不敢徒博推毂之虚名，致罹法纲之实祸。是欲迫人以荐贤者，转不啻自塞其贤路也”，借此对官制改革以来御史接连弹劾的回应与愤懑。[④]

奏折第三节分析国势。首先对瞿鸿禨曾一直主导的外务部深有成见，“外部人员大率以迁就为擅场，以推延为得计，而司其事者颇乏专门之术，恒昧与国之情，莫由察著而知微，绝少排纷而解难，求如胡惟德等之才识者，且不可得，势必案多悬搁，事多耽误，无

---

① 《密奏请赶紧实行预备立宪谨陈管见十条》，光绪三十三年六月十九日，《袁世凯全集》第 16 册，第 334—335 页。

② 中国第一历史档案馆编：《光绪宣统两朝上谕档》第 33 册，第 72 页。

③ 《掌江苏道监察御史史履晋折》，光绪三十三年五月十四日，中国第一历史档案馆藏，录副奏折，档号：03-5481-106。

④ 《密奏请赶紧实行预备立宪谨陈管见十条》，光绪三十三年六月十九日，《袁世凯全集》第 16 册，第 336 页。

形之中，种种失败，久之恐遂酿成极大交涉，将至不可收拾”。对于交涉日繁的外交事务多有微词，在此有所责难。其次，此节还指摘了清廷的武备举措，“陆军部设立以来已十阅月，观听所系，尚无振作之气象，兴革之举动，足餍众望而惬羣情。凡兵法如何厘定，兵区如何规画，兵备如何筹计，兵数如何扩充，及何以作养兵才，何以增进兵格，何以侦察各国之兵势，何以会通东西之兵学，固皆未遑议及。即本部章制，亦迄未见实行”。上年被夺四镇兵权，袁自然心有怨言，借机发泄不满，明为斥责陆军部，实是暗中指责夺其兵权的铁良，并直接点名批评了凤山，“近畿已成之四镇，举以委诸副都统凤山督练，查凤山初非出身学堂，又未一经战事，并非起自行闲，仅在京旗兵备处当差奔走庶务，才非出众，识非过人，无威望之可言，无功绩之足数，即论其军营阅历，亦甚浅鲜，且该副都统仅奉派为专司训练，乃其列衔文牍，竟自称为督练大臣。谕旨可以捏增，崇衔可以自署，谬妄若此，其人可知。举四万众之重任付诸谬妄人之手，中外腾笑，将士解体，狡启之徒益得资以簧鼓，远近煽惑。似此非但武备决无起色，且恐愈趋愈下，久将杌陧不安”。话锋一转，袁又谈到北洋在日俄战争交涉中的表现，不无得意，“自移督畿辅，即夙夜惓惓于是。顾成约所载，非口舌所能争。计惟有精练师徒，使内足靖乱，外足建威，庶可望各国信服，渐次撤兵”，对于自身军事与外交才能的颇为自负。最后袁世凯建言：“应请旨饬下庆亲王奕劻破除情面，慎选办理。武备人才心地贵乎忠纯，识量贵乎闳远，而才具、学术、阅历又足以与之相称，方可以振起军政，挽救时艰。”① 北洋赖以生存之法则在势不在理，仰仗武备而行外交

① 《密奏请赶紧实行预备立宪谨陈管见十条》，光绪三十三年六月十九日，《袁世凯全集》第16册，第337页。另，中国第一历史档案馆藏：《直隶总督袁世凯呈密陈管见十条清单》，光绪三十三年六月十六日，中国第一历史档案馆藏，录副奏折，档号：03-9287-008），《直隶总督袁世凯奏为密陈管见条举十事缮单备采事》（中国第一历史档案馆藏，录副奏折，档号：03-9287-006，光绪三十三年六月十六日），两折均为条陈十条的片段，不全，且无时间，不知著录者何以定为六月十六日。《袁世凯全集》收入的条陈十条，应为附片，附片之前应还有一份说明的奏折，未见。另据端绪致端方信称，此折还有“另片力保承泽请优加信任”，同样未见。参见《端绪致端方电》，光绪三十三年六月二十二日，中国第一历史档案馆藏，端方档案，档号：27-01-002-000172-0009。

之策，责难铁良、凤山映射的是自身的事功，以“国势”为重心更加突出袁世凯于外交、军事的不可或缺。

第四节讨论的是满汉融合。满汉问题是皖案发生以来，朝野内外议论最为激烈敏感的议题。此节回顾清朝开国三百年来的满汉交融政策，痛斥孙文利用满汉大做文章，煽动革命，引发内乱，指出士大夫中“容或有不识大体，不谙大计之人，慑于逆说，妄生猜忌，逞一时之意气，而未及深图，挟一孔之见解，而不复远虑，此风若长，大局可忧”，实是借革命党暗斥朝中满汉之别者，并进一步指出，“臣工内如有满汉意见较深者，亦须量予裁抑，以杜猜防之渐，而消祸乱之萌”。[①] 由上一节对铁良、凤山侵夺军权的不满，延伸至对两位满臣的满汉之见，对政敌的抨击层层推进，以此挑战当政者的底线与红线，“直督袁宫保前奏参铁宝臣管理陆军部以来，任用私人，致使陆军毫无进步，并参效凤山语极严重。闻铁近在太后前亦面参袁，谓袁存心叵测，若不早为抑制，满人势力必不能保全”。[②]

第五节讲赏罚分明。这是老调重弹的话题，并无新意。不过，袁氏酝酿已久的奏陈绝不是无病呻吟凑字数，显然有所指向，结尾处指出，“凡内外臣工，除赃私骫法，应予重谴外，其或受事已久而毫无成绩，或空言徒托而并无实效，均应请旨分别示惩。亦非必人人科以严刑，绳以峻法，但酌量情形轻重，或加申饬，或予降处，已足以修饬纲纪，整肃官常”。目前难以判断袁世凯此节针对何人何派而发，但肯定是基于朝中尸位素餐、因循疲玩的政敌。

第六节论述党派。指出党派有公私之分，“公”者如外国议会，立宪政体，人人参政，各抒己见，诚为政治使然。至于“私”者指的是结党营私，公党立国，私党病国。折中称赞曾国藩创立

---

① 《密奏请赶紧实行预备立宪谨陈管见十条》，光绪三十三年六月十九日，《袁世凯全集》第16册，第338页。

② 《袁铁交恶》，《广益丛报》1907年第147期。

湘军，平太平军、捻军，一时俊彦均比附，朝廷并未怀疑，大功得立，用湘军映射北洋编练新军意图再明显不过。话锋一转，公开指责瞿鸿禨，“阴险深忮，固势贪荣，不闻登贤进能，专务汲引私人，阿比亲旧，如魏光焘之衰耄昏庸，聂缉椝之声名狼藉，皆多方为之掩护。而曾广铨、汪康年、余肇康之徒皆奔走其门，甚至内外结引，排异联同，意欲专擅政柄，把持朝局，声势赫然。倘非圣明洞烛其奸，予以罢斥，恐私党日盛，善类不伸，将至妨贤害政而蠹国”。篡权结党、阴结外援的话语本在恽毓鼎弹劾瞿鸿禨奏折中早已提过，此番旧事重提，可知成见之深。不难看出，在言路弹劾为结党的北洋一系视角，朝中存在另一门户，兼具湘人底色与清议成色。

袁氏此折第七、八、九、十节讨论责任内阁、资政院、地方自治、教育。坚持上年提出的责任内阁制，“前拟官制，中央政府即以各部长官会合而成，分之为各部，合之为内阁，出则为各部行政长官，入则为内阁政务大臣。又设总理大臣以资表率，副大臣以宏辅弼，皆采取各国通行官制，实为立宪之主脑”，对于改官制而舍内阁，认为是“舍其本而末是图”。针对言路创制内阁的非议（详见第一章第三节）予以解释，“上年议设内阁，误会者多，大率以总理大臣权重为词，纷纷掊击，不知内阁全体皆由各部长官会合而成，集同僚之论思，取圣明之裁决，事益加慎，权反较轻，言者所疑适相矛盾”。而“今军机悉仍旧制，逾创议时又将一年，严谴屡加，其效可睹”。采用内阁制代军机处旧制一直是袁的心系所在，“立内阁意欲领陆军兼秉朝政”①。第八、九、十节探讨资政院、地方自治、教育相关环节，多为清廷推行新政的构想，不展开论述。

清末十年中朝局与社会更动，作为权势督抚，袁世凯于新政变

---

① 《冯少竹致端方电》，光绪三十三年六月二十九日，中国第一历史档案馆藏，端方档案，档号：27-01-002-000172-0010。备注：满人的习俗，称官员穿朝服为“花衣”。

革中不得不提的重要人物，这封奏折在京中引发了不小的反响，道议纷纷。此折代表了袁对新政的认识，对时局、政局的总体概括，以及人际网络的判断，反映了此一阶段北洋一系的处境与政治诉求。据端方京中眼线分析，“项城（袁世凯）条陈十事中，以彰国信、定国势、和满汉为切要，极诋止庵（瞿鸿禨）。言军事则显斥凤山，暗斥梅庵（铁良），并有臣工中满汉意见太深者，请加裁抑之语，亦指梅庵而言。另片力保承泽（奕劻），请优加信任，折已交议”[①]。奏折上陈后，十策无效，“邸（奕劻）、铁（良）暗阻”[②]。铁良被袁针对，反对自在情理中，至于奕劻何以从中阻挠，从丁未政潮中庆王对岑春煊的偏见来看，并非如同以往所认知，处处依仗北洋，惟袁马首是瞻，作为首席军机大臣有自己的考量，奕、袁关系亦应重新认识。袁世凯上奏之后曾电告端方，“烧稍减，但头眩心跳，诸症更甚，精神日差，大约假满仍需续假”[③]。“精神日差”似乎说明袁上折前后心绪低落，借续假观察朝局更动。清廷高层的持续调整，朝野内外的共识则是“中外要职均大有更动”，无疑牵涉更多官员的神经。

按照清代政治惯例，万寿节前三后四的七天为“花衣期”，七品以上官员都身穿蟒袍，有品级的太监也如此。在此期间，普天同庆，除特殊紧急公务，一般搁置到花衣期后，在这几天，外省有诸如官员出缺、省内有灾情之类的事宜都要押后陈奏。光绪帝生日是农历六月二十八日，清廷照例是不办公的。不过，就在光绪帝生日花衣

---

① 《北京致端方电》，光绪三十三年六月二十二日，中国第一历史档案馆藏，端方档案，档号：27-01-002-000172-0009。铁保（1752—1824），号梅庵，满洲正黄旗人。清代大臣，著名书法家。电文用梅庵代指铁良。

② 《冯少竹致端方电》，光绪三十三年七月初二日，中国第一历史档案馆藏，端方档案，档号：27-01-002-000172-0013。《袁世凯全集》将此信误认为是袁世凯发给端方的信函，收入全集。袁世凯与端方通信用“龕”字，“公人都后电商事尚多，以后有电致公即挂一‘龕’字”。参见《端方致袁世凯电》，光绪三十三年七月二十二日，中国第一历史档案馆藏，端方档案，档号：27-01-001-000157-0038。“芝”字是端方与冯少竹通电密码。原电时间不详，据文中“漾”电及内容推断。

③ 《袁世凯致端方电》，光绪三十三年六月二十二日，中国第一历史档案馆藏，端方档案，档号：27-01-002-000252-0029。

期间，慈禧太后似乎意识到建储一事应提上日程，“（七月）一、初二日下午，内廷忽传言，初一夜电灯出险，召庆（奕劻）、世（续）及电灯总办入内。其实并非关电灯事，庆、世独对时，当今并不在侧，所议甚密，建储之议，即由此而盛传”。[①] 建储一事并非新闻，尤其本年三月醇亲王载沣第二子溥杰出生，加之“皇上圣躬仍未大愈”“久未请脉”，一些由光绪帝例行的仪式也被人代行，新立储君的意味更浓，群臣不免环顾心算。[②]

东宫人选的传闻不断，朝中的人事调整同时提上议程。花衣期甫过，七月初二日，张之洞奉旨“迅速来京陛见，有面询事件”。[③] 此后几日，清廷有多起人员变动：准岑春煊开缺；两广总督由张人骏补授；林绍年出军机调河南巡抚。[④] 慈禧太后调整中枢，终将有一结论，以平息汹涌的政潮，内情极为隐秘。枢位久悬，鹿传霖先后保举了袁世凯、戴鸿慈、杨士骧、陈夔龙，“上意皆不属”，后又保举张之洞。[⑤] 报界传言，“直督袁世凯由庆邸极力奏保，将入军机，并闻内阁成立后，鹿传霖、林绍年、世续三人均须退出枢府”[⑥]。在京中达官中往来的陶湘，眼线耳目众多，花了大把银子收买宫中情报，他将这一时段的京内外时局变动总结发给远在上海的盛宣怀：

> 慈圣议政府，领袖首举岑（岑春煊），慈摇首；继言雪公（袁世凯），慈又默然；终言曲江（张之洞），慈脱口而言曰：“此人大可。”又云：“甚妥。”即时延召曲江（张之洞）。雪公闻此，意大不适。岂知曲江早有消息，深惧入内棘手，且不肯

---

① 陈旭麓、顾廷龙、汪熙主编：《辛亥革命前后·盛宣怀档案资料选集之一》，第 64 页。

② 《端绪致端方电》，光绪三十三年五月初五日，中国第一历史档案馆藏，端方档案，档号：27-01-002-000157-0003。

③ 《致军机处电》，赵德馨主编：《张之洞全集》第 11 册，第 364 页。

④ 中国第一历史档案馆编：《光绪宣统两朝上谕档》第 33 册，第 135 页。

⑤ 《北京陶致端方电》，光绪三十三年七月初八日，中国第一历史档案馆藏，端方档案，档号：27-01-002-000170-0013。

⑥ 《专栏电二》，《申报》，光绪三十三年六月二十九日（1907 年 8 月 7 日），第 3 版。

> 脱离汉皋，一面迟迟乎行，一面拉雪公。领袖知曲江亦属意于雪公，即趁机复保雪公。上虽雅不欲雪公，然揆情势，雪公亦难安置，且见曲江并不踊跃上前，或恐其力有未逮，遂于十六召雪公。然自初六至十五日，此十日中颇费筹〈踌〉躇也。都人士群谓雪公必不入京。至初十等日，渐有议之者，至十六日，即有廷谕。[①]

由陶湘探报的信息来看，慈禧太后于岑春煊、袁世凯均不称心，前者“摇首”，后者“默然”，似乎对袁的感情更近一些，而对于张之洞则称“此人大可”。袁世凯知此事后，“大不适”，先上折请假。[②] 七月初四日，袁世凯奏保嫡系，此前曾多次受到弹劾与舆论指摘的唐绍仪、梁敦彦，称二人办理日俄交涉有功，请赏给二品顶戴，获允。此外，还上奏保举因对外交涉有功的段芝贵，请给予军机处记名，亦获允。折中特意提及“庆亲王奕劻知之甚悉”，并未回避年初段买官庆王府受处分一事。[③] 看来，清廷肯定袁世凯在棘手的对日俄交涉中的表现，成为瞿鸿禨留下的外务部尚书一职的潜在人选。与此同时，北洋第五镇因兵饷不敷，袁世凯奏请由津海关垫付，名为解度支部燃眉之急，实含重掌军权的意图。[④]

袁世凯在等待入京的时机，张之洞的入枢加快了中枢变动进程。张之洞深知京中政情极为棘手，“有所建议必拉拢袁世凯合办，知袁世凯得西太后信任甚深，与袁世凯相合，则无奏不准，无准不行也”，[⑤] 有意拉袁同往，有此关节，庆王顺势荐袁。由此看来，张、袁因一时之需，暂时放下成见，“张极心折袁，一时号为廉、蔺”。

---

① 陈旭麓、顾廷龙、汪熙主编：《辛亥革命前后·盛宣怀档案资料选集之一》，第 64 页。

② 《因病恳再赏假调理折》，光绪三十三年七月初三日，《袁世凯全集》第 33 册，第 388 页。《请将段芝贵记名简放片》，光绪三十三年七月初四日，《袁世凯全集》第 33 册，第 400 页。

③ 《请将唐绍仪等分别给奖片》，光绪三十三年七月初四日，《袁世凯全集》第 33 册，第 399 页。

④ 《陆军第五镇不敷饷项仍由本省暂垫折》，光绪三十三年七月初八日，《袁世凯全集》第 33 册，第 412—413 页。

⑤ 《守旧维新两派之争》，刘禺生：《世载堂杂忆》，第 109 页。

袁对外称，“当今唯吾与南皮两人，差能担当大事”，借用了曹操说与刘备的“使君与操”之言，[①] 并向盟友端方吐露，“此老伟识，敢不拜服”[②]“凯奚能为，惟从香老之后耳”[③]，对外吹风尚能和衷。

时局的变化终使袁世凯一改此前“颇费筹〈踌〉躇”“终日不下楼”的抑郁心绪，“至初十后忽然下楼，清厘积牍，告左右曰：‘□公出京，传言慈谕：‘以后不准再行赎〈续〉假。’际此时局艰危，惟有鞠躬尽瘁’云云。盖渠已自知必入内，所以料量交代也”。[④] 接到赴京陛见电谕后，袁以患病为由，继续请假，应是容出时间料理直隶后续事。[⑤] 进京前一日写信给即将接任直隶总督的山东巡抚杨士骧，交代了治河以及津镇路相关事宜。[⑥] 一切安排有序，袁世凯二十二日入京，驻太平庄，并未急于觐见，过了四日方才请安。七月二十七日，上谕外务部尚书着袁世凯补授，同日奉上谕大学士张之洞、外务部尚书袁世凯均着补授军机大臣。次日，袁世凯上折请收回成命，此举多为官场所见，以示谦逊，清廷则按惯例挽留，“现在时事多艰，……所请收回成命，自毋庸议，勿再固辞”。[⑦] 同日，上谕内阁直隶总督兼北洋大臣由山东巡抚杨士骧补授，湖广总督由四川总督、对张之洞有成见的赵尔巽补授。时人评论“曲江（张之洞）手段远不如雪公（袁世凯）”[⑧]。

---

① 《张南皮怠慢袁项城》，黄濬：《花随人圣庵摭忆》，第506—507页。

② 《袁世凯致端方电》，光绪三十三年七月初九日，中国第一历史档案馆藏，端方档案，档号：27-01-002-000252-0049。

③ 《袁世凯致端方电》，光绪三十三年七月十八日，中国第一历史档案馆藏，端方档案，档号：27-01-002-000252-0044。

④ 陈旭麓、顾廷龙、汪熙主编：《辛亥革命前后·盛宣怀档案资料选集之一》，第64页。

⑤ 《致军机处请代奏电》，光绪三十三年七月十六日，《袁世凯全集》第16册，第446页。《致两江总督端方电》，光绪三十三年七月十六日，《袁世凯全集》第16册，第447页。

⑥ 《致山东巡抚杨士骧函》，光绪三十三年七月二十一日，《袁世凯全集》第16册，第472页。

⑦ 《吁恳收回成命折》，光绪三十三年七月二十八日，《袁世凯全集》第33册，第493—494页。

⑧ 陈旭麓、顾廷龙、汪熙主编：《辛亥革命前后·盛宣怀档案资料选集之一》，第65页。此言非虚，袁世凯内召，亏公帑甚多，保杨士骧为直隶总督，一切授意行之，每岁北洋供其经费不下百万，张之洞于湖北亦然。赵尔巽初莅任，易一财政局总办，之洞以未先关白，大怒，即迁四川而改用陈夔龙。参见《要臣兔窟》，胡思敬：《国闻备乘》，第112页。

第三节 张之洞筹备入京前后

入阁拜相、官居首辅为张之洞的心志所在，他曾于光绪二十九年春调京，恩礼有佳，“上赏冰（张之洞）独席，命御前太监行酒礼，甚优渥”。在京期间参与阅卷，“慈特派硃笔添写七人之上，一切均命冰主持，复命日独冰召见”。[①] 不过，各方对于张之洞内用态度迥然，“诸公意见不同，迟迟未定，止老（瞿鸿禨）则拉之甚力”[②]，“拟令入辅，卒为项城（袁世凯）所挤，竟以私交某协揆代之”[③]。未进中垣，张之洞郁郁不得志，曾多次诉说以入京供职为苦，但从未放弃再入枢府的夙愿。

此后，张之洞面对“南洋权限，已为本初（袁世凯）包举”的局面，以“应办之要政太多，未完之要工太钜，仓卒出疆，百为皆废”为由，拒绝了军机大臣瞿鸿禨的“白下之游”提议，作为缓兵之计，“多则三年，少则一年以外，再图离鄂，均无不可”。[④] 至光绪三十三年，恰好过了三年，北洋对南洋侵占更甚，对于张之洞来说，又面临着抉择，此间已然不是出任江督这般简单，继承瞿鸿禨的“政治遗产”，既暗合慈禧太后制衡朝局的需要，也有其个人心仪所向的内在动力。诚如其幕僚许同莘在张氏年谱中所说：“丁未六月，传闻项城入军机，端忠敏督直隶，公调两江，已内定矣。公电致鹿文端云：鄂省十八年心力，抛于一旦，衰病侵寻岂能再创新局？惟有乞退而已。因即日具疏请假二十日。其隐辞两江而不辞枢府

① 《端绪致端方电》，光绪二十九年五月二十四日，中国第一历史档案馆藏，端方档案，档号：27-01-002-000253-0026。

② 《端绪致端方信函》，光绪二十九年，中国第一历史档案馆藏，端方档案，档号：27-02-000-000009-0008。

③ 陈夔龙：《梦蕉亭杂记》，第90页。

④ 《余肇康致瞿鸿禨信》，《瞿鸿禨朋僚书牍》第65封。

者。”[①] 表达了张之洞对参与机要的期许。

张之洞入京的动因复杂，除了既有研究认为慈禧太后借此抑制袁世凯、平衡朝局的认知，光绪三十三年五月徐锡麟刺杀恩铭的皖案骤然发生，这起偶发性事件引发朝野大范围有关满汉平权的讨论，张入京与此不无关系。皖案发生后，朝野平满汉畛域、施行立宪的呼声日高，六月三十日，张之洞致电军机处，“仰恳圣明特颁谕旨，布告天下，化除满汉畛域，令内外各衙门详议切实办法，迅速奏请核定施行”，“此旨一颁人心自定，乱党莠民无可藉口，所有立宪议会等事俱以此为基址，自然推行无滞，其他各要政尽可详审斟酌，次第举行”[②]。两天后，慈禧太后懿旨着内外各衙门各抒所见，将切实办法妥议具奏。同日晚，张之洞奉电旨迅速来京陛见，有面询事件，看来入都与皖案发生后棘手的满汉矛盾有关。熊希龄即认为，“南皮入都系电奏化满汉称旨”[③]。鹿传霖称，“今日入对，上谕张某昨电奏融化满汉，若有未尽之词，即电饬来京面询云，枢电计达，慈意甚殷”[④]。平满汉畛域确系张之洞此次入京的动因，且具有偶然性。就在鹿传霖发电前一天还与张通电，称“艳电悉，边调无闻，或有人运动，以致谣传，当密探知并留意”[⑤]。可见丁未年朝局调整风闻颇多，朝臣更动频繁，一些偶发事件在官员任命中往往起到决定性作用。

内忧外患的清廷统治亟须政务能手。此年六七月间，日法协约、

---

① 许同莘编著：《张文襄公年谱》，台北：台湾商务印书馆 1969 年版，第 206 页。

② 《致军机处电》，光绪三十三年六月三十日，《近代史所藏清代名人稿本抄本》第 2 辑，第 25 册，第 415 页。

③ 《熊希龄致端方电》，光绪三十三年七月初五日，中国第一历史档案馆藏，端方档案，档号：27-01-002-000143-0088。丁未年平满汉畛域的讨论以及皖案的相关研究，参见李细珠《清末预备立宪时期的平满汉畛域思想与满汉政策的新变化——以光绪三十三年之满汉问题奏议为中心的探讨》，《民族研究》2011 年第 3 期。安东强、姜帆：《丁未皖案与清末政局》，《历史研究》2017 年第 4 期。

④ 《鹿中堂来电》，光绪三十三年七月初二、三日，中国历史研究院藏，张之洞档案，甲 182-446。

⑤ 《鹿中堂来电》，光绪三十三年七月初一、二日，中国历史研究院藏，张之洞档案，甲 182-446。

日俄协约、英俄协约相继签订，舆论轩然，御史史履晋两次上书，称协约名为尊重中国独立自主，实有协以谋我之情，有损中国主权，事机危迫，请饬议抵制之策。奉旨交外务部，令各地督抚共同筹画，[①]而中枢与此事办理极为不利，据说“庆邸独对，奏陈日法等国协约时局危迫，慈圣曰：‘应如何补救’，邸默然。慈圣曰：‘大局如此，王爷休矣’。闻万寿节后恐有更动”。[②] 七月初一日，张之洞致外务部长电，专论日、英、法、俄各国关系与时势形势及外交政策。[③] 据此，京中端府认为，“抱冰（张之洞）因协约电奏称旨内召”。[④] 无论是平满汉畛域，抑或是外交谈判，缓解内政外交压力，处理常政与新政的棘手问题，当政者除却权力分配与制衡的考量因素，遴选谙于政务、老成稳重的能臣为急务，张之洞为合适的人选，尤其得到慈禧太后的赏识，“昨定兴言宪座此次入赞纶扉，实出特恩，外臣向来不列单。彼时庆邸正在危疑之际，又决无进言之人。盖慈圣时有还是张某老成之见之褒，于学务持正不阿尤多奖赞”。再观当时朝局，朝中确实无人可用，“近日慈圣于庆邸仍不免有疑忌之意，每日入对，庆第一，醇第二，世第三，滋老第四，赞老第五。奏对时世语为多，滋老以重听，非专旨询问无所对之。庆不过领班，醇情形不熟，林偶有所陈而已”。[⑤]

光绪三十三年五月军机大臣瞿鸿禨去职，清廷迟迟未公布继任人选，枢位久悬。虽瞿放逐几天后，鹿传霖补入军机，但此公两耳重听，年迈昏聩，在政务决策中更多体现的是明哲保身。按照军机

① 《掌江苏道监察御史史履晋折》，光绪三十三年七月十五日，中国第一历史档案馆藏，朱批奏折，档号：04-01-01-1084-005。《为陈抵制日法协约之管见事收两江总督端方电》，光绪三十三年七月初六日，中国第一历史档案馆藏电报档，档号：2-05-12-033-0569。

② 《天津张委员来电》，光绪三十三年六月二十五日，中国历史研究院藏，张之洞档案，甲182-445。

③ 《致军机处电》，光绪三十三年七月初一日，赵德馨主编：《张之洞全集》第11册，第363—364页。

④ 《述致端方电》，光绪三十三年七月初三日，中国第一历史档案馆藏，端方档案，档号：27-01-002-000170-0012。

⑤ 《京高道来电》，光绪三十三年五月二十四日，中国历史研究院藏，张之洞档案，甲182-445。

处惯例，一般由亲王为首揆领衔，汉人军机多负责起草文书，此前瞿即充此角色多年。京内外汉重臣观望觊觎者众，张之洞的呼声尤高。此年五月张以湖广总督授协办大学士，端方即曾预言“现在仁和（王文韶）予告，不日即当正位”。[①] 不出所料，六月十四日，内阁奉上谕张之洞着授大学士，仍留任湖广总督。[②] 诚如晚清御史胡思敬所言：“当时朝局，凡乘时窃取禄位者，皆非无因而至也。”[③] 推动张氏入京之人，坊间存有不同说法。

盛宣怀坐探陶湘称张之洞北上出自慈禧太后之意。据其探查，慈禧太后与奕劻议论中枢人选，庆王先是提及岑春煊与袁世凯，太后“摇首”“默然”，提到张之洞则说“此人大可”，结果“即时延召”。[④] 张之洞在京坐探齐耀珊也认为，“探询此次召中堂入都，确系慈圣宸断，待中堂议定宪政，即留入政府，实非邸（奕劻）与亲贵暨借维新以图富贵诸人意也”[⑤]。权臣参政机要必然是经过当政者默许的，只是在何场合？由谁提出？有不同的说法。

袁世凯告知端方，此事契机为内阁学士吴蔚若的奏疏，“吴郁生阁学请召南皮入备顾问，因而有调动议，但近来事话非宣示不能作定也”[⑥]。吴确有奏陈，折中例举文祥、李鸿藻、沈桂芬等人皆负一时之望，称许张之洞“内政外交兼综”，建言召入京内办事，时备顾

---

① 《端方致张之洞电》，光绪三十三年五月十二日，中国第一历史档案馆藏，端方档案，档号：27-01-001-000114-0154。

② 此职应是此年五月王文韶因病开缺回籍空缺，瞿鸿禨去职所空协办大学士一职由鹿传霖补授。见中国第一历史档案馆编：《光绪宣统两朝上谕档》第33册，第112页。

③ 《三先生崇祀》，胡思敬：《国闻备乘》，第103页。

④ 陈旭麓、顾廷龙、汪熙主编：《辛亥革命前后·盛宣怀档案资料选集之一》，第64页。

⑤ 《齐道来电》，光绪三十三年七月初十、十一日，中国历史研究院藏，张之洞档案，甲182-446。

⑥ 《袁世凯致端方电》，光绪三十三年六月二十八日，中国第一历史档案馆藏，端方档案，档号：27-01-002-000172-0003。端方曾就此事询问京内坐探，“闻吴蔚若请召南皮入备顾问，内意如何？”未见复电。《端方致北京陶转正闇电》，光绪三十三年六月二十八日，中国第一历史档案馆藏，端方档案，档号：27-01-001-000160-0163。《致两江总督端方电》，光绪三十三年六月二十八日，骆宝善、刘路生主编：《袁世凯全集》第16册，第369页。

问，不过折中说是“入阁办事”。[①] 这封奏折应是吴所上《请整顿内阁为预备立宪之基折》的附片，原折讨论设立内阁的重要性，因此有在附片中推荐张之洞“入阁办事”一说，其所言内阁非传统内阁，而是指责任内阁。[②] 彼时“政府用人行政均无一定方针，往往朝议夕更”，张之洞坐探亦极为关注此事，打探到“项城将入枢，午帅北洋，中堂两江，将定议矣。适吴郁生有请召中堂入相，以备顾问，慈圣甚以犹豫未决”。[③]

端方在武昌的坐探冯少竹则透露了张之洞与京中的往来密电，提到了奕劻的作用。电文并未转述，未标明何人所发，笔者推测为鹿传霖，“京东电曰：邸谕维持大局非相（张之洞）莫属，万不能辞，转陈敬贺。复京东电曰：艳电各函正呈复间，接东电，相谕现在局面竞争，北上万非所宜，且精神难周，用度莫继，鄂简静熟悉，愿仍旧。近因病前月二十九专片请假，二十日期满仍续，务恳枢邸俯赐体恤，以全病躯云云，特闻”[④]。电文揭示奕劻力挺张之洞北上参政。端方将此电转发袁世凯，质疑“枢邸力援南皮入相”，询问是否有其事。[⑤] 袁回电未提及奕劻，但判断张入京难以推卸，“闻召南皮已定议，日内即发表，代者为次珊（赵尔巽）”，指出此事已有定论，“恐未易辞”。[⑥]

至七月下旬，张之洞迁延不肯赴京，鹿传霖致电询问，并告知

---

① 《内阁学士吴郁生附片》，光绪三十三年，中国第一历史档案馆藏，录副奏折，档号：03-5496-171。

② 《内阁学士兼礼部侍郎吴郁生折》，光绪三十三年六月十八日，中国第一历史档案馆藏，录副奏折，档号：03-5619-016。按：张之洞入内阁再入枢府时人认为是顺理成章的事，“都中传论宪台指日入阁，即晋枢府。缘定兴自陈不谙新政，岑、袁锐意维新，上未深信”。参见《京陈丞来电》，光绪三十三年五月二十四日，中国历史研究院藏，张之洞档案，甲 182-445。

③ 《天津张委员来电》，光绪三十三年六月二十五日，中国历史研究院藏，张之洞档案，甲 182-445。《天津张委员来电》，光绪三十三年六月二十九日，中国历史研究院藏，张之洞档案，甲 182-445。

④ 《冯少竹致端方电》，光绪三十三年七月初二日，中国第一历史档案馆藏，端方档案，档号：27-01-002-000172-0012。

⑤ 《端方致袁世凯电》，光绪三十三年七月初二日，中国第一历史档案馆藏，端方档案，档号：27-01-001-000157-0039。

⑥ 《致两江总督端方电》，光绪三十三年七月初三日，《袁世凯全集》第 16 册，第 394 页。

“邸相屡问，似诧异，应将行期电奏或电枢”[①]。看来奕劻一直关注张氏行程，鹿建议将行期告知奕劻或军机处，结果张之洞并未与奕劻联系，似乎不愿私下交际，而是直接发电枢垣，解释称：“本拟二十日外即行，因鄂省酷热过甚，洞本病躯又受暑热致患腹疾，兼以眩晕致今未愈，焦急万分，现正赶紧调治，又兼清理经手要政，昕夕不遑，昨日来炎暑稍减，无论如何本月内必当力疾请起程，已备火车以待，万不敢稍有耽延。”[②]

此外，朝野还有袁世凯、鹿传霖助力等多种说法。端方之弟端绪探称，“南皮内召闻项城主之，甚奇”。也有称，“枢位久悬，定兴（鹿传霖）拟请冰代”。[③] 关于召张之洞入京的提议众说纷纭，正是朝局动荡的反映，也无疑增加了各方谋划的动力。据称，鹿传霖“前保四人，项城外，戴（鸿慈）、杨（士骧）及苏抚（陈夔龙）上意皆不属，现无准信”[④]。端方曾向在京的赵尔巽询问，“传闻中外各员将大有更动，究系如何调动，乞密示”[⑤]。未见回复，朝野内外都在关注枢垣的变动，猜疑推测难免。

七月初二日，张之洞内召的上谕下发，催促其尽快入京参政机要之人众多。在京的鹿传霖得知谕旨后，立即致电，称“似宜速来”。七月初五日，鹿又建言“早来为要”。过了近二十天，鹿不见张之洞行程，又去电“有谓庆寿后始行，太迟不相宜，最好到京称觞，万望速来”。[⑥] 此外，京内外不乏敦请之人，七月初九日，浙江巡

① 《鹿中堂来电》，光绪三十三年七月二十、二十二日，《近代史所藏清代名人稿本抄本》第 2 辑第 25 册，第 432 页。

② 《致军机处电》，光绪三十三年七月二十三日，《近代史所藏清代名人稿本抄本》第 2 辑第 25 册，第 430 页。

③ 《述致端方电》，光绪三十三年七月初八日，中国第一历史档案馆藏，端方档案，档号：27-01-002-000170-0013。

④ 《述致端方电》，光绪三十三年七月初八日，中国第一历史档案馆藏，端方档案，档号：27-01-002-000170-0013。

⑤ 《端方致赵尔巽电》，光绪三十三年六月三十日，中国第一历史档案馆藏，端方档案，档号：27-01-001-000154-0001。

⑥ 《鹿中堂来电》，光绪三十三年七月初二日、七月初五日、七月二十三日，中国历史研究院藏，张之洞档案，甲 182-446。

抚张曾敭致电称，“长者内召出慈意，天心开悟，可望转危为安……望速行以免若辈沮尼”。[①] 七月十七日，湖北在京密探吴太守来电，称有电旨召袁世凯“摒挡一切，迅速来京，预备召见”，催促张氏“从速来京”。[②] 端方判断“朝局如此更动，冰入都之意必有游移”，[③] 促成游移的原因是多方面的。

陶湘认为，“曲江（张之洞）之观望，一则实在湖北事不便遽易生手；二则恐入内不能作骑墙之举动”[④]，所言颇能反映政情。张之洞盘踞湖广多年，作为其进京的基地后援，需要安排可靠人选接任，“不便遽易生手”。鹿传霖建议，“如举不避亲，浙抚（张曾敭）当可遵守成规，请密筹备”，未被张之洞采纳。[⑤] 张之洞保举外务部尚书吕海寰接任，清廷未同意。迁延不暇，湖广事务由藩司护理。七月二十七日，清廷宣布张之洞和袁世凯入枢，次日，任命赵尔巽署理湖广总督，直隶总督由北洋系山东巡抚杨士骧调任。据此，陶湘评论“曲江手段远不如雪公（袁世凯）”[⑥]，指的是接任人选的选择上袁更胜一筹。湖广地方事务繁杂，查阅内召上谕后一整月奏疏，一些人员的奖罚提上日程，多有职务调动之请旨，出于政治需要，也是人情世故。

影响张之洞行期的关键还在于纷繁复杂的人际关系。陶湘的分析与张之洞在京坐探齐耀珊基本一致，认为入京后恐陷入两难，“中堂留京，势难与邸（奕劻）浃洽，或不免为亲贵所挤，为假借维新诸人所嫉。意见既存，沮挠不免，恐于国事无济，于中堂亦诸多不宜。若中堂援举北洋，既合邸意，且又系当世之人才，北洋入，中

① 《杭州张抚台来电》，光绪三十三年七月初九、初十日，中国历史研究院藏，张之洞档案，甲 182-446。

② 《京吴太守来电》，光绪三十三年七月十七日，中国历史研究院藏，张之洞档案，甲 182-446。

③ 《端方致梁鼎芬电》，光绪三十三年七月二十九日，中国第一历史档案馆藏，端方档案，档号：27-01-001-000125-0016。

④ 陈旭麓、顾廷龙、汪熙主编：《辛亥革命前后·盛宣怀档案资料选集之一》，第 65 页。

⑤ 《鹿中堂来电》，光绪三十三年七月初十日，中国历史研究院藏，张之洞档案，甲 182-446。

⑥ 陈旭麓、顾廷龙、汪熙主编：《辛亥革命前后·盛宣怀档案资料选集之一》，第 65 页。

堂出矣，邸与北洋既得，中堂此后办事必少扞格，但于国事有益”①。在齐耀珊看来，与袁世凯、奕劻产生隔阂难免，如果违背己愿，推北洋则合奕劻意，此后办事少掣肘，于国事有利，结局则是“北洋入，中堂出”。坊间传言慈禧太后密谕奕劻，媒合袁、张结亲，“以弥前隙，俾得共济时艰”，传言寄望二人和衷，正印证“项城与南皮向日略有意见，太后亦微有所闻”的传言。②

除了面对北洋集团，京内人际网络错综，历来外官入朝难以应付，张之洞此前入京亦深受其苦，“南皮素以留内为苦”③。内阁、资政院、国会、地方自治这些新政的敏感内容尚须做足功课，派遣得力人手与各方相商，征询意见。端方支持张之洞先开国会、后布宪法的主张，是否出于真心不得而知，称“我公政见，诏宜先开国会后布宪法，若先立内阁以一人为总理大臣，而无国会为之监督，则是变君主专制之政体为内阁专制之政体，其弊更大”，指出地方自治为开设议会的前提，“无地方议会则自治之规模不能成立，国会之性质不能完全，未有宪法之基础，即令宣明立宪亦不过徒托空文，罕有实际，且恐行政大权萃于一人之手，徒酿党派纷争之祸，而无上下相维之效”。④ 岑春煊致电询问内召“大政大议”，未得张氏正

---

① 《齐道来电》，光绪三十三年七月初十、十一日，中国历史研究院藏，张之洞档案，甲182-446。

② 《太后密谕庆邸为袁张作伐之苦心》，《广益丛报》1907 年第 153 期。

③ 《端方致袁世凯电》，光绪三十三年，中国第一历史档案馆藏，端方档案，档号：27-01-001-000156-0025。按：张之洞与京内外大员的关系是复杂的，其态度在入京后第一次陛见时，慈禧太后的询问中可见端倪，“（慈禧）问：现在用人很难，你看究竟能大用者有几人？（张）对：此事仓促问，不敢妄对。问：徐世昌何如？近来参他的人很多。对：徐世昌未始不可用，总之太得意阅历太浅。问：岑春煊何如？对：岑春煊极有血性，办事勇敢，但稍嫌操切，然当今人才难得，投间置散亦殊可惜。问：林绍年何如？对：林绍年才具开展操守极好。问：庆王何如？对：奕劻阅历甚深，稳当有余。对：赵尔巽能胜湖广总督之任否？对：赵尔巽才堪应变任湖北绰绰有余。但臣愚见，鹿传霖拜跪维艰，不如简任湖北，以赵尔巽调度支部，使之整顿财政。载泽人极开通，可调农工商部。溥颋人极颟顸，公事不甚了了，农工商部诸事废弛，部务非其所长”。参见《张之洞入京奏对大略》，中国历史研究院藏，张之洞档案，《丁未时务杂录》F-0099-000-03-00。

④ 《端方致张之洞电》，光绪三十三年七月，中国第一历史档案馆藏，端方档案，档号：27-03-000-000140-0285。

面回复，反向岑求教。岑春煊复电称立宪为救亡第一要策，“主众谋不主私议，主急于实行不主缓而敷衍，其要尤在用人辨邪正、明是非、信赏必罚”[①]。“主众谋不主私议”应是表达对上年袁世凯把持中央官制改革的不满，所主张的立宪速行与荣庆、铁良意见相左，两人均“不以速行立宪为然”。[②]

朝中满族权贵的态度也为张之洞重要关注点。在京坐探邹履和探得肃亲王善耆和陆军部尚书铁良的一些言论，对张之洞颇为有利。据称，善耆曾言：“此次相召，首在筹议革命党事件，次则满汉畛域，次则立宪。如内阁是题中命脉，立储为关系重大题目，项、（载）振虽似有密议，断不敢孟浪倡议。闻召镜宇（吕海寰）有出外部，袁有入外部之说，恐袭庚子大阿哥事牵动全局，以袁应付各国公使，亦未可知。总之，中堂（张之洞）早来一日，则大局早定一日，某某秘计亦可暗中隐销无数；若再观望徘徊，坐失事机，不惟大损向日威望，亦殊负此次两圣特召入都之至意。”[③]“某某密计”应代指袁世凯所行之事。

邹履和还报告张之洞，铁良称：“都中士大夫靡不引领南望，中堂若早来，则某某秘计早已瓦解；迟迟其行，始有今日。然中堂此行出自圣意，袁之不入不惟非上意，但非邸意。邸父子近来颇不相洽，（载）振、杨（士琦）交结，邸颇不以为然。良以为中堂不可因袁入，遽怀观望；当立即启节，以慰天下之望，以报两圣之知。总之，愈速愈佳，怠迟则某某布置亦有端倪，对待又当煞费苦心，良若有所知中堂来京下向，必尽情相告无隐等。”[④] 铁良希望张之洞

---

① 《岑宫保来电》，光绪三十三年七月初四日，《近代史所藏清代名人稿本抄本》第2辑第110册，第455页。《致上海岑宫保电》，光绪三十三年七月初七日，《近代史所藏清代名人稿本抄本》第2辑第52册，第673页。《岑宫保来电》，光绪三十三年七月初九日，《近代史所藏清代名人稿本抄本》第2辑第110册，第492页。

② 《荣铁不以速行立宪为然》，《申报》，光绪三十三年七月十二日（1907年8月20日），第3版。

③ 《京邹道来电》，光绪三十三年七月二十三、二十四日，中国历史研究院藏，张之洞档案，甲182-446。

④ 《京邹道来电》，光绪三十三年七月二十四、五日，中国历史研究院藏，张之洞档案，甲182-446。

早日入京，目的即为制衡袁世凯。满洲权贵也有对张之洞不满者，“新内阁总理一席张中堂颇有可望，惟泽公（载泽）不以为然，力保袁慰帅充任”①。

地方大员进京，佐役幕僚众多，京中安顿也影响到张之洞的行程，居所是亟须要解决的问题。为了入朝方便，官员一般住在紫禁城附近，但寻找一处能够容纳多人的住所并非易事。自电召入京后，张之洞即派人谋置居处，意向为此前入京居住的先哲祠，令在京杂役清理修葺待用。因随带人多，恐屋少不敷住，又询问北学堂之东新园大空院新造北厅以及全浙会馆可否借用，以备委员居住。京法部大理院公所（原工部公所）离宫门较近，张之洞三年前入京曾借住数月，颇有感情，为此与法部尚书戴鸿慈协商。因慈禧太后常住颐和园，为了进园脚程便捷，又电在京觐见的梁鼎芬寻觅附近宅院，以备赴园之用。②

从以上安排来看，张之洞对于此次进京格外重视，似作长久居住的打算。住所安排后，令在京衙役沟通电报局，不料加装电报引起了两江总督端方的嫉妒不满，致电上海电报局称，“去年鄙人回京复命，曾托另设电局未荷应允，而许以到京后派马四匹、人四名专司送电，嗣后马未派来，人亦不能如数，想必其中实有为难，故未深求。近闻张中堂此次晋京特设电局至三处之多，均已照办云云。鄙意以为此说必系谣传，若果是真，足下办事不应先后显分轩轾”③。这件插曲也反映出端、张的隔阂，端方并非真正介怀电报局的轻视，此举的目的还在于谋求张之洞入住其在京宅院，以便于接近。

端方伯父为内务府大臣桂清，家境殷实，在京产业多，由端方继承家业，瞿鸿禨、林绍年等重臣入京均租住端府部分宅院。瞿鸿禨去职后，端方将宅典回，告知家人，“吾房乃宾从所居，万勿因吾

① 《电一》，《申报》，光绪三十三年七月十一日（1907年8月19日），第3版。

② 以上引用有关京内住所的电文见《近代史所藏清代名人稿本抄本》第2辑第52、110册。

③ 《端方致上海唐露园电》，光绪三十三年七月二十二日，中国第一历史档案馆藏，端方档案，档号：27-01-001-000041-0144、27-01-001-000116-0162。

房而扰散全局”[①]，拟用此宅招待贵客。张之洞进京后，端绪立即拜见，提出借其新宅，并建议如不敷用，尚有瞿鸿禨新造洋房可合用。[②] 如此宅不行，又推荐端府对门奭良宅。[③] 端方表面上关心张之洞的居所，实为便于打探政情的考量。此间两江在京提塘裁撤，成立文报局，即移设在端府，易于在两江遥控。[④]

京中租赁住宅、整修房屋、安装电报提上日程，张之洞却未急于起程，而是继续观察朝中动向，尤其心心念念的枢要之位尚未公布，不得安枕。七月初四京中密探称，“军机未放人，佥谓慈圣眷注中堂也”。同日，天津坐探来电，“上意拟中堂入枢，恐难辞”。几天后，鹿传霖来电称，“今探询世相，慈圣微露召公入枢意”[⑤]。这些都是捕风捉影的猜测，时刻波动张氏心弦，可未见上谕，一切都有变数，继续等待。七月二十七日，上谕袁世凯任外务部尚书补授军机大臣，张之洞以大学士补授军机大臣。中枢调整落定，由此引发连锁效应，七月二十八日，湖广总督由四川总督赵尔巽署理，所留空缺由苏抚陈夔龙继任，张曾敭调补江苏巡抚，冯汝骙补授浙江巡抚。直隶总督兼北洋大臣由杨士骧继任，吴廷斌署理山东巡抚。加之七月初两广总督、河南巡抚分别由张人骏、林绍年补授，丁未政潮爆发后朝局调整基本告一段落。八月初二日，新任军机大臣、大学士张之洞携幕府家眷渡江，初三乘火车启节北上，初五日下午至京，住先哲祠。

---

① 《端方致北京陶译交史部弼泽卿电》，光绪三十三年九月初一日，中国第一历史档案馆藏，端方档案，档号：27-01-001-000159-0065。

② 《端方致张之洞电》，光绪三十三年八月二十三日，中国第一历史档案馆藏，端方档案，档号：27-01-001-000042-0134、27-01-001-000117-0187。

③ 《端方致张之洞电》，光绪三十三年八月二十七日，中国第一历史档案馆藏，端方档案，档号：27-01-001-000159-0061。

④ 《端方致北京匋电》，光绪三十三年六月初六日，中国第一历史档案馆藏，端方档案，档号：27-01-001-000160-0144。

⑤ 《京齐道来电》，光绪三十三年七月初四、五日，中国历史研究院藏，张之洞档案，甲182-446。《天津张委员来电》，光绪三十三年七月初四、五日，中国历史研究院藏，张之洞档案，甲182-446。《鹿中堂来电》，光绪三十三年七月初十日，中国历史研究院藏，张之洞档案，甲182-446。

第四节　丁未政潮后的朝局

光绪三十三年，这一年是晚清历史上极为重要的一年，新政、立宪、革命交织从生，政治走向尤为复杂。上年官制改革带来的部门裁并，此年丁未政争引发的人事更替，让本来就命运多舛的满汉官员前途未卜，不免惶恐躁动，政局动荡，内政外交局势变得极为严峻，“外而匪徒蠢动，内而党祸渐萌，大乱之来，恐将不远”[①]。多事之秋的清王朝中央重臣、地方督抚要员乃至最高统治者少见奋发图强者，反而是“集体病倒”，形形色色的症状绘就了光绪朝晚期政治生态的怪象图景。[②]

清末有能力和声望的地方大员有张之洞、袁世凯、岑春煊端方。翻阅档案，这些治世能臣以“生病”为由请假呈常态，张之洞、袁世凯就以身体有恙多次请假，自然并非真病，尤其是袁正值年富力强，抱有政治野心，对外宣称的病症显然是托词，丁未年他的病情尤其“严重”。此年五月皖案发生后，袁世凯对外称，“因血亏旧有发烧疾遇急闷常犯，今正月杪又发，旋愈。上月大作，精神日颓，服药无大效，非静养不为功，然亦不至害”[③]。袁世凯精神萎靡，无心政治的很大原因在于，上年官制改革八项兼差被除，四镇兵权被夺。更有甚者，政敌的咄咄逼人，因此心情不佳，终日不下楼，“精神日颓”是其心境的真实体现，身处乱世，养疴是避难的借口。袁

① 《京齐、高道来电》，光绪三十三年六月初二日，中国历史研究院藏，张之洞档案，甲182-445。

② 既往研究统治阶层官员的病因，多为个案考证，诸如关于光绪帝死因学术研究成果就很多，主要探讨病理、病因及影响。本节分析统治集团官员“政治病”现象，借此观察在朝者以病为由的执政策略与政治实践。有关“政治病”的解读，参见林语堂《论政治病》，《有不为斋文集》，中国文联出版公司2002年版，第251页。萧公权：《中国的政治病》，《现代文丛》1947年第9期。

③ 《袁世凯致端方电》，光绪三十三年五月二十九日，中国第一历史档案馆藏，端方档案，档号：27-01-002-000159-0106。

世凯的政敌浙江巡抚聂缉椝给时任军机大臣瞿鸿禨写密信谈道，“今日时局，无一处能尽职，无一处是乐土，更无所用其趋避，能退最佳”[①]。这大概反映了清末政治生活的全貌，为官不求有功，但求无过，处理政务不免苟且敷衍、模棱了事。

此年六月，袁世凯上建言十策，针对立宪、满汉、军事等朝政用词激烈，奏章酝酿已久，当然也有私心作祟，重夺兵权的意图司马昭之心路人皆知。袁世凯撰稿时对外称，“衰病如此，无可顾惜”[②]，似乎身体原因让其无可牵挂，实则在奏折中处处指摘政敌，打压异己瞿鸿禨、铁良的倾向十分明显。七月，袁世凯被招入京陛见，这是自上年兵权被掠后，重拾雨露的契机，但其亦以病推托，“前因患病，迭蒙圣恩赏假调理，现虽渐次就痊，而体气尚亏，每至下午，头眩、心跳等证，仍应时发作”[③]，不愿贸然入京，依然担心时局有变，不敢轻易进入旋涡，进一步观察朝局。入京后，又以病重为由，耽搁多日，方才请安。此后，清廷任命其为外务部尚书，军机大臣，袁世凯又上折请收回成命，理由是“近年来屡撄疾病，精力日逊，尤易健忘”[④]。按照清代惯例，督抚请病一个月，即系离任信号，袁世凯多次以病请假，似乎做好了随时退出的铺陈，可谓处心积虑。

与袁世凯同等心态的大有人在，此年一同入枢的还有盘踞湖广多年的老臣张之洞，亦以“病”为托词，迁延游移，不肯轻率入京。此年七月，当得知陛见的廷寄，即致电军机处，以身体有恙为由请假，称“近年多病，精力渐衰，心血虚耗，夜则怔忡不寐，日则舌干气促，步履艰滞，医者谓宜服药静养方能见功”[⑤]。并解释称已奏

---

① 《聂强恕致止庵先生函》，光绪二十九年正月初八日，《瞿鸿禨朋僚书牍》第 20 函。

② 《袁世凯致端方电》，光绪三十三年六月初六日，中国第一历史档案馆藏，端方档案，档号：27-01-002-000252-0027。

③ 《致军机处请代奏电》，光绪三十三年七月十六日，《袁世凯全集》第 16 册，第 446 页。

④ 《吁恳收回成命折》，光绪三十三年七月二十八日，《袁世凯全集》第 16 册，第 494 页。

⑤ 《张之洞致军机处电》，光绪三十三年七月初四日，《近代史所藏清代名人稿本抄本》第 2 辑第 25 册，第 426 页。

请赏假二十日，正在抓紧调理，如能早愈即当力疾北上，不敢拘定假期。显然与袁世凯如出一辙，迟迟不赴任，根源就在于朝局动荡，即使入枢廷为其心志所在，但也不敢唐突行事。即便踏上了赴京列车，行至河南驻马店，还不忘致电军机处，“病体未能调治，眩晕怔忡，气喘舌干，诸症均未见愈”[①]，强调身体不适。不仅对军机处以病相告，身体有恙的征兆也向同僚散播，他告知新任湖广总督赵尔巽，“肝郁不痳，舌燥气急，动辄眩晕，老态日增”[②]。这些症状对于一位古稀老人来说是为常见的症状，或许不能称作病，而是精神常态。反而是幕府人员称，年已七十的张之洞已喜欢挑灯夜读，习惯深夜处理公务，精气神十足。揆诸史实，张之洞以病为由，推迟入京，其根本原因在于“时方竞争，北上万非所宜”，实是“愿仍留鄂”[③]，观察动向。朝野内外人心惶惶，变动的朝局官员多求自保，即使深受倚重的张之洞亦不能幸免，能够保全身退已是万幸，谈何进取。政府中人宣称为国尽忠，私下则都开了几副药方，成为他们政治斗争的武器与退出的妙招。

有此“政治病”的官员不在少数，掌握南洋财赋之区的两江总督端方此年也“病了”。袁世凯曾询问其病情，“弟患湿痰，甚念想，少运动，食不易消，加以忧劳太过，因而气血亏损”，并以己为例，谆谆告诫，即使生病，“但能支特亦不敢萌退志，所期得移边简耳”[④]。“移边”，似要远离政治旋涡，言语中多无奈之词，官不得不为，又无可作为。此年，袁世凯与军机大臣奕劻合谋，倾陷岑春煊，将岑调入两广的边缘之地，不能在京参与政务，对比袁与端方的说辞不能不说这是极大的讽刺。事实上，端方精力

① 《张之洞致军机处电》，光绪三十三年八月初四日，《近代史所藏清代名人稿本抄本》第2辑第25册，第433页。

② 《朱文学致端方电》，光绪三十三年七月十二日，中国第一历史档案馆藏，端方档案，档号：27-03-000-000141-0196。

③ 《端方致袁世凯电》，光绪三十三年七月初二日，中国第一历史档案馆藏，端方档案，档号：27-01-001-000157-0039。

④ 《袁世凯致端方电》，光绪三十三年五月二十九日发，六月初一日到，中国第一历史档案馆藏，端方档案，档号：27-01-002-000252-0022。

旺盛，一直寻求与北洋联合，且在打压政敌岑春煊方面十分卖力，于清末新政各项举措多有创举，但对外亦以病相称。如此看，病症反而是缓解为官之痛的一剂良药。清末大凡官员被任命新职，往往具折上奏谢恩，同时多会提及身体不适，对新职务诚惶诚恐。这其中有国人自谦的传统与秉性，也不乏在未履任之前，早已做好了善后退出的准备。

丁未年清朝官员多病，时常以病搪塞政务，显然不是真病，而多是观望时局，借故推托的政治病，真正生病之人寥寥，但也并不是说所有的官员得病都是假的。诸如两广总督岑春煊算是真病，患了严重的痔疮，在上海请西医做了手术。据岑自述，"以药线札疮，痛楚万倍，三日夜寝食俱废，汗出神疲几欲晕脱"[①]。看来的确病得不轻，在当时的医疗条件下，痔疮尚属顽疾。此年，岑拒绝赴任南部各省总督，即以南方湿潮、身体不适为由，但这绝对不是主要因素，其内情是十分复杂的，这在朝臣的反映中可见。

在晚清官场具有"官屠"之称的岑春煊病倒，引发了外界的关注，各地督抚不时收到有关密电。直隶总督袁世凯与岑有隙，探报称"伊真病"[②]，言外之意原对其病因持怀疑态度。两江总督端方的眼线亦告知："现病甚剧，昨晕厥两次，颇可虑""吐血头晕，请假十日"[③]。对于患病的岑春煊，端方惺惺作态，发电慰问，"尊恙殊剧，惦念之至，近稍见轻减否"[④]。关注病情是假，实为探视政敌的动态，报界传言岑有十万谋南洋之举，威胁端方江督之位，希望岑春煊早日离开南洋。此年，岑春煊被端方倾陷，暗

① 《岑春煊致端方电》，光绪三十三年六月十一二日，中国第一历史档案馆藏，端方档案，档号：27-01-002-000160-0055。

② 《袁世凯致端方电》，光绪三十三年四月二十七日，中国第一历史档案馆藏，端方档案，档号：27-01-002-000252-0011。

③ 《熊希龄致端方电》，光绪三十三年六月初十日，中国第一历史档案馆藏，端方档案，档号：27-01-002-000172-0011。《李葆恂致端方电》，光绪三十三年七月初三日，中国第一历史档案馆藏，端方档案，档号：27-03-000-000011-0044。

④ 《端方致岑春煊电》，光绪三十三年六月初十日，中国第一历史档案馆藏，端方档案，档号：27-01-001-000115-0075。

中举证其在沪联络康有为、梁启超，清廷以此为由，将岑开缺，这也证明了端方担忧病情是假，患已得失是真。倒是湖广总督张之洞洞察时局，坐探发的电报称，“西林病重，割痔晕绝，西医谓难速愈”[①]。张即判断即使清廷允准岑“安心养疴”“虽身处江湖，仍难作逍遥游耳”[②]。不难看出，清末政治生态，官员对外宣传的病症，在同僚看来都是对外的掩饰，实则狐疑对方有不可告人的动机。

地方官员若此，京中官员身体状况同样“堪忧”，枢垣大臣表现尤其明显。首席军机大臣庆亲王奕劻自光绪三十二年下半年患了一场大病，直到三十三年二月生日过后方见好转。作为远支宗室的奕劻，凭借过人的能力与政治运作，庚子之后任首席军机大臣，位极人臣，比李鸿章、荣禄等人的手段差些，但以古稀之龄运筹内政外交，也绝非是想象中的满人颟顸大员，具备过人的政治智慧，以退为进、以病塞责就是常用的策略。奕劻平日寡言，唯独爱财为人所共知的秘密，即便身患严疾，并未停止敛财。七十寿辰，两宫赐寿，所办典礼十分风光。道员段芝贵夤缘权贵，上寿礼十万金，买得黑龙江巡抚一缺，揭橥报端，朝野震动。这也只是冰山一角，平日人员任命上下其手，多有干涉，借此渔利。

病情直接影响了奕劻参政，一些政务延迟不能发布。此间较为紧要之事即东三省改制，其总督及巡抚人选迟迟不能公布，与首揆病重不无关系，“菊老（徐世昌）总制三省之议，添设三抚及一应僚佐人才均责成自行保荐，十一召见即属此议”“邸（奕劻）病未出，发表自须迟迟也”。据端方京中眼线探报称，“城北（徐世昌）前得独对，有督三省确信，并闻唐（唐仪）、赵（秉钧）、杨（士琦）三侍同有开府之望，承泽（奕劻）气体已平，惟食少神短，俟

① 《王守来电》，光绪三十三年六月十一日，《近代史所藏清代名人稿本抄本》第2辑第110册，第347页。

② 《张之洞致岑春煊电》，光绪三十三年七月初七日，《近代史所藏清代名人稿本抄本》第2辑第52册，第673页。

其大愈，此事即发布也”[①]。徐、唐、赵、杨诸人均属北洋的亲信，即便身处病中，但对于己方的人事任命还是极为关注，当涉及棘手的政务往往以病情搪塞，一旦关涉己利则又是另一番态度。

报界对于首席军机大臣之病症早有关注，“庆邸以年老多病，如病或不起或两宫准其乞休，故已保荐肃亲王自代”[②]，名为关注病情，实则是讨论继任人选。此年革命风潮骤起，奕劻召见时称内忧外患，时局艰难，军机处参预枢密要务，关系至重，“奴才以多病之躯当兹重任，恐有贻误”，拟请开去军机大臣差使专办部务，推荐醇王载沣上位，“查醇亲王载沣自学习行走以来，颇能留心政务，堪继军机大臣之任”，结果“两宫闻奏温谕再三，未允所请”[③]。揆诸奕劻的政治生涯，惯用以退为进的手段，此年春御史赵启霖弹劾其卖官鬻爵，连带其子农工商部尚书载振狎妓，他即上奏请开缺。五月，军机大臣瞿鸿禨被侍读学士恽毓鼎弹劾罢职，奕劻亦奏请离职。以上报界提及的替代庆邸的潜在人选中，肃亲王善耆、醇亲王载沣是皇室中的有力竞争者，奕劻以病上奏，明为让贤，实暗含试探当庭态度的意图，这是以守为攻、以屈求伸的常用手法，也反映出皇族内部对最高统治权的争夺倾轧。

光绪三十二年官制改革让行走朝堂的老臣大学士王文韶深感不安。身处内廷多年，王氏深谙宫廷政治，一向以多磕头少说话，朝堂装聋作哑“混日子”，已经意识到朝堂变局，不愿在临近政治生涯末期，招惹是非，君子不立危墙之下，早早退出，退隐归山是最好的选择，光绪三十二年两次上折请求开缺，清廷均赏假，令其安心调理。次年三月，再次请回籍就医，清廷依旧赏假两个月，不准开缺。两个月后，又一次陈请开缺回籍，终得允准，“情词迫切，不得

---

① 《朱桂辛致端方电》，光绪三十三年正月十四日，中国第一历史档案馆藏，端方档案，档号：27-01-002-000144-0040。《宝熙致端方电》，光绪三十三年正月十六日，中国第一历史档案馆藏，端方档案，档号：27-01-002-000144-0046。

② 《两宫倚重庆邸》，《申报》，光绪三十三年二月初六日（1907年3月19日），第3版。

③ 《未允庆邸请开军机差使》，《申报》，光绪三十三年七月初六日（1907年8月14日），第4版。

不勉如所请"[①]。回到浙江家乡后的王文韶身体日渐清朗，生活闲适。光绪三十四年，朝廷以乡举重逢，赏开缺大学士王文韶太子太保衔，看来与跪请君安的当值老臣相比，早日退出是为明智之举。有关王文韶参政的典故记述，多刻画其朝堂之上充耳不闻的政治操作，送其"琉璃球"的诨号。庙堂之上推聋作哑的不在少数，实则是冷眼旁观、装腔作势的异类形态。

行走内廷、洞察世事的老臣还有内阁大学士孙家鼐，"现以年逾七旬，两耳重听，尝告其同寅曰，俟至秋间当决计引疾乞休"。报界评论称"相国岂有鉴于宦海之风波，而将翩然作□川之游乎""然夕阳在山犹有返照之光，相国何自馁焉"[②]。事实是孙家鼐虽有致仕设想，但未及时告退，两年后终老任上。孙家鼐是清末历史上一位十足重要的人物，死后谥号"文正"，即可觇最高当政者对其评价很高。清末最后几年一些政治大案要案，以及重要改革实践中均能见其身影，扮演满人权臣的配角，或许在最高统治者看来，这位任劳任怨，调和满汉，与世无争老臣才是最为称心的选择。

多事之秋的丁未年，清朝已显颓势，需要治世的能臣，而非安于享乐的混世官员。鹿传霖是光绪朝元老，在庚子之后政局中得以保全，足见其官场世故练达。不过报界传言，盛京将军赵尔巽此年入京觐见，朝廷有意将其留京，将鹿外放，"鹿以年老多病，不胜封疆之任，且今昔情形不同，非年富才强者断不足以称任。极力固辞。时庆邸（奕劻）在旁，亦为鹿申请。故次帅（赵尔巽）内用之说即作罢议"[③]，内廷又多了一位身残志坚的政客。

清末的官场惯例，如官员受处分，如非永不叙用，则有东山再

---

① 《清德宗实录》卷571，光绪三十三年三月壬寅。《清德宗实录》卷573，光绪三十三年五月辛丑。

② 《日下近闻》，《申报》，光绪三十三年六月初一日（1907年7月10日），第4版。

③ 《鹿军机力辞川督之任》，《申报》，光绪三十三年六月初八日（1907年7月17日），第5版。

起的机遇。军机大臣瞿鸿禨罢职后，报界即有为其复出鼓动者，“消融满汉畛域，非亟奏请破格优视耆旧汉员，不足以示实行之”[①]，称瞿被参暗通报馆，授意言官各款究竟查无确据，拟即奏请恩施召回录用，制造起用舆论。具有讽刺意味的是，瞿鸿禨年富力强，虽然与同僚不睦，却未曾以身体欠佳为由有过退却的想法。据其自述，秉笔中枢七载，未尝一日请假，结局却是被侍读学士恽毓鼎一封奏疏弹劾回籍。据说瞿鸿禨得知被排挤出局，一言未发，跪谢领旨后即着手回乡，对清廷政治灰心失望。集权政治个人偏好与性情决定官员命运，投其所好、惟命是从渐成为官准则，朝有官而无士。学问无新旧，而有是非。政治无新旧，而有公私。党于左则左，党于右则右，各自挟其目的而进，各自就其功业而去，政治生态于此可见。

丁未年七月，钦天监奏报彗星出见，不祥之兆，隐忧莫过于年逾七旬的慈禧太后身体每况愈下，多次暗中求医。正值壮年的光绪帝亦渐孱弱，与慈禧太后处理病情的方式不同，朝廷明诏各地督抚举荐名医入京诊治，惟恐天下人不知圣上病了。八月初二日，张之洞正准备渡江北上入枢，接到军机处密电，“现在皇上圣躬欠安，各省如有精通医理人员，即行据实保荐，迅饬来京”[②]。此电同时发给两江总督端方、两广总督张人骏。端方对此颇为上心，作为臣子自然借机以表忠心，也是借此探查宫中内情。端方令扬州盐运使赵滨彦、上海道台瑞澂访查江南名医，不惜耗费官帑，随时举荐。同时在报纸上刊登光绪帝脉案，重金求方，最终取中二十四本，派员进呈御览。据称“皇太后一笑置之”[③]。或许慈禧太后暗喜的是报界对于光绪帝病因之宣传，而非光绪病情，端方此举正中下怀。

当得知戊戌年曾进京为光绪帝诊脉的陈莲舫在沪，端方命瑞澂

① 《瞿相国有召回复用之望》，《申报》，光绪三十三年七月十八日（1907 年 8 月 26 日），第 3 版。

② 《军机处致南京制台、广东制台、武昌制台电》，光绪三十三年八月初二日，中国第一历史档案馆藏，端方档案，档号：27-01-002-000143-0097。

③ 《德宗请脉记》，邓之诚：《骨董琐记全编》，中华书局 2008 年版，第 479 页。

务必请到，不过陈称衰病步履维艰，拒绝入都，反复延请方才答应，与另一位名医曹智涵一同北上。事实上，端方并不十分关注所派医生医术，至少陈莲舫并非合适人选。光绪帝自庚子回銮之后，郁郁以致疾，诏征四方良医，当时的悬壶之士就有陈莲舫，无非也是为了贪得御医之名，行医过程中为免于苛责、授人以柄，往往取中性之药，“医入请脉，不以详告”。光绪帝曾批陈氏，“名医伎俩，不过如此，可恨，可恨”①。端方真正关心的是建储之事，此年四五月间，即有内廷传闻光绪帝病重，不过旋报大安。随后又有传闻光绪帝病危，可见皇帝确实身体抱恙，外界极为关切。京中端府就向远在两江的端方告知光绪帝病情后，直接谈了建储事，“皇上圣躬仍未大愈，……又桂辛（朱启钤）云，慈圣因醇邸（载沣）近生子，已有两世子，传闻又有建储之意”②。在端府看来醇亲王一系有继承大统的希望。从政治派系上来看，这对于与北洋日益走近的端方来说，显然并非利好消息，毕竟醇王平日诟病北洋。这些宫廷秘事多是街头巷尾的风说，不能作为确据，由于关系到朝中要员的政治前途，各方广泛撒网，获取信息，留下诸多望风捕影的记述，这是光绪帝病因扑朔迷离的重要因由之一。

端方请心腹道员孙廷林护送两位名医北上，安排住在京中府上，以便随时转告内廷信息。两位医生尚在途中，端方即接到京中密电，“圣躬现已大痊”。不过随后又接电称，“圣躬似未大安”。由于都是道听途说，“京枢府无信来，未便中止”③。看来皇帝病情为宫闱秘密，寻常巷陌以讹传讹，多不具有真实性，端方自然希望两位名医进入内廷把脉，探得确切的情报，以便于后续政治操作。果然很快

① 《两宫病重议立宣统》，刘体智：《异辞录》，第216页。

② 《端绪致端方电》，光绪三十三年五月初五日，中国第一历史档案馆藏，端方档案，档号：27-01-002-000157-0003。

③ 《端继先致端方电》，光绪三十三年八月十二日，中国第一历史档案馆藏，端方档案，档号：27-01-002-000170-0043。《端方致北京陶转正闇电》，光绪三十三年八月十三日，中国第一历史档案馆藏，端方档案，档号：27-01-001-000159-0035。

即传回信息，“同上请脉，正虚病多，已详药方调理，恐不易见功”[①]。“恐不易见功”一句说明光绪帝病情难治，一时难愈，当然这种说辞也是名医们保全名誉、推脱责任的惯用手段，“翰林院的文章，太医院的药方”广为时人诟病，多被认为是符合常例，却不是治疗疾病的伎俩。端方回电称，“圣躬病状谨悉。惟以和缓之术，殚精乏思，妙手回春，必可徐占勿药”[②]。显然是些表面说辞，夸赞两位医生，也不乏对圣上的关切之情，实质则是臣子不便于评论。

上年五月，慈禧太后患病，“精神尚少，不如平时，故有连日叫外起者，亦有连日不叫一人者”。[③] 不过并未对外公布，仅告知袁世凯与张之洞两人。袁世凯给张之洞发去密电，称“慈圣无大恙，衹饮食失调，久坐思倦，然起居散步均如常。内意不愿人知悉：嘱鄂、直荐医，枢廷谆嘱秘密，当不肯令各省同举……如嗣后访有佳手，亦可续举”[④]。显然是慈禧太后病情并未好转，否则不会再于各地聘请良医，电文中不便明说，引为忌讳。慈禧太后病情当属机密，不让各省同举，仅告知了袁、张两位总督。次年二人从外地联翩入枢，从慈禧太后病情之后求医的举措，亦可窥见端倪，他们深得内廷倚重与信任，多少有些受命于危难之间的意味。慈禧太后“政躬不适”[⑤]，多少与丁未年复杂的朝局有着千丝万缕的联系，此年五月在清末政治中属于极为敏感且具有特殊意义的一个月份，月初军机大

---

① 《陈莲舫、曹智涵致端方电》，光绪三十三年八月十九日，中国第一历史档案馆藏，端方档案，档号：27-01-002-000170-0058。《孙廷林致端方电》，光绪三十三年八月十九日，中国第一历史档案馆藏，端方档案，档号：27-01-002-000170-0055。

② 《端方致北京陶转陈莲舫、曹智涵电》，光绪三十三年八月十八日，中国第一历史档案馆藏，端方档案，档号：27-01-001-000159-0052。

③ 《京黄学司来电》，光绪三十二年五月初六日，中国历史研究院藏，张之洞档案，甲 182-441。

④ 《致湖广总督张之洞电》，光绪三十二年五月二十七日，《袁世凯全集》第 16 册，第 271 页。按：慈禧太后病情为绝密级，庆王领衔的枢府请张之洞代为求医，为避免泄露消息，由鹿传霖以“冰密”代为转达。相比之下，袁世凯处理此事过于唐突，直接电外部“殊失密意”。参见《京庆王来电》，光绪三十二年五月二十三日、五月二十七日；《天津袁世凯来电》，五月二十七日；《京鹿尚书来电》，五月二十九日，中国历史研究院藏，张之洞档案，甲 182-441。

⑤ 《端方致袁世凯电》，光绪三十三年五月二十八日，中国第一历史档案馆藏，端方档案，档号：27-01-001-000114-0297。

臣瞿鸿禨被开缺回籍，两广总督岑春煊悻悻离京，汹涌一时的丁未政潮趋于平缓。不想当月下旬即发生了安徽巡抚恩铭被刺事件，日益尖锐的满汉矛盾以更加激烈的方式呈现，关乎统治危机，对于最高统治阶层是为极大的刺激。慈禧太后此时求医，不愿对外公布，释放的信号则是政局愈发错综复杂，这或许也是随后张之洞、袁世凯迟不入枢的重要因由。

当观察了光绪三十三年的历史切片，不难发现以病为托词对于当时的朝臣及最高当政者来说，是为再平常不过的政治策略，其中政治因素远大于生理实况。统治阶层将“生病”作为手段利用得非常娴熟，根源出于政治需要。换而言之，统治者抱病属于政治行为，而非真实身体状况。以病为由更多是政治参与的实践表达，也是官场行为政治的一种习惯。基于此，诸如光绪帝病因等宫闱秘事根由实为政治需要，这在清末官员中屡见不鲜，具体的病情走向因由，以及病情无关根本。后人不厌其烦追求其死因迷案无非是用“后见之明”，满足解释帝后党争的需要，以及保持历史的好奇心而已。

统治阶级的政治病反映了光绪朝晚期的政治生态——末世心态在官员中广泛蔓延，缺乏奋发向上的精气神。中国古代官员并无明确的告退年限，一些人选择致仕回籍，但与整个官僚系统相比毕竟为少数。光绪朝晚期，清廷中枢系统、地方要员年纪偏老，属于“老人政治”，多的是老成持重的老臣，处理政务的能力可圈可点。张之洞本以文章著称，接替瞿鸿禨秉笔中枢，可惜“暮年才尽，执笔沉思，终日不成一字”[①]。袁世凯、端方、岑春煊这些出生于咸同之际，五十岁左右的官员是骨干力量，也是宦海仕途中相对顺利、拔尖突出的一批官员，经历戊戌维新与庚子事变，对外交涉有一定的经验，可谓股肱顶梁。不过这些中坚却陷于长期的内争之中，内部耗损大半，新政次第举行，却不顾国家利益，随时准备退路，“身体不适”成为护身灵符，也是清朝末年官员明哲保身的“必备药”。

---

① 《军机不胜撰拟之任》，胡思敬：《国闻备乘》，第147页。

清廷官员缺少了从龙入关时的精气神，王朝如一位病榻上垂死之人，看不到一点活力。对外宣称的新政，力图改变政体与制度，却治不了人心涣散，暮气沉沉，江河日下的困局。

笼罩在清廷的政治阴霾愈发严重，张之洞与袁世凯联翩入枢，不免令人翘首期待。张之洞尚未入京，京中坐探已对其初入京城举措有所建言，“此时最宜留意者，惟初次召对及接见各大老，万无遽发行政见及办法，总宜少说，先谋后断”。并与袁世凯做了一番比较，“以为中堂构思精审，文章□负时望，袁远不及。然袁办事敏捷，似在中堂之上，不可不知。将来谋定勿转告人，总以力争先着为主”[①]。看来张府上下早将袁世凯及北洋一系视为竞争对手。果然，张之洞入枢后，难应付的当属处理与奕、袁的关系，再难做骑墙之举，尤其体现在立宪政策层面。

组织内阁为时人关注的焦点，报界对新内阁的组成不乏猜测，有人认为“闻内阁成立后，鹿传霖、林绍年、世续三人均须退出枢府”。[②] 也有报道称张之洞此次入京因议设新内阁，新内阁业已决定，久未公布，实因内阁总理大臣一职某邸与谋中堂有逐鹿之意。[③] 也有认为新内阁总理一席为张之洞，惟载泽不以为然，力保袁世凯充任。[④] 此年袁氏条陈十策，重提责任内阁制，以各部长官为政务大臣，奕劻担任总理大臣，“以资表率”，副总理一人，“系自为设”。[⑤] 张之洞建议先开议院，召开国会，监督内阁，“南皮到京后即对雪公（袁世凯）云：‘下议院急宜先设。’雪云：‘似乎太早。’南皮唯唯”。[⑥] 报界则将政见不同视为道不同不相为谋，在张氏入京之前即

---

① 《京邹道来电》，光绪三十三年七月二十四、五日，中国历史研究院藏，张之洞档案，甲182-446。

② 《电二》，《申报》，光绪三十三年六月二十九日（1907年8月7日），第3版。

③ 《新内阁制度未发表之原因》，《申报》，光绪三十三年七月初八日（1907年8月16日），第3版。

④ 《电一》，《申报》，光绪三十三年七月十一日（1907年8月19日），第3版。

⑤ 《京齐道来电》，光绪三十三年六月三十日，中国历史研究院藏，张之洞档案，甲182-479页。

⑥ 陈旭麓、顾廷龙、汪熙主编：《辛亥革命前后·盛宣怀档案资料选集之一》，第69页。

预测“此次政府电召香帅进京参议立宪事宜，一时官场中人议论纷如，以为香帅宗旨向与袁督不合，袁督主急进，香帅主渐进。若召香帅晋京，举朝各官恐不免分为二党，然宪政之基础未立，政党之门户先分”[1]，并预见新内阁“组织即未成功，而政界之风潮已烈”。清廷面临的是改革与政争的双重困局，“多变一法即多一争端，多生一事即多一抵抗”。[2]

张、袁政见不同，不能和衷早为外界揭晓。端方称“张、袁不协，殊为大局忧”，实言不由衷，乐见此局面。[3] 蔡乃煌与庆王府多有走动，称“张、袁意见恐难全化……，并有人劝张起用岑春煊以抵袁”。[4] 陶湘称“宗旨各别，非常猜忌”。[5] 张、袁关系如何？光绪三十三年，张之洞得力幕僚梁鼎芬分别于当年七月和九月连续两次参劾奕劻与袁世凯，正处于张入京前后两个时间段，张对两次弹劾态度之变化间接映射了对北洋和朝局的认识。

七月初七日，张之洞奉旨赴京陛见的第五天，梁鼎芬上一封题为《敬陈预备立宪第一要义》的奏折。以立宪为题，实是清廷命题作文，此年五月二十八日，上谕直省官制公布，立宪之道应如何逐渐施行，准朝臣条陈上闻。梁鼎芬以此为抓手，上折具奏立宪事宜，实则是指名弹劾批评庆王，“预备立宪一事，则责在庆亲王奕劻”“虽屡次陈请开去要差，而朝廷任用亲贤，慰留至再，自必守鞠躬之义，无退位之思”，“无退位之思”尤为刺眼。梁氏接着论述王府开销殷繁，“所有每年廉俸及新加军机大臣、外务部养廉银两不敷尚多，于是袁世凯、周馥、杨士骧、陈夔龙等本系平日交好，见该亲

① 《京事小言》，《申报》，光绪三十三年七月十一日（1907 年 8 月 19 日），第 3 版。

② 《明揭力争新内阁总理大臣之三大罪》，《申报》，光绪三十三年七月初九日（1907 年 8 月 17 日），第 3 版。有关地方督抚立宪研究，参见李振武《预备立宪时期督抚对立宪的认识及态度》，《广东社会科学》2018 年第 5 期。

③ 《端方致北京陶电》，光绪三十三年八月十四日，中国第一历史档案馆藏，端方档案，档号：27-01-001-000159-0039。

④ 《蔡乃煌致端方电》，光绪三十三年九月二十六日，中国第一历史档案馆藏，端方档案，档号：27-01-002-000164-0022。

⑤ 陈旭麓、顾廷龙、汪熙主编：《辛亥革命前后·盛宣怀档案资料选集之一》，第 69 页。

王平日用度不足，时有应酬”。这是变相的说奕劻贪污，并牵连出受贿之人，实暗批朋党政治。基于此，梁鼎芬建言“每月加奕劻养廉银三万两，由度支部发给，看似为数甚巨，实则所全甚多。奕劻得此养廉巨款，自可专心筹办大事，不顾其他”，名为奕劻着想，显然是挖苦讽刺。最后更是嘲讽道，“无论立宪之迟速、新内阁之成否，皆以奕劻有极优养廉为第一要义”，揭露首席军机高年硕望，夙夜在公光鲜的外表下，实则心无政务，只贪图个人享受的另一副面孔。①

梁鼎芬此折还有附片，弹劾的对象指向与奕劻亲密的北洋一系。为首者为袁世凯，片中称袁少不读书，极力钻营，先后投入荣禄、奕劻门下，与庆王“交行日密，言无不从，袁世凯之权力，遂为我朝二百余年满汉疆臣所未有”。并再次提及奕劻用度浩繁皆袁接济，因此受其愚弄，并将北洋一系姻亲故旧周馥、荣庆、唐绍仪、徐世昌、朱家宝、段芝贵等人全盘托出，逐一弹劾。众人中对袁世凯用词最厉，将其比喻为曹操与刘裕，“如此之人，乃令狼抗朝列，虎步京师，臣实忧之”。类此大臣陵君早在上年官制改革期间，御史的接连弹劾中既有论述（参见第一章第三节）。此次梁鼎芬重提旧事，目的即针对袁世凯组阁发难，附片文末梁鼎芬不无担忧地指出“今新内阁将成，时日无多，安危在目”。② 此折是否出于湖广总督张之洞暗示或指使并无实据，笔者推测应是知晓内情的。张之洞即将进京，清廷改革官制、组织新内阁已在日程，由幕僚发难显然是为了试探朝野反应，尤其是慈禧太后的态度，有投石问路之意。结果折片留中，毕竟对于当政者来说，这些内容不是新鲜事，自上年御史陈田揭橥，对奕劻、袁世凯的弹章不知多少。慈禧太后也曾将这些折片给袁世凯阅看，称“近来，参汝等之折有如许之多，皆未发出”。不料得到的回复却是，“此等闲话，皆不可听”“圣色为之一变”。③ 这

① 《湖北按察使梁鼎芬折》，光绪三十三年七月初七日，中国第一历史档案馆藏，朱批奏折，档号：04-01-01-1082-042。

② 吴天任编：《梁鼎芬先生年谱》（广东人民出版社 2018 年版）收入该片，参见第 227—228 页。另见录副奏折《梁鼎芬附片》，录副档号 04-01-13-0429-058，无具文时间、责任者。

③ 陈旭麓、顾廷龙、汪熙主编：《辛亥革命前后·盛宣怀档案资料选集之一》，第 34 页。

是上年御史弹劾北洋最烈之桥段，最终袁世凯因跋扈被罢兵权、去兼差，慈禧太后对此当然有深刻印象。此次梁鼎芬旧调重弹，毫无新意，况且朝局如此，清廷用人捉襟见肘，袁世凯深谙外交，即便身为异己的梁氏亦承认，“而就今日疆臣而论，其办事之才，恐无有出其上者”，折片“留中”自在情理之中。

梁鼎芬上折二十天后，张之洞补授军机大臣，上任次日即上奏保举梁，夸赞其“学术纯正，待士肫诚，于教育事体大纲细目擘画精详，任事多年，勤劳最著”，[①] 请求朝廷赏给二品衔。这封保举奏折应是与张之洞进京前保举湖北省城学堂人员一起上奏的，[②] 只不过将梁鼎芬附片单列，“一人升天，鸡犬升仙”，尤见“梁疯子”的特殊地位。八月初八日，朱批梁鼎芬赏加二品衔，此时张之洞已入值枢垣，并主管学部，朝堂之上具有更多的话语权。

对于梁鼎芬弹劾北洋一系，好友江督端方并不认可：

> 闻公（梁鼎芬）有论劾庆（奕劻）、袁（世凯）、两杨（杨士骧、杨士琦）、徐（世昌）、唐（绍仪）、荣（庆）、严（修）之奏，确否？鄙意此时张、袁新召，政策未定，微论所言未必尽行，就令诸要人立予严斥，而代者之贤否，仍难预料，是徒搅乱朝局，无裨大计也。况于冰（张之洞）与梅庵（铁良）又不免易涉嫌疑，尚望审慎再三，勿涉轻易，国家之幸。[③]

端方此电两层意思，一是朝廷乏人，难觅替代人选；二是会扰乱朝局。端方在给熊希龄的电文中谈及此事，语气颇为严厉，称“节庵此举殊无识，惟此间初无所闻，□□驰电，力戒其不可轻举妄动，

① 《湖广总督张之洞片》，录副档号：03-5487-002，光绪三十三年七月二十八日。

② 《张之洞呈湖北省城各学堂管理员教员照章拟奖清单》，中国第一历史档案馆藏，录副奏折，档号：03-7221-028，光绪三十三年七月二十八日。

③ 《端方致梁鼎芬电》，光绪三十三年八月初一日，中国第一历史档案馆藏，端方档案，档号：27-01-001-000125-0020。

致揽大局矣”[①]，显然颇为不满。上年梁入京弹劾北洋，端方亦多方化解（参见第二章第一节），此次秉持己见，可觇摒除个人私谊，政治层面的南北洋联合的意向愈发深入。

梁鼎芬并未跟张之洞随北上，而是以臬司署理布政使，待九月初卸任，按例交卸署理藩司与二品衔均应谢恩，亦循例上折，借此再次对北洋发难。除却例行的谢恩语，折中还回顾了出身、求学与入仕生涯，尤其点出了弹劾李鸿章受到罚责，遣回故里一段往事，并提及本年六月上化除满汉畛域折被采纳，这些雷霆雨露都被梁视为宦途中莫大的荣耀。[②] 声称此年弹劾奕劻、袁世凯，“复蒙皇太后、皇上圣明鉴察，特予优容，双印加衔，隆施叠下”。能把一封“留中”奏折说得如此冠冕堂皇，梁鼎芬大有深意，在其看来赏加二品衔与直言敢谏有着莫大的关联，加之上年任按察使，入京谢恩陛见弹劾北洋，接连受到两宫的鼓励，促使其在此次谢恩折又附三片，矛头再次指向奕、袁等死对头。

第一片弹劾北洋一系。其中首举徐世昌，“本袁世凯私人，又夤缘奕劻、载振父子，得此大官大权，我皇太后皇上或未尽知之”，且“杨士骧、陈夔龙等，以贪邪小人，各任兼圻”，此外如梁如浩放上海道，蔡绍基放津海关道，刘燕翼放镇江道，政以贿成，纲纪荡然，“恐自是以后，人人皆知有奕劻、袁世凯，不知有我皇太后、皇上矣”，“奕劻、袁世凯贪私负我大清国至此已极”。此说并无新意，无非是讲述奕、袁结党营私，侵夺君权。

第二片称袁世凯掌兵权，不祥之兆。此片多是道听途说，称光绪三十一年秋操，袁世凯阅兵时，“以龙旗前导，道路不许人行，与

---

① 《端方致北京陶转熊希龄电》，光绪三十三年八月初一日，中国第一历史档案馆藏，端方档案，档号：27-01-001-000159-0006。

② 皖案发生后，七月初二日，清廷谕旨平满汉畛域，上谕下发前，梁鼎芬曾上书满汉平权，在梁看来，这是清廷采纳了他的建议，“昨谕旨化除满汉一道已采芬议施行，感幸万分，稿印寄上”。参见《梁鼎芬致端方电》，光绪三十三年七月初三日四，中国第一历史档案馆藏，端方档案，档号：27-01-002-000161-0166。事实上，清廷发布平满汉畛域上谕，应是听取了多方的建议。

警跸相同，人人皆以为异”，影射袁氏僭越礼法。且同行的铁良“甚畏袁世凯，不敢发一言”，以此渲染袁之跋扈。又借天象说话，“及观兵日，袁世凯到时，天忽大风，沙尘四飞，白昼对面不见人，兵不成礼，各省所派文武各官随同观阅者，往往人马相失，如在黑夜无烛而行，惊恐分散，不成景象，甚至有匿于丛冢者，到晚风始息”，指出“袁世凯不能观一兵，人人皆以为异”，感叹“天佑我大清，故以风示儆，使人臣知惧，不敢有他，此事通国皆知”，向两宫进言，“惟袁世凯权力甚大，恐无人敢于上闻者”，指明袁偷窥神器的不臣之心。[①]

第三片指出袁世凯不应在北洋为官。为增加话语力度，梁鼎芬搬出慈禧太后深为倚重的军机大臣荣禄临终遗言，称其病重时告亲人说，“袁世凯不宜在北洋，须奏明皇太后、皇上，此事极要，今病重不能奏矣。荣禄盖深知袁世凯不可测，故谓不宜在北洋，嫌其近京也。北洋尚嫌近，况在政府乎。荣禄尚有驾驭袁世凯之才，奕劻能之乎？兹事关系极大”。[②] 梁鼎芬排挤袁世凯的策略为不能“近京”，与奕劻、袁世凯将政敌岑春煊排挤出京如出一辙。

梁鼎芬上折后有所期待，但事与愿违，不仅不同于前几次受到两宫夸赞，反而遭朱批申斥，言辞激烈，“谢恩折件，夹片奏事，已属不合。且当此时局日棘，乃不察时势之危迫，不谅任事之艰苦，辄有意沽名，摭拾空言，肆意弹劾，尤属非时，著传旨申饬”。[③] 慈禧太后一改前态，雷霆震怒，多方协调的朝政布局已接近尾声，垂暮之年的老太后希望张、袁维持稳定的局面，显然此折影响枢垣和睦，这是当政者调整政局后不愿看到的。

梁鼎芬作为张之洞深得信赖之人，发难弹劾庆王及北洋，引起

---

① 吴天任编：《梁鼎芬先生年谱》，第 228 页。朱批、录副未见此折。

② 《奏为已故大学士荣禄病重时告知袁世凯不宜在北洋请留神鉴察事》，无时间、责任人，中国第一历史档案馆藏，朱批奏折，档号：04-01-01-1082-047。吴天任编：《梁鼎芬先生年谱》收入此片，第 229 页。

③ 《湖北按察使梁鼎芬片》，吴天任编《梁鼎芬先生年谱》收入该片，参见第 238—239 页，亦见录副奏折：03-5490-053、03-5490-052，光绪三十三年九月初五日。

同在枢垣奕劻的不满，“邸于未到之前见报中梁折，颇有闲言，谓冰与我交多年，不合当规劝，不应如此”。[①] 显然奕劻认为梁鼎芬弹劾出于张之洞授意，颇有烦言。梁第一次弹劾，张之洞尚未入京，与奕劻相隔千里，尚免于直面的尴尬。几个月后，张之洞入枢，梁鼎芬再次对北洋发难，则是另一番局面。事实上张之洞对梁举措并未知情，得知此事后认为不妥，“发折后公（张之洞）始闻之，太息不已，以朝局杌陧，鄂吏不宜为此言也”。[②] 发电给湖北学政黄绍箕，令其劝梁鼎芬“不可再行，恐疑鄙人为授意”。指出慈禧太后对于此事“至于泣下”，“日前折上，慈圣甚怒，谓为搅局，经鄙人极力解说，乃已”。在慈禧太后看来，“政府纷扰，外人益将生心，深恐朝局扰乱，致于大局有碍”，显然批评梁也是指摘张。张告诫梁，“似此毫无益处，徒伤圣怀，为臣子者于心何安？以后万万不可如此”。张、袁入枢后，当政者更愿看到制衡的局面，但不想扰乱朝政，且张之洞“入枢以来，相机斡旋，似觉补救不少”。有此事件，“此后形迹益深”“殊难措手矣”。[③] 由此看来张之洞入枢后，竭力与枢垣中人斡旋，却处境尴尬，无怪乎感叹“难在京久住”。[④]

有关张之洞初入京城的处境，时道员孙廷林在京，他与张之洞、端方均极为熟悉，所发的一些电文颇能反映实情：

> 连日密探冰与邸、袁交情，袁则外联络，内颇敷衍，并与冰觅一宅，未往也。邸于未到之前见报中梁折，颇有闲言，谓冰与我交多年，不合当规劝，不应如此，后经旁人说开，到京时并派振贝子望谒，冰初挡驾，二次请进。振执弟子礼甚恭，

① 《孙廷林致端方电》，光绪三十三年八月二十日，中国第一历史档案馆藏，端方档案，档号：27-01-002-000170-0059。

② 吴天任：《梁鼎芬先生年谱》，第 229 页。

③ 《朱文学致端方电》，光绪三十三年十月初三、四日，中国第一历史档案馆藏，端方档案，档号：27-03-000-000011-0013。

④ 《孙廷林致端方电》，光绪三十三年八月二十五日，中国第一历史档案馆藏，端方档案，档号：27-01-002-000170-0066。

> 振子有望储消息，故竭力弥缝。于一切权要均邸主之，大概邸与世（续）交最密，袁佐之，遇事商定后与冰一谈而已。邸与宁事不甚关切，年底非多送炭敬不可，藉博其欢。冰日前告袁，谓若改坐论尚可支撑，倘照此久跪，有半年老命必休，意在探袁口气耳。惟派管学部，必须将章程议有端倪，恐非三五月所能竣事。菊帅（徐世昌）因交涉案自请入都，别无新政。[①]

电文中称张之洞初入京城，袁世凯为其觅一宅示好，结果被拒。袁则对外称张“眷顾并不隆，不过取其清望，聊镇人心。刻下扰乱已甚，大约再有一两月，可以大定矣”[②]。奕劻不满于梁鼎芬对其弹劾，后经人说开，派载振执弟子礼觐见张之洞，缓和僵局。载振之子有储君之望，对张极为谦恭。军机处权要由奕劻把持，且与世续关系最密，“世相为之缓颊，而庆之贪横得与国同休。其他大政因之迁延不举者，不可胜举”。[③] 袁遇事与庆王商定后，再与张之洞商讨，“目中已不畏南皮，委蛇而已”[④]“阳以礼貌尊事之洞，推为老辈。凡朝廷不甚经意视为迂阔可缓之事，……悉让之洞主政”。[⑤] 张称久跪身体不适，实际反映出在京窘境。

调整后的军机处其他要员中袁世凯以外部尚书入枢垣，世续、张之洞以大学士入，各有本官，唯独鹿传霖似缺非缺、似差非差，其处境亦可联想。且与张之洞关系微妙，“传霖与张之洞为姻党。之洞督鄂时，尝侦察内情以告，遇事辄袒护之。以及两人同值枢庭，情意反不相洽”。[⑥] 报界称载沣自入军机，颇能留心政务，召见时于

---

① 《孙廷林致端方电》，光绪三十三年八月二十日，中国第一历史档案馆藏，端方档案，档号：27-01-002-000170-0059。孙发此电前接到端方密信，嘱托“抱冰近日议论如何，有何建白，与邸、袁意见合否，何人与冰往还最密，均电示”。见《端方致孙廷林电》，光绪三十三年八月十六日，中国第一历史档案馆藏，端方档案，档号：27-01-001-000159-0045。

② 陈旭麓、顾廷龙、汪熙主编：《辛亥革命前后·盛宣怀档案资料选集之一》，第68页。

③ 《世续纵庆亲王作恶》，刘体智：《异辞录》，第222页。

④ 《袁世凯罢黜始末》，黄濬：《花随人圣庵摭忆》，第509页。

⑤ 《孝钦驾驭庆邸》，胡思敬：《国闻备乘》，第112页。

⑥ 《鹿传霖暗中主复科举》，胡思敬：《国闻备乘》，第114页。

条陈事件能应答如流，两宫甚为嘉悦，并谕其专心政务，未来朝廷所倚。[①] 奕劻与载沣原有成见，自载沣查办段芝贵参案后，大动感情、顿弭前隙，凡军机处一切要政，每事必商之而后裁决。曾谓世续："我已老朽，行将告退，今醇王爷干练有才，不患继任无人矣。"[②] 当然不是由衷之言，但却是当政者乐于见到的局面。只不过这种调整的结果是汉臣互相制衡，满人权力得到进一步强化，"事无巨细，均由慈圣主持，诸臣但唯唯承旨而已"。[③]

"远支与近支交相砥砺"[④]，是慈禧太后执政以来的惯用手段。清朝覆亡后，末代皇帝溥仪这样评价慈禧太后："是个权势欲非常强烈的人，绝不愿丢开到手的任何权力。对她来说，所谓三纲五常、祖宗法制只能用来适应自己，决不能让它束缚自己。为了保持住自己的权威和尊严，什么至亲骨肉、外戚内臣，一律顺我者昌，逆我者亡。"[⑤] 溥仪的评价基本反映了中国古代当政者的集体心理和治政手段。自辛酉政变（1861）发生至光绪三十四年（1908）逝世，慈禧太后掌权四十七年，历时仅比康熙帝玄烨（61 年）、乾隆帝弘历（60 年）、辽道宗耶律洪基（56 年）、汉武帝刘彻（54 年）、辽圣宗耶律隆绪（49 年）、梁武帝萧衍（48 年）略短。慈禧太后能够稳固权位依靠的是高超的政治手腕，其统治策略突出特点可以概括为：需要打击异己，就拉一派打一派；利用派系纷争，互相制衡，维持朝政平衡。这两种手段最终目的都是保持绝对权威，贯穿其统治始终。

丁未年政局的大调整，慈禧太后为政局稳定，围绕"平衡"二字做文章，通过一系列布局，达到了中枢内部的平衡，宫中与府中、国事与家事均得以协调。对此，时任御史胡思敬总结道："奕劻既倾

---

① 《日下近闻》，《申报》，光绪三十三年六月初六日（1907 年 7 月 15 日），第 4 版。
② 《日下近闻》，《申报》，光绪三十三年六月初八日（1907 年 7 月 17 日），第 3 版。
③ 陈夔龙：《梦焦亭杂记》，第 91 页。
④ 陈旭麓、顾廷龙、汪熙主编：《辛亥革命前后·盛宣怀档案资料选集之一》，第 54 页。
⑤ 爱新觉罗·溥仪：《我的前半生》，群众出版社 1996 年版，第 7 页。

去瞿鸿禨、林绍年，自顾年老怨多，内不自安，亦谋引退，而援其子载振入军机，副以杨士琦，遣两格格达意宫中。太后虽阳许之，心实犹豫。因召见大学士孙家鼐、吏部尚书鹿传霖，告以故。家鼐力言士琦不可任，太后颔之。翼日，奕劻入见，阳以好语慰留，谓：'时事日艰，老成不可轻去，今当使载沣随汝学习一二年，再从汝志未晚。'奕劻闻载沣用，则载振将为所压，遂不敢再萌退志而引袁世凯相助，太后曰：'袁世凯与张之洞皆今日疆臣中之矫矫负时望者，可并令入直。'奕劻虽不悦之洞，而无辞以拒之。盖太后之意，始欲藉载沣以防载振，继又欲藉之洞以抵制世凯，其虑不可谓不周。"[①]经慈禧太后一番调整，基本奠定了光绪末年政局走向，但也存下了隐患，军机处虽为集体决策，依然有重心存在，当政者为加强集权折中各方，却导致了离心倾向。各方共治难，由满人独治更难，正如浙江巡抚张曾敭在张之洞入京前致电所言，"慈意长者（张之洞）与项城同入枢，此说甚确等语。窃意果如所言，原不尽满人意。然长者即日入都而陈大计，天心专注亦未可知，否则同秉政权，亦不致举天下事，尽操于若辈之手"。[②] 张、袁入枢为缓解统治危局的策略，平衡朝局可暂时做到，却不是解决体制问题的最终出路。

① 《孝钦驾驭庆邸》，胡思敬：《国闻备乘》，第112页。

② 《杭州张抚台来电》，光绪三十三年七月二十一、二十二日，中国历史研究院藏，张之洞档案，甲182-446。

第六章　政潮余波：争夺形胜之地与公共舆论整饬

光绪三十三年的“丁未政潮”，重臣瞿鸿禨、岑春煊被北洋集团排挤出局，随着张之洞与袁世凯的联翩入枢，波涛汹涌的政争告一段落。寄居沪上的岑春煊并未就此罢休，多方谋划准备再度出山，这是政敌所不能容忍的，尤其是两江总督端方对其意见甚深，竭力设法阻挠。岑与北洋党徒的政争并未结束，由明争转为暗斗，反而愈演愈烈。与此同时，整饬报界也被端方提上日程。报界参与政治是丁未政争的一大特点，身处政局中的官员借助报刊散布舆论打击异己、谋求复出，在清末屡见不鲜，而在丁未政争中表现得尤为明显。上海作为报界的大本营，华洋杂处、信息灵便，成为制造舆论的风暴眼，两江总督端方依附北洋袁世凯一系，深感报界于政治的肯綮，在利用报纸与报人的同时，着手对沪上报界予以整饬，这些均可视为政潮余波。

第一节　岑春煊谋求复出与各方因应

岑春煊去职后，表面上寄情沪杭山水，享受闲适之乐，此间又聘请西医治病，向外散布疗养的烟雾，实际时刻关注政局走向，多方着手，谋求更具权势之地。江督端方持续针对岑春煊的根源在于对方觊觎己位，对于盘踞在沪的竞争对手格外关注，自然不能容忍政敌制造复出的舆论及种种谋划，联合奕劻、袁世凯等人多次阻挠。岑春煊谋求复出极为隐秘，过往囿于史料所限，并未受到学人过多关注，反映了光宣之际的权力格局演变与政治生态变迁。

一　岑氏昆仲谋求巡阅长江与张之洞阻挠

岑春煊被排挤出京后，不满于清廷任命的两广总督一职，寄居沪上谋求形胜之地。光绪三十三年五月二十六日，革命党人徐锡麟刺杀安徽巡抚恩铭案发后，军机处致电湖广总督张之洞、两江总督端方等沿江各省督抚严密防范，妥为布置，任命端方为筹议长江巡缉章程的牵线人，会商长江水师提督程文炳、江北提督荫昌、湖广总督张之洞、江西巡抚瑞良、湖南巡抚岑春蓂、江苏巡抚陈夔龙、安徽巡抚冯煦等沿江督抚要员妥议巡缉章程，将文稿发送给中枢和疆臣讨论①。

岑春蓂的有关提议引起性格狡黠的端方警觉。岑曾得到端方提携，二人原有着很好的交际。光绪二十九年，湖北布政使瞿廷韶因病出缺，署理湖广总督端方陈奏岑春蓂简放署理。光绪三十二年，由端方“与政府诸公切商”，岑由偏僻的黔抚转湘抚②。端方与岑春蓂渐生嫌隙则是清末政局演变的结果，与岑春煊有着密切关联，“文本（岑春煊）素有刚正之名，与鄙人（端方）貌合情离”，“貌合情离”但尚不至于互相攻讦。③ 随着丁未年春岑春煊入京弹劾北洋一系，并觊觎江督一职，后袁世凯告知岑有此想法，但办不到，端方

① 有关皖案与清廷调整长江防务，相关研究参见安东强、姜帆《丁未皖案与清末政局》（《历史研究》2017年第4期），该文注重于清廷中央与地方案发后的政策调整，其间的人事纠葛并非关注重点。

② 《张之洞致端方电》，光绪三十一年九月二十二日，中国第一历史档案馆藏，端方档案，档号：27-01-002-000131-0028。

③ 《端方致梁鼎芬电》，光绪三十一年五月初三，中国第一历史档案馆藏，端方档案，档号：27-01-001-000103-0010。

才稍安心，但也导致了端方与岑氏昆仲彻底决裂。[①] 基于此，岑春蓂的一些建言，不得不引起端方狐疑。

岑春蓂提出现任程文炳在任有年，于汛地缉匪捕盗事务样样不通，捕获著匪的成绩也不突出，在其所管辖的湖南沿江一带，长江水师无所作为，抢劫案迭出，看来非奏请另简廉明刚正大员，不足以资振作而收实效。他引同治年间彭玉麟巡阅长江案例，提议设立职位高于水师提督的长江巡阅使，看似讨论长江巡缉，但在其政敌看来有为其兄岑春煊谋得此职的嫌疑。[②] 此间端方正密布眼线，罗织岑春煊结交康梁的“证据”，[③] 可想而知，岑春蓂推荐刚直大员巡阅长江，插手沿江防务，对主管南洋事务的端方而言是不能接受的。

即便背靠奕劻与北洋，端方阻止岑春煊插手长江事务也并非易事，办成此事如得到张之洞的支持，则无疑大大增加了胜算的筹码，但端方虽在湖广任职有年，却与重臣张之洞并不交心，不能商议敏感之事。加之此次皖案发生，沿江各省会议长江巡缉章程由端方领衔，令盘踞湖广多年自认为南部督抚翘楚的张之洞颇为不快，在巡缉章程上做文章，有意与端方为难，端方一时摸不清张、岑底细，不敢贸然行动，想到了极为投契的湖北按察使梁鼎芬。[④]

梁鼎芬深得张之洞倚重，有“小张之洞”之誉，入幕多年，私下却与端方交谊。端方将岑春蓂的建言告知了梁鼎芬，称此论看似正大，实则不过欲为乃兄岑春煊组成巡视长江之事。在端方看来，

---

① 端方听说岑春煊在京“极力运动求与鄙人互易”，向袁世凯打探消息，袁判断，“互易运动自在意中”，“想亦办不到”。《端方致袁世凯电》，光绪三十三年四月二十日，中国第一历史档案馆藏，端方档案，档号：27-01-001-000157-0023。原电朝年不详，由四月二十一日袁世凯致端方电及文内“智”电推断。《袁世凯致端方电》，光绪三十三年四月二十一日，中国第一历史档案馆藏，端方档案，档号：27-01-002-000252-0005。

② 《岑春蓂致端方电》，光绪三十三年六月二十一日，中国第一历史档案馆藏，端方档案，档号：27-01-002-000143-0080。《长沙岑抚台来电》，光绪三十三年六月十九、二十日，《近代史所藏清代名人稿本抄本》第2辑第110册，第416页。

③ 关于端方丁未政潮期间对岑春煊的倾陷，参见本书第四章。

④ 相关研究参见陆德富《张之洞致端方信札六通考释》，（《文献》2017年第6期），认为端方任湖北巡抚期间，与张、梁交谊笃厚，相处融洽。端方与张之洞交际内情复杂，随着政局的演变分歧渐多，致使端方倒向北洋集团。

"此事关系全局"，岑"耽之此席为日□久，若令得志，长江五千里安能复有宁日。且某意存叵测，假此重柄，似亦非宜"，希望梁劝张之洞介入，不要游移，"务请将利害得失痛切沥陈"，但嘱"不可露出鄙意"。[①] 需要说明的是，岑春蓂此前也将长江巡阅使提议发给了张之洞，这反而便利了梁鼎芬运作此事，避免转述端方电文引起疑惑。经梁鼎芬从中斡旋，以张之洞名义否定了岑春蓂的提议，回电称"陈义甚高，规模宏远"，但巡缉大员难选，"当世廉明刚正之大员实亦罕觏"，指出此前李秉衡巡阅长江号令诸将，张皇战守，"前车不远，思之可为寒心。今日长江幸无大事，似只可相题行文，不宜作谢朓惊人之句"。[②] 此电应是出于梁鼎芬手笔。[③]

张之洞并未意识到端方暗中运作，致电征求意见，称"谕旨是令各省协助长江提督，非令撤换长江提督，此似是题外文章矣，尊处如何答复，祈速示"。[④] 对端方而言，乐见张氏所言，表示认同，"廉明刚正大员一时难得其选，中堂所虑正与鄙见相同"，将复电同时发给了岑春蓂，以表明附张之意，不致开罪岑氏昆仲。[⑤] 端方狐假虎威，婉转借助张之洞之手阻止了政敌上位。私下里，端方又密电张之洞说明己意，"湘电昨始接到，已将鄙意电节庵密陈。此稿决自沪来，断非湘作。所谓廉明刚正大员，此中有人实已呼之欲出，某内容已衰，目的所注在此，今乃自介弟发之，亦足见其无聊赖矣。

---

① 《端方致梁鼎芬电》，光绪三十三年六月二十一日，中国第一历史档案馆藏，端方档案，档号：27-01-001-000124-0122。

② 《张之洞致端方、岑春蓂电》，光绪三十三年六月二十三日，中国第一历史档案馆藏，端方档案，档号：27-01-002-000143-0081。《致江宁端制台、长沙岑抚台》，光绪三十三年六月二十二日，《近代史所藏清代名人稿本抄本》第25册，第393页。

③ 辜鸿铭与端方、张之洞均有交际，曾评价端、张性格及幕府品行，称"张文襄学问有余而聪明不足，故其病在傲；端午桥聪明有余而学问不足，故其病在浮。文襄傲，故其门下幕僚多伪君子；午桥浮，故其门下幕僚多真小人"。参见辜鸿铭著，陈霞村点校《张文襄幕府纪闻》，山西古籍出版社1995年版，第35页。

④ 《张之洞致端方电》，光绪三十三年六月二十二日，中国第一历史档案馆藏，端方档案，档号：27-01-002-000160-0115。

⑤ 《端方致张之洞、岑春蓂电》，光绪三十三年六月二十三日，中国第一历史档案馆藏，端方档案，档号：27-01-001-000124-0122。《张之洞致端方电》，光绪三十三年六月二十三日，中国第一历史档案馆藏，端方档案，档号：27-01-002-000160-0116。

谕旨是令各省协助长江非令撤换提督，钧意与鄙见正同，此电正好婉谢，至前电请将尊意摘要电示，以便先行电奏，并请早赐酌定”。[①] 端方看似附和张之洞的建言，实则借机发泄私怨，为达目的不择手段。再观岑春蓂知己意不被采纳，复电称“因人论事，始存其说，至如何妥议巡缉章程，夙仰荩画周详，原无事旁参末议”，无奈作罢。[②] 岑春煊“为政尚猛，……遇事辄持己见，倔强不为人所屈”，学养未足、气质近粗，怀有抱负，张、端不愿其插手沿江事务，唯恐于己不利。[③]

经端方暗中运作，长江水师提督依然由北洋集团程文炳担任。至七月初二日，岑春煊被罢官。十天后，端方致电袁世凯，告知一月前发生的岑氏兄弟谋求长江巡阅使一事，称岑春蓂建议另举廉明大员坐制数省，“意在运动南皮为乃兄推毂”“伊（岑春煊）命意于长江，终不能恝然，尚望公预为备虑为幸”。此时岑春煊已去职，端方旧事重提，无非是为了提醒袁世凯“伊虽开缺，久住沪上，必不安静”，需继续提防，岑春蓂也在打击之列。[④]

二 弹劾岑春蓂的台前幕后

湖南巡抚岑春蓂的进用虽受惠于端方提携举荐，但在日益变化的政局之中，端方与岑氏昆仲由广西边患期间的帮扶，逐渐演变成政敌。岑春蓂为其兄谋划长江巡阅不成，势必还会继续奔走，端、袁诸人去“小西林”提上日程。

光绪丁未政潮期间，御史充当了权力斗争的工具，轮番发难是

---

① 《江宁端制台来电》，光绪三十三年六月二十三日，中国历史研究院藏，张之洞档案，甲182-445。

② 《岑春蓂致端方电》，光绪三十三年六月二十五日，中国第一历史档案馆藏，端方档案，档号：27-01-002-000143-0072。

③ 陈灨一：《睇向斋秘录：附二种》，第100—101页。

④ 《端方致袁世凯电》，光绪三十三年七月十二日，中国第一历史档案馆藏，端方档案，档号：27-01-001-000157-0062。根据文内容及“支”电推断时间。

一大特点，先有赵启霖弹劾庆王府，后有北洋集团授意恽毓鼎上奏一搏，借助言路与清议为政争常用伎俩。赵启霖因弹劾载振去职，回到原籍湖南，给了身为湘抚岑春蓂联合的机会，为乃兄复仇，谋求复出。[①] 以敢言著称的赵启霖与岑联合自然引起端方格外关注，将此事告知亲信蔡乃煌，称岑氏兄弟暗中勾连台谏要引起重视，岑春煊借病乞休，实欲藉窥朝廷意旨，目前派其弟在湘网罗亲信，不久就会发动，[②] "京中闻亦颇有布置，若不趁此罢黜，复必难制，望密陈邸堂，勿稍大意"[③]。加之此年岑春煊入京即与赵启霖有所联络，为时人所知，这就更坚定了端方的揣测。[④] 丁未政潮后的枢垣，各方互相制衡，据端方判断，"去小西林，邸必谓然，抱冰必反对"，"邸"为奕劻，"抱冰"为张之洞，军机处两公均有一定的话语权，排挤岑春蓂是有一定困难的。[⑤]

蔡乃煌在京如何运作，并未见电文记载，只是十天后端方给蔡的电文称"贼（岑春蓂）事布置极妥，冰（张之洞）处函电当留意"[⑥]，看来有所动作。端、蔡所采取的方式应是运动御史发难，这种手段于晚清政争中屡见不鲜，"当时台谏催折大员，视为快事，一击不中，他御史便再接再厉，习成风气"[⑦]。况且端方于此前南北洋倾陷岑春煊就运作过给事中陈庆桂、侍读学士恽毓鼎，手段可谓驾轻就熟，此次选中了给事中李灼华，此人以敢言著称，曾奏陈岑春

① 赵启霖参劾庆王府，相关研究参见刘鹏超《奕劻贪污与晚清政局——以弹劾奕劻案为中心的考察》，南开大学，博士学位论文，2014 年，第 79—105 页。

② 丁未政争去岑案，蔡乃煌自沪入京，联系恽毓鼎参劾岑氏，出力不少，被端方推荐给袁世凯，得以充任邮传部左参议，成为端方在京眼线。参见《端方致袁世凯函》，时间不详，中国第一历史档案馆藏，端方档案，档号：27-02-000-000124-0022。

③ 《端方致蔡乃煌电》，光绪三十三年十月十八日，中国第一历史档案馆藏，端方档案，档号：27-01-001-000164-0007。

④ 陈旭麓、顾廷龙、汪熙主编：《辛亥革命前后·盛宣怀档案资料选辑之一》，第 54 页。

⑤ 《端方致蔡乃煌电》，光绪三十三年十月十八日，中国第一历史档案馆藏，端方档案，档号：27-01-001-000164-0007。

⑥ 《端方致蔡乃煌电》，光绪三十三年十月二十八日，中国第一历史档案馆藏，端方档案，档号：27-01-001-000164-0015。

⑦ 何刚德著，张国宁点校：《春明梦录》，山西古籍出版社 1997 年版，第 69 页。

煊参劾人员不公，致使循良蒙冤，为岑氏兄弟的死对头。[①]

光绪三十三年十二月初九日，李灼华上折参岑春蓂，称其因父兄余荫，不学无术，信奉占卜，处理萍浏醴起事不力，靡费官款，所用人员贪腐。[②] 经军机大臣奕劻、袁世凯运作，这封弹章廷寄给湖广总督赵尔巽，对岑的打击正式启动。同时蔡乃煌在京也有举措，对岑氏昆仲死党“逐渐剪其羽翼”，然后再探寻赵尔巽“于小贼意如何”[③]。

赵尔巽与端方为官两湖多年，有金兰之谊，往来电函频仍，不乏敏感政事。[④] 端、赵二人针对此事确实有所沟通，“将贼弟兄险狡情形密为陈及，并属其（赵尔巽）力加防范，此事或不致轻放”，得出的结论是“天水（赵）于小贼（岑春蓂）本无感情”[⑤]，看来经端方斡旋，赵尔巽同意联手对付岑氏昆仲。为与赵联合，蔡乃煌派遣亲信赵小鲁赴鄂布置，后忖度“贼事非面商无善法处置”，经与奕劻商量，得以“力保特简”为上海道，亲自到南京与端方面商。[⑥] 此中重要的关节在于蔡乃煌借此出京赴沪，搭乘京汉铁路列车途经汉口，顺路面见赵尔巽，将详情转达。出京前蔡向奕劻请了一道口谕，“传谕天水勿放松小贼”，得以“照准”，[⑦] 这样“密办小贼事”就有了更多的底气。这是一趟掩人耳目、一举多得的差使，鄂、京

---

① 《给事中李灼华折》，光绪三十三年十一月初三日，中国第一历史档案馆藏，录副奏折，档号：03-7399-091。

② 《给事中李灼华折》，光绪三十三年十二月初九日，中国第一历史档案馆藏，录副奏折，档号：03-5494-066。

③ 《蔡乃煌致端方电》，光绪三十四年一月二十五日，中国第一历史档案馆藏，端方档案，档号：27-01-002-000173-0009。

④ 赵尔巽曾任山西布政使，时任巡抚即岑春煊，未见二人交谊记述。《山西巡抚岑春煊折》，光绪二十八年六月二十一日，中国第一历史档案馆藏，录副奏折，档号：03-5418-138。

⑤ 《端方致蔡乃煌电》，光绪三十四年一月二十五日，中国第一历史档案馆藏，端方档案，档号：27-01-001-000164-0049。

⑥ 《蔡乃煌致端方电》，光绪三十四年一月二十七日，中国第一历史档案馆藏，端方档案，档号：27-01-002-000173-0010。

⑦ 《蔡乃煌致端方电》，光绪三十四年二月初一日，中国第一历史档案馆藏，端方档案，档号：27-01-002-000173-0011。《蔡乃煌致端方电》，光绪三十四年二月二日，中国第一历史档案馆藏，端方档案，档号：27-01-002-000173-0012。

两地同时发动，谋划极为缜密。

京中奕劻起了决定作用，他与岑氏兄弟早生嫌隙，此前策划扳倒了岑春煊，此次有恐军机大臣张之洞回护岑春蓂，需要准备一些说辞。光绪三十四年二月初三日，奕劻与张之洞被传见，两人有了当面交流的机会，据蔡氏密电称“问小贼应去之故，历陈其阴险昏庸，询谁人能胜湘抚之任，举赵季和，相意大动，想难幸免”①。看来奕劻向张之洞表明了去除岑春蓂的立场，推举赵尔巽之弟赵尔丰代替岑春蓂，显然是为了拉拢赵氏兄弟，奕劻应与张之洞达成了共识，具体说辞不详，“南皮已有意动小贼，……大约内日必更人矣”②。看来去岑时机成熟，已经到了讨论继任人选的地步。同时端方在两江依托管辖地之便，借助沪上报端向外界散播因御史弹劾，两宫不满岑春蓂的言论，为去除异己制造舆论。③

铲除岑春蓂关键环节在于赵尔巽针对御史弹劾的调查。二月二十二日，赵尔巽将给事中李灼华参劾岑春蓂的奏折做了回复，针对奏疏逐一核证，进行精心的准备，得出的结论是“原参各节虽或事出有因，实多误会之词，均不得为该抚咎”，不过此举并不是替岑开脱。随后话锋一转，以总督的身份罗列岑春蓂的种种不妥，参劾岑氏委以要任的湖南候补道沈祖燕、湖南第一军标统崔朝俊、湖南常备新军协统杨晋、湖南候补县丞杨瀚等人。总督比之于给事中参劾更具说服力，赵尔巽借助调查案情再次弹劾，明显是落井下石，去岑用意已经非常明确，折上，朱批“著照所请该部知道”④。在多方

① 《蔡乃煌致端方电》，光绪三十四年二月三日，中国第一历史档案馆藏，端方档案，档号：27-01-002-000173-0013。

② 《蔡乃煌致端方电》，光绪三十四年二月初三日，中国第一历史档案馆藏，端方档案，档号：27-03-000-000141-0350。此电未标注年月，通过电文中有蔡乃煌自京发电，并准备赴上海道来看，应是光绪三十四年二月初的事，三月初蔡已经赴任上海道。

③ 《两宫不悦岑春蓂》，上海《大同报》1908年第9期，第30页。

④ 《湖广总督赵尔巽折》，光绪三十四年二月二十二日，中国第一历史档案馆藏，朱批奏折，档号：04-01-12-0661-009。

运作下，端方判断“小贼不日可除”[①]，结果事与愿违，这些平常的文料不足以撼动两宫，岑春蓂得以继续担任湖南巡抚，为乃兄复出奔走。

三　波及“岑党要员”沈瑜庆

在打压岑春蓂的过程中还有一个插曲。江西巡抚瑞良于光绪三十三年十二月奏请开缺，称其父年逾七十，体弱多病，偶感风寒，病势加剧，所留遗缺由藩司沈瑜庆护理。军机处电允瑞良回京省亲，毋庸开缺。[②] 一省巡抚以家人病重为由辞官并不多见，名为尽孝，实内情复杂。瑞良请辞前将通省官员考核、人员调动做了新的安排，并就光绪三十二年以来困扰时日的江西教案上奏了结。[③] 迁延日久的江西教案让江督端方对赣抚瑞良早有不满，“赣案初起，鄙人（端方）首电外部，□先派兵相助。瑞鼎臣延不入告，遂被申斥，因此□隙不忘”，看来端、瑞在应对教案存有分歧。[④] 沈瑜庆与瑞良为赣省的藩司与巡抚，相处甚为投契，认为端方因赣案“欲推倒瑞鼎臣，为瑞莘如（瑞澂）谋赣抚”，遂有瑞良省亲之旨。[⑤] 有此过节，瑞良到京后陛见，狠狠的参了端方一本。[⑥]

此时端方正与奕劻、袁世凯等人谋划去除岑春蓂，连带报复岑

① 《端方致蔡乃煌电》，光绪三十四年二月初四日，中国第一历史档案馆藏，端方档案，档号：27-01-001-000164-0057。

② 《为奏请开缺事收江西巡抚瑞良电》，光绪三十三年十二月十七日，电报档，档号：2-04-12-033-1356。《奉旨瑞良著赏假一个月回京毋庸开缺事》，光绪三十三年十二月十八日，电报档，档号：1-01-12-033-0226。

③ 《为遵办赣南教案议结事收江西巡抚瑞良电》，光绪三十三年十二月十一日，电报档，档号：2-05-12-033-1404。

④ 《端方致某电》，光绪三十四年二月十三日，中国第一历史档案馆藏，端方档案，档号：27-01-001-000158-0007。此件为残件，并无电文开头，无收电人信息。结尾处亦未署名。笔者推断应是发给在京的蔡乃煌，几日前即蔡氏密电告知瑞良面参端方，端方为此有所解释。

⑤ 沈瑜庆：《涛园集》，沈云龙主编：《近代中国史料丛刊》第6辑第55册，台北：文海出版社1966年版，第278页。沈瑜庆相关研究参见戴海斌《“两收海军余烬”：甲午、庚子时期沈瑜庆事迹钩沉》，《福建师范大学学报（哲学社会科学版）》2018年第4期。

⑥ 《蔡乃煌致端方电》，光绪三十四年二月初六日，中国第一历史档案馆藏，端方档案，档号：27-01-002-000168-0054。

春煊。瑞良的面参引起心性敏感的端方疑忌，认为“此君在赣，事事假手，于人形同傀儡，……鄙意此公碌碌，恐仍不免为人所使耳”[①]。那么在端方看来，瑞良是受何人所使呢？几天后，端方得出结论，“为沈（瑜庆）所指使，沈为贼（岑春煊）死党，故必欲甘心鄙人”[②]。显然端方将瑞良的反常举动归结于岑氏昆仲对沈瑜庆的怂恿。

端方的推断不无根据。沈瑜庆，字志雨，一字爱苍，号涛园，福建侯官人，沈葆桢第四子。光绪十一年顺天乡试中举，分刑部，寻改江南候补道。曾入张之洞、刘坤一幕。光绪三十一年，简山西按察使，未到任调广东，深得时任两广总督岑春煊信任。由臬司兼任学务处督办，一同督办学务的尚有藩司胡湘林，沈、胡“于办理学务事，诸多不合，而施行上不免生一番之阻力”，岑多听从沈建议，遇事与之商量，“胡藩势力遂因之大减”，由此不难看出岑、沈相知。[③] 即使不是端方所言的“死党”，至少沈与岑氏尚可相处，为了彻底打倒岑家兄弟，沈瑜庆也不能放过。[④] 何况沈瑜庆对端方多有微词，称护理巡抚期间，江督端方以赈务为名，欲提赣藩及关粮库款，被其据例驳之。江西发生教案，江督欲移军剿办，上奏制止，“廷旨责成议结，遂无事”，还提及“按察使瑞澂欲提案在沪议结”，同样遭到其驳斥，“于是比而嗾言官中伤之”[⑤]。沈家后人请陈三立撰写沈瑜庆墓志铭，亦记述此段史事，称江西按察使瑞澂与端方“中伤公，坐罢去”[⑥]，成见之深自不待言。

---

① 《端方致蔡乃煌电》，光绪三十四年二月初七日，中国第一历史档案馆藏，端方档案，档号：27-01-001-000164-0059。

② 《端方致蔡乃煌电》，光绪三十四年二月十一日，中国第一历史档案馆藏，端方档案，档号：27-01-001-000164-0060。

③ 《沈臬兼学务处督办》，《岭东日报》，光绪三十一年五月十一日（1905 年 6 月 13 日），“本省新闻”。《学务处之前途》，《岭东日报》，光绪三十一年六月二十六日（1905 年 7 月 28 日），“本省新闻”。

④ 沈瑜庆：《涛园集》，《沈敬裕公墓志铭》，第 360 页。

⑤ 沈瑜庆：《涛园集》，《福建通志本传》，第 363—364 页。

⑥ 沈瑜庆：《沈敬裕公墓志铭》，《涛园集》，第 360 页。

在沈瑜庆看来，与端方交恶的原因还在于瑞澂，“督部（端方）初意为奇侯之孙（瑞澂祖父琦善为侯爵）谋赣抚，挤瑞（良）不遗余力，鄙人（沈）左袒瑞，谢绝其援赣之师（指江西教案，端方派兵事），乃大怒”[①]。致使端方“嗾广东言官某以蜚语中伤”[②]，所找的这位“广东言官”就是曾弹劾岑春煊的陈庆桂。端方派专差进京，将拟好的奏章交给亲信蔡乃煌，运作台谏发动，并暗下决心，“神人共愤，天理难容，此事万不办到，鄙人一定引退矣”[③]。

端方对此事具有把握的原因在于，给事中陈庆桂早就与他有所联络，上年两人就做局弹劾了岑春煊，这种索米弹章驾轻就熟，且陈对岑党抱有成见。陈庆桂很快据端方拟好的文料上奏，称沈瑜庆结党营私，劣迹昭著，任用私人，广招贿赂。弹劾内容多有细节，显然是熟知江西政情的端方提供文案。奏折特意提及“抚臣瑞良才本平庸，复耽安逸，于用人行政之事概置不问。故说者谓沈瑜庆之贪横至此，未始非瑞良之暗懦有以养之，江西民教积衅最深”“酿成巨案”。对于办理江西教案的江督端方则多有赞誉，“幸而督臣端方派兵派员赴机迅疾，事得速了”，建议清廷“特派大员前往该省查办，抑或饬下两江总督臣端方就近据实确查，请旨办理”[④]。

如陈庆桂所请，廷旨命两江总督端方查奏。端方逐一核实弹章细节，上报清廷，由于此案纯属子虚乌有，最终定案结果是“此次被参各节现均查无实据，应请无庸置议”，但也不无贬损之词，“求治之心太急，用人或未尽得宜，嫉忌者遂不免横生怨论”，[⑤] 由端方自导自演的弹劾闹剧告一段落。但端、沈的矛盾不可调和，无论如何不会让其在江西为官。

---

① 沈瑜庆：《致高啸桐凤岐书》，《涛园集》，第288—289页。

② 沈瑜庆：《沈敬裕公年谱》，《涛园集》，第352页。

③ 《端方致某人电》，光绪三十四年二月十三日，中国第一历史档案馆藏，端方档案，档号：27-01-001-000158-0007。

④ 《给事中陈庆桂折》，光绪三十四年二月二十六日，中国第一历史档案馆藏，录副奏折，档号：03-5499-073。

⑤ 全国图书馆文献缩微复制中心：《清末官报汇编》第68册，新华书店北京发行所2006年版，第34149页。

此年八月，冯汝骙调任江西巡抚，沈瑜庆回本任，二人龃龉。时人记述冯汝骙“腾洋务局藏娇”，沈瑜庆斥此行径“资外人之耻笑”“荒淫溺职之罪，百喙莫辞”。冯则称“此予之特权，非藩司所能干预”，可见两人诟怨已深，江西官场沈氏处境愈发尴尬。[①] 更令沈瑜庆难以为继的是冯汝骙党于袁世凯，“新抚（冯）故党袁，袁又方柄国，卒倾公（沈）去位”[②]。看来无论江西巡抚冯汝骙、两江总督端方、军机大臣袁世凯均与沈瑜庆或明或暗不睦是事实，势必不能容于赣，不久上谕下发，江西布政使沈瑜庆开缺，另候简用，终被排挤。沈瑜庆开缺，端方致电惺惺作态，“公事突如其来，□中是如何原因，殊为诧异”[③]。殊不知端方早将沈归入岑氏一党，暗中拨弄，除之而后快。

需要提及的是，端方原本找的枪手不是陈庆桂，“沈劣迹早已查明，特拟叶专差寄呈，十五晚间可到，请在家坚候。并祈即日密属南田（恽毓鼎）、太邱（陈璧）、青莲（李莲英）速进一椎，不惜费。此事所关至巨，无论如何总望即日办到”[④]。看来端方早就策划好了打击沈瑜庆的方案，本意是不惜本钱，联系恽毓鼎、陈璧、李莲英发难，却未见后续行动。不过就在陈庆桂上折前两日，恽毓鼎上奏称川汉铁路应特简大员总司其事，指出沪宁、津浦铁路皆派员督办，“川汉一路重于沪宁而难于津浦，似亦应特简公正通达之大员总司其事，内与邮传部直接，外与两省所举总理协谋”。清廷将恽折发给邮传部审理，该部尚书陈璧具折逐一辩驳称，“川汉铁路毋庸另派督办”[⑤]。笔者推测，瑞良或他人曾在京为岑春煊运动川汉铁路督

① 陈灨一：《睇向斋秘录：附二种》，第 55 页。

② 沈瑜庆：《沈爱苍先生暨德配郑夫人六十双寿序》，《涛园集》，第 355 页。

③ 《端方致沈瑜庆电》，光绪三十四年九月初八日，中国第一历史档案馆藏，端方档案，档号：27-01-001-000137-0065。

④ 《端方致蔡乃煌电》，光绪三十四年二月十一日，中国第一历史档案馆藏，端方档案，档号：27-01-001-000164-0060。

⑤ 《翰林院侍读学士恽毓鼎折》，光绪三十四年二月二十四日，中国第一历史档案馆藏，录副奏折，档号：03-7145-007。《邮传部尚书陈璧折》，光绪三十四年三月十八日，中国第一历史档案馆藏，录副奏折，档号：03-7147-023。

办一职，端方先发制人，拟出人选，即所谓的“公正通达之大员”，推动恽毓鼎与陈璧联合做局，致使岑氏谋划无疾而终，清末的政治生态于此可见一斑。

四 岑春煊谋求江督与赈务大臣

岑春煊在沪一日，端方即不得一日安宁，党同伐异，打击异己，清末报刊充当了重要媒介。光绪三十三年正月，岑春煊在沪借《时报》发声，披露江督准备与横滨正金银行订立合同，借款一百万两，六厘利息，用金陵关作抵押，用以补官制改革亏空。[①]端方告知熊希龄赈务需款万急，拟向华商借款暂济，绝无借洋债之事，亦并未举此念头，请其转告报人狄楚青在《申报》声明借外款为谣传。[②]

两江赈灾确有不得已内情，光绪三十二年的江北大水为近代罕见重大灾荒，外界对政府赈济多有责难。光绪三十三年冬，上海报界刊发报道称，两江政府虚靡赈务巨款，江督因此被劾，实并无此折，属报纸传谣。[③]但端方却认为这是岑春煊暗中散播谣传，“近闻贼人以巨赀运动台谏，将藉赈务用款中伤鄙人”，看来对岑成见甚深，不得不大加防范，“贼谋险狠，又有善棍等出全力相助，不可不力为防范，制之未然”[④]。此前即推测岑借赈务发难的根本目的还在于谋求江督位置，“西林徘徊海上，久无佳兆，遂不能稍自忍耐，此等伎俩真不置一哂。近中如何运动，想公（梁鼎芬）亦已然屏烛之。

① 《江督押借正金银行款项》，《时报》，光绪三十三年正月初九（1907 年 2 月 21 日），第 2 页。

② 《端方致志锐电》，光绪三十三年正月十六日，中国第一历史档案馆藏，端方档案，档号：27-01-001-000124-0023-1。《端方致熊希龄电》，光绪三十三年正月十六日，中国第一历史档案馆藏，端方档案，档号：27-01-001-000124-0023-2。《江督诘问借贷洋款事》，《申报》，光绪三十三年正月十八日（1907 年 3 月 2 日），第 3 版。

③ 《梁鼎芬致端方电》，光绪三十三年十一月十三日，中国第一历史档案馆藏，端方档案，档号：27-01-002-000169-0022。

④ 《端方致蔡乃煌电》，光绪三十四年正月二十三日，中国第一历史档案馆藏，端方档案，档号：27-01-001-000164-0047。

鄙人在此筹办赈抚，改良敝政，不避怨谤。不皇寝食，自愧尚无成效，但愿此君善自为谋，钟山一席正可举以奉畀也”[①]。“举以奉畀”自然是不可能，端方叮嘱主管沪上报刊的志锐刊文辨正，称“‘某大员因久无起用消息，特派员入都秘密运动，并拟借赈务用款及枭匪事，托言官某某设法中伤某督，为进用之地步’云云。此电并密送《新闻报》登录为要”，同样借用报刊回击异己。同时将拟好的电文发给主管《上海泰晤士报》的亲信福开森，登文辩论，“‘闻有某大员派人挟资入都意欲运动言官，藉赈务用款太多，中伤某督，惟朝论均不谓然，某大员此举恐无效力’，云云。请用大字登入北京专电”[②]。“某大员”指的是岑春煊，“某督”为端方，显然这封电报是针对岑氏制造舆论的因应举措，还特意嘱托用“北京专电”，以免引起外界猜疑。

光绪末年各地水灾不断，除两江外，两广总督张人骏、安徽巡抚冯煦接连上奏灾情，请求赈济。见此情形，赋闲上海的岑春煊运动商界联合电请其出任粤、苏、皖、鄂、浙五省赈务大臣。此事被蔡乃煌探知，认为“非举盛（宣怀）不能过岑”，就是用盛宣怀代替岑春煊出任赈务大臣，并着手劝各商推举，建议端方速致电中枢，声明赈务由两江主导，否则即将五省赈务一事作罢。[③] 未见端方致电中枢诸公，应是蔡乃煌动用私人关系与奕劻联络，很快得到回应，“枢廷嘱京友回电采呈，正宜努力，不可遽退，邸（奕劻）已嘱部稍松”[④]。由此可见奕劻对打压岑氏颇为上心，令端方颇感欣慰，找到了同路人，倒岑信心更足，“枢电甚

① 《端方致梁鼎芬电》，光绪三十二年十一月二十九日，中国第一历史档案馆藏，端方档案，档号：27-01-001-000165-0092。韩策认为岑春煊不能补江督之位，为其丁未年进京参劾北洋的重要动因。参见氏著《清季江督之争与丁未政潮的一个新解释》，《近代史研究》2021年第4期。

② 此份档案有两份电报草稿，分别是《端方致志锐电》《端方致福开森电》，时间不详，中国第一历史档案馆藏，端方档案，档号：27-02-000-000065-0010。

③ 《蔡乃煌致端方电》，光绪三十四年六月二十一日，中国第一历史档案馆藏，端方档案，档号：27-01-002-000193-0045。

④ 《蔡乃煌致端方电》，光绪三十四年六月二十二日，中国第一历史档案馆藏，端方档案，档号：27-01-002-000193-0035。

切，至有邸援颓，度支当可松动”[①]。

端方听取了蔡乃煌推举盛宣怀代替岑春煊出任赈务大臣的建议，但对盛亦有成见，不忘叮嘱蔡“武进案盼速查复”，“武进”指的是盛宣怀。此间端方接到军机处字寄，审查盛宣怀侵吞国家财产案，上奏弹劾的给事中陈庆桂正是出于端方的暗中指使。陈庆桂上折一同劾弹的还有岑春煊，文料同是端方提供。可见端方与盛、岑冰炭日甚，不过为了阻挠岑复出，不惜举荐政敌，狡黠手段频出，根源还在于对宦途“热中太甚”“知进而不知退”。几年之后的保路运动，罢官归里的端方再与岑春煊争位，遭新军哗变、客死资州，令人唏嘘。[②]

五 岑春煊营造复出舆论与端方应对

端方任江督后，唯恐岑春煊与己互易，交怨益深，处处监视提防，暗中掣肘。端方幕僚龚锡龄直言，“今则西林开缺，锡龄始得安枕矣，然人心叵测，恐彼未遽甘心也”[③]。蔡乃煌则言，“贼（岑）一日尚存，心必不死”，“贼日以报复为心，一有不确则必穷追”[④]。卧榻之侧，岂容他人酣睡，如何针对岑春煊，已经成为端府上下的共识。

端方的顾虑不是没有根据。光绪三十三年下半年，江浙绅民群起反对借用英国债款修筑苏杭甬铁路，渐起风潮。往来于上海与杭州两地的岑春煊借机鼓动，对政务多有微词，“西林在杭于苏杭甬路事暗中力为煽动”，端方判断此举实为复出铺垫，“月初间复潜来沪

---

① 《端方致蔡乃煌电》，光绪三十四年六月二十三日，中国第一历史档案馆藏，端方档案，档号：27-01-001-000158-0010。

② 何刚德著，张国宁点校：《春明梦录》，第 37 页。

③ 《龚锡龄致端方函》，时间不详，中国第一历史档案馆藏，端方档案，档号：27-02-000-000202-0018。

④ 《蔡乃煌致端方电》，光绪三十四年六月二十三日，中国第一历史档案馆藏，端方档案，档号：27-01-001-000158-0010。《蔡乃煌致端方电》，时间不详，中国第一历史档案馆藏，端方档案，档号：27-03-000-000012-0011。

上，与其党秘结英人，谋去粤督，以求复职"，并探查到沪上报界受岑指使，"屡登西林被召将接粤督，确系伊之授意"，进一步推测岑春煊"暗属报馆日言政府外交失败，希图推翻，本意在藉此推翻政府"。看来岑的野心不止于复出，还有复仇的成分。[①]

更让端方不能容忍的是，各报屡登岑春煊被召，制造舆论。沪上发行量巨大的《申报》自岑罢免后，每隔一段时间即有复出的传闻，或补两广或接替江督，时常刺激着端方敏感的神经。光绪三十三年七月十九日，岑春煊罢官仅半月，《申报》即刊登消息称岑要替代入京的张之洞接任湖广总督。[②] 再过半个月，该报又称袁世凯力保岑为两江总督，并称军机大臣奕劻极为赞成。[③] 奕劻、袁世凯与岑春煊诟怨甚深，自然不会力保推荐，显然为假消息，不过却最有市场，民众尤为青睐，被报界连续转载，"政府将再任岑云帅督办两广军务，已见各报"，"某大军机在慈宫前力保，拟俟岑帅到京后，决以繁要之总督简放"[④]。总之有关岑的去向已经成为时论焦点。

报纸为博人眼球刊发达官的风闻，本是办刊的常见操作，不足为奇。但在端方看来，谣言本身不可信，但背后多少代表了朝野的心理，惟恐这些荒诞的谣传制造出合理的舆论环境，不能麻痹大意。端方专电询问蔡乃煌："报载西林内召及复请代奏电文甚详，是否确有其事？南皮（张之洞）欲援以抵项城（袁世凯），其事甚奇，确否？"[⑤] 担心"政地诸公必有为彼所摇惑者，图之不早，恐一出而不可复制"[⑥]。未见蔡回复，端方的隐忧与顾虑是显而易见的。几日后，

---

① 《端方致蔡乃煌电》，光绪三十三年十月十八日，中国第一历史档案馆藏，端方档案，档号：27-01-001-000164-0007。

② 《岑云帅又有改简两湖之望》，《申报》，光绪三十三年七月十九日（1907 年 8 月 27 日），第 3 版。

③ 《专电》，《申报》，光绪三十三年八月初八日（1907 年 9 月 15 日），第 3 版。

④ 《岑云帅起用传闻异辞》，《广益丛报》1908 年第 165 期，第 2 页。

⑤ 《端方致蔡乃煌电》，光绪三十三年十月十五日，中国第一历史档案馆藏，端方档案，档号：27-01-001-000164-0014。

⑥ 《端方致蔡乃煌函》时间不详，中国第一历史档案馆藏，端方档案，档号：27-02-000-000124-0024。

端方又致电湖北按察使梁鼎芬，称“报馆天下选新闻，诡称此京专电，大都无据者多，鄙人之被参与西林之被召皆此类也”，看来已经判断岑入京并无确据，多少有些聊以自慰的意味。不过沪上报界依然关注岑的举动，不时刊发京内外相关各类新闻，为政敌“制造舆论”是端方绝对不能容忍的，于是整饬沪上报界提上日程。

光绪三十四年九月二十一日，《申报》又刊文称岑春煊将要复出，“两宫拟起用前粤督岑春煊制军为某督之后任”[①]。这类官员任免的新闻时常见诸报端，冠以京中密函的噱头，实则大都是捕风捉影的小道消息。这则寻常新闻却引起了端方警觉，同日《中外日报》《神州日报》刊发岑将任命为禁烟大臣的报道，“有调京派禁烟大臣之意”[②]，“闻张鹿两军机力保充禁烟大臣”[③]。沪上报刊同步发文，为岑复出制造舆论，显然内情并不简单。端方嘱刚上任上海道的蔡乃煌调查更正，称“廿日《申报》言贼（岑春煊）将外用，《中外》《神州》则言其将为禁烟大臣。此等谰言，必皆系贼所运动”“属其立为更正”。况且《中外日报》等沪上报刊政府已注资不少，反倒被岑利用，“断不能听其任意造谣，为贼机关”[④]。

端方很快出台反制措施，同样是炮制新闻，将岑春煊与贻谷案联结起来。此年绥远城将军贻谷因占地侵款被参劾，涉案数额巨大，贻谷担任蒙旗垦务大臣，正是出于时任山西巡抚岑春煊所上《筹议开垦蒙地折》，两人针对蒙旗开垦边务多有交流，端方借此倾陷。[⑤]刊文称“‘某大员系侵吞巨款某将军之死党。该大员自罢斥后，日日运动起用，迄无效果，现已技穷力竭，甚形狼狈。惟不时尚遣其党秘密到京，设法营谋，故时有此等风说传出。查某将军之得管边务，

---

① 《京师近事》，《申报》，光绪三十四年九月二十一日（1908年10月15日），第2版。

② 《专电》，《中外日报》，光绪三十四年九月二十一日（1908年10月15日），第1版。

③ 《本馆专电》，《神州日报》，光绪三十四年九月二十一日（1908年10月15日），第2版。

④ 《端方致蔡乃煌电》，光绪三十三年九月二十三日，中国第一历史档案馆藏，端方档案，档号：27-03-000-000140-0291。

⑤ 光绪三十三年贻谷被归化城副都统文哲珲参劾，身陷囹圄。1921年，岑春煊上书北洋政府总统徐世昌，为贻谷翻案平反。

系由该大员力荐，两人交际最为秘密。今某将军事已败露，恐该大员亦未能幸免也’云云”[①]。为免追责，未明确点名，“某大员”指的是岑春煊，“某将军”为贻谷，但指向不言自明。在此，清末报刊充当了政争的工具。

不仅如此，端方又嘱人散布岑春煊病重的消息，在选取刊文报刊方面也是颇费心思、格外小心，唯恐各报受人运动，泄露计划，最终在蔡乃煌的建议下选择了《新闻报》。[②] 光绪三十四年九月二十五日，《新闻报》刊载岑春煊病重的信息一则，“病体迄今未愈，仍拟赴沪就医”[③]。此间发行量巨大的《申报》也刊登了两宫垂询岑氏病情的新闻。[④] 两则谣言暗含隐喻：岑春煊身体抱恙，不能胜任禁烟大臣，以此遏制岑复出的舆论。

揆诸史实，岑春煊勇于任事，时望甚隆，时人谈光绪末叶督抚优劣，谓岑“果敢有风骨，第一等也”；相比之下，张之洞与袁世凯“均负盛名，然张皇欺饰，宜考最下”[⑤]，不惜深贬张、袁，推重岑春煊，不难看出后者确实在晚清督抚中具有一席之地，再次启用已是宣统朝端方、袁世凯遭罢职，朝中政敌式微之际，否则还难有进用机会。岑在罢职后与保皇会、革命党若即若离，与其仕途不顺有莫大的关联，也促成了护国运动中与各方联合反袁，并在就职两广护国军都司令时称，“袁世凯生，我必死；袁世凯死，我则生耳”[⑥]，长期积累的芥蒂之深于此可见，清末统治阶层内部的矛盾对于民初的政局产生深远影响。

---

① 《端方致蔡乃煌电》，光绪三十三年九月二十三日，中国第一历史档案馆藏，端方档案，档号：27-03-000-000140-0291。

② 《蔡乃煌致端方电报》，光绪三十四年九月二十四日，中国第一历史档案馆藏，端方档案，档号：27-01-002-000192-0137。

③ 《慈宫垂询岑宫保》，上海《新闻报》，光绪三十四年九月二十五日（1908 年 10 月 19 日），第 2 版。

④ 《专电三》，《申报》，光绪三十四年九月二十三日（1908 年 10 月 17 日），第 4 版。

⑤ 徐一士：《一士谭荟》，中华书局 2007 年版，第 225 页。

⑥ 徐一士：《一士谭荟》，中华书局 2007 年版，第 225 页。

第二节 端方与上海舆论治理

晚清报刊迅速发展，在政府与民间均具有极为重要的影响力，报人参与政治，引导舆论的案例屡见不鲜。政府如何控制报刊舆论？如何与报界互动？这是政府与报界均无法回避的话题。在政府层面，加大对于官报的扶持与政治嵌入，达到上下求同，构建民间传播网络，塑造统治权威的诉求，但并未形成一套成型的体制机制，效果有限，更为广泛灵活的策略见诸各地。两江总督端方督江时期（1906—1909），对报界“大本营”上海报刊予以管控。揆诸史实不难发现，在缺乏制度化的报刊管理方案情况下，两江政府除却常规的关闭与惩罚等“暴力”手段，非制度性的各种应对举措广泛存在，不乏竞争与合作、妥协与对抗，政界与报界之间远比想象中的复杂多变，反映出体制内外、不同派系的政治认同以及专制体制下舆论空间的限度。[①]

端方督江期间整饬舆论，基于政争与新政两种因素。晚清报纸的舆论引导能力日渐加强，光绪丁未政潮期间即扮演了重要角色。丁未年初，军机大臣瞿鸿禨门生汪康年在京开办《京报》，对庆亲王奕劻及直隶总督袁世凯北洋一系，訾议颇多，当年五月侍读学士恽毓鼎参劾瞿鸿禨，其中一项罪名即“暗通报馆”。政争另一位重要参

① 关于晚清政府与报界互动研究，相关成果参见刘增合《试论晚清时期公共舆论的扩张——立足于大众媒介的考察》，《江海学刊》1999 年第 2 期。王敏：《政府与媒体——晚清上海报纸的政治空间》，《史林》2007 年第 1 期。马光仁主编：《上海新闻史（1850—1949）》，复旦大学出版社 2014 年版，第 344—357 页。李卫华：《清末“官营商报”案研究》，《新闻与传播研究》2016 年第 3 期。程河清、张晓锋：《嵌入政治体制：晚清中国官报制度的确立及其影响》，《新闻与传播评论》2020 年第 9 期。张仲民：《种瓜得豆：清末民初的阅读文化与接受政治（修订版）》，社科文献出版社 2021 年版。石希峤：《官办商报：清末督抚控制舆论策略研究》，《近代史研究》2022 年第 1 期。关于晚清报界与政府的探讨，新闻史的研究成果颇多，相关学术研究与对话参见文内注。检讨过往研究不难发现，囿于史料所限，政府具体操控舆论的动因、策略及成效等方面均有进一步探讨空间。

与者四川总督岑春煊（后调任邮传部尚书、两广总督）在上海期间与狄楚青等报界精英过从甚密。各方通过报界发布信息评论，沟通朝野内外，制造舆论攻势，打击异己，已成为惯用手段。背靠北洋集团的端方整饬沪上报界多与打压政敌有关。

清末新政次第展开，报人品评时政也是促使端方整饬沪上舆论的一大动力。面对日渐兴起的民间报纸发起的舆论挑战，妥善处理与报人、报界的关系为各地督抚的棘手问题。端方亲信上海道蔡乃煌于报界管控尤为上力，据当时报道称，“兹续查得上年苏松太蔡道台，以上海各报昌言无忌，据事直书，有碍行政，设法先将中外、舆论两报购回自办，次又将《申报》归南北洋合资筹办，继又将时事报、沪报一并买回归并”。[①] 尤其是收购当时影响力巨大的《申报》，“此固当时公然之秘密，知其事者并不乏人”。[②] 事实上，当时报界接受官方资助知者众多，但政府如何操盘，控制舆论则鲜有记述，被视为敏感话题，当事报人又难以启齿，政府与报界暗中耦合为人所共知的“秘密”，具体详情则不被外界知晓。时过境迁，主事者江督端方档案得以保存问世，提供了清朝末造政府针对沪上舆论管控鲜为人知的材料，借此可以厘清此段往事，从中亦可窥探晚清政府嵌入媒介、治理舆论、拓展政治空间的努力与成效。

一　政府机关报《舆论日报》的筹建与困境

清末官方所办机关报广受非议，时人认为政府必有其宗旨、政策、手段，借助报端发布言论、测试民情、驳斥反对者。由于当时还不存在政党，所谓机关报即为人鹰犬，人格没落的工具，虽然对于机关报不无贬损之词，却道出了实质。[③] 但从政府层面来看，筹办机关报则是不得已而为之的舆论引导手段。以舆论重镇上海为例，报界即时常批评两江政府施政。端方主政两江第一年元旦，《时报》

---

① 《上海报界之一斑》，《东方杂志》第6卷第12期，第409页。

② 章士钊：《申报与史量才书后》，《章士钊全集》第8卷，文汇出版社2000年版，第267页。

③ 《说机关报》，《京报》，光绪三十三年二月二十九日（1907年4月11日），第2页。

刊文对教育、军事多有微词。此后连续刊文报道江南军界腐败、赈灾不力等事。[①] 端方令幕僚熊希龄与该报主笔汪康年、狄楚青等人沟通，“凡属此等无稽之言，一概勿予登采”[②]，借此缓和与报界的关系。从中亦不难发现，政府对于报界与报人多无可奈何，这在光绪三十三年端方发给主管沪报的志锐一封电文有所体现。

两江拟将一份电稿刊登到《时报》《南方报》《新闻报》《同文报》《沪报》《申报》《新报》，费用自出，这本是一项极其简易的交办工作。结果志锐仅在《南方报》发文，其余报纸均未登录，引起端方的不满，“此事汝既办不到，便不应认承，既已认承能办，岂能含糊了事，恨极之。务速请教能办此事之人妥速登录”。看来政府与报界之间极为微妙，民间与官方的沟通不畅是事实。[③] 此年，端方还致电道台金仍珠，嘱其在《京华报》登录要事，[④] 得到回复称“天津《大公报》叶清漪，都门《京报》汪穰卿均可直接嘱其登录，其余如《北京日报》《天津日日新闻》《津报》《中外实报》《大公报》五处均可”“转寄登载，均不误事”，唯独《京华报》无相识之人，言外之意，无从办理。[⑤] 以上两件事例不难看出两江政府与报界的联络能力欠缺，更谈不上舆论的控制与引导。基于此，端方主政两江后，整饬报界，创办政府管控、引导舆论的机关报自然要排上日程。

光绪三十三年九月，端方拟在沪上组建一宗旨甚为纯正的机关报——《舆论日报》[⑥]。该报由《宪报》易名而来，借壳办报的提议

---

① 《上江督端午帅书》，《时报》，光绪三十二年十一月十七日（1907 年 1 月 1 日），第 1 版。

② 《端方致瑞澂转熊希龄电》，光绪三十二年十一月二十七日，中国第一历史档案馆藏，端方档案，档号：27-01-001-000165-0090-3。

③ 《端方致志锐电》，光绪三十二年二月二十一日，中国第一历史档案馆藏，端方档案，档号：27-01-001-000124-0056-1。

④ 《京华报》为报人唐继星 1907 年在北京创办，次年 3 月因转载了旧金山华侨报刊《世界日报》新闻被封禁，唐被判处监禁。参见《京华报总理之监禁》，《广益丛报》第 172 期，1908 年。

⑤ 《金仍珠致端方电》，光绪三十三年三月初五日，中国第一历史档案馆藏，端方档案，档号：27-01-002-000143-0027。

⑥ 目前未见学界有关《舆论日报》的研究，《时事报》与《舆论日报》的合并一事在一些研究中已有提及，但《舆论日报》的创刊及演进历程尚未有学术专论。参见贾树枚主编《上海新闻志》编纂委员会编：《上海新闻志》，上海社会科学院出版社 2000 年版，第 132—133 页。

由上海道台蔡乃煌提出，此举有利于节约成本。[①] 经道员罗崇龄、罗孝高初步估算，开办机关报约需两万元，除了两江入股，尚不敷用。清末地方督抚与中央均面临着舆论压力，在引导民情方面多有共识。端方出于私人关系的考量，先后联络湖广总督赵尔巽、军机大臣张之洞与陆军部大臣铁良入股，均予以应允。[②] 此外，该报还得到了江西巡抚瑞良的资助，答应每月支持三百元，交换的条件是赣省遇到“应登载辨正之事，均可令其照办”。[③]

看似一切均在计划之内，可开办在即，资金却迟迟未到，先是张之洞与铁良锐减摊款，赵尔巽则来电称款实难筹，勉凑二千元。不得已端、蔡只能自行垫付。据档案记载，端方垫款三次共计二万七千元，并代赵尔巽支付五千两，蔡垫万元。[④] 余下资金缺口由云贵总督锡良填补，附股六千元。可能原因在于云南地处边陲，时有突发事件，各报馆竞其私利，造谣生事，搅动风潮，政府深受其苦，寻求舆论支持。[⑤]

经多方筹罗，《舆论日报》于光绪三十三年十月二十七日刊登告示，称“本馆恭应去年庶政公诸舆论之谕旨……创设此报”，地址设在上海四马路老巡捕房对面。[⑥] 时人并不知《舆论日报》资金底细，不少名噪一时的人物出任主笔，如童弼臣、黄铭功、杨天骥等，其中于右任离开《神州日报》，也加入了该报（有关于氏办报与两江政府关系下文另有论述）。可见当时报人身份并非泾渭分明，政治倾

① 光绪三十三年九月，蔡乃煌到邮传部任左参议，主管报刊，至光绪三十四年二月返回，任上海道道台。蔡乃煌深为端方倚重，参与隐秘的政争事件。

② 参见端方档案去电档卷 164，端方致蔡乃煌各电。

③ 《端方致孙词臣电》，光绪三十三年九月十九日，中国第一历史档案馆藏，端方档案，档号：27-01-001-000159-0082。江西为濒江要地，时正值萍乡民众起事与江西教案，报界不乏批评言论，瑞良需入股机关报，借此缓冲舆论压力。

④ 参见端方档案去电档卷 164，端方致蔡乃煌各电。

⑤ 《锡良致端方电》，光绪三十三年十一月十三六日，中国第一历史档案馆藏，端方档案，档号：27-03-000-000011-0006。

⑥ 《舆论日报冬月内出板豫告》，《申报》，光绪三十三年十月二十七日（1907 年 12 月 2 日），第 9 版。

向亦难以据其所办报刊判断。《舆论日报》创刊后，远销欧美、日本，也刊登了一些敏感及个人不便刊发的稿件，所据正是其政府背景。

宣统元年，该报登载江督新政感言一则，称赞新任江督张人骏“疾秦淮娼妓馆林立，下车之始，即出示谕禁”，并建议“各省大吏皆去其蓬心，而以制军为师法”，隐有讽刺刚刚离任的端方之嫌。[①]蔡乃煌饬令主笔检讨，发文“格外留意”[②]。由此不难发现，两江政府主控该报已非常明了。

清末新政的一大困境即中央各项政策次第推出，尚嫌举措过慢，地方则惟恐朝令夕改、推行过快，其中内在根源就在于财源短缺。《舆论日报》开办后尚不能盈利，却日日面临资金压力，两江政府力不能支，拟“节缩办理，期可持久”[③]，如不行则“及早中止”[④]。恰在此时，端方得知《申报》财政支绌，出资即可合办，即准备将《舆论日报》停办，所筹各方款项亦全部挪用。出乎意料的是，停办也并非易事，忽然不办，沪上已有知者，物议必多，“收拾颇难为情”，不得已拟改为晚报小办。蔡乃煌则在京与外务部商议，打算“中西合璧，可以行销外洋”。[⑤] 总之开办《舆论日报》困难重重，经费短绌，难以为继，经袁世凯斡旋，直隶总督杨士骧月助千元，销售二百份，方得以勉为支撑，官办报刊之困窘与无力于此可见。

开办政府机关报《舆论日报》的同时，两江政府还资助入股多家报纸，如较有影响力的《中外日报》《申报》等，仅中外一报即

---

① 《江督张制军新政感言》，《舆论时事报》，宣统元年三月初一日（1909年4月20日），第1页。

② 《端方致蔡乃煌电》，宣统元年七月二十七日，中国第一历史档案馆藏，端方档案，档号：27-03-000-000026-0032。

③ 《端方致蔡乃煌电》，光绪三十三年十一月初七日，中国第一历史档案馆藏，端方档案，档号：27-01-001-000164-0016。

④ 《端方致某电》，光绪三十三年十一月初十日，中国第一历史档案馆藏，端方档案，档号：27-01-001-000164-0019。

⑤ 《端方致蔡乃煌电》，光绪三十三年十二月十三日，中国第一历史档案馆藏，端方档案，档号：27-01-001-000164-0036。

垫款六万余元，所费不赀。蔡乃煌提议将《舆论日报》与《时事报》合并。[①] 从宣统元年三月初一日起改为《舆论时事报》，据称每月可省千余金，避免“惨淡之经营”，仍充当政府机关报，但清末政府在与民间报界争夺舆论阵地过程中呈现式微之势已经表现得非常明显。[②]

二　《中外日报》的政治背景与政府整饬

晚清报业发展迅速，作为舆论喉舌广泛参与政治，媒介与政府建立了广泛的合作空间，一些大报均与政界有着千丝万缕的联系。《中外日报》主办者汪康年为知名出版人、评论家，所办报刊批评时政，波及北洋一系。[③] 针对汪康年的政治倾向，端方与盟友袁世凯是有共识的，通电称政敌军机大臣瞿鸿禨去职案，“必涉及汪康年，渠所办《北京日报》似宜设法易人，或另筹妥善办法”[④]。看来袁、端对汪康年心存提防，对其主办的《中外日报》格外关注。

更让端方不能容忍的是，政敌岑春煊与汪氏家族有着亲密的交际，十分投契，《中外日报》俨然为异己的机关报。[⑤] 端方判断《中外日报》馆时常以乱党口气批评两江政务，这与岑春煊暗中指使不无关系。时革命党起事，徐锡麟刺杀安徽巡抚恩铭，中外报

---

① 《时事报》1907年12月5日在上海创刊。由张竹平任总理，汪仲阁、潘公弼任主编。《蔡乃煌致端方电》，光绪三十四年四月初二日，中国第一历史档案馆藏，端方档案，档号：27-01-002-000193-0016。

② 《舆论时事两报合并发刊词》，《舆论时事报》，宣统元年三月初二日（1909年4月20日），第1页。

③ 有关《中外日报》的办刊历程与政治取向研究，参见贾小叶《〈中外日报〉与戊戌己亥政局》，《安徽大学学报》（哲学社会科学版）2018年第2期。有关庚子之后《中外日报》相关探讨可参见林盼《清末新式媒体与关系网络——〈中外日报〉（1898—1908）研究》（复旦大学博士论文，2013年），该文有专节讨论《中外日报》与端方的关系，作者从关系网络的视角审视解读报刊与政府，但未深入挖掘丁未政潮的政局与报刊的联结，并未揭示出端方整饬《中外日报》的根本动力在于打压政敌岑春煊。

④ 《端方致袁世凯电》，朝年不详，中国第一历史档案馆藏，端方档案，档号：27-01-001-000157-0006。

⑤ 光绪三十二年，汪康年兄汪大钧病逝，岑春煊抚恤汪家五千金，汪大燮代汪康年致谢。参见上海图书馆编《汪康年师友书札》第1册，第780页。

馆对政府捕杀革命党人的举措颇有微词，端方向汪康年堂兄汪大燮写信辩白，言语中对《中外日报》略表不满，“中外报馆为人机关，于此等重要案件，无可诋毁，乃日日设法诬谤，无论拿一枭匪、会匪无不被以革命党之名，冀淆视听，其凭虚结撰，可为喷饭者则又不知凡几，是非颠倒，莫可究诘”，望汪氏帮助斡旋，“我公于此等情形当已洞悉。晤肃邸及朝列诸公尚祈一为论及，俾报章妄捏之故得以共鸣”，其深意自然包含融通汪康年，少做妄捏之词。①

光绪三十三年，岑春煊借用江浙铁路风潮之机，于《中外日报》发声，批评两江政治，引起端方警觉，“中外报本系伊之机关报，所言尤无顾忌”，称岑氏此举即“藉此推翻政府，煽动尤不遗余力”。“推翻政府”言词过重，目的是为了加重语气，引起收电人袁世凯的重视。在端方看来，“事关全局”，提出关闭一两家报馆，以示警示，“免酿巨患”。建议袁“能属崧生（梁敦彦，新任上海道，袁世凯亲信）密为设法，由沪英领请沪道自封闭最妥”，设想借助外人之手打压《中外日报》。②

与此同时，端方深知庆王奕劻对岑春煊存有成见，令蔡乃煌在京运作，密告岑氏在沪“兴风作浪”“沪上各报近为路事日益激烈，中外报有贼（岑）为主动，排斥政府尤不遗余力”，应早做打算，况且“路事一旦不协无望，必将从中煽动无疑”，向庆王灌输此中关节要害，不如“及早设法放归本籍”，目的是要将岑春煊彻底扳倒，决不能在上海逗留，以免“酿成巨祸”。③

端方多方斡旋，借路事对岑春煊发难，主要的私心还在于担心

---

① 《端方致汪大燮电》，光绪三十三年八月初七日，中国第一历史档案馆藏，端方档案，档号：27-01-001-000159-0018。

② 《端方致袁世凯电》，朝年不详，中国第一历史档案馆藏，端方档案，档号：27-01-001-000157-0054；中国第一历史档案馆藏，端方档案，档号：27-01-001-000157-0051。后一份为前电底稿。端方认为岑氏借助此事制造舆论、散布谣讹、激动风潮，或许基于汪康年、张元济、汤寿潜等人与岑过从甚密。参见汪康年著《汪穰卿笔记》，第7—18页。

③ 《端方致蔡乃煌电》，朝年不详，中国第一历史档案馆藏，端方档案，档号：27-01-001-000157-0052。

岑氏觊觎其江督位置，时“贼（岑）在沪已赁屋，作久居之计”，不得不引起高度警觉，但删去了原电中“目的所在不闻可知”一句，看来端方断定岑氏有所行动，防备是必要的。因此，不断向庆王与袁世凯鼓吹岑为“巨患”“巨祸”，目的就是要将政敌驱逐出沪，“放归本籍”。驱逐回籍断难办到，但限制政敌的舆论宣传，整饬《中外日报》尚有操作空间。

机会来自光绪三十四年二月，《中外日报》资金出现缺口，汪康年有意出售，询问端方意向，不过开价不菲，“中外报新股揽权益甚，深恐将误大局，现定轸开标出价高者得。惟近年靡费太巨，计股欠共八万余元，非投十万元不可，即归新股实数亦须七万。已筹得三数，恳大力暂垫，随后招股奉还”。[①] 据端方与已调邮传部的蔡乃煌往来一些电文来看，两江政府挪用外销款及个人出资收购了《中外日报》，具体数额未见档案记述，应是一笔较大的金额，档案中有“职道（蔡乃煌）已垫六万二千六百元，另敬贴借七千元，又交欠租四千元，每月尚须贴二千元，统计为数不赀”。[②] 亦有“收回中外日报馆，查尊处前次来电系统计八万元，此次来详言七万元”数据[③]。看来收购《中外日报》，两江政府确实用了一大笔费用。政府财政困窘，但依然花费巨资购入一份民间报纸，显然打压政敌机关报是为重要的考量因素。需要指出的是，此间蔡乃煌在京协商制定《大清报律》，整饬《中外日报》加速了报律出台进程，两江政府在管控舆论过程中与中央多有互动。[④]

《中外日报》为岑春煊的机关报，岑是否参与了此次股权收购？端方等人是如何将异己排除在外的呢？档案中未见有记述。倒是一

① 《端方致蔡乃煌电》，光绪三十四年二月初八日，中国第一历史档案馆藏，端方档案，档号：27-01-001-000164-0058。

② 《蔡乃煌致端方电》，光绪三十四年四月初二日，中国第一历史档案馆藏，端方档案，档号：27-01-002-000193-0016。

③ 《端方致蔡乃煌电》，光绪三十四年四月二十七日，中国第一历史档案馆藏，端方档案，档号：27-01-001-000155-0018。

④ 《蔡乃煌致端方电》，光绪三十四年二月初二日，中国第一历史档案馆藏，端方档案，档号：27-01-002-000173-0012。

封端方与蔡乃煌评论道员叶德全的电文，对此事略有述及，“叶德全的是真犯，何道来电亦有疤痣之说，该道狭隘诡诈，恐或借以相难。中外报本无岑股，穰卿（汪康年）所言皆该道教之”。[①] 电文似乎说明，《中外日报》并无岑春煊股份，汪康年受叶德全唆使，利用端、岑矛盾，不免有借此暗中抬价的嫌疑。

两江政府收购了《中外日报》，但管理乏善可陈，此后又起波澜。光绪三十四年五月，该报刊登《江苏绅士上江督禀》，报道了宁军夏家桥枪毙赌徒一案，指控清军并非清剿赌徒，而是抢劫赌资，且有误毙民命之事。[②] 江苏绅士群体登报，令政府“殊难为情”；同月，又有《金陵十日记》一篇，诋毁金陵政界；后又发生报刊误字与脱文事故，痛诋苏路事件之对外公禀。[③] 斥巨资收购的《中外日报》“专与宁开仗，而又屡说无效，不能不使人发急”“中外如此，真不如不收此报矣”，端方认为“此中必有运动之人”，当然指的是汪康年与岑春煊。[④] 事实上，端与汪康年、汪诒年昆仲互有烦言，“两汪险诈，甚不易制”[⑤]，与汪康年过从甚密的王慕陶亦鄙视端方的人品，“盖初用其人，继恐人播之有累，则力擈之，以示不与相通。似此手段，与之共事，未免可畏”。[⑥] 经蔡乃煌斡旋，汪康年致函作据称，《中外日报》“决不再犯”，即有必须议论之事，亦必先商后登，方缓解报馆与政府的紧张。[⑦]

---

① 《蔡乃煌致端方电》，光绪三十四年四月初二日，中国第一历史档案馆藏，端方档案，档号：27-01-002-000193-0014。

② 《夏家桥之辩护》，《中外日报》，光绪三十四年五月十一日（1908年6月9日），第2张第1版。

③ 汪康年著；汪林茂编校，《汪康年文集》（下），浙江古籍出版社2011年版，第760页。

④ 《端方致蔡乃煌电》，光绪三十四年五月二十一日，中国第一历史档案馆藏，端方档案，档号：27-01-001-000158-0004。《端方致蔡乃煌电》，光绪三十四年五月二十三日，中国第一历史档案馆藏，端方档案，档号：27-01-001-000158-0006。

⑤ 《端方致蔡乃煌电》，光绪三十四年六月二十日，中国第一历史档案馆藏，端方档案，档号：27-01-001-000158-0013。

⑥ 上海图书馆编：《汪康年师友书札》第1册，第106—107页。

⑦ 《蔡乃煌致端方电》，光绪三十四年六月十六日，中国第一历史档案馆藏，端方档案，档号：27-01-002-000193-0033。

两江政府管控报界不力，根源在于很多报纸在租界开办，政府无权过问，所发内容无法审核，针对汪康年这类具有十足办报经验的报人，非出具过硬的证据不足以制约。时康有为、梁启超等维新党人在沪有所行动，光绪三十四年三四月间，康曾致信麦孟华，谈到资政院已开，须迅速行动，“隐开国会”“若岑可深结”，拟由岑春煊领衔。[①] 此事被端方等人探知，认为这是借此整饬《中外日报》，打击岑春煊的绝好时机。

光绪三十四年七月初二日，蔡乃煌探得，“上海各报甚嚣，康逆寄到二百余埠华侨请速开会书，首先要挟归政，革党盼各报一登即起风潮”。有了“归政”如此敏感的词汇，铲除岑氏及党媒提上日程。为打击异己，蔡称“极力禁止”，但“中外主笔首先抗违，闻已受康梁运动”，欲加之罪何患无辞，“拟将该主笔汪氏昆仲辞退”。汪氏昆仲见状将股份卖于东洋人，一时令蔡乃煌无从措手，大骂“可恶已极”，政府与报人明争暗斗可见一斑。[②]

促使端、蔡加速整饬《中外日报》的原因还在于，光绪三十二年江南发生罕见水灾，赈济事务正处在关键时期，报纸“谣言正炽”，“若各报均为康、梁所用，贻害胡底”，基于此，“不得不稍露锋芒，借中外发端杀其凶焰”。[③] 蔡乃煌抓住汪的把柄，以地方官和股东的身份“手具一稿”，要求汪康年照此誊录，声明报纸此前登录新闻之误，保证“不得有讥评南北洋之论说”，如有损南北洋之新闻，须交稿阅看。[④] 在两江政府强力压制下，汪康年昆仲登报声明与该报脱离关系。两江政府整饬《中外日报》，更多出于个人私见而非政见分歧。

---

① 丁文江，赵丰田编：《梁启超年谱长编》，第449页。

② 《蔡乃煌致端方电》，光绪三十四年七月初二日，中国第一历史档案馆藏，端方档案，档号：27-01-002-000193-0040。

③ 《蔡乃煌致端方电》，光绪三十四年七月初二日，中国第一历史档案馆藏，端方档案，档号：27-01-002-000193-0040。

④ 汪诒年编：《汪穰卿先生传记》，第142页。

三 两江政府对《申报》的暗中收购

《申报》创刊于同治十一年（1872），由英国商人安纳斯脱·美查创办，原本是一份商业报刊。光绪二十五年，英商将《申报》改组为股份有限公司，售出股份，事务由董事会主持。《申报》办刊初期宗旨平允，并不热衷于议论时政，反观很多新式报刊，如《时报》《中外日报》的精神形式力求更新，以博眼球，引起世人注意，销量日增。《申报》销路由此渐衰，主笔伍特公后来回忆称，“沪上各报之主义亦随风气而变易。独本报《申报》则故步自封，力排新学。犹忆余在校课余入阅览室时，各报辄一纸而数人聚阅，独《申报》常被闲置案上，苟有因老同学，辄以顽固、腐败等名词诋之”[①]。主笔雷瑨曾分析《申报》衰落原因称，“中国倡行新政始于康梁，戊戌政变后康梁遁逃海外，清慈禧太后怒之甚深，政府诸公因求媚慈禧之故，不得不将顺其意。主笔政者因迎合政府诸公之故，更不得不附和其词”。在他看来，正是与政府的媾和造成了《申报》的没落。[②]

光绪三十一年，《申报》报政改革，辞退了原来奉行保守主义的主笔黄式权，聘请具有维新思想的张默、刘师培等人办刊。据说“刘氏来馆以后，《申报》之言论，更由维新而转变为革命，清廷视为眼中钉”[③]，一度矫枉过正。《申报》言论趋于尖锐，对政府不无批评，引起两江政府的不满，当年《大清印刷物专律》的出台与此不无关系，同时端方等人向报馆施压，暗中布局，试图掌控该报。[④]

---

① 伍特公：《墨衢实录》，申报馆编：《最近之五十年》1923年。

② 雷瑨：《申报之过去状况》，申报馆编：《最近之五十年》1923年。

③ 《申报掌故（三十七）·刘申叔怒离申报馆》，《申报馆内通讯》第1卷第10期。

④ 关于政府收购《申报》，过往研究多有提及，参见杜新艳《〈申报〉的过渡时代》（《汉语言文学研究》2011年第2期），谈及1905年至1916年席子佩、官方、立宪派三方势力对《申报》所有权的博弈，但对于蔡乃煌等人的作用未见详论。马光仁主编：《上海新闻史（1850-1949）》，也提及了蔡乃煌与《申报》董事席子佩的秘密接洽，亦未展开论述。相关研究亦参见徐载平，徐瑞芳《清末四十年申报史料》，新华出版社1988年版。宋军：《申报的兴衰》，上海社会科学院出版社1996年版。晚清两江政府暗中介入操纵《申报》详细过程，还有待深入考察。有关《申报》与地方政务关系的探讨，可参见卢宁《早期〈申报〉与晚清政府近代转型视野中报纸与官吏关系的考察》，上海科学技术文献出版社2012年版。

光绪三十三年年初，两江政府策划将《申报》收购，苦于财力不足，端方向盛京将军赵尔巽求助，称“《申报》行销最广，可以用为机关”，拟由南洋印刷局集股十四万，“暗以《申报》附入”，其中宁、沈各出五万，商款四万。[①] 经道员熊希龄与金仍珠运作，赵尔巽同意支付五万“作为入股”。[②] 但不知出于何故，购入《申报》一事被搁置，半年后再次启动。

光绪三十三年十一月，《申报》因经费支绌，亟须邀人合办，为政府介入提供了契机。此时两江政府正在筹备开办《舆论日报》，作为机关报，资金缺口较大。（详见上文）端方得知此消息，认为《申报》开设最久，阅者众多，舍一新造独立之《舆论日报》，合办一资深有名之《申报》，无疑非常有利。而且合办比之于自创节省经费，“自创则日日愁经济，不啻日日过年”，而《申报》行销甚广，每月收费略可敷衍，无须常常贴补。此外，云贵总督锡良投注《舆论日报》的六千元可挪用，两江政府无须筹款太多。更为关键的是，即使名为合办，会计、编纂、交通各部可派人经理，“与独立无异”“不啻权自我操”“其机似不可失”。[③]“商报捐除忌讳，故购阅者多。官报敷衍故事，故购阅者少”[④]，与官报相比，《申报》销量大，影响广，非常划算，给政府收购注入极大动力。

全盘负责收购的是道员金仍珠，到沪接盘，订立收购合同，讨论言论全权，商详细办法。编辑长派学识均优、甚顾名誉的曾朴，曾氏向两江政府透漏《申报》资金困窘有意出卖，自然有所图。此外，由蔡乃煌推荐的《舆论日报》周正权、李焱木分任编辑、会计

---

① 《端方致赵尔巽电》，朝年不详，中国第一历史档案馆藏，端方档案，档号：27-01-001-000166-0053。

② 《赵尔巽致端方电》，光绪三十三年正月初十日，中国第一历史档案馆藏，端方档案，档号：27-01-002-000144-0026。

③ 《端方致蔡乃煌电》，光绪三十三年十一月十六日，十一月十九日，中国第一历史档案馆藏，端方档案，档号：27-01-001-000164-0023，27-01-001-000164-0024，27-01-001-000164-0025。

④ 《论报馆之有益于国》，《东方杂志》1905年第2卷第4期，第55页。

两部监督。[①] 在收购《申报》的过程中，蔡乃煌起到了至关重要的作用，以至于后来当事者回忆官办《申报》的这段历史，提到“前清末造，有广东浪子蔡乃煌，任苏、松、泰（太）道，取佞江督端方，为方在沪兼营谍报。从而献计，用库银八万两收买《申报》，管制舆论”。[②] 时过境迁，蔡、端官办商报这段往事的细节已经淹没，不为人知，庆幸端方档案存有一些电文，借此可以还原此段历史。

曾朴与金仍珠在沪谈判并不顺利，到沪后开始筹划合办细节，方才得知公司有合资、股份之别。合资就是合同、权利相均，股份公司则是股东公举董事、总协理，举定后股东除开会与议外，并无其他权利，并不订立合同，曾氏认为以合资为宜。《申报》负责人席子佩则不愿合资，坚执招股，理由是简章早经刊布，招有散股，断难突然改为合资，而且部分产权被洋人购买，并拟将总经理聘为己方人员，不能另举。有记载认为，此季《申报》已被洋人卖出，可能是美商出于办报不如投资制药厂得利，因此获利后转投其他产业。[③] 也有认为此时《申报》经营不善，“约于同年五月三十一日由该馆买办青浦人席子佩（裕福）与英人勾结合约借款接办，但名义上仍属外人”。[④] 无论如何，席子佩借洋人搪塞，两江政府收购遇到了阻力。

谈判继续进行，《申报》方考虑到此次政府投资一半，与小股东不同，同意由股东与总经理订立条款，载明编辑、会计两部由政府特派专员。金仍珠分析即使订立条款，但席子佩系总理人，有监察调度权，将来遇到事情还是不好办，谈判陷入僵局。席又提出一层办法，将该报全部售卖，将原买契纸交出，报价六万两，一切来往账目由新

---

① 《端方致潘季孺电》，光绪三十三年十二月初三日，中国第一历史档案馆藏，端方档案，档号：27-01-001-000126-0046。《端方致蔡乃煌电》，光绪三十三年十二月初三日，十二月初五日，中国第一历史档案馆藏，端方档案，档号：27-01-001-000164-0031，27-01-001-000164-0032。

② 章士钊：《申报与史量才书后》，《章士钊全集》第8卷，第267页。

③ 雷瑨：《申报之过去状况》，申报馆编：《最近之五十年》1923年。

④ 袁省达：《申报〈自由谈〉源流》，《新文学史料》第1期，人民文学出版社1979年版，第245页。

业主承认，另约有欠款一万七千两由政府承担。曾、金考虑席人狡猾，将来共事必多轇轕，不如买断，先付资金若干，余款订期续交。[①] 经此谈判，两江政府由合办改为全权购买，需要做的就是筹钱。

席子佩任意加价引起端方不满，“《申报》以六万购出我已大不合算，席子佩岂不自知，今必故意抬价，实不尽情，鄙意断不能加增一分也”。[②] 收购因价格僵持不下。至八月，曾朴找蔡乃煌商议，指出即便价格较高，毕竟“苟能将《申报》并收，则以后风潮可以不起，关系甚大”，拟请南洋“与北洋、鄂省并谋，好在《申报》不至月亏，止需收费耳”。[③] 档案记载端方派人与直隶总督杨士骧沟通，称：“前因《申报》有出顶之说，曾经电商尊处筹资合办，嗣以该股东求照议价加增未能接受。顷据蔡道面禀，现与该馆磋商，已允照七万出售，惟该报最得商界信用，销数最好，故外间争顶者众。现在施行报律，如此等有名大报，尤不可不趁此收回，并云已由少川（唐绍仪）星使函达我公筹资三万余款，即由南中设法措筹云云……如将《申报》并归官有，则报界言论之权可以悉自我操，实于报律之行大有裨益，蔡道所陈尚望查允，速筹并先电复。”[④] 杨士骧回复称，“该馆以七万出售，卓见既以为然，必于大局有益。自当勉筹三万以符南北洋合办之议，一俟措齐，即当汇寄”。[⑤] 档案未记载最终政府收购《申报》所花费用，据江苏省谘议局议案记述：蔡乃煌收购《申报》等沪上报刊共计花费股本16万两，资金主要来自开浚黄埔工程款。[⑥]《申报》经此股

---

① 《曾朴、金仍珠致潘季孺电》，光绪三十三年十二月二十八九日，中国第一历史档案馆藏，端方档案，档号：27-03-000-000021-0061。

② 《端方致蔡乃煌电》，光绪三十四年四月二十九日，中国第一历史档案馆藏，端方档案，档号：27-01-001-000155-0009。

③ 《蔡乃煌致端方电》，光绪三十四年八月初一日，中国第一历史档案馆藏，端方档案，档号：27-01-002-000193-0037。

④ 《端方致杨士骧函》，光绪三十四年十月初四日，中国第一历史档案馆藏，端方档案，档号：27-02-000-000110-0018。

⑤ 《杨士骧致端方电》，光绪三十四年十月十二日，中国第一历史档案馆藏，端方档案，档号：27-03-000-000012-0023。

⑥ 《江苏谘议局议员提出续查官营商报成案补议办法九条之紧急动议案》，《时报》，宣统元年十月十六日（1909年11月28日），第9版。

权收购，被政府暗中操控。曾任江苏都督府顾问的章士钊回忆《申报》转手，指出“席氏子眉、子佩兄弟毕生经营之偌大报业，一转而为清运告终之机关刊物”。[①]

两江政府收购《申报》花费不菲，运营后困难重重，难以挪用巨额他项经费支撑。宣统元年十月初四日，江苏省谘议局会议决定："近年上海报馆，往往为本省行政官所开。初以为官自解其私囊，虽官冒商名，淆乱清议，情理大有不合，然人民无担负义务之关系，业已隐忍相安。今既知官营商报，仍用本省官款，明见报销"，“议定为不可行事件，呈请更正施行”，《申报》不久即归商办。[②] 不过政府与《申报》的合作一直持续进行，端方由两江调直隶，每月补贴《申报》五百元，作为资助。[③] 由此可见，《申报》并非完全意义上的商办，与政府保持着千丝万缕的联系。后人称“《申报》乃官物，（史）量才不过任监守之责”，并非没有道理。[④]

四 外文报《上海泰晤士报》与政府的合作

上海报界信息来源的很大助力即取材于本埠外报。沪上外报多有本国政府背景，充当喉舌，文料来源丰富。租界内的领事裁判权为外人办报提供保障，具有较为宽阔的舆论空间，也因此被列强制造舆论所利用。两江政府寻求与外文报合作，对外可用于交涉，对内则有利于舆论引导。[⑤] 在两江政府筹备联络外文“机关报”的过程中，美国人福开森（John C. Ferguson）起到桥梁作用。福开森毕业于波士顿大学，光绪十二年来华传教，自此在中国活动五十七年

① 章士钊：《申报与史量才书后》，《章士钊全集》第 8 卷，第 267 页。

② 《上海报界之一斑》，《东方杂志》第 6 年第 12 期，第 408 页。

③ 《蔡乃煌致端方电》，宣统元年七月初九日，中国第一历史档案馆藏，端方档案，档号：27-03-000-000027-0006。

④ 章士钊：《申报与史量才书后》，《章士钊全集》第 8 卷，第 267 页。

⑤ 需要指出的是，租界为外报提供了极为便利的权力，国人同样利用租界特权办刊，但与外人并非同等待遇。有关沪上租界与近代报刊发展相关研究，参见秦绍德《上海近代报刊史论》（复旦大学出版社 2014 年版，第 150—174 页），指出殖民当局也绝非就是中国人办报的保护伞，租界的新闻自由同样存有限度，即在殖民当局许可范围内的有限自由。

之久，涉足的领域包括宗教、教育、新闻、收藏等行业，与晚清至民国初年的众多历史名流交从甚密。端方与福开森早有交际，此前任职署理江苏巡抚与署理两江总督期间，即与福开森交往，尤其在办理“苏报案”过程中，双方电报往来十分频繁。[①] 后端方调任湖南巡抚，临行之前不忘告知福氏，有关湘省利害及个人私事，随时“密闻”，二人关系匪浅。[②] 此外，端方热衷兴学与收藏，这两方面均是福开森擅长与兼及的领域。主政两江后，故人相逢，联系更为频仍，投分甚深。

福开森办报经验丰富，深耕报界多年，可谓资深报人，光绪二十五年将当时在华较有影响力的报纸《新闻报》收购，比之于初来江南的江督端方，福氏对于沪上报界的生态环境更为熟稔。基于此，端方对这位外国友人格外器重，福开森的一些建议影响两江政府决策。

光绪三十三年正月，曾为《文汇报》经理的克拉克，为福开森友人，至沪接办《上海泰晤士报》[③]。福开森预计将来行销必广，该报苦于资金短缺，每月开销尚不敷数百金，若能酌给津贴，对政府有莫大之便，可为中国机关报，并称两江“亟须有西报为之机关，开森筹画多年，苦无机会”，此时正是收购的好时机，如若同意，立即回国接洽此事。[④] 端方早有入股西文报纸的打算，一直无从着手，得知此事立即派王鸣钰、熊希龄两位干员赴沪与福开森商议。双方很快达成三项协议：其一，上海西报、华报有毁谤两江者，如未知

---

① 福开森与清廷暗中联络，在一些报人的回忆录中有所记述，只是并未得到学人太多关注。参见严独鹤《辛亥革命时期上海新闻动态》，《辛亥革命回忆录》第 4 集，文史资料出版社 1981 年版，第 82—85 页。

② 《端方致福开森电》，光绪三十一年正月初十日，中国第一历史档案馆藏，端方档案，档号：27-01-003-000067-0003。

③ 此为《上海泰晤士报》（Shanghai Times），美国侨民在华发行的英文报纸，为美国人布什（J. H. Bush）于 1901 年创刊，原为美侨社会的言论机关。1904 年被欧布（John. O'Shea）所购，自任主笔。关于两江政府与《上海泰晤士报》的财务往来，有关研究业已有所提及，但目前还未见有专文论述政府与该报的关系。参见马光仁主编《上海新闻史（1850—1949）》，第 351 页。

④ 《福开森致端方电》，光绪三十三年正月二十四日，中国第一历史档案馆藏，端方档案，档号：27-01-002-000147-0236。

事体真相，即寄督署请示，凡政府有辩驳之稿均可交该报刊发；其二，《上海泰晤士报》访事所访两江新闻应格外郑重，如关系较大者立即电请酌示，俟复电到后再刊，往来电费归两江结算；其三，政府有特发登报之件，《上海泰晤士报》即照刊。经双方协商，协议与补贴两项达成共识，资金由两江政府入股一万五千元，作为该报大股东。[①]

两江政府为避免入股西文报纸引来外界非议，即“暗中维持，不便明认”，非当面购买，这样“各国明知报由我设”，“恐不足以取信”，并“密属该报馆自行寄”[②]。同时命江苏候补道沈邦宪“间接商定，不由督署直接，庶得驾驭之法”。[③] 此前沈邦宪因办理银元局应交盈余不敷降级调用，端方为其翻案，致沈大为感动，办理报务极为卖力。[④] 两江政府邀请闽浙总督松寿助力发行，称“洋员福开森旅沪多年，遇有交涉事宜驾驭得法，尚肯为我效用，兹所开泰晤士西字报馆正图扩充，且愿作中国机关。江鄂各省旧有岁助之款均在三四千金以外，近时次帅（赵尔巽）到蜀亦认为销报百份，该洋员素慕荣名，愿效指臂，特浼弟为介绍，可否按照四川办法每年为销报纸百份，俾利推行”。当然闽浙之事可登载，“至闽浙交涉日敏，将来如有应行□录及辨正之事，或由尊处拟稿定彼照登，或立意该馆属其照拟论说，均无不可”[⑤]。文中亦提及新任川督赵尔巽认股。

除闽浙、四川外，云贵总督锡良亦予以支持。时云贵发生枪毙法人事件，上海《中法新汇报》左袒其国，所论多偏颇之词。外文

① 《福开森致端方电》，光绪三十三年二月初九十日，中国第一历史档案馆藏，端方档案，档号：27-01-002-000148-0213。《王鸣钰致端方电》，宣统元年三月十七日，中国第一历史档案馆藏，端方档案，档号：27-01-002-000201-0047。

② 《端方复江苏陈抚台函》，朝年不详，中国第一历史档案馆藏，端方档案，档号：27-02-000-000116-0020。

③ 《熊希龄致端方电》，光绪三十三年二月十一日，中国第一历史档案馆藏，端方档案，档号：27-01-002-000143-0020。

④ 《端督奏请开复沈邦宪》，《申报》，宣统元年六月初六日（1909年7月22日），第10版。

⑤ 《端方致松制台函》，朝年不详，中国第一历史档案馆藏，端方档案，档号：27-02-000-000071-0003。

报刊登各种索要利权信息，引导舆论，如《文汇报》载法文电报云法方的四项要求，“一惩办肇事者及煽惑者，二撤退云南总督，三赔款，四云南法国各种权利之保证”。[①]《上海泰晤士报》刊发端方拟好的稿件辩论，借此拉拢锡良，“《泰晤士报》系洋员福开森所办，福在中国日久，驾驭得宜，尚可为我所用，其所办《泰晤士报》自愿为中国机关，惟现在正拟扩充经费，未能十分充裕，前曾面称拟求尊处代销报若干份，该报每份需洋□元，尚祈酌定百份或数十份”，“尊处如续有应登之件，并可随时函电见示”[②]。咄咄逼人的外交压力，促使锡良与两江政府合作办报。

两江政府此后多方介入《上海泰晤士报》。为增加销量，建议增注华文。与湖广、浙江、两广等各地督抚联络，拓展销路。《上海泰晤士报》行销不广，又联络邮传部，“分派各省代销”。[③] 从光绪三十四年十二月各地报费来看，至少浙江、四川、山东、直隶、云贵等省份均有订阅，这与两江的斡旋密不可分。

《上海泰晤士报》经两江资助，充当内定之西文机关报。时上海各国领事要求推广租界，“驻沪各领事照会江督声请扩充，经江督据理驳拒”。[④] 此后在沪各使及各西商又复开会集议此事，两江政府“密属其（福开森）于所办报纸对于此事极力反对”，并在会发表意见，“有一国不谐即难办成”，“此议已息”与福开森实心帮助有莫大关系。[⑤]

《上海泰晤士报》对两江政府的暗中助力不仅涉及对外事务，更多则为内政舆情的引导。光绪三十二年两江发生近代以来罕见水灾，

---

① 《法国要求云南权利》，《申报》，光绪三十四年五月十八日（1908年6月16日），第5版。

② 《端方致锡良函》，朝年不详，中国第一历史档案馆藏，端方档案，档号：27-02-000-000078-0006。

③ 《端方致蔡乃煌电》，光绪三十四年正月十八日，中国第一历史档案馆藏，端方档案，档号：27-01-001-000164-0046。

④ 《论本埠西人赞成推广租界事》，《申报》，光绪元年闰二月初五日（1909年3月26日），第2版。

⑤ 《端方致梁尚书电》，宣统元年闰二月十一日，中国第一历史档案馆藏，端方档案，档号：27-03-000-000021-0019。

富庶江南变为千里泽国。端方于此年到任江督，即组织当地士绅赈济。水灾给政敌岑春煊可乘之机，在沪以赈款重伤两江政府，端方虽声称“用款核实，均有舆论，案据可凭，原不足虑”，但还是担心“贼谋险狠”，又有善棍等出全力相助，不可不力为防范。拟好辩驳稿，首交《上海泰晤士报》登刊，推测在沪各报一定译登，此举较为隐蔽。[①] 电文由端方亲自拟好，称“闻有某大员派人挟资入都意欲运动言官，藉赈务用款太多，中伤某督，惟朝论均不谓然，某大员此举恐无效力，云云”。为了掩人耳目，“用大字登入‘北京专电’”。[②]

沪杭甬铁路路权收回过程中，据《上海泰晤士报》通信员访探，中方违反铁路借款合同，浪费经费，中方工程司所造桥梁不固，枕木质软，铁轨敷设不妥，石子亦铺放不足，该通信员拟将此事宣布，《上海泰晤士报》因不利两江未予刊登。[③] 光绪三十四年，宁军在夏家桥击毙赌徒，有人暗中反复运动报馆，制造舆论，报界持续攻击，语言偏激。[④] 端方嘱《上海泰晤士报》，“如有此等文字”“切属当事立予拒卸”。[⑤] 宣统元年，《中外日报》驳斥两江政府征银解银，[⑥]“多有訿议之词”，此事所关甚巨，政府令蔡乃煌著论更正，在《上海泰晤士报》等报切实辩驳。[⑦]《上海泰晤士报》为外人主办的西文报纸，却充当两江政府的内定机关报，沪上报刊的政治属性确实极为复杂，难以简而论之。

---

① 《端方致蔡乃煌电》，光绪三十四年正月二十三日，中国第一历史档案馆藏，端方档案，档号：27-01-001-000164-0047。

② 《端方致福开森电》，朝年不详，中国第一历史档案馆藏，端方档案，档号：27-02-000-000065-0010。

③ 《郑汝骙致端方札》，宣统元年闰二月初四日，中国第一历史档案馆藏，端方档案，档号：27-03-000-000031-0043。

④ 《江苏绅士上江督禀》，《中外日报》，光绪三十四年五月初十（1908年6月8日），第2张第1版。

⑤ 《端方致福开森函》，朝年不详，中国第一历史档案馆藏，端方档案，档号：27-02-000-000083-0005。

⑥ 《江督饬司筹议州县公费之办法》，《中外日报》，宣统元年三月二十八日（1909年5月17日），第1张第2版。

⑦ 《端方致蔡乃煌电》，宣统元年四月初一日，中国第一历史档案馆藏，端方档案，档号：27-03-000-000020-0005。

五　两江政府与革命党报及报人

端方任江督期间（1906—1909），正是清廷推行新政的关键时期，新政、立宪、革命交织的清末政局，为舆论制造与信息传播提供了广阔空间，上海之于舆论又具有特殊位置，“历史上之地位，则上海报为全国之先导是也”。[①] 端方曾写信给主管民政的肃亲王善耆，称“上海报界宗旨纯正者百不一二，其中甘为逆党机关者固属不少，余亦不免视利之所在，意为毁誉”。[②]《神州日报》和《民呼日报》为革命党人于右任创立，在政府看来即属于“逆党机关”范畴。[③]

《神州日报》创刊于光绪三十三年，于右任为筹集资金专程赴日本求助于同盟会，孙中山给予支持，希望将该报办成联系各省，宣传革命的机关报。《神州日报》发行时，同盟会江苏分会、日本东京《民报》主笔章炳麟等人均致贺词，政治属性极为明显。《神州日报》总主笔杨毓麟曾与端方一同出洋考察，协助翻译外文书籍，此后保持联络。端方督两江，杨毓麟写信告知在《神州日报》任职，求助报款，“神州报馆自创办以来，迄今已历半载，编辑虽殊欠完善，而经济则综计前后，所需为数已属不赀，更回禄受创甚巨。顷来销数，虽未为大劣，而欲图扩张一切，则于事颇难，势不得不需有增入之赀本，乃能促进其增长之度”。并派总经理叶景莱“专为此事，趋叩崇阶，所有一切情事，均由景莱面呈陈”。[④] 看来报人与政府要员并非办刊取向不同，即水火不容，实则多有交际。不过，《神州日报》寄望政府支持未见回应，想必引起了该报的不满，以致对两江公务多有微词。

---

① 姚公鹤：《上海闲话》，上海古籍出版社 1989 年版，第 128 页。

② 《端方致善耆信》，朝年不详，中国第一历史档案馆藏，端方档案，档号：27-02-000-000147-0001。

③ 有关于右任所办“三民报”的历程，新闻史、政治史均有专文论证，参见马光仁主编《上海新闻史（1850—1949）》，第 352—358 页。秦绍德：《上海近代报刊史论》，第 172—173 页。本章则着重还原了两江政府针对于右任所办报刊的相关举措，进一步发掘清廷禁报的内在原因。

④ 《杨毓麟致端方信》，光绪三十三年九月二十七日。转引自孔祥吉：《惊雷十年梦未醒档案中的晚清史事与人物》，第 179 页。

宣统元年三月二十八日，《中外日报》刊发江督筹定各州县公费事一则，称摊捐各款因银价日昂，各州县深受其苦，且有幕友上下其手，用无著之款列抵，应将各州县摊捐之款彻底清查，以除积弊。端方认为此说不妥，且此事所关甚巨，嘱人即刻著论更正，于各报切实辩驳。结果《中外日报》《舆论时事报》《新闻报》《上海泰晤士报》等均力加驳斥，分日立言，惟有“神州坚不允行”[①]，可见《神州日报》未与政府合作，并有成见。

宣统元年，端方调任直隶总督，《神州日报》称“端督幕僚有一百余员，每月在财政局支销不下数万两。兹新任江督之幕府仅共十分之一二耳”。[②] 三天后，再次发文，称“津函云，直督端方到任，随带文武八十余员，闻端意拟一一位置，故北洋近日官场将大有一番更调，故莫不恐慌云”[③]。毁誉之词令端方颇为不满，“种种妄说，殊属可恨”，想必积怨已久。[④] 针对此事，蔡乃煌将《神州日报》主笔何雨辰“勒令撤换，由汪道、周道每日派人阅报，方准发刊”，并指出该报经费不敷，“既操监督之权，宜任补助之责”。端方认为“如能议由鄙处派人代为主持，则尚可予以津贴”。[⑤] 经双方协商，北洋每月注资补助，该报方舒缓了对端方的敌对态度。七月初发表了《新直督之风采》一文，算是对直隶补贴的反馈。清末报界索米立传不为少数，经费支绌为一考量，报人道德亦难令人称道。

《民呼日报》创刊于宣统元年三月，创办人于右任登报声明称，“鄙人去岁创办神州报，因火后不支退出，未竟初志，今特发

---

① 《蔡乃煌致端方电》，宣统元年四月初四日，中国第一历史档案馆藏，端方档案，档号：27-01-002-000207-0013。

② 《新督幕人物志》，《神州日报》，宣统元年六月二十七日（1909年8月12日），第3页。

③ 《北洋官场之恐慌》，《神州日报》，宣统元年六月三十日（1909年8月15日），第2页。

④ 《端方致蔡乃煌电》，宣统元年七月初八日，中国第一历史档案馆藏，端方档案，档号：27-03-000-000030-0022。

⑤ 《蔡乃煌致端方电》，宣统元年七月初一日，中国第一历史档案馆藏，端方档案，档号：27-03-000-000030-0019。《端方致蔡乃煌电》，宣统元年七月初八日，中国第一历史档案馆藏，端方档案，档号：27-03-000-000030-0022。

此报，以为民请命为宗旨。大声疾呼，故曰民呼。辟淫邪而振民气，亦初创神州之志也”。[①] 显然，《民呼日报》继承了《神州日报》的办报宗旨。《民呼日报》创刊当日，蔡乃煌即着手准备查封，“本不欲给照邮寄，但恐其向东洋注册，故令其递禀注册给照。今日出报已异常悖谬，至有‘三千年独夫民贼’字样，可恨已极，姑纵其放恣数日，为封办地步。现皖绅因铜官山事，正倡议抵制英货，此等语报不封，必大起风潮，故不得不办”[②]。这封电报应该是《民呼日报》出刊，蔡氏阅报后给端方发的电文，对该报内容颇为不满，批评宗旨不纯，势必为沪上隐患，为日后封闭报馆埋下了伏笔。

《民呼日报》出版后，果然文风比之于《神州日报》更为尖锐，如对东三省总督锡良裁撤冗员一事极力诋毁，端方让人“务速为设法招呼”。两江政府拟好电文，登报辩解，“奉省开支各官员廉俸薪津公费岁逾二百万，清帅到任司库一空如洗，积亏至数百万，不能不先从裁汰冗员入手。现已裁去二百余员，每年节省经费四十余万，然于真正办事各员仍优予薪水，并未稍减，目下失望之人，造为谤言，四出散布，然清帅决不因此稍为瞻徇”。[③] 两江政府刊文为锡良辩驳，应是出于整饬报界期间得到了云贵的资助。

端方亦被《民呼日报》指摘，称“端在两江数年，既无所谓善，亦无所谓不善，然较之近日各督臣，如升允、松寿者，固稍胜一筹也”[④]，显然评价不高。更甚者，端方离任两江后，该报抨击其“无定见”“敷衍”“善护短”“更癖金石，魔障已深”，攻击在两江所办之事皆“奴隶之外交”“奴隶之军队”“奴隶之巡警”

---

① 冯自由：《革命逸史》（中），新星出版社2009年版，第586页。

② 《蔡乃煌致端方电》，宣统元年三月二十六日，中国第一历史档案馆藏，端方档案，档号：27-03-000-000018-0030。

③ 《端方致蔡乃煌电》，宣统元年四月十五日，中国第一历史档案馆藏，端方档案，档号：27-03-000-000020-0007。《端方致蔡乃煌电》，宣统元年四月十六日，中国第一历史档案馆藏，端方档案，档号：27-03-000-000020-0010。

④ 《江苏士绅必有一人》，《民呼日报》，宣统元年五月十三日（1909年6月30日），第1页。

“奴隶之教育”。[①]

因已离任两江，管理舆论需要旧属蔡乃煌助力，为笼络蔡氏，端方称在京期间向摄政王载沣力保，“总以调京为宜”，赏给三四品京堂，以便发挥特长，将京中各报逐加厘正。这一番话是老上级的肯定，也有对未来的期许，蔡乃煌许诺“民呼一报，亦易料理”，打压《民呼日报》分外卖力。[②]

很快蔡乃煌找到了机会，《民呼日报》抨击各省吏治，陕西尤甚，当地大员恨之入骨。甘肃遭受巨灾，陕西官员李岳瑞等人组织筹赈会，于右任为陕西籍人，也在会员之列，并将民呼报馆一室作为该会办公点。陕吏以此为契机，污蔑于右任贪污赈款。护理陕甘总督毛庆蕃曾为江苏提学使，与端方交往密切，致电蔡乃煌彻查此事。蔡乃煌借机札饬公共租界，转达毛庆蕃来电，称该公所义赈得银三万多，只有两千解到甘省，有人借机渔利肥己，限三日内将赈款交出。[③] 租界公廨警员将于右任缉拿审讯，不能保释。

为了打倒《民呼日报》，与甘肃赈款案同时发动的还有三案：一为安徽铁路公司候补道朱云锦指称毁谤名誉案；二为已故上海道蔡钧之子蔡国桢指称毁坏其父生前名誉案；三为新军协统陈德龙指称毁坏名誉案。多案并举目的在于彻底打倒《民呼日报》，使其一蹶不能复起。七月二十四日，于右任羁押月余后，被逐出租界，并取消了《民呼日报》的发行权，该报自创刊至关闭仅维持了三个多月。于右任判决当日，蔡乃煌致电端方称，“经此次惩办，沪上各报或不敢猖獗”，有意通过打击《民呼日报》警示沪上报界。[④] 需要说明的

---

① 《论端督奴隶幕府之误江南（待理来稿）》，《民呼日报》，宣统元年六月十一日（1909年7月27日），第1页。《端那人物志舆评》，《民呼日报》，宣统元年六月十二日（1909年7月28日），第2页。

② 《端方致蔡乃煌电》，宣统元年六月十二日，中国第一历史档案馆藏，端方档案，档号：27-03-000-000023-0025。

③ 冯自由：《革命逸史》（中），第588页。

④ 《蔡乃煌致端方电》，宣统元年七月二十四日，中国第一历史档案馆藏，端方档案，档号：27-03-000-000030-0020。

是，针对革命党报及报人管控，两江政府指向明确、定性清楚，虽处以严刑，但比之于维新党人所办报刊，尤其是政敌机关报，对主政者来说则更为上心，所费精力、财力远超革命党报。于此可见，治理报界、整饬舆论冠以“逆党”“巨患”“巨祸”说词，实掺杂个人私见作祟，政府与报界的合作分离因素考量是多方面的。

六 政府管控与舆论空间的变化

清末报人为政治参与的重要力量之一，左右政治发展不可忽视的社会群体。报界与政府之间呈现多重、多元、多变的关系，各种因素交织，纠合极为复杂，难以以某一时期的舆论倾向将其定性，一些看似与清廷无关甚至政治取向对立的报刊反而与政府保持着千丝万缕的联系。报人的办刊理念则更为灵活，价值观念、资金来源、人际交往都有可能造成所办报刊舆论导向的转变，与其办报理念初衷背道而驰，单纯以报人政治身份（这种贴标签式的定于一尊的评价多为后见之明）定性报刊性质实颇具风险。报界与政府的合作与对抗、联合与背离充满变数，并非持久不变，报纸传播信息背后加持的政治因素尤其值得关注。

政府与报界联结与断裂的关键环节在资金与政见，有时前者更为重要。揆诸史实，财政困窘为官媒与民间报纸的普遍现象。清末新政的初衷在于求富，推行各项举措的前提为财源支持，往往先求财于民，不免增加了民间的反新政情绪。报刊本为引导舆论、宣传新政理念的重要工具，官媒的力量反而不及民间报界，政府不得已借用财政手段，间接管控民办报刊，无形中增加了管理费用。以资金为媒介的政府与报界之间的合作并不稳定，当失去了财源支持，政府与报界协作即告结束，甚至走向对立面。报人借舆论争取官方资金已经成为惯用手段，这不得不说是清廷舆论整饬的失策与困境。

清末政府对于舆论的管控呈现共性与特性并存的状态。整饬舆情是中央与地方面临的共同问题，负责管控沪上舆论的蔡乃煌曾致电端方称，“已托赵智庵函菊人（徐世昌），日内再电清帅（锡良）续招，亦恳钧处电莲帅（杨士骧）并宁地各局有闲款可拨者，亦望设法维持，全此脸面”[①]。目前难以判断此电是针对何报所言，但可以看出两江、直隶、云贵、东三省以及湖广等地督抚在应对舆情过程中多有共识与合作，地方治理面临着通性问题。[②] 出于各自政治考量、多变的政局环境，以及各地报界不同舆论取向，政府治理舆论呈现复杂的面相，从过往研究来看，整体概观与细化个案研究均有进一步探讨空间。就本章而言，派系分离与个人的权力网络是为考量政府与报界的重要环节。需要指出的是，上海作为报界的重要枢纽，舆论传播与制造的重要场域，不同于其他省份，具有特殊的地域意义。两江政府的一些举措实与中央以及各地方联系紧密，相当程度上可以看作清廷中央对于报界的认知，代表了地方政府整饬报界的共识，这在文中亦有体现。

仅就本章而言，两江政府对于沪上舆论的管控产生了两方面影响。于政府，培植了一批“宗旨渐已纯正”[③] 的报馆。端方任职江督期间，曾致电北洋大臣、直隶总督杨士骧，将上海各报整顿情况有所说明，“查上海报馆，惟中外、申报、时报、新闻报为较著，自中外收归官办，各报势力日渐缩减，时报、新闻均已渐受绳墨，如将申报并归官有，则报界言论之权可以悉自我操”[④]。这是两江收购《申报》前，端方向杨士骧求助资金时所发电报。至宣统元年，两江合股资助的报刊有四家，囊括了当时沪上影响力较大的《申报》《中外日报》《时事报》《舆论日报》，另外福开森筹办的《上海泰晤

① 《蔡乃煌致端方电》，光绪三十三年十一月初二日，中国第一历史档案馆藏，端方档案，档号：27-01-002-000164-0049。

② 既往研究围绕政府与媒体的关系，学者探讨了上海报纸的政治空间，叙述清廷对报纸舆论功能的认知过程以及采取的各种手段，指出均未达到政府的预期效果，分析其中主要原因在于租界的存在。参见王敏《政府与媒体——晚清上海报纸的政治空间》，《史林》2007 年第 1 期。

③ 《端方致蔡乃煌电》，宣统元年六月十二日，中国第一历史档案馆藏，端方档案，档号：27-03-000-000023-0025。

④ 《致天津杨制台函》，十月初四日，中国第一历史档案馆藏，端方档案，档号：27-02-000-000110-0018。

士报》除既有补助外，由财政局追加资金。[①] 经此整顿，报界言论空间收缩，公共舆论“渐受绳墨”。不过，两江政府寄望于通过金钱来收购报刊，从而达到控制舆论、排除异己、打压革命的目的，随着时间的推移，政府以资金管控报界只能行逞于一时，这种对媒体与舆论的管制策略势必难以成功。

于报界，舆论空间压缩，报纸道德亦受到冲击。御史江春霖弹劾蔡乃煌十六条，称其“官办商报，私用公款，纠结内外，变乱是非”，并指出“内有外务部军机为之奥援，外有两江总督为之袒护”“互相标榜，抵排异己”。[②] 时人指出官办商报“关系极大，非彻底究明，将来全国受其影响也”，可见报人对政府嵌入舆论颇为反感。[③] 民国开新闻史研究先河的姚公鹤感叹，“上海报界之有政治意味，当以前清季世某上海道（蔡乃煌）购买某报始。继是而官僚购报之风盛行，其不能全部购买者，则又有津贴之名，报纸道德一落千丈矣”。[④]

晚清报纸创设举步维艰，至戊戌维新指斥旧派，放一异彩。庚子之役，沪报极力促成和局，亦有功于国家。辛丑之后，报界督促内政，沪上各报鼓吹传播立宪，选择东西名著译登报端，与时局关系愈发紧密。概而言之，光绪末年虽国势孱弱、民智闭塞，言论尚存相对自由。至光宣之季，政府极力介入舆论，沪上报界党派特色渐浓，发表政见、庇护私党，互相利用，此为报界一大转折。后凡著名大报无不落入党陷，无党之报则奄奄一息。报界“有私党而无政见”，各政党团体以政见之名大行私志，借报纸为党争利器，国家存亡且复不顾，真正舆论无可发泄，终激成反动

① 《蔡乃煌致端方电》，宣统元年闰二月十二日，中国第一历史档案馆藏，端方档案，档号：27-03-000-000016-0002。

② 江春霖：《劾苏松太道蔡乃煌疏》（宣统元年十一月十九日），朱维干、林镗编校：《江春霖集》上册，马来西亚兴安会馆总会文化委员会 1990 年版，第 194—197 页。江春霖于十一月十一日曾弹劾直隶总督端方，视端、蔡共谋的倾向明显。

③ 上海图书馆编：《汪康年师友书札》第 3 册，第 2867 页。

④ 姚公鹤：《上海闲话》，第 129 页。

力，主张根本改革的反对报应时发生，转而风靡盛行引导舆论，此亦清运存亡绝续的关键一环。[①] 于此而言，清末政府整饬上海报界的影响不在于治理成就，而在于形成的治理方式。或许两江政府整饬报界出于权宜之计，却发展为一种潜在习惯，演化成政府与报界心照不宣的日常规则。

① 有关晚清报界的历程与成就的叙述，参见姚公鹤著《上海闲话》，第130页。报界舆论与辛亥革命的相关研究成果丰富，参见郭绪印《辛亥革命与上海革命派报业》，《上海师范大学学报》（哲学社会科学版）2004年第3期。

结　语

晚清多年的内战让督抚的臂力延伸更远，积聚起更多的权力，清廷的兵、财、人大权向下倾斜，疆吏之权日重，远在外廷的权臣重臣与庙堂决策越来越近，督抚议政成为左右庙堂决策的常态，大政方针更是多出于地方权臣之手，是一个疆臣调教朝廷的时代。疆臣践踏谕旨与祖宗家法而来的新政政策折射王纲临近解体的朝臣面相，同时不断突破旧制度的藩篱，演化为因时而变的制度变迁，影响着近代以来的国家与社会。权臣这种超出法度之外的各项决策往往受到訾议，但又以国家的名器挽救危亡，突破内轻外重抑或内外相维的视野局限，重新认识持势而起的封疆大吏“事功”与新政尤为必要。

疆臣的强悍之势反衬的枢臣于庙堂决策的疏离，九卿地位呈现下降之势，乾纲日趋衰弱，站出来与地方督抚相争的并不是部臣而是秉持义理的言路中人，以“节镇”比拟督抚的尾大不掉、朋党攀比，以尊王师道奏陈立言担抗争。与督抚关注经世的务实相比，多为饱学之士的言路中人更多的重心在于“事义”，用人心引风俗，构筑民族的心理与道德防线。义理对抗权势往往头破血流，却博得了直臣的大名，清末十年的新政改变消融了旧有的政治体制，也在逐渐瓦解伴随传统社会而生带来的礼义廉耻，重臣的强势与言路的激昂在新政政局中表现尤为突出，这其中有门户之见，也有中西、古今、满汉之争，纷乱的世相照射出政治生态的变迁。

一　官僚立宪派再认识

近代中国的改革与政争是史家重点关注的领域，不过受制于学科限制，改革与政争往往从不同的视角予以探讨。长期以来史学研究领域晚清史与中国近代史在研究时段上虽有重合，但各自学科体系的出发点与研究重心是有区别的，晚清史的主线以清朝为主，中国近代史则重视近代化和反帝反封建。中国近代史学科构建视域下的晚清史，往往将清廷推行的新政摆在革命的对立面。在此引导下，立宪、新政、革命具有近代史学科色彩，政争则更偏向于统治阶层内部，晚清史特点更为突出。事实上，二者很难割裂，而是一个整体，改革涉及权益分配，首先受到冲击自然是握有政柄的官员，政争随之而来。清末的改革与政争应回归到晚清史研究的轨迹，官员与改革应该予以充分的关注，而非放在革命的对立面，被否定或漠视。就本书探讨内容而言，官僚立宪派应重新认识。政府官员在国家治理体系中占据着十分重要的位置，尤其在政策的制定推行、决策的上传下达扮演着至关重要、不可或缺的角色，这本是符合常识与情理的认知，但既往研究恰恰低估了官僚立宪派的作用。①

晚清变革沿着自下而上与自上而下两条线索推进，在此过程中官员往往起到联结于下与奏达于上的枢纽作用，以达到影响决策的目的。这在维新与新政中表现尤为明显。维新、新政均蕴含着清廷维持统治的意图，两者之间具有连续性，于政见和人事多有赓续，其付诸实践的演化道路亦多有相似之处。甲午之后，民间变革呼声日高，终被光绪帝采纳，自上而下强力推行改革。戊戌维新失败，革新之机绝于上层，再次转向民间，不几年新政复行，延续了戊戌

---

① 在推动预备立宪启动的动力中，在野立宪派与官僚立宪派均发挥了作用。过往研究对于前者有深入的考察，而官僚立宪派在启动预备立宪的运作过程还有待进一步探讨。郭卫东认为，清朝统治集团内部存在倾向立宪的“新派”人物，隐然形成一种势力，与主要是不当权的“绅”组成的立宪派不同，他们是“官”，岑春煊是为代表，称为“官僚立宪派”。参见郭卫东《论岑春煊》，《近代史研究》1988 年第 2 期。

的政治取向，推动力由民间转向上层，突出的表现为清廷高层官员，即官僚立宪派的主张逐渐见诸奏章。以本书第一章研究为例，预备立宪折的出台即是官员运作之结果，亦可见官僚立宪派于预备立宪启动的作用及自身特点。

官僚立宪派往往是维新的同情者，与维新党人保持千丝万缕的联系，既往对于岑春煊、陶模等人的研究已有所实证[①]，预备立宪折的起草过程则更为明显。戊戌政变后，康有为、梁启超遭到清廷通缉，流亡海外，参与维新运动的官员亦受到不同程度的打压。待到光绪三十一年，清廷派遣五大臣出洋考察政治，筹备预备立宪，原来主张维新的士人再次活跃，幕后频繁操作，力求将立宪主张由下而达于上，突出表现于此次出洋考察中与端方的联合。双方合作的基础源自端氏的维新经历及对新政的热心。戊戌维新期间，端方为农工商总局成员，推动变法，由于职位不高，加之家世与后党紧密，并未受到严惩，反而成为少有的不降反升的官员，显然他是维新的参与者和同情者。[②] 基于此，在预备立宪折的起草过程中，一些有过维新经历的人员，如梁启超、熊希龄、沈曾植、张鹤龄等人被端方加以利用，其根源在于此前认同的政治理念发挥了作用。[③]

预备立宪作为清末政治改革的核心，启动过程是官僚立宪派的支持与运作的结果。庚子乱定以后，立宪逐渐形成了深厚的公众舆论基础，"谈时务者，往往有一立宪政体存于胸中"，"立宪无不利于朝廷，稍能为政治法律学者皆知之"，派遣大臣出洋考察，正是当时舆论场积累的对立宪诉求的折射。[④] 以端方为例，新政期间已建衙开府，为一方要员。清廷公布新政上谕之初，他即上《筹议变通政治折》，提

---

① 相关研究参见桑兵《庚子勤王前后的岑春煊与保皇会》，《近代史研究》2001 年第 6 期。关晓红，《陶模与清末新政》，《历史研究》2003 年第 6 期。

② 端方与戊戌维新的研究，参见尚小明《戊戌时期的端方》，王晓秋主编：《戊戌维新与近代中国的改革戊戌维新一百周年国际学术讨论会论文集》，第 758—770 页。

③ 立宪的吁求可溯源至戊戌之前，维新与立宪思想的赓衍以及清廷态度演进理路，业已见学界探讨。相关研究参见张玉法《清季的立宪团体》，北京大学出版社 2011 年版，第 215—219 页。

④ 《陈黻宸上瞿夫子条陈数事》，光绪三十一年三月十六日，《瞿鸿禨朋僚书牍》第 91 号函。

出变法的主张，对于推行新政尤为积极。端方被选为出洋大臣入京陛见，两宫连续召见六次，于廷前鼓动当政者启动立宪。据记述称，“乙巳召见端方，孝钦（慈禧）知其为戊戌党，因问曰：‘新政已皆举行，当无复有未办者。’对曰：‘尚未立宪’”[①]。显然端方认识到立宪是新政的关键环节，本章则揭示出其在预备立宪启动过程中发挥了不可替代的作用。端方考察回国后，利用其关系网络，在京官内广泛联结，推动立宪，其表兄军机大臣荣庆记述了端方此一段时间为立宪谋划奔走，奕劻、瞿鸿禨、载沣、孙家鼐、袁世凯、徐世昌、世续、那桐、荣庆等均是其联系的对象，遍布当朝权贵[②]，对策划预备立宪表现出极大兴趣。待到光绪三十二年七月十三日，清廷发布立宪上谕，宣布施行“仿行立宪”，“先将官制分别议定，次第更张”[③]，“所拟官制，大抵依据端制军（端方）等原奏，斟酌而成”[④]。端方的运作收到实效，从中亦可窥见晚清国家政策制定与运行轨迹。

官僚立宪派于预备立宪的联结与支持是多方面的，其中最为重要还在于后续的实践操作，将立宪政治落于实处。清廷宣布预备立宪次日，端方即调任两江总督，但他持续关注官制改革动向，并将立宪思想付诸改革实践。中央官制改革启动，端方致电袁世凯称，“官制事仍多阻力，全赖维持”，显然二人在推动立宪方面多有共识。同时致电载泽，表示“官制将上，甚慰。外官已开议，当即派员入都”，对于推行立宪、改革官制予以关注和支持。[⑤] 任职两江总督期间，端方与倾向改革的士人持续合作，包括熊希龄、戢翼翚、杨毓麟等出洋期间即有过交际的熟人，编纂译书，陆续上呈了《列国政要》《列国政要续编》，以期为立宪提供借鉴，影响当局者。端方在

① 魏元旷：《坚冰志》，中国史学会主编：《戊戌变法》第 4 册，第 313 页。

② 谢兴尧整理：《荣庆日记》，西北大学出版社 1986 年版，第 103—106 页。

③ 中国第一历史档案馆编：《光绪宣统两朝上谕档》第 32 册，第 128 页。

④ 《立宪纪闻》，中国史学会编：《辛亥革命》第 4 册，第 19 页。

⑤ 《端方致袁世凯电》，光绪三十二年九月十五日，中国第一历史档案馆藏，端方档案，档号：27-01-001-000165-0004。《端方致载泽电》，光绪三十二年九月十五日，端方档案，档号：27-01-001-000163-0013。

两江新政中多有建树，相关研究成果已经很丰富，不多赘述。[①]

官僚立宪派突出特点即反映“官”的一面，恪守为官法则，这在端方与梁启超的交际中体现得尤为明显。显然，端方对于梁启超起草预备立宪折是心知肚明的，这一切皆出于他的策划。梁门弟子声称日俄战争停止后，清朝亲贵中一些人附会风气，标榜维新，其中尤以端方主张最力，“当日端方频以书札与先生往还”[②]。只不过与梁门弟子所述不同，端方表面上对梁的态度并不友好。端方考察归国后赴任两江总督，上任后上海道台瑞澂报告探得梁启超几个月前曾来沪，未见端方批示，却将此电未做改动转呈给了康、梁最为痛恨的袁世凯，南洋与北洋联合抓捕的用意甚为明显。[③] 档案中还记录了考察团回国一年后，端方利用梁启超维新党人的身份，捏造其与政敌岑春煊结交一事。[④] 王慕陶就对端方的为人表达不满，“盖初用其人，继恐人播之有累，则力扑之，以示不与相通。似此手段，与之共事，未免可谓”[⑤]。官僚立宪派的本质为“官”，职责在于“固本”。

官僚立宪派特性还表现为沟通与联结的纽带作用。考察预备立宪折的出台过程，官僚立宪派扮演了核心角色，其中重要的一环即整合联结了中央与地方、朝野内外的不同诉求，出洋成员的选拔任用具有代表性。随行出访人员来自不同省份，两湖地域比例虽不是最高，但发挥了重要作用。湖南是晚清维新思想的重要策源地，端方自庚子后主要为官两湖，担任巡抚、署理总督等职，得以结识更

---

① 相关研究参见迟云飞《端方与清末宪政》对于端方的立宪思想、立宪动机、与立宪派的关系作了分析，考察端方从同情维新运到致力新政的转换过程。参见中南地区辛亥革命史研究会、武昌辛亥革命研究中心编：《辛亥革命史丛刊》第九辑，中华书局 1997 年版，第 80—98 页。张海林探讨端方参与出洋考察以及两江新政实践，指出端方为渐进主义改革者。参见氏著《端方与清末新政》，南京大学出版社 2007 年版。

② 丁文江、赵丰田编：《梁启超年谱长编》，第 353 页。

③ 《瑞澂致端方电》，光绪三十二年十月初二日，中国第一历史档案馆藏，端方档案，档号：27-01-002-000137-0055。《端方致袁世凯电》，光绪三十二年十月初三日，中国第一历史档案馆藏，端方档案，档号：27-01-001-000165-0027。

④ 详见本书第四章。

⑤ 《王慕陶来函》，上海图书馆编：《汪康年师友书札》第 1 册，第 106 页。

多湘鄂精英，并在湘抚任上被选为出洋大臣。出访之初即与熊希龄密谋，准备回国立宪奏陈，熊氏联系在湖南维新期间结识的好友梁启超为“枪手”。同时，通过主政之便，端方结识了鄂籍留学生戢翼翚，戢氏沟通了湘籍杨毓麟，杨氏找到了同乡宋教仁，层层联结，乡谊纽带发挥了很大作用。而梁启超、张鹤龄、沈曾植等人虽不隶属湘、鄂籍，但在两地有过任职经历，得以参与组织、起草修订考察团预备立宪奏陈。两湖地方精英以端方为中心形成了互相利用的关系网，由此达成各自的政治诉求，这种来自“自下而上”的努力，与清廷“自上而下”推行预备立宪，以官员为纽带衔接起来，在推动清末预备立宪过程中发挥了重要作用。由此观之，清末预备立宪由官僚立宪派主导，联合在野立宪派，互为奥援，制造声势，影响了清廷的决策，最终将立宪理念行诸文字、转达于上，进入清廷政治改革的实际操作层面，推动了清廷预备立宪的启动与实施。

二　清流与朋党

庚子之后政局演变的内在因由复杂，清浊之争是一条重要脉络，以此原则衡清季数十年人事世变，常见于时人记述与学界研究。陈寅恪作《清季士大夫清流浊流之分及其兴替》，指出“光绪之末至清之亡，士大夫仍继续有清浊之别”，并作文考述，可惜该文散佚，仅留下一段提要，“至光绪迄清之亡，京官以瞿鸿禨、张之洞等，外官以陶模、岑春煊等为清流。京官以庆亲王奕劻、袁世凯、徐世昌等，外官以周馥、杨士骧等为浊流”。[①] 对此解释框架清浊党后人评价截然不同，瞿鸿禨之子瞿兑之所著《杶庐所闻录》持赞同态度，反观周馥后人史家周一良则含蓄地表示陈氏的著作散佚不全，看不到这两类人物具体区别的说明，显然对此划分存有成见，并认为瞿鸿禨“为人不足道”。[②] 从既有研究来看，即便存在认知上的明显差

---

① 陈寅恪：《寒柳堂集》，第170—171页。

② 瞿兑之：《杶庐所闻录》，第83—87页。周一良：《周一良读书题记》，海豚出版社2012年版，第184页。

异，但此类观点颇为流行。[1] 士大夫政治有清浊之分见于各代党争，突出表现于王朝末期的政治生态。以清浊之分来区隔晚清统治阶层，难以整齐大概，但以此探讨清廷最后几年政治，确实是不可缺少的侧面。[2]

揆诸史实，清流为本色的士林群体在清末并非走向没落，反而是伴随着剧烈的政治改革有重起之势，共同的针对对象以及由传统而来的相近政治理念，让原本松散的清议群体形成了凝聚力，士林清望之人的引领带动是为重要因素，其中瞿鸿禨的推动黏合起到了很大作用。瞿鸿禨起于词曹，庚子后官符辗转入枢垣重地，在清末新政变革之际，借助清议营造声势与舆论，将己意传导至君侧，成为清议凝聚、引领士风的重要人物。起于翰林、科道与部曹的言路品秩不高，与富有声誉的体制外名流同声相求，阐释义理与国运，志在权力，奔走权门，瞿为一大门户。庚子之后压抑已久的士林群体在新政变革之际蓬勃而起，继承了清流衣钵的庙堂之上的言官与庙堂之外的名士以尊王卫道为旗帜，形成一股影响政治与舆论不可忽视的潜在力量。

清议在传统社会能够持续存在源于儒家的道义由士林掌握，在其看来帝王治理国家的关键一环在于道与理，道高于势，君王以道治国，当偏离道德约束轨道，更多的则是身边有佞臣存在，清君侧即为士林群体扶正帝王治国理政的重要动因，与之而来的则是君子与小人之辩。清议诸人以传统之道制衡庸臣与“小人”形象的疆臣，进而争夺话语权，“夫汉有议郎而不能止操、莽之篡，唐置谏议而不

---

① 以清浊之分阐释清末政局演变的相关研究见：郭卫东《论丁未政潮》，《近代史研究》1989 年第 5 期，第 77—92 页。

② 梳理学界有关清季清流认知理路，以其代表人物的籍贯来分，有南北清流地域之分；以政治影响先后而论，又有前后清流时段之别。所论迄于光绪中晚，即庚子之前的清流政治。与既往研究认知不同，事实上庚子之后清流并非完全没落，晚清朝局中不可忽视的力量，于清末立宪时期参政热情反弹并非偶然，与政局演变和新旧变革有着密切关联。参见王维江《“清流”研究》，上海世纪出版集团 2009 年版，第 18—44 页；杨国强：《晚清的士人与世相》，生活 · 读书 · 新知三联书店 2017 年版，第 146—214 页。

能戢藩镇之横”，因此“权付之与民相近之士”。[1] 从东汉太学到明代东林书院，延绵的清议传统给隐藏于幕后的枢臣瞿鸿禨，将这些具有清议底色的士人与疆臣整合起来的机会，在新政变革的权力分配之际朝野相合，与陈寅恪所谓“清流”相暗合，其中蕴含的取向又远不止于以道取势、申明义理。

清末枢府权力重心几度转移，至丙午官制改革前后，奕劻成为主导权势炙手可热之人，依附与之共存的则是袁世凯的北洋集团，内廷与外朝的结合在权力下沉的时代，让久在中枢声望渐起的瞿鸿禨受到挑战，庙堂内外具有清流底色的权势逐渐向其靠拢，这一进程伴随着北洋势力的扩充而加速。言路诸公被推向政争前线，清流之理与浊流之势激荡于朝野。光绪三十二年，由袁世凯主导谋划的官制改革方案，拟撤销都察院，改为集议院，都察院的改革引发言官的普遍隐忧。言官群体抗争随之而来，奏章不时递达天庭，与议政相伴随的则是针对权臣把控新政的不满。

言路打着尊王的旗号攻击北洋朋比结党，集体发难背后即有瞿鸿禨运作的身影。本书述及丙午年冬湖北按察使梁鼎芬入京，大肆弹劾北洋集团；几个月后，以刚直著称的岑春煊陛见，再次掀起打击北洋的巨浪；在此过程中，言官赵启霖趁机弹劾庆王府，丁未政潮即在清议与北洋集团的激荡中走向高潮。这些政治事件并非偶然，合而观之，一系列运作的针对性与时间契合都值得玩味。如此密集且集中的弹劾，清议显然不是单纯的激扬风气、道德立言，合众群鸣背后被认为隐藏着势力与依托，瞿鸿禨被视为庇佑和引导清议的推手，恽毓鼎弹劾瞿鸿禨“授意言官”与“暗通报馆”，代表了时人对于士林参与政治的认知，指向了朝野内外的士议，最终瞿鸿禨以“授意言官”“暗通报馆”反被摧折。

瞿鸿禨在丁未政争中失败，制衡北洋武备派的文官集团受重创，

---

① 《御史蔡金台折》，光绪三十二年八月十一日，中国第一历史档案馆藏，录副奏折，档号：03-9282-009。

武人揽权也影响了清末民初的政治赓衍。瞿以词臣入枢，与言官结合，控制舆论，北洋集集团以武备起家，“朝有大政，由军机处问诸北洋，事权日重”①。当政者有意纵容言官，对清流弹劾北洋加以鼓励，用以监视和牵制以新式军人为支撑的武备派。借文人之笔制约武人之刀剑是统治者的惯用手段，清流劾军功集团见于甲申、甲午，也正是清流最为鼎盛的时期。丙午、丁未之际，清流攻击北洋多以武人干政为集矢，藩镇割据之祸为常用说辞，延伸至国外政治则是“屋大维以枭雄之资，乘隙据位”②“丰田、德川皆以大将军专总朝政，刑赏自操”③。削藩与清君侧上演于清末政坛，丙午言官弹劾北洋，致使袁世凯失四镇兵权，与文人连篇累牍阐释军功集团危险不无关系。

梁鼎芬丙午造膝之陈痛斥北洋武人当权，端方对此评论称“节（梁）中南宋人毒过深”④，借用岳飞、韩侂胄等武人当权，削弱武人兵权为南宋文人政治首要目标的历史，以此影射文官对于北洋掌军权之不满。次年，梁鼎芬入京再次攻击北洋，称袁世凯阅兵天象异常，铁良甚畏袁世凯。身处政局中的瞿鸿禨自然能够感受到权势下移带来的重臣转为权臣，由此造成的权力重心与政治秩序变迁，“项城在湖园入觐，卫士如虎如熊，有桓温入觐之概。王（文韶）、瞿两相在玻璃窗内观之。观后，凭几而坐，默然不言者良久”⑤。

继任瞿鸿禨入枢的张之洞从考订汉学到清流言事，既而从京官转入疆臣，以清流为背景的学人先后被其延揽，延续了清流的人脉与资源，这与瞿鸿禨在政治上的圈子有着共同的特性。清流秉持儒

① 张一麐著，马维熙整理：《古红梅阁笔记》，中华书局2020年版，第54页。

② 《举人褚子临等人折》，光绪三十三年七月，中国第一历史档案馆藏，录副奏折，档号：03-9288-008。

③ 《内阁中书王宝田等人折》，光绪三十二年八月二十八日，中国第一历史档案馆藏，录副奏折，档号：03-9283-005。

④ 《端方致北京陶电》，光绪三十二年十月十三日，中国第一历史档案馆藏，端方档案，档号：27-01-001-000165-0073。

⑤ 高树：《金銮琐记》，荣孟源，章伯锋主编《近代稗海》第1辑，四川人民出版社1985年版，第61页。

家义理，“文”“武”的对立始终是文官集团与军功集团的一层区隔，张之洞曾对晚清军功起家的鼻祖曾国藩入文庙颇有微词，“曾某亦将入文庙耶？吾以为将从祀武庙”。[①] 与北洋集团首重兵权与外务交涉实务相比，瞿鸿禨、张之洞等人则看重名教，清浊之争表象下蕴含着理学与经世的学术之争。以此而言，清末政局中清浊之分不乏文武之别，伴随着瞿鸿禨以及言路的衰退，文官对于武备起家的北洋朋党在道德与政治层面的约束愈发无力。但清浊之别并未因引领者政争失利而烟消云散，持续影响鼎革之后的士人政治抉择，清流系统中如梁鼎芬等人多为逊清遗民，而浊流出身者多进入民国政坛。

进而言之，瞿鸿禨与袁世凯一位以部臣起家，一位出身军功集团。清朝祖宗家法的设计初衷本是内外相维，实是内外制衡。迁延日久的内战，兵权与财权流向地方，行省政事悉归督抚，疆臣不时调教中央。御史邓承修曾感叹疆臣与部臣的权势失衡，“弹疆臣如撼山，参廷臣如拉朽”[②]，丙午之际御史接连弹劾北洋未果，恽毓鼎一封奏疏让瞿鸿禨归里的内在因由在于此。晚清疆臣与部臣权势失衡，内外相维演化为内外相争，丁未政潮瞿、袁之争依然可以看到内臣的凌弱与疆臣的跋扈，权势下沉时代清流所说的道理也就人言微轻了。此后当政者更换疆臣席位，调袁世凯入枢，但在朝中再难找出一位清议众望之人与其抗衡。

光宣朝政事势悬绝，数十年人事世变波云诡谲，可以用清流与浊流（洋务）两种竞争势力来概括。清流始旧而继新，洋务本新而反趋于旧，时事转移并非一成不变。清末新政的核心内容为预备立宪，变更政体以官制改革为先导，对于来源于西方的立宪方案，朝中有保守与激进之别。瞿鸿禨并非顽固不化，但思想上相对保守，

---

① 徐凌霄、徐一士：《凌霄一士随笔》，中华书局 2018 年版，第 388 页。

② 《掌江南道监察御史邓承修折》，光绪五年六月初十日，中国第一历史档案馆藏，录副奏折，档号：03-5139-035。

对内政外交持“消极主义”，对于改革不尽上心。[①]

瞿鸿禨阵营中多保守人士。亲家公余肇康是少有能与军机协揆交心之人，也是恽毓鼎弹章中的当事人，与瞿通信评论新政称，“今宜置一切新政为后图，而专力于富强二字。于富强？节流尤急于开源也”[②]，并称要维系人心，保存国粹，“至于大经大法，不出六官；今即时移势易，但可酌增以附益之，万不可意为裁并”。[③] 言官头目陆宝忠与瞿通信议论厘定官制与变法自强之策，称“几欲举祖宗成法扫除而更张之，以致人心愤怒，举国哗然”[④]，显然并不寄望骤然改制。晚清政府选拔人才困难就在于此，理学家操行好但太迂腐，对于洋务不甚上心，洋务派开放精明但操行差，“若袁世凯辈欲富其国，必先谋富其身”[⑤]。当政者出于平衡起见，清浊皆用，也就难以形成推行新政的领导核心，政策不免多变。

北洋集团成员多浊流，精于洋务，但与早期洋务派不同之处在于思想更为趋新，受西方文化影响更深，推进改革更为激进。也因此在外国学者看来，北洋集团是“更具有进步色彩且具有西方思维”。[⑥] 当时舆论即有将庆王、载泽、端方视为进步党，“并有袁世凯以资辅助，惟不表见于外耳”[⑦]。中枢重组后，政务层面袁世凯迎来转机，原本由其暗中操控的官制改革方案，因各方存有分歧，经言官赵启霖上折被拖延搁置，在瞿去职后很快得以重提。光绪三十三年五月二十七日，总司核定官制大臣奕劻将编制局拟好的外省改革官制方案奏陈。

袁世凯不甘心上年官制改革的失利，以清流失势为契机，欲

① 《王慕陶来函》，上海图书馆编：《汪康年师友书札》，第 118 页。

② 《余敏斋致止庵先生函》，光绪三十一年十一月二十七日，《瞿鸿禨朋僚书牍》第 129 号函。

③ 《余肇康致止公相国函》，光绪三十二年八月初五日，《瞿鸿禨朋僚书牍》第 192 号函。

④ 《陆宝忠致瞿鸿禨》，光绪三十二年七月二十七日，《瞿鸿禨朋僚书牍》第 190 号函。

⑤ 辜鸿铭：《辜鸿铭文集》（上），黄兴涛等译，海南出版社 1996 年版，第 427 页，

⑥ ［美］斯蒂芬 · R. 麦金农：《中华帝国晚期的权力与政治：袁世凯在北京与天津（1901—1908）》，第 85 页。麦氏认为丁未之争思想与政策的分歧是次要的，袁世凯因有英国的支持而占据上风。

⑦ 《西报论中国新旧之争》，《时报》，光绪三十二年九月十八日（1906 年 11 月 4 日）第 1 版。

借此时机条陈时政，上《密奏请赶紧实行预备立宪谨陈管见十条》，对于新政提出了一揽子计划。奏折对瞿鸿禨的成见由私下转为公开，称瞿内外结引，排异联同，意欲专擅政柄，把持朝局，声势赫然，以致私党日盛，给新政造成诸多障碍。在保守与激进之间，当政者采取平衡策略，将张之洞与袁世凯调入枢垣，由此也奠定了清王朝最后几年的政治格局，“故光宣朝政，可谓以清流始以清流终”①。

三 政治生态与清末新政

当疆臣演变为权臣，借助新政不断改变旧章，伴随的是新旧体制更迭下的权力转移，言路各有怀抱，被人利用冲在政争的前线，用义理之词与权势之杖相抗争。权臣与清流的对峙延伸到新政的各个角落，世风与士风随之变化，门户政治与党同伐异大行其道，“今日时局，无一处能尽职，无一处是乐土，更无所用其趋避，能退最佳，否则无处非抱愧冒险”。② 为官一事无成，反而成了高危行业，士人抱着因循疲玩的末世心态，折射则是改革与政争时势裹挟中晚清历史巨变下的政治生态恶化诸面相。

上流社会的门户分野衍生的政出多门是导致清末政治生态恶化的重要因由。庙堂上下的是非之争掺杂着意气之争，士人奔向各自门庭，“近日用人新政，外间大都訾议，均谓枢府设在北门”“且此时世界，宫枢无权，非走通北门不可”。这里的“北门”指的就是北洋集团，当然政局中不止于北面一门。③ 御史胡思敬总结除北洋集团外，尚有七个派系：贝勒载洵总持海军，兼办陵工，与毓朗合为一党；贝勒载涛统军谘府，侵夺陆军部权，收用良弼等为一党；肃亲王善耆好结纳勾通报馆，据民政部，领天下警政为一党；道光帝长曾孙溥伦，同治初本有青宫之望，阴结议员为

① 瞿兑之：《杶庐所闻录》，第 87 页。

② 《聂强恕致止庵先生函》，光绪二十九年正月初八日，《瞿鸿禨朋僚书牍》第 20 号函。

③ 《聂缉椝致瞿鸿禨》，光绪三十一年九月二十四日，《瞿鸿禨朋僚书牍》第 117 号函。

一党；隆裕以母后之尊，宠任太监张德为一党；载泽与隆裕为姻亲，又曾经出洋，握财政全权，创设监理财政官盐务处为一党；载沣福晋雅有才能，颇通贿赂，联络母族为一党。八大门楣虽比不上古代门阀政治势力于朝政参与的广度与深度，但集团政治的积习并不亚于前人，“庆党贪鄙，肃党龌龊，两贝勒党浮薄”。[①] 古稀之年的张之洞入军机，躬遘党争，化为调停者，《新旧》绝句中“门户都忘薪胆事，调停头白范纯仁”一句，道出了嬗递时代朝堂杌陧之哀的言外之意。[②]

政出多门对于政治生态是极大的破坏。首先，直接后果就是各方唯恐己方失势，竭力攻击异己，政争不断。如海军本肃王建议，载洵等出而攘之，故用后者为海军大臣。载涛见载洵等已握兵权，恐遂失势，争于摄政王载沣，不得已加派其管理军谘府。其次，凡内外希图恩泽者，非夤缘某党之门不可，士人失去政治操守，奔走权门，结党营私，在接近权势后把持部务，在王公及部员之间多生出一重障碍。上下其手，大行小人政治。最后，政出多门致使政不出门，诚如本书所论，参与政治改革者为已利，借改革窥政柄，施政成效反求其次，新政推行与搁置完全取决于人物立场，新旧递嬗之交，并无成法可依，“旧法既破除净尽，荡然无复一线之存；而所谓新法者乃徒托之空文，无一能要诸实践。是一切规程，皆成虚饰。举国上下，同处于无法之中”。[③] 由此推演，关涉国家治理的满汉、新旧之争多为表象，实则是利益之争，“新旧无是非也，宗旨旧则旧，宗旨新则新……党于左则左，党于右则右”。[④] 政治生态恶化与士林道德为孳生，政治日益萎靡，世风随之日下，“学问无新旧，而有是非。政治无新旧，而有公私”，新党旧党“不求其本，积疑不

---

① 《政出多门》，胡思敬：《国闻备乘》，第131页。

② 《晚清汉大臣之济轧》，黄濬：《花随人圣庵摭忆》，第85页。

③ 《掌新疆道监察御史陈善同折》，宣统三年闰六月初一日，中国第一历史档案馆藏，录副奏折，档号：03-9302-031。

④ 《论瞿鸿禨之革职》，《申报》，光绪三十三年五月初九日（1907年6月19日），第2版。

化，渐成水火”。[1]

在新政启动到宣布立宪期间，清廷并未完全失去士人的信任，当政者对改革采纳了来自朝野的多方意见，并非毫无决心和诚意。结果却事与愿违、与之相悖，越是加速推进改革，却与士人的期望渐行渐远。造成各界不满的内因在于一己私利驱使政治理念，官制改革实际是一次政治权力再分配，宫中府中荡无所守，人心惶惑。地方官员囿于财政困境对新政持怀疑态度，“更张加速，恐复变故环生”，[2] 设法预为防阻，真正推动新政者寥寥。“今日之误中国者，乃此不着痛痒之人耳”，人事更替、部门裁并，官员前途未卜，惟恐祸及己身，“一则畏难苟且，一则自私自利，有束手坐亡而已”[3]。以改革寻求救亡的立宪派人士，以采取激进方式的革命党人，看到新政流于形式，原本其中寄予愿景的拥护者转而走向对立面，终积成更为广泛的士林之变。

政治生态江河日下，清末改革多呈现“形式政治”“号称预备立宪、改革官制，一若发愤以刷新前此之腐败。夷考其实，无一如其所言”[4]。推行新政对于大部分官员而言满足形式就能交差，并非关注具体内容，多敷衍了事而不是解决问题。一切公事演化成为公文、虚文、具文的官样文章，呈现具备官样的形式就可蒙混过关。于报界上的宣扬多于实践，纸上谈兵，做表面文章，敷衍不成就采用“拖”“推”两字诀，将事情一拖了事，要么推给他人。因此“形式政治”积习大都是无实际与责任可言，以此对待政务只求公文与面子上过得去，因此又称为“公文政治”或“面子政治”。五大臣出洋考察为新政政治改革的重要环节，然诸如梁启超等热衷立宪的士人对出洋考察并不抱有希望，“认此等举动，

① 《陈黻宸上瞿夫子条陈数事》，光绪三十一年三月十六日，《瞿鸿禨朋僚书牍》第 91 号函。陈黻宸，浙江钱塘人，光绪十一年瞿鸿禨为浙江学政时录取之举人，光绪三十二年户部主事，兼计学馆教员。宣统二年任浙江谘议局议长。

② 周馥：《复厘定官制王大臣电》（1906 年 12 月 12 日），《近代史资料》总 76 号，第 73 页。

③ 《尹克昌来函》，上海图书馆编：《汪康年师友书札》第 1 册，第 9 页。

④ 梁启超：《现政府与革命党》，《新民丛报》1907 年，第 89 号。

与立宪前途，殆无关系。即有之，而殊不足以充吾辈之希望”[①]，对清廷的改革与施政悲观失望，其中关节就在于清末的政治生态恶化，以官僚主义为中心、假公济私的私人政治大行其道，政府公信力下降。诚如时人所言，“今日是鬼蜮世界，举朝之上，如粪窖内蛆虫一般，活趋活瞧，不知闹些什么。……所谓不顾前不顾后，做一日算一日”[②]。体现在政治实践是官员毫无进取心，“祸福前定，得过且过，趋无可趋，亦避无可避”[③]，末世心态在士人中漫延。赵烈文曾向曾国藩预言改朝换代将不出五十年，果然在其预言的44年后辛亥革命爆发。

清末十年清廷统治陷入了多重危机并存的困局，就如同一栋更历千岁的大厦，已经到了瓦墁毁坏，榱栋崩折的状态，加之风雨猝集“则倾圮必矣”。可惜室中之人犹然酣嬉鼾卧，漠然无所闻见，也有人目睹风险，惟有痛哭，束手待毙，不思拯救，“其上者，补苴罅漏，弥缝蚁穴，苟安时日，以觊有功”[④]。当立宪思潮激化与各地革命爆发，政治认同出现严重分裂，统治阶层政治生态失衡、从政环境恶化，政府的合法性权威受到了极大挑战。本书所揭示的仅是芸芸众生政局中的局部个案，却无疑昭示着统治集团公信力与凝聚力缺失的整体面相。官员“各自挟其目的而进，即各自就其功业而去”[⑤]，时人恽毓鼎感叹：“今日时势，无论大官小官无一得行其志者，可胜浩叹”[⑥]。伴随着新政中社会各阶层政治参与的扩大，外部各种社会群体诉求膨胀，体制内精英之间的倾轧、政见分离给予清廷施加更多压力，导致了更为严重的社会动荡与政治冲突。

---

① 梁启超：《申论种族革命与政治革命之得失》，《梁启超全集》，北京出版社1999年版，第1660—1661页。

② 《汪大燮来函》，上海图书馆编：《汪康年师友书札》第1册，第814页。

③ 《聂强恕致止庵先生函》，光绪三十一年三月，《瞿鸿禨朋僚书牍》第92函。

④ 梁启超：《论不变法之害》，《梁启超全集》第1册，第11页。

⑤ 《论瞿鸿禨之革职》，《申报》，光绪三十三年五月初九日（1907年6月19日），第2版。

⑥ 恽毓鼎著，史晓风整理：《恽毓鼎澄斋日记》第1册，第88页。

四 重构多元化历史

历史是复杂多面的，选择不同的叙述视角形成差异的结论与认知，同一段历史往往具有多元色彩。本书以清廷政治的视角作为切入点，只是诸多视角之一，并非追寻非此即彼，孰对孰非，而是尽可能地丰富完备历史面相，展示历史演进过程的多种可能。历史本身是一整体状态，为了研究方便抑或叙述话语的需要，人为地将其解构开来，由此所产生的结果可能是肯定或否定、改革或保守、进步与落伍等二次元及贴标签式的表述方式，抑或是追求“规律”与“必然”的线性历史观，以至于“以今情测古意”“后见之明”“倒放电影”式的思考方式，这在中国近代历史研究中表现得尤为突出，对此过往的研究不乏反思与探讨。[①] 融通不同研究范式对晚清政治史的解读，吸取可取和真实的一面，为史学工作者的追寻。以本书为例，笔者认为检视“过程”“关系”“史料”三个层面，有助于克服既有研究各种不足和局限。

强调“过程”的重要性，在于“过程”是立体、动态的，由多重线条组成，而非单一、静止的，能够更加准确地追溯历史人物时空行为举措的脉络，继而勾勒出更加清晰、丰富、真实的人物角色形象。“过程”为政治史研究提供了时与空的坐标，在具体时段与具体事件中把握人物的行为轨迹，揭示层层叠加、遮掩混杂的历史迷雾。丁未政潮过后，端方发给蔡乃煌一封密电，一些措辞用语和表态恰恰能够论证说明不同时段政潮中人的角色，考述“过程”尤为重要。电文如下：

又闻南皮近曾致书西林，辨明报载伊密参西林交通康、梁

① 相关研究参见杜赞奇著、王宪明等译《从民族国家拯救历史：民族主义话语与中国现代史研究》，社会科学文献出版社 2003 年。王汎森：《执拗的低音：一些历史思考方式的反思》，生活·读书·新知三联书店 2014 年版。侯旭东：《宠：信—任型君臣关系与西汉历史的展开》，北京师范大学出版社 2018 年版。

> 各节并无其事。并谓此等话语皆鄙人所说，意在修好西林，归怨鄙人，用心殊不可测。务告邸与项城，万一与南皮谈及此事，千万加慎。南皮若以此事问公，尤不可涉及鄙人，致蹈机事不密之戒。要要。名。真。再公过于坦率，此等事关系重大，稍不留神，不但害成，且招奇祸，切戒戒。[①]

密电没有标注时间，据电文抬头“北京番禺馆蔡伯浩观察”分析，政潮后蔡乃煌在京任邮传部左参议，时间是光绪三十三年九月至三十四年二月，此封密电时间应该即在此一时段。端方与蔡乃煌谈及此案，告诫对张之洞保密，可证蔡乃煌深知此案内情。进一步来看，以蔡乃煌的地位，身为总督的端方谆谆相告，谈论如此敏感机密之事，显然蔡并非仅仅了解此案皮毛，更加深入参与此事更让人信服。蔡乃煌在邮传部期间，还接到端方密电，告知岑春煊借助苏杭甬铁路事，“日言政府外交失败，希图推翻政府”，“望密陈邸堂（奕劻），勿稍大意”。[②] 蔡乃煌充当了端方与奕劻之间的信使，在打压岑春煊的过程中一直扮演了重要的角色，端方百般掩饰，也无疑承认了在此中有不可告人的一面。[③] 在一些历史事件中，重要的决策部署多不是当事人直接操刀，往往暗中指使，端方之于奕劻，蔡乃煌之于端方即是案例，“小人物”的角色作用值得关注。丁未政潮是清末政局调整的集体爆发，统治阶层做了密集的人事变动，这些人员布局影响了品秩较高官员的仕途升转，也同样波及一批中下级官吏，诸如本书提及的蔡乃煌、郑孝胥、恽毓鼎、梁鼎芬、陈庆桂等，不断充实此一时段更多人物面对剧

---

① 《端方致蔡乃煌电》，朝年不详，中国第一历史档案馆藏，端方档案，档号：27-02-000-000124-0020。

② 《端方致蔡乃煌电》，光绪三十三年十月十八日，中国第一历史档案馆藏，端方档案，档号：27-01-001-000164-0007。

③ 政潮过后蔡乃煌依然追随端方在报界持续打压岑春煊，引起岑氏憎恨，以致派十二圩大盗徐老三（徐勤）刺杀。据《蔡乃煌致端方电》，宣统元年三月初七日，中国第一历史档案馆藏，端方档案，档号：27-03-000-000017-0008。

烈震荡的政局而采取的因应与对策，历史多层次链条会愈加清晰，对于历史人物的评价也会趋于客观。

奕劻与袁世凯主导去岑案，在此封电文中再次予以证明，端方嘱托蔡乃煌告知奕、袁，“万一与南皮谈及此事，千万加慎”，此中自然有不可告人的一面。值得注意的是，对于奕劻的评价多是贪腐无能、结党营私，倾向于将其刻画成袁世凯的附庸甚至傀儡形象，处处受袁操纵，一位惟命是从的满族颟顸大人。近年也有研究提出，奕劻与袁世凯在个别事件中存有矛盾。① 本书的研究表明，奕劻与袁世凯互为奥援，一些事件袁需运作奕来完成，诸如本书中提及的郑孝胥职务安排等事非枢垣诸公不能办到，但绝不是受控于北洋，更谈不上言听计从。在岑春煊去职一案中，奕劻表现出积极主动的一面，甚至直接发电，赤膊上阵，多次斡旋，袁世凯并不能掌控其计划。奕劻与袁世凯结纳，在身份、等级、资历等方面也存在巨大差距，二人交际不能简单的以单方操控来概括。即使针对同一件事，双方拥有共同的立场，在行事上也多有区别，在不同的历史现场，扮演各自的角色。奕劻作为一名远支皇室，能够被选中领衔枢垣，不能全部归结于对当政者言听计从，或其他皇室成员无能。奕劻本人的治世才能与政治智慧不能被忽视，对其所代表的满洲亲贵冠以腐朽无能的脸谱化认知同样有待重新认识。

历史人物具有多面性，在不同的场域往往呈现多种面相，对其评价撇开才气、官声以及历史贡献等外在的、容易对人物塑造产生标签化的因素外，还需在具体事件中探询。本书重点书写的人物端方是清末的满人三才子之一，郑孝胥评价其“有学有术”，被严复誉为“近时之贤督抚”，热衷教育兴学，在实业中也卓有表现，一位“渐进的改革主义者”。② 在丁未政潮中却呈现出与“有学有术”的改革趋新者不同的面孔，表现出为人机警、行事诡秘、善于投机、

① 李学峰：《光绪末年袁世凯与奕劻的矛盾关系》，《团结报》2014 年 12 月 18 日，第 7 版。

② 张海林：《端方与清末新政》，第 549 页。

阴骘善变的一面，竭力与当朝的实力派靠拢，捏造证据，暗中陷害政敌，以便求取更好的仕途升转。此后如其所愿，将威胁己位的对手岑春煊排挤出局，并于两年后调任直隶总督，他有意向奕劻、北洋集团靠拢，有助于其短期内升迁。进入宣统朝，政局赓衍，摄政王载沣、隆裕太后等人走上台前，端方在丁未政潮中的政治投机适得其反，被撤销了直隶总督、北洋大臣职务。端方的政治命运是一例，本书讲述的郑孝胥也是一例，他在端方与北洋的利诱下首鼠两端，拒绝入都辅助岑春煊。同样，当端方入川镇压革命军，邀请郑孝胥入蜀也遭到了拒绝，政局中未有永恒的盟友。在政局中游走的官员，选择强者作为靠山，见风使舵是本能生存之计和为官的手腕。不难发现，对于官员派系分合与政治分野的界定需在限定的时间段视情境而定，难以一概而论。

强调“关系”的重要，在于政治的核心要素是权力，而权力在互动关系中运行，关系影响决定着权力分配，政治史研究关注中央与地方关系、国家与社会关系、君臣关系、派系关系等就在于此，政治体系是为各种关系网之总和。如学人所言，“关系”就像贯通肢体骨骼的经络，渗透于社会生活的诸多方面，制约着人的行为。即使是规整成文的制度，亦是由牵涉的各类关系、由关系与制度间的张力，决定着历史运行的实际曲线。[①] 同一人在关系网中常常扮演不同的角色，就以本书述及的端方来说，即是清末新政的积极推动者之一，同时又是政治斗争的主角。为实现政治理念还是谋求晋升以致另有他图，很难用单一的标签定义说明。

如果注重关系在政治运作中的地位，则可以将传统政治制度中的“关系”分为正式关系和非正式关系。传统中国的政治体制中，正式关系与非正式关系在政策制定与执行，具有很深层次的社会传统与合法性基础。政府内部政务运行很大程度上依赖于非正式的特殊关系，一方面正式制度不断安排出台，约束官员按章

---

① 邓小南：《祖宗之法：宋前期政治述略》，生活·读书·新知三联书店2020年版，第7页。

办事、不徇私情。[①] 以出洋考察为例，清廷官员履行考察职责的同时，对于朝廷的通缉要犯梁启超表面上自然是不能“共谋”的红线。另一方面为完成考察任务，交上合乎情理的答卷，寻找合适的“枪手”势在必行，非正式的私人因素在其中产生了重要影响，并得到不断强化，反而弱化了正式制度“底线”及行政中的上下级关系，为共谋行为提供了“合法性”。端方和熊希龄等不同身份等级人物的共同利益诉求得以满足。各种社会关系为政府政策制定与执行提供了重要的非正式关系根源，出洋考察多方参与的共谋行为，正是建立在复杂深厚的非正式关系基础之上。各员陪同考察为更好地发挥与培养非正式关系提供了更广阔的互动空间，激发了更深层次和潜藏的社会关系，为双方身份认同提供了稳定、有效的助力。这就不难理解，考察结束之后，端方等人与参与上陈考察成果的士人持续“合作”。政府之间、上下级之间的共谋行为普遍存在于社会各角落，具有较强的生命力，成为清代国家治理的重要组成部分，这其中蕴含着深厚的社会机制与制度渊源。

清代的政府体制本身就具有权力集中于长官“一人政府”式特色，官员的幕府人员众多，以备各项法令政策的制定与实施，分配给官员的任务被层层分包给幕府、属员或者下一级政府。[②] 而考察大臣陪同出访人员在清廷赋予其权力的结构下，对于一些事情可以公开运作，这方面清代财政体制中的“内销”与“外销”的运作体制颇具启示，清廷各级官员完成税收任务是其首要目标，对于未进入政府财政的“外销”款项数额的隐匿则是心照不宣。考察随员深谙游戏规则，在履行职责时，常常行使一些非正式的行为，与政府的规制稍显出入，这是为高层所接受的“行规”，清廷官员中与革命党和维新派保持联系的不在少数。基于此，派遣熊希龄等属员运作梁启超等“异端”撰写立宪折稿、编辑书籍，对于当时的社会传统而

---

① 相关研究参见周雪光《中国国家治理的制度逻辑：一个组织学研究》，生活·读书·新知三联书店 2017 年版，第 196—236 页。

② 相关研究参见瞿同祖《清代地方政府》，法律出版社 2011 年版。

言，并非触摸了政治边界，进而引起当局的反感与制裁。在今人看作“越轨”的行径，也许为时人可以接受的约定俗成的“行规”而已。如果这种“越轨”被政敌利用放大，则成为不可原谅的证词或者控诉的把柄。

强调“史料”的作用，在于史料在历史叙述、考证、解释中占据着基础地位。史学家傅斯年曾在不同场合，将近代历史学概括为史料学，利用自然科学供给的一切工具，整理一切可逢着的史料。[①]确保史料真实可靠，求真求实为史学的重要目标。同时，值得注意的是，任何史料都有特定的写作者及诉说对象，每条史料背后都蕴含着创作者的目的与意图，时刻影响着历史书写。历史层层累积，随着时间的推移，难以考证的故事情节会越来越丰满，有些原来时人口耳相传的记述，也逐渐演变成今人征引的对象。对于丁未政潮细节的论证以及历史人物性格的描述还需档案文献的支持，尤其当事人档案更为关键。本书所重点依据的端方档案，与后来革命者书写的历史文献，代表了不同立场当事人的政治诉求。随着新史料的发现，同样会展示其他立场人物的话语，历史的线条也会更加丰富。尽可能地将这些史料放在同一事件的平台中审视，探讨各自体现着的政治话语，观察各方诠释的背景及其寓意，考察各种细节和可能，方能揭示制造及掩饰真相的历史。[②]

丁未政潮研究是晚清政治史的重要议题，经过学界耕耘积累，主要叙事脉络基本已经梳理清楚。回顾过往研究成果不难发现，在既有史料的支撑下，更多研究趋于同质化的叙述。政争重要当事人奕劻、袁世凯、瞿鸿禨、岑春煊、端方等推手及恽毓鼎、蔡乃煌等属员如何参与，尚未有十足的史料证据。换而言之，中心与边缘人物在此段历史中的角色，多为猜测与推论。“一时代之学术，必有其

---

① 傅斯年：《历史语言研究所工作之旨趣》，《中央研究院历史语言研究所集刊》第1本，1928年。

② 相关研究参见罗新《一切史料都是史学》，《有所不为的反叛者：批判、怀疑与想象力》，上海三联书店2020年版，第13—25页。

新材料与新问题。”[①] 新材料有助于重建史事，本书对于丁未政潮诸多史实的阐述与发覆重点依托于端方档案的发现。借助新档案呈现更多熟知人物鲜为人知的历史面相，旧事尚可新说。

① 陈寅恪：《陈垣燉煌劫余录序》，《陈寅恪集》，生活·读书·新知三联书店 2001 年版，第 266 页。

附录　端方家世与入仕索隐

清亡之际，高层官员以咸同之交出生，年纪在五十岁上下为多，如锡良（1853）、徐世昌（1855）、袁世凯（1859）、铁良（1863）、荣庆（1859）、岑春煊（1861）、端方（1861）等，正值年富力强，这些崛起于慈禧太后掌权时期的官员，一直是史学界关注重点。他们经历洋务运动，见证中法、中日战争清廷的羸弱，参与戊戌维新以图自强，义和团运动中以镇压拳民者居多，清末新政中试图有所作为，与清王朝最后的命运相始终，其经历为一个时代的缩影。在“千年未有之大变局”中，最后的能臣如何发迹崛起？如何应对重大突发的历史事件？如何于国势颓废之际挽救危亡？本文试以“清末旗人三才子”之一的端方为考察对象，探讨其家世与庚子之前入仕经历，借此观察了解晚清官员的政治抉择、政治运作、交际网络，以及个人前途与国家命运的关系。[①]

① 学界过往研究更多集中于庚子之后端方任职地方大员期间的各项举措，成果丰硕，兹不赘述。反观端方家世与庚子前入仕的记述，《清史稿》《碑传集》等相对简略，一些内情依然模糊，又存有明显史实错误。诸如端方的家世对其入仕的影响，与帝党、后党的关系、与各方大员的早期往来，与湘系集团的关节，以及与外人的交往等问题还有待考述澄清，这些均与端方其后作为总督的交际决策有着莫大的关联。借助中国第一历史档案馆存端方档案、军机处录副奏折、朱批奏折等原始档案，对上述问题可予考证梳理。相关研究参见张海林《端方与清末新政》，第1—35页；尚小明《戊戌时期的端方》，王晓秋主编《戊戌维新与近代中国的改革　戊戌维新一百周年国际学术讨论会论文集》，第758—770页。

一　后党嫡系桂清侄非继子

端方伯父为内务府大臣桂清，家境殷实。得益于门荫之便，成年后的端方顺利开启宦途，时人常称其为“端浭阳”，这是古人以地名代指称谓的一种习惯。浭阳，历史上也称浭城、土垠，金朝时期改为丰润县，此后几经地名变迁，明洪武元年（1368）改名丰润，属顺天府蓟州管辖。清承明制，康熙十五年（1676），改属顺天府遵化州。乾隆八年（1743）于遵化建清东陵，丰润县大部分辖区隶属遵化直隶州。端方先世落户于丰润，具体原因是出于圈地、驻防、守陵已不可考，目前并未见相关史料记载。端方的先祖葬于丰润是确定的，他与丰润县县令马慕遂（蘧）通信中称“顷有人自丰润来，询悉先世坵垅左近，莠民任意侵葬，陇冈东望不觉泣然……拟请传集坟丁加以责惩，并为出示晓谕，不准他姓再有侵占等事”。[①]端方热衷兴学，曾在丰润办学，请马慕遂帮忙料理，“左家坞学堂得执事维持调护，感佩良深，近来屡接刘祝多君来书，以已年老事多，时虞照料不周，请函致左右加派韩董明远帮同管理，俾免竭蹶，用特据情布达，尚希俯如所请，是所至企”。[②]

端方家族命运的转折，始于迁居京城，应与其父辈做官有关。[③] 端方父桂和，字月舫，任职热河县知县，“有政声，人民皆爱戴之。凡繁剧要缺，无不莅止，后卒于官，清廉可风，然终未显达。人谓午桥之飞黄于仕途者，皆先人余荫也”。[④] 桂和官县令，品秩不高。其兄长桂清则官至尚书，端方借此“余荫”入京城读书科考、入仕为官。

桂清，字莲舫，端方伯父，过往研究多认为桂清膝下无子，将

---

① 《端方致丰润马县令信》，系年不详，中国第一历史档案馆藏，端方档案，档号：27-02-000-000158-0001。

② 《端方致丰润马县令信》，某年四月二十三日，中国第一历史档案馆藏，端方档案，档号：27-02-000-000168-0006。

③ 有记述端方的曾祖父为九门提督乌尔棍布，祖父文雅为嘉庆二十四年进士。这种说法并不准确。乌尔棍布即乌尔恭阿，为端华、肃顺生父，皇族，爱新觉罗氏，端方则为托忒克氏。

④ 崇彝：《道咸以来朝野杂记》，北京古籍出版社 1982 年版，第 21 页。

端方过继。其实不然，实则过继的是端方六弟端锦，且桂清有一遗腹子，名端浚，并未长大成人即夭折。桂清妻照顾端方，支持其求学读书，端锦在桂清妻讣告中写道，“家尚书兄读书求师，先慈恒为之资给，得以一意向学，尽识一时知名之士。戊子己丑以后，家尚书兄补官水曹，禄入稍丰，先慈从容颐养”。端方能够在京读书得益于伯父桂清。哀启中提及桂清有一女嫁给了陕甘总督升允，虽有此层关系，或许由于升允思想过于保守，端、升同为封疆大吏，政务层面有所往来，但并未建立深厚交谊。①

桂清病逝于光绪五年，端锦年龄尚小，料理后事由年仅十八岁的端方负责。据桂清好友时任刑部尚书翁同龢日记记载：“归后得端午桥书，知莲舫垂危，并以遗折嘱改，为之流涕，折甚切至，盖口授其侄端方者。”经翁同龢修改的桂清遗折目前可查，古人的习惯一般将遗折托付给相当信任的朋友料理，翁氏日记记述桂清病重前数日，多次前去看望，见证了二人交谊。翁对于草拟的遗折相当满意，日记用小字标记称，“内用人数语特佳，‘毋忘庚申之变，丁丑之灾’”，分别指的是英法联军侵华与光绪三年的丁丑奇荒。② 由于桂清未有传记存世，此折将其一生作了简短的概述，有助于了解端方家族，特摘录如下：“伏思奴才满洲旧仆，一介凡庸，由翰詹洊升卿贰。咸丰八年蒙文宗显皇帝特达之知，命在批本处行走，旋补盛京工部侍郎。同治六年，奉皇太后懿旨命在弘德殿行走，调理藩院侍郎。历任礼部、户部侍郎，蒙恩授总管内务府大臣，光绪元年复由盛京工部侍郎调工部侍郎，旋授仓场侍郎。仰荷三朝知遇之恩，至优至渥。③”

---

① 《端锦哀启》，光绪三十四年七月，中国第一历史档案馆藏，端方档案，档号：27-03-000-000031-0153；《继妣八禹特夫人讣告》，系年不详，中国第一历史档案馆藏，端方档案，档号：27-03-000-000031-0154。

② 陈义杰整理《翁同龢日记》，中华书局1989年版，第1404页。奏折原文有所修改，“宜雪庚申之耻，天心可挽，讵忘丁丑之灾，一日奋兴，万世永在”。《仓场侍郎桂清奏为自陈病危事》，光绪五年二月初六日，中国第一历史档案馆藏，录副奏折，档号：03-5135-021。

③ 《仓场侍郎桂清奏为自陈病危事》，光绪五年二月初六日，中国第一历史档案馆藏，录副奏折，档号：03-5135-021。

桂清遗折记述了三点重要的信息：一是桂清是通过科举入仕，折中有“翰詹洊升卿贰”，可知其科举名次很好，得以进入翰林院，在京为官，并将端方等家人接入京城。二是桂清自称“满洲旧仆”，光绪二十五年，端方护理陕西巡抚上折谢恩，亦称“满洲世仆”。[①] 参考端家隶属满洲正白旗（排除抬旗），笔者推测端方家族有可能出身于上三旗内务府包衣。三是桂清是历经咸丰、同治、光绪三朝老臣，受到重用始于同治朝。“奉皇太后懿旨命在弘德殿行走”，指的是同治年间奉懿旨在弘德殿教同治皇帝读书事，这足以说明慈禧太后对其足够信任。此后桂清官途日益显贵，官至内务府大臣，掌管皇家府库，成为慈禧太后亲信，与此经历不无关系。

端方家境比之于普通百姓来说是殷实的，端锦在哀启说家里并不富裕，称桂清死后府中“身后储蓄仅万余金”，这显然是谦辞，事实并非如此。清末军机大臣荣庆与端方为表亲，曾于光绪十三年到访端府，有所描述：“湖阔顷许，南面土山，北种柳树，湖中宜莲与稻。湖北筑室三楹，窗轩面湖，后进为土洞，有陶渊明遗风。洞上平坦，可远眺，尽观本湖境；洞后为土山，过山，西为玉泉山，东望罗绮桥；北则昆明湖并草湖、西湖环焉。一望水乡，烟波浩渺，令人有出世之想”“端午桥之养水湖在焉”[②]。荣庆家境困窘，对于端家的阔绰倾慕不已。此外，端方为晚清著名收藏家，同样得益于殷实的家境。据说端方收购甲骨很下本钱，“山东潍县古董商人范维卿，为端方搜买古物，往来于河南武安、彰德间，见甲骨刻有文字，购若干片，献端方，端极喜，每字酬银二两五钱。范乃竭力购致。至今小屯村人尚能称述其事，传为美谈”[③]，也侧面印证了端府财力雄厚。

毋庸赘言，端方的家世在人脉和财力各方面为其入仕提供了帮助。日后端方在外地为官，其五弟端绪在京担任坐探与眼线，负责

---

① 《暂护陕西巡抚谢恩折》，《端忠敏公奏稿》第 1 册，第 59 页。

② 谢兴尧整理《荣庆日记》，第 13 页。

③ 董作宾、胡厚宣：《甲骨年表》，商务印书馆 1937 年版，第 1 页。

一切京内全权事宜。端方六弟端锦被端方安排在河南为官，多为厘局、土膏局的肥差，实为端家“钱袋子”。端方之子端继先留学美国，归国后到外务部任职，多与京中大员联系。此外，邓廷祯之曾孙邓邦述，与端家为姻亲，其妹嫁给端锦，有了这层关系，邓邦述受端方信任，负责管理端方府邸往来电文，端方档案中有很多密电即经邓氏之手。这些都是家族为端方带来的入仕便利。

二　与帝党中坚翁同龢交际

桂清死后，端方以荫生报捐工部，时任工部尚书正是翁同龢，故人之后自然十分照顾。桂清弥留之际，端方到翁家预闻机密事，“夜端午桥来，以王、唐两方并潘方来决，答以此事关系太重，不敢知”[①]。日记并未记述关系太重的“此事”详情，但不难看出，翁同龢对于端方这位晚生足够信任，并不避讳。光绪八年，端方参加顺天府乡试，中举。据统计，清朝开国二百年来，以正途出身官居二品以上的旗人中举者不足四百人，能位列其中，可见端方学有专攻。本年参加乡试的有翁同龢同乡诸子及本家子弟，均未中，端方中举令其略感欣慰。[②] 与端方一同参加此次乡试的同年有恽毓鼎和赵尔巽，此后两人与端方交际频繁，借助同年之谊多有政务及隐秘情事合作。

经过一段时间官场的积累与历练，端方在京城旗人中已经小有名气，京中有谚语云：“六部三司官，大荣小那端老四；九城五名妓，双凤二姐万人迷。”端老四指的就是端方。本想在仕途上大展手脚，不料端方中举后三年，其父桂和去世，翌年，母病逝，端方丁忧守孝。期间，山东巡抚张曜上折奏请调端方管理河务，朱批“工部办理”。时任工部尚书为崑冈，应是询问了端方意见，具折会奏称：“兹准该员呈称，职于光绪十一年五月丁父忧，本年四月接丁母忧，忧悴之身诸形竭蹶，在京供职已属强支，奔走河干恐多贻误，拟请据情代

① 陈义杰整理：《翁同龢日记》，第 1402 页。

② 陈义杰整理：《翁同龢日记》，第 1686 页。

奏免其发往等语。”[①] 端方遵守丁忧礼制，并未夺情复出。山东巡抚张曜办理河工保举了端方，是出于与端家有交际，还是他人向其推荐，不得而知，不过端方与张家确实常有往来。此年端致信张曜推举周采臣，“同司主稿郎中周采臣兄嗥，久任司曹，才猷素裕，踵彤云主水司四股稿案，专办山东河务，与此事最有讲求。上年奏调练习河务人员，采臣即思自效”“端方与采臣共事有素，相知最深，采臣河务而外，尤精算学，实为独出冠时之选，故敢为之汲汲上陈耳”。[②]

端方丁忧结束后，继续为官。光绪十五年，光绪帝大婚，端方帮办婚礼，事后叙功，加四品衔，在工部就职。此后几年，端方参与工部大小事务，管理街道厅，担任会典协修官等职务，积累资历。至光绪十七年，张家口监督任职命令下，这是端方第一次外放。张家口为清廷控制蒙古、经略边疆的重要关口，此地在经营蒙古、捍卫京师和维系清朝国家机关运转中发挥着重要作用，为清廷对外贸易的一个商业重镇，是具有综合军事、政治、经济、边疆治理等多种功能的关卡。在张家口监督任职半年后，端方上折汇报了半年来的税收详情，并以届满请旨派人接管，清廷批示：“这差仍著端方接管，俟扣足本任一年再行更替。”[③] 张家口监督一职是肥缺，为京中五六品官盼得的十大优缺之一，与端方同列“清末旗人三才子”的那桐，对于此职十分关注，在日记中有过记述，“寅刻进内，引见张家口税差，桐名在第四。奉朱笔圈出宗人府理事官灵照，名在第一者也”[④]，显然对此缺有所关注。

---

① 《山东巡抚张曜奏折》，光绪十二年十月二十七日，中国第一历史档案馆藏，录副奏折，档号：03-5214-077。《工部尚书崑冈折》，光绪十二年十一月十九日，中国第一历史档案馆藏，录副奏折，档号：03-7396-026。

② 张怀恭、张铭：《清勤果公张曜年谱》，浙江古籍出版社 2009 年版，第 107 页。

③ 《大学士管理户部事务张之万，户部尚书福锟折》，光绪十七年十月二十九日，中国第一历史档案馆藏，户科题本，档号：02-01-04-22504-040。

④ 北京市档案馆编：《那桐日记》上，新华出版社 2006 年版，第 168 页。清代北京官场上有十大优差：三库、三口、二钱局、二关差。三库为户部银库、缎疋库、颜料库；三口指三个税关口：张家口、杀虎口、山海关；二钱局是清廷两个最大的铸钱局，户部宝泉局、工部宝源局；二关差为坐粮厅监督和崇文门税关。

端方于光绪十七年三月二十四日到张家口接篆，至十八年四月初三日，将一概税收数额清理清楚后回京，正好一年时间。[①] 虽然时间短暂，端方却于此地收获了一份感情，他娶汉族女子张玉梅为妾，不料三个月后玉梅即病逝，端方悲伤异常，写诗凭吊："半世悲愉亦渐尝，荒原凭吊意苍凉。灯前笑语犹萦耳，梦里容颜几断肠。我与寒花书葬志，卿留青冢傍斜阳。一麾江海行将去，招尔香魂返故乡"。诗中充沛着对逝者的怀念，读来令人动容，青年端方也是一个重情之人。[②] 多年后，端方已官至湖南巡抚，致信友人回忆此段张家口监督往事，不无感慨，"张家口税务向以盐厘土药为大宗，政章纷澂，收自不及前，然加意整顿，尚较别项差使为优，当此计储支绌，尤宜樽节动支，以符考覆，至为倾仰。兄前在任所，略加经理，想一切当能照旧。前尘如梦，忽忽十年，回忆及之，辄用枨触"[③]。"前尘如梦"自然包括对于故人的思念及曾经往事的感慨。

回到北京的端方，继续当差，随班听鼓。光绪十八年，端方在直隶总督李鸿章麾下办理土药税厘，经上司保奏，奉旨交军机处存记。光绪十九年十一月，晋升郎中，奉旨监督节慎库。光绪二十年京察一等，奉旨准其一等加一级，记名以道府用。光绪二十一年，端方受命监工菩陀峪定东陵有功，获慈禧太后和光绪帝褒奖，加三品衔。[④] 如果没有重大事件发生，端方与其他京官一样，在部曹混迹。借助门荫，出人头地或许只是时间而已。个人命运往往与国家大事紧密相连，甲午中日战争清廷战败，掀起维新高潮，端方的个人命运发生了转折。

---

① 《张家口监督端方折》，光绪十八年四月初三日，中国第一历史档案馆藏，录副奏折，档号：03-6568-035。

② 《腊日过玉梅墓诗以酬之附录墓碣》，见《端陶斋诗合钞本》，国家图书馆藏。

③ 《端方致钦差张家口监督嵩子山信》，系年不详，中国第一历史档案馆藏，端方档案，档号：27-02-000-000114-0017。

④ 秦国经主编：《清代官员履历档案全编》第6册，华东师范大学出版社1997年版，第58页。

三　帝党与后党双重角色参与维新

光绪二十四年春，本来年初端方已新任为直隶霸昌道，四月中旬启行赴任，到了天津，据直隶总督王文韶上折附片称，“再新受霸昌道端方现已到津，应即饬赴新任以重职守”。[①] 几天后，清廷发布《定国是诏》，变法维新，上谕吏部尚书孙家鼐、顺天府尹胡燏棻饬端方由霸昌道回京预备召见。[②]

端方回京后，六月十四日被召见。是何人保举了端方呢？军机处保举册中提及：“协办大学士、兵部尚书刚毅保直隶霸昌道端方，学优才广，力果心精，明千有力，通变适用，实有理繁治剧之才。”[③] 康有为在《康南海自编年谱》称，“端方者，刚毅之私人也”。[④] 由此看来，后党刚毅保举端方的可能性比较大。对此学界有不同认识。有学人据光绪二十四年正月初五翁同龢日记记载，“见起四刻，极陈宜破格用人，保毛庆蕃、那桐、端方”，认为综合各种记述，翁氏所记当最为直接可信。[⑤] 显然端方受惠于刚毅与翁同龢，具有帝党和后党的双重色彩。

七月初二日，端方再次受光绪帝召见，应答内容已不可考。三日后，清廷发布上谕，设立农工商局，任命端方督理该局事务，“著即于京师设立农工商总局，派直隶霸昌道端方，直隶候补道徐建寅、

---

① 《直隶总督王文韶折》，光绪二十四年四月十九日，中国第一历史档案馆藏，朱批奏折，档号：04-01-12-0585-102。《直隶总督王文韶折》，光绪二十四年四月十九日，中国第一历史档案馆藏，录副奏折，档号：03-5360-086。

② 《著为直隶霸昌道端方预备召见事谕旨》，光绪二十四年，中国第一历史档案馆藏，录副奏折，档号：03-5736-120。

③ 《军机处簿册》第58号第1盒。由于该项上未注日期。有学者判断：从前后所记的时间为六月初二日至七月初五日之间。该保册封面已损，按照当时军机章京的拟名，当为各项保举文职人员档，见《保举各项底簿档等》，查六月初二日至十四日之间的军机处《早事档》《随手档》皆无刚毅上折的记录，刚毅保端方，很可能是军机面见时刚毅面保或当面递折。参见茅海建《从甲午到戊戌：康有为〈我史〉鉴注》，生活·读书·新知三联书店2009年版，第611页。

④ 清华大学历史系编：《戊戌变法文献资料系日》，上海书店出版社1998年版，第867页。

⑤ 参见张海林《端方与清末新政》，第6页。有学人考证认为端方为“帝党成员”。参见尚小明《戊戌时期的端方》，王晓秋主编《戊戌维新与近代中国的改革：戊戌维新一百周年国际学术讨论会论文集》，第758—761页。

吴懋鼎为督理。端方著开去霸昌道缺，同徐建寅、吴懋鼎赏给三品卿衔，一切事件，准其随时具奏”。[①] 端、徐、吴三人督办农工商总局事务，三人品级骤然擢升，袁世凯称“津上哗然，他处亦可想见”[②]。端、袁此时并无太多交际，在品级上也不对等，双方走向同盟是庚子之后政局演变的结果。[③]

京内对设立农工商局道议纷纷，代呈康有为奏折的奕劻等人态度令人寻味，称“窃臣衙门据工部主事康有为具折一件，恳请代奏。臣公同阅看，折内所陈尚无违碍字名，不敢壅于上闻。谨将原折一件进呈御览，伏乞皇上圣鉴”。[④] 文辞中多少有些无奈，显然不愿承担此事的相关责任，预示着戊戌政变后农工商总局的命运多舛。

农工商总局于七月初五日设立，徐建寅自福建赶往京城尚须时日，实际事务由端方与吴懋鼎负责。十日后，端方将筹办情形做一简要汇报，称西方各国农、工、商皆分统以部，目前则统而划一，事务繁多，将租赁民房作为暂时办公之地，经费等户部预算出来再行上奏。[⑤] 折上当日，光绪帝即口谕军机处传达，一切要求均尽力满足，谕旨称“开办伊始，务宜规模宽敞足敷展布，其经费亦须宽为筹备”，[⑥] 可见光绪帝对于农工商局相当看重。再过十日，选玉河桥东岸詹事府旧署一所，作为办公地，清廷先期拨付一万两用于购买办公用品，雇佣办事人员，另外每月支付一千两用于日常开销。当然，这些都是端方筹办的。端方热衷兴学，上奏“立农学、开农会、刊农报、购农器”，[⑦] 均一一得到应允。

---

① 中国第一历史档案馆编：《光绪宣统两朝上谕档》第24册，第308页。

② 《袁世凯致徐世昌函》，《近代史资料》，总第37号，中华书局1978年版，第12—13页。

③ 端、袁交际参见第二章。

④ 《总理外国事务大臣奕劻等折》，光绪二十四年七月初五日，中国第一历史档案馆藏，录副奏折，档号：03-9448-044。

⑤ 《督理农工商总局大臣端方、吴懋鼎折》，光绪二十四年七月十五日，中国第一历史档案馆藏，录副奏折，档号：03-9448-061。

⑥ 《著为端方等认真筹办农工商事务总局随时奏闻并依议铸造关防等事谕旨》，光绪二十四年，中国第一历史档案馆藏，录副奏折，档号：03-9448-064。

⑦ 《督理农工商总局大臣端方、吴懋鼎折》，光绪二十四年七月十九日，中国第一历史档案馆藏，录副奏折，档号：03-9449-016，03-9449-017，03-9449-018。

农工商总局设立后，重点关注农业。端方为此还专门请教学人罗振玉，据罗氏回忆称“方戊戌新政举行，浭阳端忠敏公任农工商大臣，锐意兴农，移书问下手方法。予谓欲兴全国农业，当自畿辅始，昔怡贤亲王议兴畿辅水利，竟不果行，公若成之，不朽业也。因寄畿辅水利书，附以长函。公阅之欣然”①。此后，农工商局推广农学、开办农报、兴修水利、推广农作物种植办法依次举行。农工商局举办伊始，局内人才缺乏，端方代递关于本局事务的奏折，有些很快得到了光绪帝的朱批。如主事汪赞纶条陈畿辅水利，中书王景沂条陈农工商，主事程式谷条陈推广农会农报，均得到清廷最高当局的回应。合而观之，光绪帝对于农工商局相当重视，端方得以三品卿衔近于内廷。

任职农工商局期间，端方重点关注农业。但从日后端方为政来看，在农业领域并未有所建树，在数万件的端方档案中，与兴农的举措相关寥寥，反而是在工商业方面用力颇多，这也应是受戊戌时期筹办工商的一些举措影响。如光绪三十年前后，铜币短缺，端方建议广铸铜币，这些铸币知识早在戊戌就有相当的积累，端方曾上奏铸造铜钱银元以维圜法，光绪帝批示总理事务大臣条陈议奏。②

自七月初五日上谕兴办农工商总局，至七月十五日启动局务，再到二十天后八月初六日戊戌政变发生，其间该局虽然条陈多项举措，但并未来得及铺开实践即戛然而止。八月十一日谕旨停止上书言事，戊戌政变发生后几日，维新新政渐被取缔。八月二十日，军机处传慈禧太后口谕给端方，“农工商事宜何者有利，何者有弊，办理有无把握，著端方条举以闻”，看来农工商总局命运危在旦夕。三天后，端方上奏条陈，此折应是颇费了心思的。端方一方面称农工总局于国计民生大有关系，“若使经理得人，款目给用，不难日起有

① 罗振玉：《贞松老人遗稿·集蓼编》，中国史学会主编《戊戌变法》第4册，第250页。

② 《著为总署王大臣议奏事》，光绪二十四年七月二十四日，中国第一历史档案馆藏，录副奏折，档号：03-9449-072。《督理农工商总局大臣端方、吴懋鼎折》，光绪二十四年七月二十四日，中国第一历史档案馆藏，录副奏折，档号：03-9534-064。

功”。另一方面指出京师“仅能考察不能承办，居中遥制未必有补事机”，这是即不反对光绪帝开办总局，又不冒犯慈禧太后扼杀新政的折中说法。[①] 端方上折次日，农工商总局裁撤。如端方上陈，各地农工商局予以保留。七月中旬，直隶总督荣禄在得知京师设立农工商总局的消息后，即在天津开办分局。此后吉林将军延茂、陕西巡抚魏光焘分别设立了地方分局。

戊戌政变发生后，参与维新的官员人人自危。与端方同为督理大臣的吴懋鼎，在农工商总局并未撤销之前，即遭掌江西道监察御史王鹏运弹劾，称其“出身微贱”，“竟敢捐纳实官，营援保举，得以滥厕九列，兼当要差，不独使西人齿冷，亦为朝廷之玷”，并请将农工商局“简派大员管摄”。[②] 显然，农工商局因康有为上折促成，政变后受到冲击。比之于吴懋鼎，端方比较幸运，未有御史弹劾，免被罢黜，反而于一个月后调任陕西按察使。

农工商局撤销后，端方以该局裁撤为由，上奏自请开去三品卿衔，向朝廷表明不贪恋权位，与维新派划清关系。同时，表示原“系实缺道员，兼领卿衔”[③]，希望归复位或给予其他职务。九月十九日，端方奉旨调陕西按察使。

戊戌政变发生，诸多参与维新的官员均被处罚，保留原职已是万幸，如端方不降反而升职者更是寥寥。异常的人事调动，引发外界猜测。时人费行简记述，“直隶霸昌道端方，亦以保国会员附有为，获三品卿衔，总管农工商务局，后将重惩之，方托骨董商投荣禄门下，具贿李莲英乞助”。在费氏看来，戊戌政变后，端方得荣禄与李莲英庇护，等以免罚，但随后行文又提到刚毅对端方的成见，“农工商皆百姓执业，何必官为越俎，设局代谋。此皆有为洋人汉

① 《督办农工商总局大臣端方折》，光绪二十四年八月二十三日，中国第一历史档案馆藏，录副奏折，档号：03-9457-076。

② 《掌江西道监察御史王鹏运折》，光绪二十四年八月二十三日，中国第一历史档案馆藏，录副奏折，档号：03-9457-075。

③ 《护理农工商总局事务大臣端方折》，光绪二十四年八月二十八日，中国第一历史档案馆藏，录副奏折，档号：03-5364-141。

奸，欲假此局以攘民业，卖之外夷，端方为承其乏，其不端可知”，[①]刚毅此见令人殊不解，前文提及是刚毅保荐了端方。

苏继祖《戊戌朝变纪闻》记载：八月二十三日，撤农工商局，派办三员皆撤去卿衔，惟端方为刚毅所保，“八月以前与康甚密，政变后求刚庇护，刚乃代奏，系奉所命入康党探其消息者”。[②]在苏继祖看来，恰恰是刚毅庇护了端方。

费、苏记述出入正反映了当时政局波云诡谲，内情难探。苏继祖提到了政变之后，端方上呈“颂后圣德”的《劝善歌》，得以打动慈禧太后保命，“自训政后，人心大定”，又进《劝善歌》，太后大悦，命天下张贴，京中呼之为“升官保命歌”。[③]端方这首《劝善歌》通俗易懂，更接近于打油诗和快板书，从诗歌的文学水平来看，着实不能代表清末的文人水准，但这恰恰是端方的过人之处。以存世端方所著《端陶斋诗合钞本》来看，显然可以写作骈体文，如果进呈一首引经据典的旧体诗，不易于向普通民众宣传圣德，加之慈禧太后的文化水准不高，引起不了当政者共鸣，不能收到奇效。反观这首全篇通俗、涉及各行业的《劝善歌》，舆论宣传效果就不同了，在朝局动荡之际，更易于稳定政情。事实如此，端方上呈《劝善歌》后，八月十五日军机处字寄，令各府州县张贴，“于人心风俗不无裨益”。据福州将军增祺报告，一次即印刷了十万份，分发到福州各城镇乡村，大力宣传。[④]京城亦是如此，由步军统领衙门顺天府五城各行刊印张贴京城内外，俾民周知。[⑤]看来，《劝善歌》确实得到了当政者的肯定，为端方免受处罚起到了作用，理应称为“保命歌”，由此亦体现端方性格机敏的一面。端方死于新军哗变，谥号

① 费行简：《慈禧传信录》，中国史学会主编：《戊戌变法》第1册，第469—470页。

② 苏继祖：《戊戌朝变纪闻》，中国史学会主编：《戊戌变法》第1册，第349页。

③ 苏继祖：《戊戌朝变纪闻》，中国史学会主编：《戊戌变法》第1册，第349页。

④《福州将军增祺折》，光绪二十四年九月十一日，中国第一历史档案馆藏，录副奏折，档号：03-5365-163。

⑤《著为端方呈进劝善歌俾民周知事谕旨》，光绪二十四年，中国第一历史档案馆藏，录副奏折，档号：03-5736-145。

"忠敏"，"忠"主要表彰其为清殉难，"敏"则是为官处世的外在体现。

戊戌政变是帝后党争剧烈冲突的呈现，如果仅以一首《劝善歌》就能豁免一位三品卿衔的官员，显然低估了政治斗争的残酷性。因此费行简与苏继祖在文内提及了刚毅、荣禄，以及权阉李莲英的作用，不过二人围绕刚毅的记述却出现了矛盾。前文业已表明，戊戌期间保举端方之人正是刚毅，难于出言倾陷。至于荣禄是否发生作用，也是大有可能的，《荣禄存札》存有多封端方信函，内容亲昵，曾请求为其调动职务，不难看出端方受庇于荣禄。[①] 笔者认为，端方伯父桂清为慈禧太后亲信，这一点不容忽视，故人之后应该影响了最高执政者的决策。

戊戌年是中国近代史上具有转折意义的一年，对于端方来说也是非常重要的一年，为其人生仕途的转折，由直隶霸昌道回京参与变法维新，之后自请开去三品卿衔。在剧烈的政局动荡中，端方纵横捭阖，于帝后党争最为激烈的环节，能够全身而退，并很快升任按察使，与其家世受慈禧太后信赖有关，也受益于当朝权臣的保护，更是其本人政治敏锐运作的结果。经历了戊戌历练，积累了政治经验与办事能力。同时，在戊戌期间，端方保举了梁鼎芬等人，日后成为有力臂助。

四　为官陕西期间的人际网络

戊戌政变一个月后，端方奉旨补陕西按察使，实职三品官，臬台掌刑名，与巡抚、藩台、学台构成一省的最高领导机构，正式开始十年之久的外官生涯。[②] 端方调任的陕西，臬台衙署驻扎地——省城西安，为西北重镇，通往西部的交通要道，满洲八旗亦驻扎于此。时任陕西巡抚魏光焘，字午庄，湖南邵阳人，湘系大员，办理对外

① 杜春和等编：《荣禄存札》，齐鲁书社 1986 年版，第 249 页。

② 《陕西按察使端方折》，光绪二十四年十二月初四日，中国第一历史档案馆藏，录副奏折，档号：03-5368-133。

交涉，颇有政声。在湘系日益衰落之际，魏光焘成为湘军仅有的几位文武兼备的将才。以文官出身的满人端方，与征战多年的武将魏光焘成为同僚，日后交谊笃厚。

自光绪二十四年十二月初二赴任，至二十五年八月二十日，不到一年的时间，端方职务又有变动。巡抚魏光焘任职已满三年，循例入京陛见，奏请藩司李有棻署理巡抚。[①] 李有棻所留空缺，魏光焘奏称，端方"才识宏远，体用兼赅，堪以署理"，[②] 此为光绪二十五年八月底事。一个月后，李有棻接到家信，得知生母于七月底病逝，按例应丁忧。九月初一日，端方接军机处电，陕西巡抚由端方暂时护理。这样端方署理布政使不足一月，即以臬司护理巡抚，这在清代并不多见。至九月底，端方接到谕旨，补授陕西布政使，同时继续护理陕西巡抚职务。经此升转，端方实际当上了陕西的最高长官。

至光绪二十五年十月，魏光焘奉旨署理陕甘总督，于十二月抵达甘肃兰州总督府。端方继续以陕西布政使护理巡抚。此间最为棘手事为筹还洋债，需要定时筹解英德洋款及俄法借款。而陕西于光绪二十五年通省旱灾，使得本就入不敷出的财政更为拮据，不过端方却积累了赈灾经验。光绪三十二年端方外放两江总督，江南地区遭受了大水灾，能够从容应对，与此经历不无关系。

与天灾带来的灾难相比，光绪二十六年农历庚子年的人祸更甚。八国联军侵华，使得本来就国势日蹙的清王朝雪上加霜。联军进攻北京，慈禧太后携光绪帝于七月二十一日仓惶出逃，一路西行，一个月后至山西太原。慈禧太后有意巡幸陕西，李鸿章、张之洞等重臣以及多位外国使臣则建议返京。端方作为陕西地方官吁恳圣驾继续西行，早在八月初即上奏"未奉诏旨以前，会同署督臣魏光焘恭

---

① 《陕西巡抚魏光焘折》，光绪二十五年七月二十四日，中国第一历史档案馆藏，录副奏折，档号：03-5379-032。

② 《陕西巡抚魏光焘折》，光绪二十五年八月二十日，中国第一历史档案馆藏，录副奏折，档号：03-5380-016。《护理陕西布政使端方折》，光绪二十五年八月二十二日，中国第一历史档案馆藏，录副奏折，档号：03-5380-027。

折吁请乘舆西巡，以远寇氛”，这是作为地方官忠心的表态，也是出于自身利益的考量。[①]

事实上，慈禧太后本有赴陕的打算，未至太原，即发电护理陕西巡抚端方，预备接驾。军机大臣荣禄早已“密遣幕僚来陕，令臣（端方）未雨绸缪”。光绪二十六年七月二十九日，军机处字寄端方称“巡幸太原本非久计……著端方审度形势，于西安府城酌驻跸之所，沿途跸路所经并饬地方官豫为筹备”[②]。话虽隐约，实际是向端方表明行在将继续西行，令其早做准备。八月二十一日军机处字寄上谕，称两宫“于十七日安抵太原，何日西巡，尚未定期，惟该省应行预备一切，固不可过事铺张，亦不可误听讹言，稍存观望，致一旦乘舆西幸，诸事转形仓促”。[③]

端方接到电报后立即上奏，称专门设立“支应局一处，专办迎銮事宜，业已粗具条目，固不敢奢靡以贡，亦不敢轻率以将事”，迎接两宫的意愿非常明显。至于军机处提及的不可铺张，当然是表面说辞，实为希望借古都暂作休整，毕竟自七月出京奔波，早已疲惫不堪，而山西闹教严重，难得清静休息。端方奏陈提请迎接圣驾，请示称“应办要紧事宜部署就绪，其巡抚印信可否暂交署藩司冯光遹护理”，以便东行恭迎圣驾。[④] 这里端方是有所指向的，两宫西狩，甘肃布政使岑春煊千里勤王，深得两宫荣宠，此年八月任命为陕西巡抚，未到任之前端方继续护理。显然端方提及交卸印信迎驾是提醒清廷护理巡抚多时，就此让位心有不甘。

两宫来到西安，端方护理陕西巡抚，如同“顺天府尹”，但更接近于权力中枢，一切地方大小事由，多有参与。其中此一时段有三点值得关注。

---

① 《遵旨筹备西巡及吁请迎驾折》，《端忠敏公奏稿》第1册，第91页。

② 《寄谕端方著于西安府城酌备驻跸之所事》，光绪二十六年七月二十九日，中国第一历史档案馆藏，电报档，档号：1-01-12-026-0057。

③ 《寄谕端方著应行预备不可过事铺张误听讹言事》，光绪二十六年八月二十一日，电报档，档号：1-01-12-026-0116。

④ 《遵旨筹备西巡及吁请迎驾折》，《端忠敏公奏稿》第1册，第90—92页。

首先，端方于陕西期间结识了诸多重臣，有的成为终生师友，有的则演变为政敌，影响到日后政治走向。与魏光焘和岑春煊的交际就是两个不同的例子。端方在陕任职，其上司一直为魏光焘，军人出身的湘系大员对端方格外信任，这从端方由按察使署理藩司、由署理藩司到护理巡抚任职经历来看，魏氏应对端方仕途给予了极大的帮助。此后，两人几乎同时调离陕西，魏光焘任云贵总督、端方调湖北巡抚，辗转各地，各为一方封疆大吏，端方始终执弟子礼。档案中存有一封端方担任湖北巡抚给魏光焘的一封私信，信中夸赞魏光焘剿匪战术有方，老成持重，属于溢美之词。剿匪需购买湖北枪械，湖北为云贵的协饷之地，魏光焘担心枪械费用自协饷内划扣，果然如其所料。端方解释这是张之洞之意，并不代表他的想法，由于“香帅（张之洞）先行发电，径列敝衔，受业良深愧悚”，表示无奈，从中也可反映张的强势。此函中，端方还与魏光焘谈及其弟端锦的学业与仕途，可见端、魏二人时相过从，交谊笃厚。[①] 此外，魏光焘子、侄也得端方多方照顾。[②] 端、魏之间的交流从未停止，遇有大事相互商讨，端方调任各省均会向魏光焘通报各地政情，听取意见。端方后任湖南巡抚，与湘地士绅交际密切，这与湘系势力的推荐不无关系。

端方与岑春煊则呈现另外一种案例。端方护理陕西巡抚期间正值庚子事变，秦中之地遭遇大旱，本就入不敷出的财政接待两宫及京城逃亡的官员更加困难，端方多方筹措，苦于应付。不想护理巡抚的苦差当了，好处被岑春煊占了。岑以投机的行为千里勤王，博得慈禧太后好感，被任命为陕西巡抚，已经护理了十个月陕抚的端方被迫让出职位，心生怨言。岑于陕任职三个月即调任山西巡抚，临行之前，上奏称前路粮台事务殷繁，“可否移交护理陕西巡抚臣端

---

① 《端方致魏光焘信》，系年不详，中国第一历史档案馆藏，端方档案，档号：27-02-000-000016-0023。

② 《端方致魏光焘信》，系年不详，中国第一历史档案馆藏，端方档案，档号：27-02-000-000189-0069；27-02-000-000001-0004；27-02-000-000008-0003。

方接管，抑或简派大员专司之处，恭候圣裁”。[1] 可以看出岑与端无深交，护理巡抚此时掌管行在的粮饷供应，理应接管前路粮台，岑本人即任此职务，移交抚篆时反而建议另选大员，这种提议耐人寻味。不仅如此，岑在陕西曾向清廷申请三十万两经费用于行在支出，军机大臣请其造册具报。岑称统计繁杂，尤其包括王公大臣开销，造册甚繁，已经告知相关人员逐一核查。当时西安权贵接踵而至，地方不免接待应酬，显然是一笔无法计算的糊涂账。由于岑已经蒙恩授山西巡抚，将陕西奏销的烂账留给了护理巡抚端方。[2] 岑赴任后，端对于岑氏在陕三个月的举措多有微词。

自义和团起事后，秦陇诸军赴援北上，征调纷繁，端方建议设立官车局，为了说明车辆征用浩繁，端方举了岑春煊赴山西的例子，称岑率诚信军赴晋，需用差车数在三百辆上下，均未付价，“以有限之财力应无穷之供支，值此饥馑荐臻，闾阎重困，流离琐尾”，“民情困苦，殊为可怜”。[3] 不难看出端方明显是借筹备官车局，告岑春煊扰民的御状。

时值动乱之际，多有逃兵，端方上《请惩官弁以肃军纪片》，折中点名指出，岑春煊部属“吴景琦一军淫掠不法，人所共愤”，应请岑春煊“从严审办，其尤为不法者，审明确情”。[4] 岑上奏称所属营官不法为其管理不善，同时辩称，因纵容者吴景琦被地方村民殴毙，无从起解。端方借惩治逃兵，实是揭发岑春煊治军不严，致使逃兵侵害地方。清廷下旨令端方调查，经端方访查，上奏中有“岑春煊谓不予以严惩，以后地方岂尚有捍守孤城为国效命者”[5] 之语，显然又是借机表达对岑的不满。端、岑在陕西期间有所隔阂，日后端方

---

① 《陕西巡抚岑春煊折》，光绪二十七年正月二十四日，中国第一历史档案馆藏，朱批奏折，档号：04-01-12-0600-069。

② 《陕西巡抚岑春煊折》，光绪二十七年二月二十一日，中国第一历史档案馆藏，朱批奏折，档号：04-01-35-1056-029。

③ 《请设官车局折》，《端忠敏公奏稿》第1册，第122页。

④ 《请惩官弁以肃军纪片》，《端忠敏公奏稿》第1册，第134—135页。

⑤ 《查明盂县文武各官捏报军情各节恭折》，《端忠敏公奏稿》第1册，第161页。

对好友梁鼎芬谈及岑称“与鄙人貌合情离”[①]。此后端方在丁未政潮中设计陷岑，亦是发泄陕西时期的不满。

其次，端方在陕期间保护教民，赢得外国的赞誉。庚子义和团运动，直隶、山东、山西练拳民众最多，山西巡抚毓贤对拳民纵容支持，致使教案严重，传教士与教民受到迫害。而邻近山西的陕西则教案较少，这与护理陕西巡抚端方保护传教士与教民的政策有关。

端方颁布劝戒秦民告示，称义和拳大不可信，告诫陕省民众义和团，“恍佛之术万不可恃”。对于执意练拳者，严惩不贷，“如有驰心谬说，听信讹言，聚徒拜师，藉端启衅，则国法具在，宽典难邀”。显见端方与毓贤相比，对待教民的态度截然相反。

端方张贴告示对传教士予以保护，称“教士重洋万里，远道而来，与尔百姓□□□□从无变生意外之事”。指出山西闹教即是前车之鉴，“山西本太平世界，皆因百姓骚然不靖，自兴乱端，遂使阖境生灵，惨遭荼毒”。告诫民众，“须知保护教堂……恪遵功令，期于民教相安”“如有妄听浮言，无端寻衅，定即治以背违诏令之罪”。[②]

端方接到了慈禧太后清剿传教士的谕旨，并没有遵照执行，而是在与各国驻华公使馆联系后，暗中把陕甘两地的英、美、法等地传教士及其随行人员聚集在西安城，然后秘密护送到汉口租界，保重了100余名外人的性命，受到西方媒体的大加赞誉，被视为“救星”。[③] 据在华传教士李提摩太回忆，义和团运动期间，“在陕西省没有遭受生命损失”，“陕西省巡抚端方……派出护卫队，送传教士离开陕西，逃往汉口”。[④] 瑞典传教士入陕，端方令营务守备保护，

---

① 《端方致梁鼎芬电》，光绪三十一年五月初三，中国第一历史档案馆藏，端方档案，档号：27-01-001-000103-0010。

② 《端中丞劝戒秦民告示》，《西巡回銮始末记》卷四，《民国丛书》第5编第68册，神州国光社1947年版，第220—226页。

③ 史红帅编著：《西方人眼中的辛亥革命》，三秦出版社2012年版，第204页。

④ ［英］李提摩太：《亲历晚清四十年——李提摩太在华回忆录》，李宪堂、侯林莉译，天津人民出版社2005年版，第279页。

称传教士为“友人”。[①] 通过保护教民与传教士，端方得到了外人的肯定，提高了声誉为其日后任职地方官及处理对外事务，提供了方便。[②]

最后，端方参与了东南互保，积累了声望。西安远离京城，与政治中心京师与经济重心江南不同，属于落后省份。八国联军侵华迫使两宫西逃，政治中心随之转移。清廷最高统治者来到陕西，作为护理巡抚的端方职能不限于“顺天府尹”。其实两宫早在太原时期，端方即已负责信息传递。当团民破坏电线，信息阻滞，京城的电文借助驿站六百里加急送到保定，再传递到济南发电至陕西，由端方送到晋、陕行在。南方的电报则直达西安，由端方送达。

两宫到西安后，端方作为护理陕西巡抚，对外界信息的掌握更加灵便，一些重要电文均借用陕电报局发出，比如军机处廷寄李鸿章等人议和电文即明确标注，“此旨仍着端方转电李鸿章等知之”[③]。两宫在陕期间，端方与南部督抚的联系频繁，筹议东南互保。东南互保由于地缘、政治取向等因素，各地督抚分成几个层级圈，陕西就成了东南督抚在西北的重要应援，端方在其中起了很大的作用。护理陕西巡抚让端方有机会频繁接触到清廷的最高层，同时借助行在陕的机遇，密切联系了地方督抚，终在庚子之后的清末政局中崛起。

---

① 《端方致文明山信函》，光绪二十七年，中国第一历史档案馆藏，端方档案，档号：27-02-000-000014-0023。

② 《端方致北京端宅电》，系年不详，中国第一历史档案馆藏，端方档案，档号：27-01-001-000186-0131。

③ 《八月十五日军机处廷寄》，《西巡回銮始末记》卷一，《民国丛书》第5编第68册，第82页。

参考文献

一　档案

端方档案，中国第一历史档案馆藏（据国家清史编委会数字资源网：中华文史网）。

朱批奏折（1901—1912），中国第一历史档案馆藏（据国家清史编委会数字资源网：中华文史网）。

录副奏折（1901—1912），中国第一历史档案馆藏（据国家清史编委会数字资源网：中华文史网）。

张之洞档案，中国历史研究院藏。

电报档（1901—1910）（据国家清史编委会数字资源网：中华文史网），中国第一历史档案馆藏。

户科题本（1901—1910）（据国家清史编委会数字资源网：中华文史网），中国第一历史档案馆藏。

瞿鸿禨朋僚书牍，中国历史研究院藏。

清代文献传包传稿，文化和旅游部清史纂修与研究中心藏。

台北故宫博物院藏清史传包传稿档案选编，文化和旅游部清史纂修与研究中心藏。

国家档案局明清档案馆编：《戊戌变法档案史料》，中华书局 1958 年版。

台北故宫博物院故宫文献编辑委员会编：《宫中档光绪朝奏折》，台北故宫博物院1973年版。
故宫博物院明清档案部编：《清末筹备立宪档案史料》，中华书局1979年版。
中国第一历史档案馆编：《光绪朝朱批奏折汇编》，中华书局1996年版。
中国第一历史档案馆编：《光绪宣统两朝上谕档》，广西师范大学出版社1996年版。
秦国经主编：《清代官员履历档案全编》，华东师范大学出版社1997年版。
中国第一历史档案馆编：《清代军机处电报档汇编》，中国人民大学出版社2005年版。
虞和平主编：《近代史所藏清代名人稿本抄本》第1辑、第2辑，大象出版社2011年、2014年版。
上海图书馆编：《盛宣怀档案选编》，上海古籍出版社2015年版。
台北故宫博物院编：《清代起居注册：光绪朝》，台北故宫博物院1985年版。

二　文献

爱新觉罗·溥仪：《我的前半生》，群众出版社1996年版。
爱新觉罗·载沣：《醇亲王载沣日记》，群众出版社2014年版。
北京市档案馆编：《那桐日记》，新华出版社2006年版。
曹汝霖：《一生之回忆》，香港：春秋杂志社1966年版。
岑春煊：《乐斋漫笔》，中华书局2007年版。
陈灨一：《睇向斋秘录（附二种）》，中华书局2007年版。
陈灨一：《睇向斋谈往》，上海书店出版社1998年版。
陈夔龙：《梦蕉亭杂记》，中华书局2007年版。
陈三立：《部尚书善化瞿公墓志铭》，《清代碑传全集》，上海古籍出版社2018年版。
陈旭麓、顾廷龙、汪熙主编：《辛亥革命前后·盛宣怀档案资料选集之一》，上海人民出版社 1979 年版。
陈义杰整理：《翁同龢日记》，中华书局 1989 年版。
谌东飚点校：《瞿鸿禨集》，湖南人民出版社 2010 年版。
崇彝：《道咸以来朝野杂记》，北京古籍出版社 1982 年版。
戴鸿慈：《出使九国日记》，湖南人民出版社 1982 年版。
德龄、容龄：《在太后身边的日子》，紫禁城出版社 2011 年版。
邓之诚著，邓珂点校：《骨董琐记全编》，中华书局 2008 年版。
丁文江、赵丰田编：《梁启超年谱长编》，上海人民出版社 1983 年版。
杜春和等编：《荣禄存札》，齐鲁书社 1986 年版。
杜春和、林斌生等编：《北洋军阀史料选辑》（上册），中国社会科学出版社 1981 年版。
杜亚泉等编著：《辛亥前十年中国政治通览》，中华书局 2012 年版。
端方：《端陶斋诗合钞本》，国家图书馆藏。
端方：《端忠敏公奏稿》，沈云龙主编：《近代中国史料丛刊》正编第 10 辑，台北文海出版社 1966 年版。
冯自由：《革命逸史》，新星出版社 2009 年版。
故宫博物院编：《文献丛编》，北京图书馆出版社 2008 年版。
国家图书馆善本部编：《赵凤昌藏札》，国家图书馆出版社 2009 年版。
何德刚：《客座偶谈》，上海古籍书店 1983 年版。
何平、李露点注：《岑春煊文集》，广西人民出版社 1995 年版。
胡钧：《张文襄公（之洞）年谱》，沈云龙主编：《近代中国史料丛刊》正编第 5 辑，台北文海出版社 1973 年版。
胡绳武主编：《清末立宪运动史料丛刊》，山西人民出版社 2020 年版。
胡思敬：《大盗窃国记》，《退庐全集》，台北文海出版社 1970 年版。
胡思敬：《国闻备乘》，中华书局 2007 年版。
湖南省博物馆编：《余肇康日记》，湖南人民出版社 2009 年版。
黄濬：《花随人圣庵摭忆》，中华书局 2013 年版。
黄庆澄：《东游日记》，岳麓书社 2016 年版。
黄珅、杨晓波校点：《海藏楼诗集》，上海古籍出版社 2003 年版。

蒋良骥撰，林树惠、傅贵九校点：《东华录》，中华书局1980年版。
金梁：《道咸同光四朝佚闻》，《史料七编》，台北广文书局1978年版。
金梁：《光宣小纪》，上海书店出版社1998年版。
近代史资料编辑组：《袁世凯致徐世昌函》，《近代史资料》总37号，中华书局1978年版。
瞿兑之：《杶庐所闻录》，山西古籍出版社1995年版。
《瞿鸿禨朋僚书牍选》，中国社会科学院近代史研究所近代史资料编辑部编：《近代史资料》总108号，中国社会科学出版社2004年版。
瞿鸿禨：《圣德纪略》，沈云龙主编：《近代中国史料丛刊》正编第52辑，台北文海出版社1967年版。
《瞿鸿禨奏稿选录》，中国社会科学院近代史研究所近代史资料编辑部编：《近代史资料》总83号，中国社会科学出版社1993年版。
康有为著，上海市文物保管委员会编：《列国游记——康有为遗稿》，上海人民出版社1995年版。
劳祖德整理：《郑孝胥日记》，中华书局1993年版。
李炳之口述：《我所知道的铁良》，中国人民政治协商会议全国委员会文史资料委员会《文史资料选辑》编辑部编：《文史资料选辑》第120辑，1990年。
李伯元：《南亭笔记》，山西古籍出版社1999年版。
李慈铭：《越缦堂日记》，广陵书社2004年版。
李文海、夏明芳主编：《中国荒政书集成》，天津古籍出版社2010年版。
廖一中整理：《袁世凯奏议》，天津古籍出版社1987年版。
吴庆坻撰，张文其、刘德麟点校：《蕉廊脞录》，中华书局1990年版。
刘汝骥：《陶甓公牍》，官箴书集成编委会编《官箴书集成》，黄山书社1997年版。
刘声木：《苌楚斋随笔续笔三笔四笔五笔》，中华书局1998年版。
刘体智：《异辞录》，中华书局1988年版。

刘禺生：《世载堂杂忆》，中华书局 1997 年版。
伦明：《辛亥以来藏书纪事诗》，北京燕山出版社 1999 年版。
罗惇曧著，孙安邦、王开学点校：《罗瘿公笔记选》，山西古籍出版社 1997 年版。
骆宝善、刘路生主编：《袁世凯全集》，河南大学出版社 2012 年版。
台北“中央研究院”近代史研究所编：《匋斋（端方）存牍》，文物出版社 1995 年版。
马克主编、林锐整理：《端方存札》，北京联合出版有限责任公司 2023 年版。
缪荃孙：《艺风老人自定年谱》，沈云龙主编：《近代中国史料丛刊》正编第 51 辑，台北文海出版社 1967 年版。
钱伯城、郭群一整理，顾廷龙校阅：《艺风堂友朋书札》，上海人民出版社 2018 年版。
清华大学历史系编：《戊戌变法文献资料系日》，上海书店出版社 1998 年版。
上海图书馆编：《汪康年师友书札》，上海古籍出版社 2016 年版。
沈瑜庆：《涛园集》，沈云龙主编：《近代中国史料丛刊》正编第 6 辑，台北文海出版社 1966 年版。
盛宣怀：《愚斋存稿》，沈云龙主编：《近代中国史料丛刊》续编第 13 辑，台北文海出版社 1975 年版。
史红帅编著：《西方人眼中的辛亥革命》，三秦出版社 2012 年版。
宋教仁：《宋教仁日记》，湖南人民出版社 1980 年版。
孙宝瑄：《忘山庐日记》，上海古籍出版社 1983 年版。
谭群玉、曹天忠编，谭群玉、曹天忠、陈文源点校：《岑春煊集》，广东人民出版社 2019 年版。
陶菊隐：《北洋文流六君子传》，群言出版社 2015 年版。
汪康年：《汪穰卿笔记》，中华书局 2007 年版。
汪康年著，汪林茂编校：《汪康年文集》，浙江古籍出版社 2011 年版。

汪诒年纂辑：《汪穰卿先生传记》，中华书局 2007 年版。
王先谦著，梅季标点：《葵园四种》，岳麓书社 1986 年版。
王余光、李东来主编：《伦明全集》，广东人民出版社 2012 年版。
王照：《方家园杂咏纪事》，荣孟源、章伯锋主编：《近代稗海》第 1 辑，四川人民出版社 1987 年版。
文廷式：《闻尘偶记》，中华书局 1993 年版。
吴元任：《梁节庵先生年谱》，广东人民出版社 2018 年版。
谢兴尧整理：《荣庆日记》，西北大学出版社 1986 年版。
谢作拳点校：《黄绍箕集》，中华书局 2018 年版。
熊希龄：《熊希龄先生遗稿》，上海书店出版社 1998 年版。
徐珂：《清稗类钞》，中华书局 2010 年版。
徐一士：《一士谭荟》，中华书局 2007 年版。
徐一士：《亦佳庐小品》，中华书局 2009 年版。
许同莘编著：《张文襄公年谱》，台湾商务印书馆 1969 年版。
许指严：《十叶野闻》，中华书局 2007 年版。
严峰主编：《瞿鸿禨亲友书札》，复旦大学出版社 2021 年版。
印鸾章编：《清鉴》，上海书店出版社 1985 年版。
余肇康：《尚书瞿文慎公行状》，《清代碑传全集》，上海古籍出版社 2018 年版。
袁世凯著，骆宝善评点：《骆宝善评点袁世凯函牍》，岳麓书社 2005 年版。
允禄等监修：《大清会典（雍正朝）》，台北文海出版社 1996 年版。
恽宝惠：《铁良及荫昌》，中国人民政治协商会议全国委员会文史资料研究委员会编：《文史资料选辑》第 34 辑，中国文史出版社 1999 年版。
恽毓鼎：《恽毓鼎澄斋日记》，浙江古籍出版社 2004 年版。
恽毓鼎著，史晓风整理：《恽毓鼎澄斋奏稿》，浙江古籍出版社 2007 年版。
载润：《有关奕劻的见闻》，中国人民政治协商会议全国委员会文史资料研究委员会编《辛亥革命回忆录》（六），文史资料出版社1981年版。

载涛：《载沣与袁世凯矛盾》，中国人民政治协商会议全国委员会文史资料研究委员会编《晚清宫廷生活见闻》，文史资料出版社1982年版。

载泽：《考察政治日记》，岳麓书社1986年版。

张继煦：《张文襄公治鄂记》，湖北通志馆1947年版。

《张謇全集》编委会编：《张謇全集》，上海辞书出版社2012年版。

张謇：《张謇日记》，张謇研究中心、南通市图书馆、江苏古籍出版社编：《张謇全集》，江苏古籍出版社1994年版。

张启祯、[加]张启礽编：《康有为在海外·美洲辑——补南海康先生年谱（1898—1913）》，商务印书馆2018年版。

张一麐：《古红梅阁笔记》，中华书局2020年版。

张一麐：《心太平室集》，台北文海出版社1966年版。

章宗祥：《记庆亲王奕劻和贝子载振》，上海市文史资料委员会编：《上海文史资料存稿汇编政治军事》，上海古籍出版社2001年版。

赵柏岩：《光绪大事汇鉴》，台北广文书局1978年版。

赵炳麟著，刘深、余瑾、孙改霞校注：《赵柏岩集》，广西人民出版社2001年版。

赵德馨主编：《张之洞全集》，武汉出版社2008年版。

赵尔巽等撰：《清史稿》，中华书局1998年版。

赵启霖编，赵殷续编：《瀞园自述》，北京图书馆出版社1999年版。

赵启霖著，施明、刘志盛整理：《赵瀞园集》，湖南出版社1992年版。

赵寿强校注：《张之洞诗稿详注》（下），河北人民出版社2018年版。

中国史学会主编：《戊戌变法》第2册，神州国光社1953年版。

中国史学会主编：《戊戌变法》第4册，上海人民出版社1957年版。

中国史学会主编：《辛亥革命》，上海人民出版社、上海书店出版社2000年版。

中华书局影印：《清实录》，中华书局 1986 年版。

周馥：《复厘定官制王大臣电》（1906 年 12 月 12 日），中国社会科学院近代史研究所近代史资料编辑部编：《近代史资料》总 76 号，中国社会科学出版社 1989 年版。

朱寿朋：《光绪朝东华录》，中华书局 1984 年版。

朱维干、林镗编校：《江春霖集》（上册），马来西亚兴安会馆总会文化委员会 1990 年版。

［澳］骆惠敏编，刘桂梁等译：《清末民初政情内幕〈泰晤士报〉驻北京记者、袁世凯政治顾问乔·厄·莫理循书信集上 1895—1912》，知识出版社 1986 年版。

［日］片仓芳和编著，迟云飞译：《宋教仁（1882—1913）年谱稿》，湖南省桃源县政协文史资料研究委员会：《桃源文史》第 3 辑，香港国际展望出版社 1991 年版。

［日］佐藤铁治郎：《袁世凯》，孔祥吉、村田雄二郎整理：《一个日本记者笔下的袁世凯》，天津古籍出版社 2005 年版。

［英］李提摩太著，李宪堂、侯林莉译：《亲历晚清四十五年——李提摩太在华回忆录》，天津人民出版社 2005 年版。

三　报刊

《申报》（1906—1909）

《京报》（1907）

《时报》（1906—1909）

《中外日报》（1906—1909）

《大同报》（1906—1908）

《新世界小说社报》（1906—1908）

《学部官报》（1906—1909）

《新闻报》（1906—1909）

《政艺通报》（1906—1908）

《南洋兵事杂志》（1906—1908）

《南洋官报》(1906—1908)
《北洋官报》(1906—1908)
《东方杂志》(1906—1909)
《民报》(1907)
《宪政杂志》(1906)
《言治》(1913)
《新世界小说社报》(1906)
《盛京时报》(1907)
《香港华字日报》(1903—1910)
《广益丛报》(1908)
《新闻报》(1908)
《神州日报》(1909)
《民呼日报》(1909)
《新民丛报》(1907)
《行在抄报》，国家图书馆古籍馆藏。
《岭东日报》(1905)

四 著作

陈丹：《清末考察政治大臣出洋研究》，社会科学文献出版社 2011 年版。
陈寅恪：《寒柳堂集》，上海古籍出版社 2020 年版。
迟云飞：《清末预备立宪研究》，中国社会科学出版社 2013 年版。
迟云飞：《宋教仁与中国民主宪政》，湖南师范大学出版社 1997 年版。
崔志海：《近代中国的多元审视》，北京师范大学出版社 2021 年版。
崔志海：《美国与晚清中国（1894—1911）》，社会科学文献出版社 2022 年版。
单士元：《故宫札记》，紫禁城出版社 1990 年版。
邓小南：《祖宗之法：北宋前期政治述略》，生活·读书·新知三联书店 2020 年版。

［美］杜赞奇著，王宪明等译：《从民族国家拯救历史：民族主义话语与中国现代史研究》，社会科学文献出版社 2003 年版。

冯天瑜：《张之洞评传》，南京大学出版社 1991 年版。

傅宗懋：《清代军机处组织及职掌之研究》，台北嘉新水泥公司文化基金会 1967 年版。

高拜石：《新编古春风楼琐记》，作家出版社 2003—2005 年版。

高旺：《晚清中国的政治转型：以清末宪政改革为中心》，中国社会科学出版社 2003 年版。

高阳：《瀛台落日》，中国友谊出版公司 1984 年版。

戈公振：《中国报学史》，生活·读书·新知三联书店 2011 年版。

郭廷以：《近代中国的变局》，广西师范大学出版社 2007 年版。

侯旭东：《宠：信—任型君臣关系与西汉历史的展开》，北京师范大学出版社 2018 年版。

侯宜杰：《二十世纪初中国政治改革风潮：清末立宪运动史》，人民大学出版社 2011 年版。

胡绳武、金冲及：《论清末的立宪运动》，上海人民出版社 1959 年版。

贾小叶：《晚清大变局中督抚的历史角色——以中东部若干督抚为中心的研究》，上海书店出版社 2008 年版。

李剑农：《戊戌以后三十年中国政治史》，中华书局 1965 年版。

李剑农：《中国近百年政治史（1840—1926）》，武汉大学出版社 2006 年版。

李细珠：《地方督抚与清末新政：晚清权力格局再研究》，社会科学文献出版社 2018 年版。

李细珠：《张之洞与清末新政》，中国社会科学出版社 2015 年版。

李宗一：《袁世凯传》，中华书局 1980 年版。

连振斌：《锡良与清末新政研究》，中国社会科学出版社 2014 年版。

廖梅：《汪康年：从民权论到文化保守主义》，上海古籍出版社 2001 年版。

林文仁：《派系分合与晚清政治：以“帝后党争”为中心的探讨》，

中国社会科学出版社 2005 年版。
刘厚生：《张謇传记》，龙门联合书局 1958 年版。
刘伟：《晚清督抚政治：中央与地方关系研究》，湖北教育出版社 2003 年版。
罗新：《有所不为的反叛者》，上海三联书店 2019 年版。
罗玉东：《中国厘金史》，商务印书馆 2010 年版。
罗志田：《革命的形成：清季十年的转折》，商务印书馆 2021 年版。
马光仁主编：《上海新闻史》（1850—1949），复旦大学出版社 2014 年版。
马建标：《权力与媒介：近代中国的政治与传播》，北京师范大学出版社 2018 年版。
马忠文：《荣禄与晚清政局》，社会科学文献出版社 2016 年版。
茅海建：《戊戌变法的另面："张之洞档案"阅读笔记》，上海古籍出版社 2014 年版。
倪琳：《近代中国舆论思想变迁》，上海交通大学出版社 2012 年版。
钱实甫编：《清代职官年表》，中华书局 1980 年版。
桑兵：《庚子勤王与晚清政局》，北京大学出版社 2003 年版。
桑兵、关晓红主编：《章程条文与社会常情》，上海人民出版社 2021 年版。
桑兵、赵立彬主编：《转型中的近代中国》，社会科学文献出版社 2010 年版。
尚小明：《留日学生与清末新政》，江西教育出版社 2003 年版。
尚小明：《清代士人游幕表》，中华书局 2005 年版。
沈云龙：《徐世昌评传》，中国大百科全书出版社 2013 年版。
石泉：《甲午战争前后之晚清政局》，生活·读书·新知三联书店 1997 年版。
汤志钧：《康有为政论集》，中华书局 1981 年版。
汤志钧：《戊戌变法人物传稿》，中华书局 1961 年版。
汤志钧：《戊戌变法史》，上海社会科学院出版社 2015 年版。

王汎森：《近代中国的史家与史学》，复旦大学出版社 2010 年版。
王汎森：《执拗的低音：一些历史思考方式的反思》，生活·读书·新知三联书店 2014 年版。
王建朗、黄克武主编：《两岸新编中国近代史（晚清卷）》，社会科学出版社 2016 年版。
王敏：《苏报案研究》，上海人民出版社 2010 年版。
王维江：《“清流”研究》，上海书店出版社 2009 年版。
王晓秋、尚小明主编：《戊戌维新与清末新政——晚清改革史研究》，北京大学出版社 1998 年版。
王亚南：《中国官僚政治研究》，中国社会科学出版社 1981 年版。
吴春梅：《一次失控的近代化改革：关于清末新政的理性思考》，安徽大学出版社 1998 年版。
吴福环：《清季总理衙门研究（1861—1901）》，新疆大学出版社 1995 年版。
吴剑杰编：《张之洞年谱长编》，上海交通大学出版社 2009 年版。
夏东元编著：《盛宣怀年谱长编》，上海交通大学出版社 2004 年版。
萧功秦：《危机中的变革——清末现代化进程中的激进与保守》，上海三联书店 1999 年版。
熊月之：《西学东渐与晚清社会》，上海人民出版社 1994 年版。
徐载平、徐瑞芳：《清末四十年申报史料》，新华出版社 1988 年版。
薛伟强：《晚清满汉矛盾与国政朝局（1884—1912）：以统治阶层上层为中心的考察》，中国社会科学出版社 2017 年版。
闫长丽：《新旧之间：端方与清末变局》，华夏出版社 2023 年版。
杨猛：《最后的家天下：少壮亲贵与宣统政局》，华夏出版社 2023 年版。
姚公鹤：《上海闲话》，上海古籍出版社 1989 年版。
张德昌：《清季一个京官的生活》，生活·读书·新知三联书店 2019 年版。
张海林：《端方与清末新政》，南京大学出版社 2007 年版。

张海鹏：《追求集——近代中国历史进程的探索》，社会科学文献出版社 1998 年版。

张怀恭、张铭：《清勤果公张曜年谱》，浙江古籍出版社 2009 年版。

张朋园：《立宪派与辛亥革命》，吉林出版集团有限责任公司 2007 年版。

张玉法：《近代变局中的历史人物》，九州出版社 2013 年版。

张玉法：《清季的立宪团体》，北京大学出版社 1995 年版。

中国第一历史档案馆编：《明清档案论文选编》，档案出版社 1985 年版。

中国第一历史档案馆编：《中国第一历史档案馆档案概述》，档案出版社 1985 年版。

周雪光：《中国国家治理的制度逻辑：一个组织学研究》，生活·读书·新知三联书店 2017 年版。

周增光：《宗室王公与清末新政》，华夏出版社 2018 年版。

［美］白彬菊著，董建中译：《君主与大臣：清中期的军机处（1723—1820）》，中国人民大学出版社 2017 年版。

［美］罗覃著，苗巍译：《两位中国艺术品收藏家的交汇——端方与福开森》，山东画报出版社 2013 年版。

［美］史景迁：《追寻现代中国：1600—1949》，四川人民出版社 2019 年版。

［美］斯蒂芬·R. 麦金农著，牛秋实、于英红译：《中华帝国晚期的权力与政治：袁世凯在北京与天津 1901—1908》，天津人民出版社 2013 年版。

［美］魏斐德著，邓军译：《中华帝制的衰落》，黄山书社 2010 年版。

［美］张灏作，崔志海、葛夫平译：《梁启超与中国思想的过渡 1890—1907》，江苏人民出版社 2022 年版。

张仲民：《叶落知秋：清末民初的史事和人物》，上海人民出版社 2020 年版。

五　论文

安东强、姜帆：《丁未皖案与清末政局》，《历史研究》2017 年第 4 期。

柴松霞：《出洋考察团与清末立宪研究》，博士学位论文，中国政法大学，2009 年。

迟云飞：《陈天华、宋教仁留日史事新探》，《近代史研究》2005 年第 6 期。

迟云飞：《端方与清末宪政》，中南地区辛亥革命史研究会、武昌辛亥革命研究中心编《辛亥革命史丛刊》第九辑，中华书局 1997 年版。

迟云飞：《清末最后十年的平满汉畛域问题》，《近代史研究》2001 年第 5 期。

迟云飞：《预备立宪与清末政潮》，《北方论丛》1985 年第 5 期。

崔志海：《晚清政治史研究 70 年回眸与展望》，《史林》2019 年第 4 期。

戴鞍钢：《新政困局与辛亥革命》，《史林》2011 年第 5 期。

戴海斌：《"两收海军余烬"：甲午、庚子时期沈瑜庆事迹钩沉》，《福建师范大学学报》（哲学社会科学版）2018 年第 4 期。

戴海斌：《"误国之忠臣"？——再论庚子事变中的李秉衡》，《清史研究》2011 年第 3 期。

戴海斌：《张之洞电稿的编纂与流传——以许同莘辑〈庚辛史料〉为中心》，《中国出版史研究》2019 年第 2 期。

官剑丰：《郑孝胥诗学研究》，博士学位论文，华东师范大学，2019 年。

郭卫东：《丁未政潮中康梁派活动考略》，《历史档案》1990 年第 1 期。

郭卫东：《论丁未政潮》，《近代史研究》1989 年第 5 期。

韩策：《清季江督之争与丁未政潮的一个新解释》，《近代史研究》

2021 年第 4 期。
黄薇整理：《张百熙、瞿鸿禨往来书札（上）》，《历史文献》第 19 辑，2015 年。
李凤凤：《清末责任内阁的设立与利益集团博弈》，博士学位论文，华中师范大学，2014 年。
李吉奎：《因政见不同而影响私交的近代典型——康有为梁鼎芬关系索隐》，《广东社会科学》2006 年第 2 期。
李君：《“丁未政潮”之际的郑孝胥》，《史学月刊》2009 年第 5 期。
李细珠：《丙午官制改革与责任内阁制的命运——侧重清廷高层政治权力运作的探讨》，中国社会科学院近代史研究所政治史研究室、河北师范大学历史文化学院编《晚清改革与社会变迁》，社会科学文献出版社 2009 年版。
李细珠：《清末预备立宪时期的平满汉畛域思想与满汉政策的新变化——以光绪三十三年之满汉问题奏议为中心的探讨》，《民族研究》2011 年第 3 期。
李细珠：《试论新政、立宪与革命的互动关系》，《社会科学战线》2003 年第 3 期。
李细珠：《晚清地方督抚权力问题再研究——兼论清末“内外皆轻”权力格局的形成》，《清史研究》2012 年第 3 期。
李永胜：《从联袁到反袁：丁未政潮前后康梁对袁世凯态度的变化及其动因》，《学术研究》2023 年第 3 期。
李永胜：《袁世凯罢职后到回籍前活动轨迹考辨》，《史林》2015 年第 3 期。
李振武：《〈瞿鸿禨复核官制说帖〉考略》，《广东社会科学》2007 年第 5 期。
李振武：《预备立宪时期督抚对立宪的认识及态度》，《广东社会科学》2018 年第 5 期。
梁严冰：《丁未政潮与清末政局》，《历史档案》2010 年第 2 期。
林盼：《清末新式媒体与关系网络——〈中外日报〉（1898—1908）

研究》，博士学位论文，复旦大学，2013 年。
刘鹏超：《恽毓鼎与丁未政潮》，《中国国家博物馆馆刊》2016 年第 12 期。
陆德富：《张之洞致端方信札六通考释》，《文献》2017 年第 6 期。
马忠文：《丁未政潮后梁鼎芬参劾奕劻、袁世凯史实考订》，《历史教学（下半月刊）》2014 年第 10 期。
宁树藩 ：《福开森控制下的〈新闻报〉》，《新闻战线 》1961 年第 12 期。
彭贺超：《督练公所与清末军事改革中的风险应对》，《史学月刊》2023 年第 2 期。
彭剑：《清季外官制改革中督抚群体对“两层办法”态度新考》，《近代史学刊》2014 年第 1 期。
桑兵：《庚子勤王前后的岑春煊与保皇会》，《近代史研究》2001 年第 6 期。
尚小明：《戊戌时期的端方》，王晓秋主编《戊戌维新与近代中国的改革戊戌维新一百周年国际学术讨论会论文集》，社会科学文献出版社 2000 年版。
孙宏云：《清末预备立宪中的外方因素：有贺长雄一脉》，《历史研究》2013 年第 5 期。
唐论：《计中计：丁未“假照片事件”探析》，《清史研究》2022 年第 5 期。
王惠荣：《从丁未政潮到洪宪败亡：岑春煊与护国战争》，《历史档案》2011 年第 3 期。
王开玺：《清统治集团的君主立宪论与晚清政局》，《北京师范大学学报》1990 年第 5 期。
王开玺：《清统治集团君主立宪论析评》，《清史研究》1995 年第 4 期。
王敏：《政府与媒体——晚清上海报纸的政治空间》，《史林》2007 年第 1 期。

武增锋、韩春英：《试论梁鼎芬与张之洞的关系》，《历史档案》2005 年第 1 期。
夏晓虹：《梁启超代拟宪政折稿考》，氏著《梁启超：在政治与学术之间》，东方出版社 2014 年版。
谢俊美：《略论宋教仁的政治制度思想》，《历史教学问题》1993 年第 2 期。
闫长丽：《端方档案述略》，《兰台世界》2012 年第 12 期。
闫长丽：《“培元气而固邦本”——端方与清末改革》，博士学位论文，北京师范大学，2010 年。
严昌洪：《张梁交谊与晚清湖北政局》，陈锋、张笃勤主编：《张之洞与武汉早期现代化》，中国社会科学出版社 2013 年版。
杨晓波：《郑孝胥诗歌研究》，博士学位论文，华东师范大学，2004 年。
叶舟：《网络、派系、利益晚清旅沪同乡文人群体政治活动研究》，《史林》2011 年第 5 期。
庾向芳：《陈垣为故宫文献馆购入端方档案时间考》，《历史档案》2007 年第 2 期。
曾庆瑛：《陈垣与明清档案》，《历史档案》1982 年第 2 期。
曾伟希：《清末吴禄贞致樊增祥信函》，《文献》2011 年第 3 期。
曾伟希整理：《鹿传霖致樊增祥信函二通》，《文物春秋》2010 年第 4 期。
翟海涛、何英：《端方与清末满汉政策的演变》，《黑龙江民族丛刊（双月刊）》2003 年第 5 期。
张华腾：《袁世凯与唐绍仪关系述论》，《历史档案》1998 年第 2 期。
张建斌：《〈均满汉以策治安折〉出台过程及版本研究》，《文献》2024 年第 2 期。
张建斌：《变局与抉择：丁未政潮前后的郑孝胥》，《读书》2022 年第 5 期。
张建斌：《丁未袁世凯致端方密信笺释》，《中华文史论丛》2021 年第 2 期。
张建斌：《丁未政潮余波：岑春煊谋求复出与各方因应》，《史学月刊》2023 年第 7 期。
张建斌：《端方档案的文本生成与利用》，《北方论丛》2024 年第 3 期。
张建斌：《端方与“丁未政潮”》，《近代史研究》2021 年第 3 期。
张建斌：《端方与上海报界研究》，《学术月刊》2023 年第 3 期。
张建斌：《家世与国势：满臣端方崛起若干史实研究》，《齐鲁学刊》2023 年第 6 期。
张建斌：《梁鼎芬丙午入京史事探赜》，《中国国家博物馆馆刊》2023 年第 4 期。
张建斌：《清流与朋党：瞿鸿禨与清末政局》，《近代史研究》2024 年第 6 期。
张建斌：《清末官员的政治病》，《读书》2023 年第 10 期。
张建斌：《晚清长江巡缉考实》，《历史档案》2020 年第 3 期。
张建斌：《张之洞入枢与丁未朝局》，《广东社会科学》2023 年第 5 期。
张践：《丁未政潮与预备立宪》，《四川师范大学学报》（社会科学版）1994 年第 2 期。
赵虎：《新瓶装旧酒：改设政务处与丙午内官改制》，《学术研究》2011 年第 9 期。
赵虎：《奕劻入枢与政务处的职能分合》，《中山大学学报》（社会科学版）2021 年第 6 期。
赵可：《张之洞调停满汉畛域的努力与晚清政局的演变》，《四川师范大学学报（社会科学版）》2004 年第 1 期。
郑云波：《言官与光绪朝政研究》，博士学位论文，吉林大学，2012 年。
周秋光：《熊希龄与湖南维新运动》，《近代史研究》1996 年第 2 期。
周育民：《从官制改革到丁未政潮》，《江海学刊》1988 年第 4 期。

周增光：《论新旧博弈中的丙午中央官制变革》，《社会科学战线》2019 年第 7 期。

[日] 狭间直树：《清朝的立宪准备与梁启超的代作上奏》，徐洪兴、小岛毅、陶德民等主编《东亚的王权与政治思想》，复旦大学出版社 2009 年版。

后　　记

人与人有缘分一说，人与物亦如此，我与档案就有缘。

档案本身具有私密性，自然不轻易示人。收入官家后，出于管理需要，一般人也难以接触，一窥全貌更难。一个偶然的机会，近距离接触了大批档案文献，其中就有中国第一历史档案馆藏的数百万件档案。

国家清史纂修工程启动后，整理了大量档案，这些数据化的档案需要加密，一件简单无技术含量的机械劳动。出于涉密管理，清史编委会专家学者不能从事此项工作。档案体量太大，行政人员也不愿接手。阴差阳错这份苦差就派给了我，耗用数月逐页加密，逐条核对著录项，视力骤然降了不少，内心颇有烦言，不想匆匆过眼的档案却给日后科研带来相当多的帮助。

甘露不润无根草，档案数据加密一年后，到北京大学读博，历史学系开设多门史料研读课，十分重视档案文献的利用，未刊档最受青睐，同窗好友海内外奔走搜罗。曾经相伴数月且磨人的档案再次走入生活，阅读抄录成了日常，也很幸运地读到大批未刊档，就包括本书利用大宗的端方档。

多年与档案相伴的经历，深切感受到档案本身的“生命力”，其背后蕴含的动态内容远比静态的文本复杂丰富。本书从端方档的形成写起，写了预备立宪折的撰写秘事、平满汉畛域折的起草经过、军机大臣利用笔杆子渔利、权臣修改电文玄机、以及清朝统治阶层利用和整饬舆论等等。解读档案探寻历史真相，同时向读者揭示档案作为文本，其形态和内容的形成过程。

当然有机缘与档案结缘，利用起来则是需要一番锻炼，经常是“不如意事常八九”，难免磕磕绊绊。好在总有人相助，“可与人言”者就不止二三了。

学术之路并不平坦，尤其是以档案为基础的研究，能够得到前辈指导是幸运的，我的运气不错。清史编委会聚集清史研究领域的知名学者，近水楼台之便受益良多。诸如担任戴逸先生学术助手，先生于论文写作修改多予提点，自然是可遇不可求的经历。特别感谢导师孙喆教授，在生活和学术上提供太多关照，已远超出了导师的职责所在。

本书是在博士论文的基础上修改完成的，事实上是毕业后重新再写，补充了此前未见的资料，主要是中国历史研究院藏档案。夏春涛、尚小明、马忠文、李国荣、黄兴涛、茅海建、欧阳哲生、臧运祜等老师，在开题和答辩环节提出了宝贵意见，特此致谢。感谢导师郭卫东教授，指出论文的诸多不足并时常给予鼓励。

抄录档案到成文发表，犹如丑儿媳总要见公婆，惶惑无助。书中的大部分章节已在《北方论丛》《中央研究院近代史研究所集刊》《近代史研究》《中华文史论丛》《中国国家博物馆馆刊》《历史档案》《读书》《文献》《广东社会科学》《史学月刊》《学术月刊》《齐鲁学刊》等刊物刊发，其中很多刊物给予了多次发表机会，有赖编辑老师与评审专家指正提携，提出了中肯公允的建议，也顺利完成了不间断的量化考核，在此表示感谢。论文写作刊发得到张仲民、李细珠、崔志海、邹爱莲、董建中、葛夫平、赵虎、徐志民、李振武、胡永恒、张秀丽、乔颖丛、吕瑞峰、刘灿、黄娟、潘晓霞、赵增越、刘文华、杨春梅、牟学林、刘蓉林、童萌、冯健伦、李典蓉等师友的指正，特此深表谢忱。

由论文到书稿改动不少。中华书局陈铮编审逐字审阅，提携后辈。孙昉编审通读全文提出了编辑建议。责编张湉老师付出了辛劳，并协调本书出版。书稿先后得到国家社科基金青年项目、中国历史研究院学术出版资助，匿名评审专家提出了宝贵建议，赵庆云研究员、王广研究员给予帮助。感谢各位师友。

从阅读档案到书稿草成，至今已十余年。与档案为伴，占用了陪伴家人的时间，妻子默默为家庭付出，体量科研人的不易，容忍档案书籍渐渐蚕食房间的各角落。两个女儿里仁、安仁的到来，为生活增添了乐趣，个人成长档案里也有了更多值得记述的瞬间。

对于本书写作提供帮助的还有很多老师，在此一并表示感谢。文中存有不当之处，皆由笔者个人负责。

此为后记。

2025 年 1 月 25 日

于濠景阁